Thilo Eith und Franz Wellendorf (Hg.)

Fort – Da
Trennen und Verbinden
im psychoanalytischen Prozess

Fort – Da

Trennen und Verbinden im psychoanalytischen Prozess

Hrsg. von Thilo Eith und Franz Wellendorf

unter Mitarbeit von

Christiane Beck, Beate Blank-Knaut
Wilhelm Brüggen, Inge Kley-Huz
Werner Köpp und Ulrich Motz

Mit einem Grußwort von Anne-Marie Sandler

Asanger Verlag • Heidelberg, Kröning

Die Herausgeber:
Thilo Eith, Dr. phil., Leitender Psychologe am Klinikum Spandau und Psychoanalytiker in eigener Praxis in Berlin. Lehranalytiker, Vorstandsmitglied und Geschäftsführer der Deutschen Psychoanalytischen Gesellschaft (DPG). Lehranalytiker der Internationalen Psychoanalytischen Vereinigung (IPV).
Franz Wellendorf, Prof. Dr. phil., Psychoanalytiker in eigener Praxis in Fischerhude (Bremen). Em. Prof. für Psychologie an der Universität Hannover. Vorsitzender der Deutschen Psychoanalytischen Gesellschaft (DPG). Lehranalytiker der DPG und der Internationalen Psychoanalytischen Vereinigung (IPV).

Umschlaggestaltung:
Kerstin Schulmayer, eleveneyes · agentur für visuelle kommunikation nach einem Entwurf von Peter Fischer-Piel

Bibliographische Informationen Der Deutschen Bibliothek:
Die Deutsche Bibliothek verzeichnet diese Publikation in der Deutschen Nationalbibliographie; detaillierte bibliographische Daten sind im Internet über http://dnb.ddb.de abrufbar.

Printed in Germany

ISBN 3-89334-398-9

Inhalt

Kapitel II
"Fort-Da" in der klinischen Praxis

Kapitel III
"Fort-Da" und die psychoanalytischen Institutionen

Vorwort

Freud war tief getroffen, als seine 26-jährige Tochter im Januar 1920 plötzlich starb. In einem Brief an Jones sprach er von eigenen Todeswünschen. Wenig später stellte Freud einen Text fertig, in dem der älteste Sohn der Verstorbenen eine wichtige Rolle spielt: "Jenseits des Lustprinzips".

Freud schildert, wie der Junge als 1½-jähriger spielerisch den Wechsel zwischen An- und Abwesenheit seiner Mutter verarbeitet. Durch das sprachlich begleitete Verschwinden und Wiederkommenlassen einer Holzspule sucht er die Trennung zu bewältigen. Obwohl es in diesem *Fort-Da-Spiel* zunächst nur um die Verarbeitung alltäglicher Trennungserfahrungen zu gehen scheint, verweist der biographische Hintergrund doch auf eine existenziellere Dimension.

Vielleicht ist es gerade diese Doppeldeutigkeit, die die Freudsche Beschreibung des *Fort-Da-Spiels* zu einer der bis heute meistdiskutierten Textstellen machte. Zunächst scheint Freud lediglich zeigen zu wollen, wie die symbolische Wiederholung früher Trennungserlebnisse zum Ausgangspunkt für die Entstehung einer zunehmend realitätsmächtigen Subjektivität wird. Er nahm an, dass sich das Kind für den aufgezwungenen Verzicht auf die Mutter zu entschädigen suche, "indem es dasselbe Verschwinden und Wiederkommen mit den ihm erreichbaren Gegenständen selbst in Szene setzt" (Freud 1920, S. 13). Es wurde, so folgerte Freud, von dem Trennungserlebnis passiv betroffen "und bringt sich nun in die aktive Rolle, indem es dasselbe, trotzdem es unlustvoll war, als Spiel wiederholt" (ebd.). So wird die symbolische Verarbeitung von Trennungserlebnissen zum Ausgangspunkt individueller Subjektivität. Das Spiel bezeugt die wachsende Fähigkeit des Kindes, die äußere Realität nach Maßgabe der eigenen Bedürfnisse zu gestalten.

Später haben andere Psychoanalytiker gegen diese, den Bemächtigungs- und Aneignungsaspekt betonende Interpretation des *Fort-Da-Spiels* eingewandt, dass sie ein allzu harmonisches Bild zeichne, weil sie die mit den ersten Trennungserlebnissen verbundenen existenziellen Ohnmachts-, Zerstörungs- und Bedrohungserfahrungen vernachlässige (vgl. u.a. Klein, Spitz, Winnicott, Bion, Lacan). All diese Autoren neigen dazu, die von der Mutter-Kind-Dyade ausgehenden Subjektbildungsprozesse als eine zutiefst antinomische Dynamik zu beschreiben, bei der Subjektivität gleichsam zwangsläufig mit Selbstnegation, Selbstverlust oder gar Selbstzerstörung verknüpft ist.

Dabei können sich auch diese Interpretationen durchaus auf Freud berufen. Auch ihm schien die eben zitierte Interpretation unzureichend. Auch ihm fiel es schwer, in der symbolischen Wiederholung des Trennungserlebnisses nur eine Art Bemächtigungsversuch zu sehen. Bekanntlich sah er im Fort-Da-Spiel auch einen Ausdruck des Wiederholungszwanges, für den er den Todestrieb verantwortlich machte.

Angeregt durch ihre Wiederaufnahme in die Internationale Psychoanalytische Vereinigung (IPV) – als Executive Council (Board) Provisional Society – hat die Deutsche Psychoanalytische Gesellschaft (DPG) ihre Jahrestagung 2002 unter die Überschrift "Fort-Da. Trennen und Verbinden im psychoanalytischen Prozess" gestellt. Mit der Wiederaufnahme ist eine fast 50-jährige Spaltung zu Ende gegangen. In ihrem Geleitwort geht Anne-Marie Sandler auf diesen Aspekt, der für die DPG und die Psychoanalyse in Deutschland von Bedeutung ist, näher ein. Für die DPG war die Wiederaufnahme Anlass genug, um erneut über das Thema Trennen und Verbinden nachzudenken – nicht nur auf subjekttheoretischer Ebene, sondern auch in Bezug auf den psychoanalytischen Behandlungsprozess und die institutionelle Geschichte der Psychoanalyse.

Dieser Band enthält die überarbeiteten Fassungen der Hauptbeiträge der Tagung. Wir haben die Beiträge in drei große Themengruppen gegliedert:

- Diskussion um den psychoanalytischen Subjektbegriff.
- Trennen und Verbinden im klinischen Behandlungsprozess.
- Zur Geschichte der psychoanalytischen Institutionen.

Den Beitrag von *Wellendorf* haben wir vorangestellt, weil er es unternimmt, in immer neuem Rückgriff auf das Fort-Da-Spiel den roten Faden dieses weit gefächerten Themenfeldes herauszuarbeiten.

Mit Bezug auf die subjekttheoretische Diskussion betont Wellendorf, dass Trennen nicht ohne Bindung und Binden nicht ohne Trennung zu denken sei. Ausgehend von Winnicott, Klein, Bion, Segal und *Žižek* entwirft er ein Panorama frühkindlicher Beziehungserfahrungen, das von Anfang an durch eine trianguläre Struktur gekennzeichnet sei. Die primäre Bezugsperson, die Mutter werde – so argumentiert Wellendorf – auch in ihrer Anwesenheit als potentiell Abwesende erlebt, weil sie immer schon auf einen Dritten, ein Außen bezogen sei, während der Vater häufig die Rolle des Abwesend-

Anwesenden einnehme, der schon über die passagere Abwesenheit der Mutter von Anfang an präsent sei. Misslinge die in dieser Struktur angelegte Gleichzeitigkeit von Nähe und Distanz, bestehe die Gefahr, dass das Kind den Dritten durch ein "virtuelles Objekt" ersetzt, welches auf der Basis der eigenen Omnipotenzphantasien geschaffen wird. Dieses "virtuelle Objekt" schließe das Kind in den Innenraum seiner eigenen fragmentarischen Vermutungen über die Ursachen der mütterlichen Abwesenheit ein, so dass für Differenz und Triangulierung nur wenig Raum bleibt.

Auch im Behandlungsprozess gehe es um Triangulierung. Dabei spiele der Bezug des Therapeuten zur analytischen Methode eine entscheidende Rolle, weil dieser Bezug es ihm ermögliche, aus der dyadischen Übertragungs- und Gegenübertragungsdynamik herauszutreten, sich also selbst in die Position eines Dritten zu begeben, der sich um eine Entschlüsselung der notwendigen Übertragungsverstrickungen bemüht.

Ähnliches gelte für die psychoanalytischen Gesellschaften. Auch hier finde sich die Tendenz, auf Spaltungen oder Trennungen mit der Erschaffung eines "virtuellen dritten Objektes" zu reagieren, das für die Abwesenheit des Anderen verantwortlich gemacht wird. Für die DPG habe die IPA über lange Zeit diese Funktion eingenommen.

Žižek knüpft in seinem, vor allem um subjekttheoretische Fragen kreisenden Beitrag an die Lacan'sche Interpretation des Fort-Da-Spiels an. Lacan bestand darauf, dass das Wegwerfen der Spule nicht nur als symbolische Wiederholung einer Trennung interpretiert werden dürfe, sondern dass es hier um einen sehr viel radikaleren Akt, um eine Art Selbstverlust gehe. Das Kind werfe beim Fortschleudern der Holzspule etwas weg, was es bisher als Teil seiner Selbst erlebt hatte. Gleichzeitig bringt er den Lacan'schen Begriff der Jouissance, des radikalen, noch ungezügelten Genießens ins Spiel, von dem Lacan annahm, dass es immer etwas Zerstörerisches und Traumatisierendes in sich trage. Denn es tendiere dazu, den Anderen zugunsten des von ihm Begehrten zu zerstören, indem es danach trachte, das Begehrte aus dem anderen gleichsam herauszuschneiden. Žižek vermutet, dass es dem spielenden Kleinkind bei seinen ersten Subjektwerdungsschritten auch darum gehe, dem derart zerstörerischen Begehren der Mutter zu entrinnen.

Dieses zerstörerische Begehren sieht Žižek auch bei den ausländerfeindlichen Übergriffen am Werk. Neuerdings seien diese unbewussten Ansprüche selbst schon reflexiv geworden, so dass es den Tätern keine Probleme bereite, ihr Verhalten mit Arbeitslosigkeitsfrust, mangelnder Anerkennung und Kränkungswut zu begründen. Das sei – so argumentiert Žižek mit Blick auf den Amoklauf von Erfurt – ein Grundproblem unserer Zeit. Da Realität und virtuelle Medienwelt sich inzwischen zum Verwechseln ähnlich geworden seien, gelinge es immer weniger, die dem Begehren zu Grunde liegende zerstörerische Gewalt dadurch in die realen Lebenswelten zu integrieren, dass wir sie in virtuelle Bilder-, Traum- oder Phantasiewelten auslagern.

Cavell wählt einen anderen, an die jüngsten Ergebnisse der empirischen Säuglingsforschung anknüpfenden Ausgangspunkt: Sie vermutet, dass es sich beim Fort-Da-Spiel und überhaupt bei der Tendenz zur unablässigen Wiederholung traumatischer Erlebnisse um den Widerschein frühkindlicher präsymbolischer Interaktionsschemata handelt. Eine Pointe ihrer Argumentation sieht sie darin, dass diese Konzeption ganz ohne jeden Triebbegriff und auch ganz ohne den Begriff der Verdrängung auskomme. Dadurch werde die Psychoanalyse – und darum scheint es Cavell vor allem zu gehen – gegenüber den neueren, im Kontext der analytischen Philosophie erarbeiteten bewusstseinphilosophischen Einsichten, wieder anschlussfähig.

Der ebenfalls vor allem mit dem psychoanalytischen Subjektbegriff befasste Beitrag von *Kennedy* argumentiert in der von Mead und Piaget herkommenden Tradition der Rollen- bzw. Perspektivübernahme, die Subjektivität vor allem an die Fähigkeit bindet, sich in die Position des Anderen versetzen zu können. Er betont, dass Subjektivität nicht nur als ein rein intrapsychisches Phänomen gedacht werden könne. Ebenso wichtig sei die Verankerung im gesellschaftlichen Raum und der ständige Wechsel zwischen verschiedenen Rollen und Perspektiven.

Frommer nähert sich den schon von Žižek aufgegriffenen Problemen medienvermittelter Subjektkonstitution aus einer eher klassisch soziologischen Perspektive. Er schlägt eine weit gespannte Brücke von der Freudschen Persönlichkeits- und Kulturtheorie über die soziologischen und sozialphilosophischen Konzepte der Frankfurter Schule und des Poststrukturalismus bis hin zu den aktuellen Debatten über postmoderne, plural-dezentrierte Patchworkidentitäten. Frommer plädiert für eine begrifflich klare Unterscheidung zwischen psychotischen, neurotischen und psychoreaktiven Formen der Identitätsdiffusion. In modernen Gesellschaften komme es angesichts der rasanten kulturellen Pluralisierungprozesse vor allem zu sogenannten Akkulturationskrisen, bei denen Stress, Verlust- und Ablehnungsgefühl, Angst und Verwirrung im Vordergrund stünden. Von diesen, sich nicht aus den neurotischen Konflikten speisenden Krisen, seien die tiefer gehen-den Identitätsstörungen zu unterscheiden, die durch das Eindringen der modernen Medienwelt in den kleinfamiliären Erziehungsalltag verursacht werden. Frommer sieht die Gefahr, dass die für die Subjektwerdung so wichtige Differenzierung zwischen Symbol- und Symbolisiertem, zwischen Fort und Da dadurch nachhaltig gestört wird.

Das von *Lang* beschriebene "claustro-agoraphobische Dilemma" zwischen Mutter und Kind weist viele Parallelen zu den Beiträgen von Wellendorf und Žižek auf. Auch er geht von der Schwierigkeit aus, dass das Kind sowohl Nähe wie Distanz, Bindung und Entbindung benötige, betont aber dann – ebenfalls im Rückgriff auf Lacan – die positiven Möglichkeiten, die von der triangulierenden Wirkung der Sprache ausgehen. Durch seinen Eintritt in das System der Sprache unterwerfe sich das Kind zwar einerseits dem "Gesetz des Vaters", gewinne aber dadurch andererseits Zugang zu einer Welt jenseits der "imaginär verkleisterten" Mutter-Kind-Dyade. Am Beispiel Franz Kafkas macht Lang aber zugleich auf eine Schwierigkeit dieses Lacanianischen Konzeptes aufmerksam. Wenn der Vater – wie im Falle Kafkas – allzu übermächtig erscheine, sein Kind nicht wirklich zur Sprache kommen lasse und stattdessen darauf bestehe, immer das letzte Wort zu haben, drohe die sprachliche Befreiung in einer immer neuen Einschließung zu enden.

Die klinischen Beiträge dieses Bandes kreisen fast alle um die Frage, wie es gelingen kann, durch Projektionen und projektive Identifizierungen in der Behandlungssituation wieder auftauchende, frühe Trennungserlebnisse in die Dynamik der Übertragung einzubinden und einer bewussten Durcharbeitung zugänglich zu machen.

Weiß geht es in seinem Beitrag um die klinische Bearbeitung charakteristischer "Missrepräsentationen" früher Trennungserfahrungen. Damit ist gemeint, dass diese Erlebnisse in späteren Erinnerungen und symbolischen Wiederholungen so verarbeitet werden, dass das eigentliche Trennungstrauma gar nicht oder nur unvollständig zur Sprache kommt. Weiß vermutet, dass es sich bei dem von Freud beschriebenen Fort-Da-Spiel ebenfalls um eine solche Missrepräsentation handeln könnte, weil Freuds Enkel das eigentlich Traumatische seiner Trennungserlebnisse im Spulenspiel nicht zur Darstellung bringe. Erst indem er sich vor dem häuslichen Wandspiegel spielerisch selbst zum Verschwinden bringe, scheinen die im Spulenspiel noch abgewehrten zerstörerischen Aspekte der frühen Trennungserfahrungen auf.

Jongbloed schildert in einem klinisch sehr detailreichen Vortrag den Verlauf einer hochfrequenten Langzeitbehandlung, in der es vor allem um traumatisierende Trennungserfahrungen geht, die sich in der Übertragung als lang anhaltende projektive Identifizierungen manifestieren. Jongbloed beschreibt, wie er sich zunächst um ein Containing der bedrängenden Affekte bemühte und es ihm erst nach mehreren Jahren gelang, sie deutend an den Patienten zurückzugeben und zum bewussten Gegenstand des gemeinsamen Durcharbeitens zu machen. Dabei interessiert er sich vor allem für die zunächst unbewussten primären Interaktionen zwischen Patient und Therapeut, in denen ein gemeinsamer Raum entstehe, den man als "intersubjektiven analytischen Dritten" (Ogden) bezeichnen könne.

Grabskas Beitrag geht davon aus, dass die deutenden Interventionen des Analytikers in der Regel beides, die Seite des An- und des Abwesenden, des Fort und des Da umfassen, weil sich in ihnen auch das Unbewusste des Analytikers als etwas anwesend Abwesendes artikuliere. Der Patient reagiere darauf mit einer Gegendeutung, die selbst wiederum unbewusste Anteile umfasse. Grabska geht der Frage nach, was es bedeutet, wenn der Patient diese Gegendeutung in den Dienst seiner eigenen narzisstischen Abwehr stellt und schildert ein Fallbeispiel, bei dem es ihm gelang, eine derartige Konstellation durch eine Deutung der Gegendeutung aufzulösen.

Auch der Vortrag von *Gibeault* beschäftigt sich mit einer klinischen Fragestellung und verweist zugleich schon auf den dritten Themenschwerpunkt dieses Buches. In seinem Text geht es um die Abgrenzung zwischen der klassischen Psychoanalyse und den anderen psychoanalytisch orientierten Behandlungsverfahren. Damit greift er ein klinisches Thema auf, das in den Auseinandersetzungen zwischen den verschiedenen psychoanalytischen Gesellschaften schon von jeher eine zentrale Rolle gespielt hat. Gibeault plädiert dafür, sich bei der Frage, was Psychoanalyse sei, weniger an äußeren Kriterien, wie Stundenfrequenz oder Couch zu orientieren. Viel wichtiger sei, was im psychoanalytischen Prozess ablaufe. Er ist überzeugt, dass man nur dann von Psychoanalyse sprechen könne, wenn es sowohl zu einer formalen wie einer topischen Regression komme, die in der Regel auch die zeitliche Regression mit einschließe. Diese Unterscheidung zwischen den verschiedenen Ebenen der Regression orientiert sich am Traumprozess, wie Freud ihn im metapsychologischen Abschnitt seiner Traumdeutung theoretisch rekonstruiert. Mit topischer Regression ist gemeint, dass der Analysand von der motorischen Umsetzung seiner Triebimpulse zur Ebene der bildlichen oder halluzinatorischen Wunscherfüllung zurückkehrt. Die formale Regression bezieht sich auf den Wechsel vom logisch-rationalen zu einem mehr wahrnehmungsorientierten Denken, das u.a. mit den Mitteln der Verschiebung und Verdichtung arbeitet. Gibeault ist überzeugt: Wenn die topische und formale Regression gelingt, dürfte auch die zeitliche Regression, d.h. die Wiedererinnerung verdrängter infantiler Wünsche kein Problem mehr bereiten. Da es aber Patienten gebe, denen die beiden erstgenannten Regressionsebenen große Schwierigkeiten bereiten, sei es häufig notwendig, das klassisch analytische Vorgehen mit interaktionellen und supportiven Techniken zu verbinden – wobei er vor allem mit den Methoden des Psychodramas gute Erfahrungen gesammelt zu haben scheint.

Die Texte des dritten Schwerpunktes handeln von den historischen und sozialpsychologischen Hintergründen der Spaltungs- und Annäherungsprozesse, die die Nachkriegsgeschichte der deutschen Psychoanalyse prägten.

Gutmann und *Focke* beschreiben in ihrem sehr persönlich gehaltenen Beitrag den Prozess der schrittweisen Wiederannäherung der DPG an die IPV. Sie schildern, wie die direkte Begegnung mit ausländischen Kollegen und die gemeinsame kasuistische Arbeit geholfen haben, Ängste und Projektionen zu überwinden. Schrittweise sei eine neue Diskussionskultur entstanden, die eine offene Auseinandersetzung über konkrete Behandlungs- oder Stundenprotokolle ermöglichte. Erst durch diese persönliche Öffnung sei es schließlich möglich geworden, die komplizierten institutionellen Fragen des Wiederannäherungsprozesses zu bewältigen.

Im Beitrag von *Kreuzer-Haustein* geht es um den geschichtlichen Kontext der Spaltungsprozesse, wobei die Autorin deren Abwehrfunktion betont. Eine wirkliche Aufarbeitung der Zeit des Nationalsozialismus sei dadurch über viele Jahre blockiert worden. Sie greift den Beland'schen Begriff des ‚Aneignungstabus' auf und geht der Schwierigkeit nach, sich "als Erbe Hitlers" das intellektuelle Erbe des Juden Freud anzueignen. Auch wenn heute in der Regel von persönlicher Schuld nicht mehr gesprochen werden könne, gehe es doch um "entlehnte Schuldgefühle", die auf einer unbewussten Identifikation mit den Tätern beruhen.

Beland betont in seinem Beitrag, wie sehr die psychoanalytische Identität von der Anerkennung durch die Gruppe abhängt, so dass Gruppenspaltungen ähnlich schädliche Wirkungen entfalten können, wie der schicksalhafte Verlust des Vaters oder der Mutter in früher Kindheit. Dabei interessiert er sich vor allem für die mit solchen Trennungs- oder Spaltungsprozessen verbundenen Verletzungen und die daraus erwachsenden archaischen Enttäuschungs- und Wutimpulse. Er beschreibt die Neigung, diesen Impulsen durch projektive Abwehr Herr zu werden und ihre damit einhergehende Verwandlung in böse, verfolgende "Gespenster".

Erdheim beginnt seinen Text mit einem Rückblick auf das Freudsche Konzept vom Untergang des Ödipuskomplexes. Bekanntlich nennt Freud zwei Gründe, die die Fünf- bis Sechsjährigen veranlassen, auf ihre ödipalen Objekt zu verzichten: die Kastrationsdrohung und die Einsicht in die eigene Unreife. Erdheim betont, dass das bloße Ausweichen vor der äußeren Gewaltandrohung nur zu einer Zurückstellung und Verschiebung der ödipalen Größenphantasien führe, während die zweite Variante, die Einsicht in die eigene Unreife, einen Trauerprozess ermögliche, in dem die ödipalen Allmachts- und Größenphantasien sinnvoll bearbeitet und mit dem Realitätsprinzip vermittelt werden können. Vor diesem Hintergrund schildert er, wie gesellschaftliche Institutionen benutzt werden können, diesem Trauerprozess aus dem Weg zu gehen. Ähnlich wie der mit Kastration drohende Vater, zwinge auch die institutionelle Hierarchie, Größenphantasien zurückzustellen, ohne wirklich auf sie verzichten zu müssen. Sie werden in der Institutionen gleichsam deponiert – bis zu dem Zeitpunkt, an dem man vielleicht selbst in die oberen Ränge aufrücke, also eventuell doch ins elterliche Schlafzimmer vorgelassen werde. Erdheim ist überzeugt, dass diese "institutionellen Phantasmen" auch in den psychoanalytischen Instituten und Verbänden ihr Unwesen treiben und erinnert seine Berufskollegen an das Beispiel der Jugendlichen, die das überschießende Potenzial ihrer infantilen Größenphantasien nutzen, um aus den Familieninstitution hinauszutreten und zu Neuem vorzustoßen.

Will bewegt sich mit seinem Beitrag in einem ganz ähnlichen Spannungsfeld. Er greift den schon von Gibeault berührten alten Streit um die "ideale Methode" wieder auf und setzt sich mit dem berühmten Freudschen Diktum vom "reinen Gold der Analyse" auseinander, das es – trotz der notwendigen Legierung mit "dem Kupfer der direkten Suggestion" – zu bewahren gelte. Dabei unterscheidet er zwischen einer heroischen und einer metapsychologischen Lesart: die heroische laufe darauf hinaus, das reine Gold der Väter, die ideale Methode, gegen alle Vermischung mit weniger Wertvollem zu verteidigen, während es der metapsychologisch-heuristischen Interpretation vor allem darum gehe, bei der beschwerlichen Arbeit der Goldsuche, d.h. bei der Arbeit am Unbewussten nicht nachzulassen – eine Unterscheidung, die durchaus an die von Erdheim beschriebenen unterschiedlichen Umgangsformen mit dem ödipalen Verzicht erinnert. Während der heroische Kämpfer seine Allmachtsphantasien nur zurück stellt, weil er letztendlich doch davon träumt, selbst an die Stelle des allmächtig erlebten Vaters zu treten, in dem er sich in den Besitz des reinen Goldes, der idealen Methode bringt, weiß der Goldschürfer um die Begrenztheit seiner Kraft, der omnipotenten Vaterimago bestenfalls näher, nie aber wirklich nahe kommen zu können.

Vielleicht ist das überhaupt der gemeinsame Schnittpunkt all dieser hier versammelten Beiträge: Die Einsicht, dass Subjektivität notwendigerweise immer mit ihrem Negativen, dem Anderen legiert bleiben wird, und es eigentlich nur um ein labiles Gleichgewicht zwischen Ermächtigung und Ohnmacht, zwischen Aneignung und Verlust, zwischen Identität und Differenz gehen kann.

Berlin, im November 2002

Wilhelm Brüggen
Thilo Eith
Franz Wellendorf

Literatur:

Freud, S. (1920): Jenseits des Lustprinzips. GW XIII, S. 13-69

Grußwort

Die Einladung, für dieses Buch ein kleines Grußwort zu schreiben, berührt mich sehr, und ich tue es mit großer Freude. Zum dritten Mal habe ich nun einen psychoanalytischen Kongress der Deutschen Psychoanalytischen Gesellschaft (DPG) besucht. Während ich einigen Ihrer Vorträge zuhörte und an den lebendigen und geistreichen Diskussionen teilnahm, fühlte ich mich zunehmend wie zu Hause. Welch ein langer Weg, den ich in Ihrer Begleitung gereist bin!

Ich erinnere mich deutlich daran, wie ich – durch die Vermittlung von Dr. Lore Schacht – eingeladen wurde, Ihren damaligen Vorsitzenden, Herrn Prof. Michael Ermann, zu treffen. Wir trafen uns an einem schönen sonnigen Tag, und ich wurde in ein Gartenrestaurant in einem reizenden Park ausgeführt. Wir saßen in der Nähe eines ruhigen und friedvollen Sees, weit entfernt von der Geschäftigkeit des Stadtlebens. Ich fühlte mich eher wie im Urlaub und nicht wie auf einer Art geschäftlicher Zusammenkunft. Michael Ermann war daran interessiert, die DPG der internationalen Hauptausrichtung der Psychoanalyse näher zu bringen, und wollte, dass ich zu Ihnen über die hochfrequente Analyse spreche. Mein Gesprächspartner war sehr klar und überzeugend, meiner guten Freundin Lore Schacht war meine Mitwirkung sehr wichtig und die Stimmung war so idyllisch, dass ich gar nicht anders konnte, als die Einladung – mit ein wenig Nervosität – anzunehmen. Wir verabredeten, dass ich in Bad Soden in zwangloser Form einen Vortrag über eine vier- oder fünfstündige analytische Behandlung halten sollte.

Zurück in London, wurde ich sehr unruhig und ziemlich aufgeregt. Zunächst versuchte ich, dies mit meinem Text in Verbindung zu bringen, aber bald musste ich mich mit meiner eigenen inneren Realität in Bezug auf Deutschland und seine Nazivergangenheit auseinandersetzen. Ich war auf dem Kongress der Internationalen Psychoanalytischen Vereinigung (IPV) 1985 in Hamburg gewesen und hatte die Berliner Gesellschaft der IPV besucht. Obwohl ich von den Leuten, die ich traf und von dem, was ich hörte, zeitweise sehr bewegt und beeindruckt war, kämpfte ich doch die ganze Zeit mit Gefühlen von Furcht und Scham. Was machte ich, eine jüdische Frau, in Deutschland, wo die ältere Generation der Deutschen an einer systematischen Vernichtung der Juden beteiligt gewesen war? Bei jeder weißhaarigen Person, die ich sah, lief mir ein Schauer über den Rücken. Ich wusste, dass dies lächerlich und mein eigenes persönliches Problem war, aber ich fühlte mich diesen Gefühlen hilflos ausgeliefert und war sehr erleichtert, als ich Deutschland wieder verließ. Aufgrund dieser Erfahrung fragte ich mich, ob ich nicht einen großen Fehler machen würde, wenn ich die Verpflichtung, einen Vortrag in Bad Soden zu halten, annähme. Falls dieses Treffen erfolgreich verlaufen sollte, könnte es zu weiterem Engagement führen. Ich war zerrissen und tief beunruhigt und entschied mich, mit einem Kollegen und gutem Freund, einem sehr erfahrenen Analytiker in Paris, Prof. Serge Lebovici zu sprechen. Er hörte sich sorgfältig an, was ich zu sagen hatte, und mit einem leichten warmherzigen ermutigenden Schlag auf meinen Arm sagte er: "Anne-Marie, dies ist wirklich unser Problem. Die Zeit geht weiter und obwohl es kein Vergessen geben kann, muss jeder von uns innere Möglichkeiten finden, mit dieser schwierigen Vergangenheit fertig zu werden." Seine Güte und seine Klugheit halfen mir, und so begann meine lohnende und bereichernde Zusammenarbeit mit vielen Mitgliedern der DPG.

Ich werde meinen Besuch in Bad Soden nie vergessen. Ich hatte einen Text vorbereitet, aber aus einem Impuls heraus entschied ich mich, frei zu sprechen, statt mich der Mühe zu unterziehen, meine Mitteilungen auf Deutsch vorzulesen, was anstrengend und wenig spontan gewesen wäre. Wir hatten eine hervorragende, offene und lebhafte Diskussion. Natürlich war das Publikum durchaus geteilter Meinung, aber viele der anwesenden Kollegen waren interessiert und gefesselt. Am Nachmittag teilten wir uns in Gruppen auf und die Leute sprachen über ihre eigene Praxis. Viele deuteten an, wie sie ausgebildet worden waren und fühlten, dass dies ungenügend gewesen war. Sie gaben sich große Mühe, ihr Fachwissen zu erweitern. Manche fanden ihren Weg zu einer weiteren Analyse, andere schlossen sich einer Selbsterfahrungsgruppe an oder nahmen an speziellen wissenschaftlichen oder klinischen Diskussionsgruppen teil. Mir wurde deutlich, wie sehr diese Kollegen an der Psychoanalyse interessiert waren und wie engagiert sie sich ihr widmeten. Es machte mir aber auch klar, wie der Nationalsozialismus, der Krieg und seine tragischen Nachwirkungen viele ihrer Lehrer beeinflusst hatten und damit auch die Arbeitsweise ihrer Institute. Sehr viel klarer verstand ich die schmerzlichen Folgen der Zurückweisung der DPG durch die IPV in den 50er Jahren und auch, wie die Gesellschaft durch die nachfolgende Spaltung isoliert und von den bedeutenden Zentren psychoanalytischen Lernens, ihrer Weiterentwicklung und ihren Kontroversen abgeschnitten worden war.

Im Anschluss an Bad Soden wurde ich eingeladen, ein jährlich stattfindendes klinisches Seminar – die kasuistisch-technische Konferenz – zu leiten. Ich habe dies mit großer Freude getan – bekanntlich jetzt seit zwölf Jahren in Folge. Ich war von Anfang an beeindruckt von der offenen, nachdenklichen und lebhaften Darstellung der klinischen Fälle und dem echten Interesse, neue Auffassungen und Methoden zu lernen und zu diskutieren. Auf der anderen Seite fiel mir, während ich die Falldarstellungen anhörte, damals auf, dass einige der Vortragenden dazu neigten, auf Abwehrprozesse der Patienten gereizt zu reagieren, und manchmal sogar dazu tendierten, diese zurechtzuweisen, um mehr Material zu bekommen. Das überraschte mich, da ich aus einer Tradition kam, in der die Abwehr als wichtiges Material behandelt wird, das verstanden und dann gedeutet werden sollte. Die Arbeit mit Übertragung und Gegenübertragung fehlte meistens, und die Annäherung an die Patienten schien sich mehr auf ihre äußere Realität als auf ihre inneren Konflikte und unbewussten Beweggründe zu beziehen. Trotz dieser Kritik: durch die Atmosphäre von Hingabe und Ernsthaftigkeit, die während unserer Treffen vorherrschte, war ich immer sehr gespannt darauf, mit den Mitgliedern der DPG zu arbeiten. Lehren war der Ursprung gegenseitigen Lernens, und ich fühlte mich bereichert und angeregt durch Ihre Falldarstellungen.

Dann, unter dem Vorsitz von Prof. Jürgen Körner, erwog die DPG einen neuen Schritt in Richtung IPV zu unternehmen. Dies war das Ergebnis vieler Jahre intensiven Nachdenkens und Diskutierens und geschah in vollem Bewusstsein von Angst, Hoffnung, paranoiden Gedanken und Verletzungen, die innerhalb der DPG auf verschiedenen Ebenen vorhanden waren. Ich war froh, als ich im Anschluss an den ersten offiziellen Kontakt der DPG mit der IPV selbst vorgeschlagen wurde, zusammen mit meinen erfahrenen und engagierten IPV–Kollegen das erste IPV-Komitee, das eng mit den Vorstandsmitgliedern von DPG und IPV zusammenarbeitete, zu leiten und an den langen und oft frustrierenden Verhandlungen, die nun stattfanden, teilnehmen zu können. – Heute teile ich mit Ihnen das Vergnügen und die Befriedigung, dass diese Anstrengungen der Mühe wert gewesen sind und die DPG jetzt als IPV Provisional Society of Council anerkannt worden ist.

Dies eröffnet für jeden von Ihnen Möglichkeiten für neuen Austausch und bietet Gelegenheiten, neue Ideen und Überlegungen darzustellen. Für die IPV bedeutet es eine wichtige Bereicherung, da die neuen Mitglieder alle sehr erfahrene und renommierte Analytiker sind.

In einer Zeit, in der die Psychoanalyse weltweit bedroht ist und oft von bestimmten Wissenschaftlern und von Gesundheitsdiensten angegriffen wird, ist es sehr wichtig, dass wir uns zusammenschließen und die Fülle unserer Ideen und die Stärke unserer Fähigkeiten darstellen. Obwohl Spannungen und Konfrontationen zwischen den beiden deutschen psychoanalytischen Gesellschaften nicht über Nacht verschwinden können, wurde einer intensiveren Zusammenarbeit auch von Seiten der Deutschen Psychoanalytischen Vereinigung (DPV) voll zugestimmt. Ihre mutige und offene Unterstützung half viel, die Verhandlungen auf der Geschäftlichen Sitzung während des IPV-Kongresses in Nizza zu erleichtern. Dafür empfinde ich große Dankbarkeit gegenüber diesen Kollegen.

Es wäre illusionär zu denken, dass ab sofort alles ganz einfach sein würde. Gerade jetzt, da sich in Deutschland die Anzahl der Personen deutlich erhöht hat, die tief mit Patienten arbeiten können, droht den psychoanalytischen Instituten ein Schwund der Bewerberzahlen. Das erzeugt natürlich große Beunruhigung und Konkurrenz. Viele Institute geraten in Versuchung, ihre Ausbildungsanforderungen herunterzuschrauben, um dadurch mehr Kandidaten anzulocken. Sie, die DPG, haben den entgegengesetzten Weg gewählt, als sie sich entschieden haben, der IPV beizutreten. Es besteht kein Zweifel, dass Sie die wahren Werte der Psychoanalyse schützen möchten – einer Disziplin reich an Komplexität und Tiefe. Die psychoanalytische Praxis stellt an uns ständig neue Herausforderungen in unseren Bemühungen, unsere Patienten zu verstehen und zu erreichen. Dies ermutigt uns, immer neu dazuzulernen und uns den immer wieder neuen Forschungsergebnissen über das Seelenleben zu verpflichten. Deshalb dürfen meines Erachtens Kandidaten und Praktikanten auch keine Abstriche an ihrer Ausbildung machen. Eine gründliche und darum auch langwierige Ausbildung ist absolut notwendig. In einigen Ländern werden vier- oder fünfstündige Behandlungen während der Ausbildung immer seltener, aber ich stimme voll und ganz der Auffassung der IPV zu, dass uns erst die eigene Erfahrung einer hochfrequenten Analyse eine tiefe analytische Arbeit ermöglicht, wie wir sie durch eine geringere Frequenz nie erreichen könnten. Wenn wir als Ausbildungskandidat dieses Privileg einer hochfrequenten Analyse haben erfahren können und auch während der Ausbildung in der Supervision gelernt haben, uns mit den wirkungsvollen Übertragungs-

und Gegenübertragungsphänomenen zu befassen, sind wir gut darauf vorbereitet, die unterschiedlichen und häufig sehr schwer gestörten Anteile des Patienten zu erkennen und zu behandeln. Die Forschung wird uns, so hoffe ich, in zunehmendem Maße dazu verhelfen, die Frequenz auszuwählen, die für die Störung jedes einzelnen Patienten am angemessensten ist.

Ohne Zweifel wird der von der IPV empfohlene Minimalstandard der Ausbildung nicht generell eingehalten, nicht einmal innerhalb der IPV selbst. Wir müssen zugeben, dass eine beträchtliche Anzahl Analytiker zu Kompromissen bereit ist und es leichter findet, Patienten von einer analytischen Behandlung mit einer niedrigeren Frequenz zu überzeugen. Dies verleitet manche Institute dazu, die Anforderungen an die psychoanalytische Ausbildung herabzusetzen. Entsprechend wird die Ausbildung leichter und kürzer. Nach meiner Meinung führt dies jedoch in eine gefährliche Richtung: nicht nur die psychoanalytische Ausbildung ist verwässert, sondern auch die Identität des Analytikers verwischt. Wenn wir wirklich von der Tiefe und Komplexität der Psychoanalyse überzeugt sind, sollten wir wichtige Veränderungen der Technik gründlich erforschen, bevor wir sie übernehmen. Die IPV hat ein Komitee eingerichtet, das sich speziell mit diesem Problem befasst und sich bemüht, die unserer psychoanalytischen Arbeit zu Grunde liegenden maßgeblichen Vorannahmen zu klären. Es wurde deutlich, dass Psychoanalyse innerhalb der IPV auf ganz verschiedene Art und Weise verstanden und praktiziert werden kann. Dieser Pluralismus kann bereichernd sein, wenn die Voraussetzungen jeder einzelnen Sichtweise vollständig verstanden und anerkannt werden. Zum Beispiel besteht unter den Psychoanalytikern, die von der Französischen psychoanalytischen Tradition beeinflusst worden sind, eine starke Tendenz, Patienten nur dreimal in der Woche zu sehen. Diese Praxis basiert auf einem bestimmten Konzept vom psychoanalytischen Prozess, besonders in Bezug auf die Rolle des Analytikers. Der Schwerpunkt wird darauf gelegt, ein Setting zu ermöglichen, das dem Patienten das freie Assoziieren erleichtert. Die Rolle des Analytikers wird auf seltene Interventionen begrenzt. Seine Aufgabe ist es, den Rahmen aufrechtzuerhalten, sich dabei aber zurückzuhalten und nicht in das vom Patienten hervorgebrachte unbewusste Material einzumischen. Wie wir sehen können, hat in diesem Modell das Konzept der Abwehr kaum einen Platz. Die Ausbildung in Frankreich ist intensiv, sehr streng und langwierig.

Lassen Sie mich meine Ausführungen damit schließen, den Organisatoren dieses Kongresses dafür zu gratulieren, ein solch exzellentes Thema für die Diskussion gewählt zu haben. Wir begegnen immer mehr Patienten, denen während ihrer frühen Kindheit in ihren Beziehungen zu ihren Primärobjekten größere Probleme widerfahren sind, und für die Trennung ein außergewöhnlich traumatisches Ereignis geblieben ist. Wir tun gut daran, die vielen Aspekte des "Fort-Da"-Spiels zu erforschen. Ich bin sicher, dass wir Berlin mit neuen Gedanken und neuem Verständnis verlassen haben Das wird unseren Patienten nützen.

Vielen Dank, dass Sie mich eingeladen haben, an diesem vielversprechenden Ereignis teilzunehmen.

Anne-Marie Sandler

(Aus dem Englischen von Beate Blank–Knaut, Berlin)

Anwesende Abwesenheit – über das Paradox der Psychoanalyse

Franz Wellendorf

In den "Papieren des Immunen" (1988) des Schweizer Schriftstellers Hugo Loetscher heißt es: "Es sei aber ein Heimweh, das ihn selber nicht heimtreibe, sondern fort, nicht dorthin, wo er einmal zuhause war, sondern dorthin, wo es andere Zuhause gebe. Nicht dass er ein neues Zuhause suche, aber er möchte wissen, was alles sein Zuhause sein könnte." Ein Heimweh, das fort treibt – angetrieben von einem brennenden Wunsch zu wissen, welche unbekannten Möglichkeiten, anzukommen und erneut aufzubrechen, uns jenseits der Grenze erwarten werden: Das ist auch der Motor, der die Psychoanalyse und den analytischen Prozess vorantreibt.

Der analytische Prozess ist größer als wir selbst. Im Laufe der Jahre haben Psychoanalytiker viel psychoanalytisches Wissen und klinische Kompetenz erworben. Sie haben aber auch durch Erfahrung gelernt – und oft war es eine sehr schmerzliche Erfahrung – , dass der psychoanalytische Prozess unser Fassungsvermögen und Verstehen immer wieder überschreitet. Wenn wir uns auf ihn einlassen, können wir nicht wissen, wohin er uns führen wird und als wer wir und unsere Patienten aus ihm hervor gehen werden. Zum Kern des psychoanalytischen Prozesses gehört eine unaufhebbare Verknüpfung von Vertrautheit und Geheimnis, von Anwesenheit und Abwesenheit. Wenn wir uns ihm anvertrauen, wird der psychoanalytische Prozess uns auf die Probe stellen und seine eigenen Anforderungen an uns stellen (Parsons 1999).

Mein Thema lautet: "Fort-Da. Trennen und Verbinden im psychoanalytischen Prozess". Es wird in vielfältiger Weise die Rede sein von Bindung, die fort treibt, und von Trennung, die ankommen lässt. Beides, Trennung und Bindung, "Fort" und "Da" sind unabhängig voneinander nicht zu denken. Ohne Trennung gibt es keine Erfahrung von Bindung, und ohne Bindung ist Trennung nicht denkbar.

Jeder kennt die Beschreibung, die Freud von dem "Fort-Da"-Spiel seines 1½-jährigen Enkels Ernst in "Jenseits des Lustprinzips" (1920) gegeben hat. Der ganze Text der Abhandlung ist eine Spekulation und Meditation über das "Binden" und "Entbinden" von Erregung – einer organischen und psychischen Erregung, die durch das Fremde und rätselhafte Andere, das von jenseits der äußeren oder inneren Grenze hereinbricht, hervorgerufen wird. "Lust", sagt Freud, setzt gebundene Erregung voraus, wohlgemerkt beides zugleich: Erregung, die bestehende Grenzen auflöst und das psychische und soziale Gleichgewicht aus den Fugen bringt, und Bindung, die immer neu zusammenfügt, was in Splitter und Fragmente zu zerfallen droht. "Unlust" erleben wir, wenn beides auseinander fällt – wenn Erregung nicht gebunden werden kann, aber auch, wenn Bindung zu einer erstarrten Fessel wird. Beides bedeutet eine traumatische Erfahrung.

Anwesende Abwesenheit: wenn etwas weder einfach "fort" noch ganz "da" ist, nimmt es eine dritte, eine potentielle Position ein. Beide Bewegungen, Trennen und Verbinden, haben eine trianguläre Struktur. Was mich vom Anderen trennt und was mich mit ihm verbindet, ist stets ein Drittes, Garant der Grenze und zugleich Garant der Verbindung. Niemals finden wir hier eine starre Struktur, sondern einen Prozess des Triangulierens – einen Prozess, der die Beziehung zwischen Mutter und Kind und die innere Welt des Individuums, aber auch die analytische Beziehung und die psychoanalytischen Gruppen und Institutionen lebendig und kreativ macht, so dass Entwicklung möglich ist und Neues entstehen kann. Wie aber können wir den Prozess des Triangulierens, der psychisches und soziales Leben und die Arbeit des Psychoanalytikers überhaupt erst möglich macht, verstehen?

Ich werde dieser Frage auf drei Ebenen nachgehen:

(1) auf der Ebene der Konstitution des Subjekts und der psychoanalytischen Theorie;

(2) auf der Ebene des psychoanalytischen Prozesses und der klinischen Praxis; und

(3) auf der Ebene der psychoanalytischen Institutionen und ihrer Geschichte.

Auf all diesen Ebenen kehrt das "Fort-Da"-Spiel in neuem Lichte wieder. Es soll der rote Faden sein, der mich durch die Vielfalt der Erscheinungen leitet.

1 Das Paradox der anwesenden Abwesenheit

1.1 Das "Fort-Da-Spiel"

Beginnen wir mit der Frage: Was zwingt Freuds Enkel Ernst, das "Fort-Da-Spiel" zu spielen? Und: Wie hat Freud selbst dieses Spiel verstanden? – Das "Fort-Da-Spiel" ist ein Spiel von Erregung und Bindung. Es hat zwei Akte. Den ersten beschreibt Freud so: Ernst war ein "braves Kind", das "in gutem Rapport mit den Eltern und dem einzigen Dienstmädchen" war und "wegen seines 'anständigen' Charakters gelobt" wurde. Dieser "anständige" Charakter zeigte sich darin, dass es seine Eltern nie zur Nachtzeit störte; dass es "Verbote, manche Gegenstände zu berühren und in gewisse Räume zu gehen", "gewissenhaft" befolgte und "vor allem anderen" nie weinte, "wenn die Mutter es für Stunden verließ, obwohl es dieser Mutter zärtlich anhing (...)". Allerdings: dieses brave Kind hatte "gelegentlich" eine Gewohnheit, die die Erwachsenen störte: Es warf "alle kleinen Gegenstände, deren es habhaft wurde, weit von sich weg in eine Zimmerecke, unter ein Bett usw., so dass die Erwachsenen das Spielzeug wieder zusammen suchen mussten, was, wie Freud betont, "oft keine leichte Arbeit war". Kurz: Der Knabe machte den Erwachsenen Arbeit. Das Fortschleudern der Gegenstände begleitete Ernst mit einem lauten und langgezogenen "o-o-o-o". Freud gesteht, dass "es ziemlich lange" dauerte, "bis (ihm) das rätselhafte und andauernd wiederholte Tun (...) seinen Sinn verriet." Dies gelang erst, als er dem Laut "o-o-o-o", mit dem das Kind sein Tun begleitete, eine bestimmte Deutung gab – die Bedeutung "fort". Jetzt endlich, sagt er, habe er gemerkt, "dass das ein Spiel sei und dass das Kind alle seine Spielsachen nur dazu benütze, mit ihnen 'fortsein' zu spielen." Freud sieht sich in dieser Auffassung durch die Beobachtung des zweitens Akts des Spiels bestätigt: Ernst wirft eine Holzspule, die an einem Bindfaden befestigt ist, "mit großem Geschick über den Rand seines verhängten Bettchens, so dass sie darin [verschwindet], sagt (...) dazu sein bedeutungsvolles 'o-o-o-o' und zieht dann die Spule am Faden wieder aus dem Bett heraus, begrüßt (...) aber deren Erscheinen mit einem freudigen 'Da'." Hier haben wir, sagt Freud, "das komplette Spiel, Verschwinden und Wiederkommen, wovon man zumeist nur den ersten Akt zu sehen bekam". Zugleich aber fällt ihm auf, dass der erste Akt, das Wegwerfen, für sich allein "unermüdlich als Spiel wiederholt" wird, "und zwar ungleich häufiger als das zum lustvollen Ende fortgeführte Ganze", obwohl doch "die größere Lust unzweifelhaft dem zweiten Akt anhing." Dass es sich um das Spiel von Verschwinden und Wiederkommen handelt, findet Freud, wie er in einer Fußnote anmerkt, "durch eine weitere Beobachtung völlig gesichert: Als eines Tages die Mutter über viele Stunden abwesend gewesen war, wurde sie beim Wiederkommen mit der Mitteilung begrüßt: 'Bebi o-o-o-o!', die zunächst unverständlich blieb. Es ergab sich aber bald, dass das Kind während dieses langen Alleinseins ein Mittel gefunden hatte, sich selbst verschwinden zu lassen. Es hatte sein Bild in dem fast bis zum Boden reichenden Standspiegel entdeckt und sich dann niedergekauert, so dass das Spiegelbild 'fort' war."

1.2 Deutungen des Spiels

Freud betont, dass das Spiel eine kreative kulturelle Leistung des Kindes ist, indem es mit seiner Hilfe zustande bringt, auf Triebbefriedigung zu verzichten und "das Fortgehen der Mutter ohne Sträuben zu gestatten." Das aktive In-Szene-Setzen von Verschwinden und Wiederkommen entschädige das Kind gleichsam für das Verschwinden der Mutter, dem es passiv ausgesetzt ist.

Eine Frage bleibt für Freud jedoch offen: Wie stimmt es zum Lustprinzip, dass das Kind gerade das "ihm peinliche Erlebnis" des Fortgehens der Mutter im Spiel besonders häufig wiederholt? Er erwägt verschiedene mögliche Antworten: Vielleicht müssen wir das Verhalten des Kindes einem "*Bemächtigungstrieb*" zurechnen, der es ihm erlaubt, von der passiven Rolle in die aktive zu wechseln, um so das Ohnmachtgefühl angesichts von Trennung und Verlust durch ein Gefühl der Bewältigung zu ersetzen. Oder handelt es sich um "die Befriedigung eines im Leben unterdrückten *Racheimpulses* gegen die Mutter, weil sie vom Kinde fortgegangen ist" und nun ihrerseits fort geschickt wird? All diese Antworten sind nicht falsch und verweisen auf wichtige psychische Mechanismen. Aber die treffen nicht den innersten Kern dessen, was in dem "Fort-Da-Spiel" und im Spiel vor dem Spiegel geschieht.

Freud sieht im Spiel einen *Wiederholungszwang* am Werk. Wie für Freud ist es für die meisten Psychoanalytiker [z.B. Bibring (1943), Hartmann et al. (1958) oder Brenner (1971)] eine vertraute Erfahrung, dass dieser Zwang sich in der psychoanalytischen Behandlung als ein schwer zu überwindender Widerstand äußert. Der Begriff wird dabei deskriptiv gebraucht. In den Spekulationen, die Freud uns in "Jenseits des Lustprinzips" vorlegt, ist der Zwang zur Wiederholung jedoch der Ursprung psychischen Lebens überhaupt (Friedman 1992). Er gehört zur Konstitution der Psyche selbst.

Um dies zu verstehen, müssen wir uns klar machen, was eine Wiederholung ist und warum es sich um einen Zwang handelt.

(1) Was ist eine Wiederholung? – Hier hilft ein Gedanke weiter, den Žižek (2001) entwickelt hat. Freud beschreibt das Wegwerf- und Garnrollen-Spiel seines Enkels so, als wiederhole das Kind eine identische Handlung (Freud 1920, S. 225). Der Schwerpunkt liegt auf der Wiederholung des Identischen, auf der Regelhaftigkeit. In dieser Weise verstehen wir als Psychoanalytiker auch die Übertragung als eine Wiederholung "unerwünschter Anlässe und schmerzlicher Affektlagen" (Freud 1920, S. 231) in der Beziehung zum Analytiker. Tatsächlich gibt es aber, wie Žižek betont, Wiederholung und Regelhaftigkeit nur, weil es zugleich Abweichung gibt. Abweichung ist keine irrationale Ausnahme, sondern die andere Seite der Wiederholung. Wir dürfen annehmen, dass jeder Wurf der Garnrolle und jedes Zurückholen eine zeitliche und räumliche Variation, wie minimal auch immer, aufweist. Ein völlig identischer Wurf kann niemals gelingen. In gleicher Weise ist auch das Subjekt, aber auch der Andere, mit dem es verbunden ist, in gewisser Weise von Augenblick zu Augenblick niemals dieselbe Person, was eine erschreckende Idee sein kann. So ist das Kind vor der Trennung nicht dasselbe wie das Kind nach der Trennung; und die Mutter, die zurückkommt, ist nicht dieselbe Mutter wie die, die fort gegangen ist. Auf beide fällt ein Schatten von Abwesenheit, der vorher nicht da war.

(2) Warum können wir von einem Zwang reden? – Um des psychischen Überlebens und der Entwicklung willen ist es notwendig, die Erregung, die die Trennung des Kindes von der Mutter und ihre Rückkehr auslösen, durch *Symbolisierung* zu binden und ihr in Gestalt neuer Erfahrung einen Ort in der inneren Welt zu schaffen. Er ist ein Zwang zur Wiederholung, weil die immer neue Begegnung mit dem Fremden und Unbekannten der inneren und äußeren Realität das erreichte psychische und Beziehungsgleichgewicht stets wieder in Frage stellt. Immer wieder erleben wir eine Erregung, die noch nicht gebunden ist, und immer wieder müssen wir Bindungsarbeit leisten. Es ist Wiederholungsarbeit, durch die eine psychische Struktur entsteht, die flexibel genug ist, um, solange wir leben, durch Veränderung ausgelöste Erregung immer neu zu binden und in Erfahrung zu transformieren – eine Arbeit, die strukturell notwendig, d.h. ein Zwang ist. Dass das Kind mit der Garnrolle "Fort-Da" spielen kann, zeigt, dass es die Symbolisierung der Erregung bereits geleistet hat – im Unterschied

zur Übertragung, die belegt, dass der Patient die angstvolle Erregung, die die anwesende Abwesenheit des Analytikers auslöst, noch nicht symbolisch verarbeiten konnte.

Bisher habe ich das "Fort-Da-Spiel" unter der Perspektive der Trennung von der Mutter und ihrer rätselhaften Abwesenheit betrachtet. Dies ist die uns allen vertraute Interpretation des Spiels durch Freud: das Kind wiederholt im Spiel auf einer symbolischen Ebene das Fortgehen und Wiederkommen der Mutter. Es macht aus der heftigen Erregung seiner Hilflosigkeit und Angst etwas Neues, ein kreatives Spiel, und gewinnt so ein Gefühl der Meisterung, Erleichterung und Freude. Es macht aus der Getrenntheit eine Quelle der Kreativität.

Lacan (1978, S. 68) hat noch auf einen anderen Aspekt des "Fort-Da-Spiels" aufmerksam gemacht. Es gehe nicht nur um die Bewältigung der Gefahr der Trennung und der Getrenntheit von der Mutter. Das Verhalten des Knaben deute vielmehr darauf hin, dass mit der Trennung von der Mutter sich auch etwas vom Subjekt selbst löse. Die Spule sei primär kein Symbol der Mutter, sondern "ein kleines Etwas vom Subjekt, das sich ablöst, aber trotzdem ihm zugehörig ist, von ihm bewahrt wird." Das Spiel ist also nicht nur Ausdruck der Verarbeitung des Verlusts der Mutter, sondern auch eines damit einher gehenden partiellen *Selbstverlustes*. (Vgl. zum folgenden Friedman 1992, S. 312) Das Kind ist durch den Verlust der Mutter auch ein Stück weit sich selbst verloren gegangen. Durch das Fortgehen des Anderen droht die Gefahr, sich selbst weggeworfen und vernichtet zu fühlen. So ist es getrieben, im Spiel nicht nur die Mutter, sondern auch sich selbst und seine Beziehung zu ihr symbolisch wieder herzustellen. Er re-präsentiert sich selbst als "fort": Mutter fort – "Bebi o-o-o-o". Als Antwort auf das Verschwinden der Mutter entwickelt das Kind die Fähigkeit, sich selbst zu entziehen und verschwinden zu lassen. Beides gehört zusammen: das Spiel mit dem Verschwinden der Mutter und das Spiel mit dem eigenen Verschwinden.

Der Knabe *muss* dies tun, denn mit dem Verlust der Mutter wird er von einem *verlorenen Objekt* bewohnt. Dass das Kind der Mutter erzählt, was es vor dem Spiegel erlebt hat, zeigt, dass es Repräsentanzen der Mutter, seiner Selbst und der Beziehung zwischen den inneren Objekten gebildet hat. Jede Re-Präsentation bestätigt zugleich, dass das Objekt abwesend, nicht "da" ist. Das heißt: wenn nicht nur das abwesende Objekt, sondern auch das Subjekt repräsentiert wird, so gibt es in jedem Menschen eine grundlegende *innere Spaltung*. Wenn ich anwesend, d.h. "da" bin, bleibe ich doch zugleich dem Anderen und mir selbst im Kern unbekannt und abwesend; und auch der Andere bleibt in seinem innersten Kern zugleich fern, wenn er anwesend ist. Winnicott (1965, S. 245) hat das bekanntlich durch den Begriff des "Incommunicado", das es in jedem Menschen gibt, ausgedrückt. Das wahre Selbst befinde sich in einem Zustand ständiger Nicht-Kommunikation, schweigend und isoliert. Wenn wir in der Beziehung zum Anderen innerlich lebendig und intensiv anwesend sind, so bleibt doch zugleich etwas in uns fern und fremd. Karl Kraus, der die menschlichen Verhältnisse an der Sprache der Menschen erkannt hat, hat dieses Paradox als eines der Sprache in dem Aphorismus formuliert: "Je näher ich ein Wort anschaue, desto ferner schaut es zurück."

1.3 Leere und Öffnung für das Unbekannte

In jeder Trennung finden wir ein Paradox: Sie ist Verlust und möglicher Aufbruch zugleich. Die Abwesenheit des Objekts öffnet für die Zukunft. Sie schafft einen Möglichkeitsraum. Der Bezug zur Vergangenheit, zu dem, was wir verloren haben, ist, wie Derrida einmal gesagt hat, nie geschlossen, sondern in Wahrheit auf die Zukunft gerichtet – auf das, was kommen wird.

Winnicott schreibt: "Man kann sagen, dass Existenz nur aus der Nicht-Existenz beginnen kann." So ist der erste Akt des Garnrollen-Spiels, das Fort-Werfen eine zwingende Voraussetzung für das Lernen durch Erfahrung und die Entwicklung des psychischen Lebens des kleinen Kindes. Der darin sich zeigende Wiederholungszwang ist die innere Bedingung dafür, dass die Spannung von "Fort" und "Da", von Abwesenheit und Anwesenheit, die "Da"-Sein möglich macht, erhalten bleibt. Vor jedem Verlangen nach einem Objekt *muss* eine Leere im Selbst entstehen, damit es aufnahmefähig für das Unbekannte und Andere sein kann. Nur wenn ich immer wieder etwas von mir fortwerfe, kann etwas, was nicht mit dem Verlorenen völlig identisch und damit tot ist, also: Neues, entstehen. Um es in der Begrifflichkeit Bions auszudrücken: Die innere Fähigkeit zu Containment innerer und äußerer Erregungen würde verloren gehen, wenn der Container von dem Objekt unveränderlich besetzt bliebe. Wir können die Bindung an ein inneres, libidinös besetztes Objekt nur aufrechterhalten, wenn wir akzeptieren können, dass das Objekt verloren ist. Nur als abwesendes kann es psychisch anwesend sein. Bedeutungsvolles können wir nur schaffen, wenn wir unter der Schirmherrschaft des verlorenen, Wert geschätzten Objekts stehen. Jeder auf Lust zielende Wunsch setzt eine innere Veränderung des Subjekts voraus.

Mit der Symbolisierung findet eine Verschiebung der Besetzung auf ein anderes Niveau statt. Besetzt werden nicht länger die Mutter oder gar die Garnrolle als Objekte, sondern das "Fort-Da-Spiel" des Wegwerfens und Wiederholens selbst. Es ist ein wesentliches Element der Kreativität, dass eine Triebaktivität in ein Objekt umgewandelt wird und die Lust vom Objekt auf die Funktion verschoben wird. So besetzt der Dichter den Prozess des Dichtens und nicht das einzelne Gedicht und der Analytiker den Prozess des Analysierens und nicht das einzelne therapeutische Ergebnis.

1.4 Triangulierung I

Ich hatte gesagt, dass auf das Ich des Kindes, das von der Mutter getrennt worden ist, der "Schatten" des verlorenen Objekts fällt. Die Mutter, die zurückkommt, ist niemals dieselbe wie die, die fort gegangen ist. Immer wird sie die sein, die es verlassen hat. Ihre Rückkehr bedeutet zugleich, dass es möglich sein wird, dass sie wieder verschwindet. Ihre Anwesenheit ist potentielle Abwesenheit, ihre Abwesenheit potentielle Anwesenheit. Anwesende Abwesenheit kennzeichnet potentielle Objekte. Ohne sie kann es keine Gedankenbildung und kein Spielen geben (Green 2000). Als innere Beziehungsobjekte befähigen sie das Kind, in Gegenwart des Anderen, des Großvaters Freud, allein zu sein und zu spielen. Es hat sich ein triangulärer innerer Raum gebildet, den das Kind mit immer neuen "Fort" und "Da" bevölkert.

Jeder Mensch hat als Kind lernen müssen und muss, wenn er schmerzliche Trennungen und Verluste erlebt, immer wieder lernen, dass Trennung und Abwesenheit nicht Tod ist – weder der des Anderen, noch der eigene. Anzuerkennen, dass der Andere existiert, auch wenn er nicht "da" ist, bedeutet, die ödipale Situation als Grundtatsache des menschlichen Lebens – als "fact of life", wie Money-Kyrle (1968, S. 424) es nennt – anzuerkennen. Die Mutter, die zu ihrem kleinen Sohn zurückkehrt, kommt nicht aus dem Nichts zurück, sondern war anderen Dingen und Menschen zugewandt. Der "Schatten", den das verlorene Objekt Mütter auf das Kind wirft, ist zugleich der Schatten eines abwesenden Dritten, des Vaters, auf den sich ihr Begehren richtet.

In Freuds Beschreibung des Garnrollen-Spiels kommt der Vater nicht vor, was aber keineswegs bedeutet, dass er keine potentielle Präsenz besäße. Wir können sagen: Die *potentielle Präsenz des Dritten*, des Vaters, ist die andere Seite der Abwesenheit der Mutter. Wie

Green heraus gearbeitet hat, bedeutet seine Abwesenheit, dass er nicht anwesend, aber doch existent ist. Sie ist potentielle Anwesenheit. Selbst wenn er im Leben des Kindes real nicht auftaucht, sei es, dass er tot ist, oder sei es, dass er von Mutter und Kind getrennt lebt, ist er als inneres gutes oder auch böses Objekt der Dritte, auf den sich die Mutter immer schon bezogen hat. Seine potentielle Präsenz schafft eine intermediäre Situation anwesender Abwesenheit – eine Situation zwischen Verlust und Vernichtung auf der einen und Eindringen und Störung auf der anderen Seite. Es ist der Dritte, der überhaupt erst die Dyade von Mutter und Kind konstituiert und einen Raum schafft, in dem die Dyade als Gestalt wahrgenommen werden kann. Er ist derjenige, der in der Mutter-Kind-Beziehung niemals aufgeht, gewissermaßen ein Nicht-Ich. Vielleicht können wir sagen, dass in der Beziehung zum Dritten nicht die Polarität des "Fort-Da" das Geschehen beherrscht, sondern die Gleichzeitigkeit des "Hier und Dort" – hier: das ist die Intimität der Dyade; dort: das ist der Andere, der dieser Intimität entzogen bleibt und ihr Grenzen setzt.

Das Schwierige ist die Urszene, wie Segal (1991) sagt: die Wahrnehmung des Paares, das in einer Intimität aufblüht und aneinander Freude hat, wovon das Kind ausgeschlossen ist. Dies prinzipielle Ausgeschlossensein anzunehmen, bedeutet auch, die Unausweichlichkeit von Trennung und Tod zu akzeptieren. Denn der Andere wird nach der Trennung und wenn ich sterbe sein Leben weiter leben, so wie ich weiter lebe, wenn der Andere, der mir so viel bedeutet hat, tot ist. Den Ödipuskonflikt als Kernkonflikt menschlicher Entwicklung anzunehmen, bedeutet für das Kind (und jeden Menschen), fähig zu sein, die Mutter (den Anderen) als *ganze* Person wahrzunehmen, die ein von mir getrenntes und vollständiges Leben hat – ein Leben, zu dem eine Beziehung zum Dritten (Vater) gehört, die von meiner (des Kindes) zu ihm grundsätzlich verschieden ist. Die Urszene stellt auch das "Fort-Da" in einen besonderen Zusammenhang. Das Kind muss anerkennen, dass "Fort" auch bedeutet: "Die Mutter ist beim Vater und erlebt dort etwas, zu dem ich keinen Zugang habe." – Und "da" bedeutet: "Auch wenn die Mutter ‚da‘ ist, bei mir, ist in dieser ihrer Gegenwärtigkeit auch der abwesende Vater anwesend." Damit öffnen sich die Beziehungen im ödipalen Dreieck für mögliche neue Wahrnehmungen und Erfahrungen und für vielfältige Bedeutungen: der Dritte kann als wohlwollender Beobachter, Helfer, Retter, oder als Bedrohung, Störer etc. erlebt werden. Entscheidend für die psychische Entwicklung und das Lernen durch Erfahrung ist, ob Mutter und Kind dieses dritte Objekt ohne Neid und Gefühl der Zerstörung miteinander teilen können. Das drittes Objekt kann jedoch nur entstehen, wenn "die Beziehung zwischen dem Container und dem, was er aufgenommen hat, gut ist", wie Segal (1991, S. 82) sagt. Dann könnten beide, Mutter und Kind, das dritte Objekt so miteinander teilen, "dass alle drei davon profitieren". Das Kind hat einen inneren Gewinn davon, wenn die Mutter in der Beziehung zum Vater eine Befriedigung erfährt, die nicht die seine ist; und wenn der Vater sich bereichert fühlt, wenn Mutter und Kind aneinander Freude und Intimität erfahren, die nicht die seine sind.

2 Der potentielle Dritte im psychoanalytischen Prozess

2.1 Triangulierung II

Auch die analytische Situation besitzt eine trianguläre Struktur, denn die analytische Beziehung ist nur durch den Bezug zum Rahmen als einem Dritten möglich. Dabei dürfen wir nicht vergessen, dass das Entscheidende am Rahmen nicht all die Regelungen der Zeit, des Raumes, der Stundenfrequenz usw. sind, sondern der innere Bezug des Analytikers zur *psychoanalytischen Methode*. Der Bezug auf die Methode schafft einen triangulären Raum. Er erlaubt es dem Analytiker, sich in die Inszenierung der unbewussten Beziehungsphantasien des Patienten hineinziehen zu lassen, ohne sich darin zu verlieren, und diese Erfahrung für ein vertieftes Verstehen zu nutzen (Feldman 1997, S. 239). Erst die Methode als drittes Element macht es möglich, dass die Analyse Veränderung und Wachstum fördert und einen Sinn schafft, der die subjektiven Grenzen sprengt. Deshalb schreibt von Goldacker in einer unveröffentlichten Arbeit (2001): "Das Ringen des Analytikers darum, den ‚triangulären Raum' in der analytischen Situation und in seinem Inneren aufrecht zu erhalten bzw. wieder herzustellen, begleitet den gesamten analytischen Prozess. Man kann vielleicht sogar sagen, es sei das Wesen des Prozesses."

Green (2000, S. 193) hat dargestellt, dass der Patient in der analytischen Situation dem Rahmen keine Aufmerksamkeit schenkt und ganz im Banne des rätselhaften Fremden steht, das sich in ihm und in der Beziehung zum Analytiker als Übertragung, d.h. als Anheftung innerer Phantasmen an den Anderen abspielt. So findet auch der Spiegel als anwesend abwesendes drittes Element im Spiel des Kindes und in seiner Mitteilung "Bebi o-o-o-o" keine Beachtung. Spiegel und Rahmen werden solange "vergessen", als sie ihre Funktion erfüllen. Erst, wenn der Spiegel zerbrochen, und erst, wenn der analytische Rahmen – sei es durch den Patienten, sei es durch den Analytiker oder sei es auch durch gemeinsames Agieren – in Frage gestellt wird, werden sie Gegenstand der Aufmerksamkeit. Es besteht eine Kette struktureller Äquivalenzen: So wie der Spiegel in der Beziehung des Kindes zu seinem Spiegelbild potentiell präsent ist, so sind es auch der Vater in der Beziehung zwischen Mutter und Kind und der Rahmen in der analytischen Beziehung. Immer sehen wir uns mit einer abwesenden Anwesenheit konfrontiert, die einen psychischen Raum konstituiert, in dem es möglich ist, sich selbst und den anderen zugleich als getrennt und als verbunden wahrzunehmen, zu denken und zu sprechen, aber auch zu lieben und zu hassen.

Es kann für den Patienten sehr schmerzlich und ängstigend sein wahrzunehmen und schließlich anzuerkennen, dass die Zuwendung des Analytikers stets einen inneren Bezug auf die analytische Methode als dritte Instanz hat, d.h. begrenzt und abgegrenzt ist. Es gibt, wie wir wissen, schwierige Phasen in jeder Analyse, in denen die Gefahr besteht, dass der Bezug auf die Methode als dritter Instanz verloren geht und dass der Patient, aber auch der Analytiker auf omnipotentes Denken regredieren und an der Phantasie einer einzigartigen Beziehung fest zu halten versuchen. Es sind Phasen – wie etwa die Abschlussphase des analytischen Prozesses (von Goldacker 2001) –, in denen Trennung als Katastrophe gefürchtet wird und kein trianguläre Raum mehr existiert.

2.2 Pathologische Verzerrungen

Es gibt Patienten wie etwa die Grenzfälle und Psychosen, bei denen es besonders schwer ist, das Setting aufrecht zu erhalten und den Bezug zur psychoanalytischen Methode als dritter Instanz zu bewahren. Bei ihnen erstarrt die immer wiederholte Pendelbewegung zwischen "Fort" und "Da" in einer fixierten Opposition von "Fort" und "Da". In diesen Fällen sieht sich das Subjekt, das verlassen worden ist oder verlassen zu werden droht, mit einer Leere konfrontiert, die keine Hoffnung auf eine zukünftige befriedigende Wiederkehr und Anwesenheit des Anderen lässt, ohne dass ein Ersatz durch ein gutes Objekt gedacht werden könnte. Diese Erfahrung wird als ein unerträglicher Zustand erlebt, der namenlose Angst auslöst. Es gibt darin weder einen potentiellen Raum und noch potentielle Objekte. Die Patienten haben Empfindungen, Wahrnehmungen und mentale Zustände, die sie psychisch nicht verarbeiten, weder in sich fühlen noch sich bewusst machen, sondern nur projektiv ausstoßen können. Es kommt zu keiner Symbolisierung und zu keiner Ausbildung einer Welt innerer Objekte. Bion nennt diese rohen Empfindungen bekanntlich β-Elemente. Er hat von einer Zerstörung des Ortes gesprochen, an dem zuvor ein Gefühl und Zeit war (1967). Wenn der trianguläre psychische Raum zerstört ist, gibt es keine psychische Bewegung mehr. Das "Da" erstarrt zu undurchdringlicher, destruktiver Gegenwärtigkeit. Die Abwesenheit des Objekts wird auf einem fast körperlichen Niveau als ein unaufhörliches Fallen erfahren.

Bion (1972, S. 16f) unterscheidet zwischen *no-thing und nothing*. Er sagt, die ausbleibende Befriedigung werde nicht als "Nothing", "Nichts", sondern als ein "no-thing", ein "Nicht-Ding" erfahren. Man könne sagen, dieses "Nicht-Ding" habe ein Sein, obwohl wir es nur als Verneinung von Sein denken können. Es scheine irgendwo zwischen intrapsychischer Illusion und subjektiver und intersubjektiver Realität zu liegen. Das durch dieses Nicht-Ding hervorgerufene Gefühl werde dann als ununterscheidbar vom Nicht-Ding selbst erlebt, so dass das Gefühl durch ein Nicht-Gefühl ersetzt werde. Das könne bedeuten, dass Fühlen ganz fehle oder ein Gefühl, wie etwa Wut, allein die Funktion habe, den Horror der Leere zu verleugnen. Auch werde alle Zeit vernichtet, so dass Gegenwart, Vergangenheit und Zukunft zusammenfallen, es also auch keine Öffnung auf die Zukunft geben könne. Bion erinnert an dieser Stelle an den Satz von Pascal aus den Pensées: "Das ewige Schweigen dieser unendlichen Räume erschreckt mich." (Nr. 201/206)

Für Patienten, die der Gewalt dieses grenzenlosen Horrors der Leere in unerträglichem Ausmaß ausgesetzt sind, ist der trianguläre Raum verzerrt und bietet keinen Schutz. Eine Internalisierung des verlorenen Objekts findet nicht statt. An dessen Stelle tritt das, was Rose (2001) ein "*virtuelles Objekt*" nennt. Dies ist kein internalisiertes, mehr oder weniger pathologisches Objekt, sondern ein Objekt, das auf der Basis omnipotenter Phantasien aus dem Material der fragmentarischen Erklärungen für die Abwesenheit der Mutter geschaffen wird. Es reflektiert das Verständnis, das das Kind/der Patient für die Abwesenheit des Objekts hat, und dient der Abwehr des Horrors der Leere. Es kann verschieden gebildet werden: durch die Erschaffung von Sündenböcken (gleichsam Geistern), die Schuld daran sind, dass die Mutter (oder der Analytiker) "fort" ist; oder durch Abspaltung eines gehassten Teils des eigenen Selbst, der das Kind oder den Patienten in der Phantasie erstarren lässt, für die Mutter oder den Analytiker unerträglich zu sein. Dies virtuelle dritte Objekt ist schlecht und destruktiv, denn es ist die Ursache dafür, dass die Mutter ihre Besetzung vom Kind abzieht. Aber es ist gut, dass es "da" ist. Selbst wenn es nicht als gutes Objekt existiert, stellt es die Rückkehr der verlorenen Mutter imaginär sicher und besiegelt eine unlösbare, innige Verbundenheit mit ihr. Als Produkt der eigenen Omnipotenz ist die Mutter endgültig "da". Das Subjekt kann jetzt nicht mehr verlassen werden. Die Phantasie grenzenloser Verfügbarkeit schützt vor der Angst vor Trennung und Getrenntheit. Zugleich aber entsteht eine paradoxe Situation. Denn mit der Schaffung des "virtuellen Objekts" wird die Rückkehr der *lebendigen,* unkontrollierbaren Mutter gefürchtet aus Angst, sie werde das Kind wieder verlassen. Diese Patienten müssen deshalb jede Erfahrung eines guten Objekts abwehren. Sie können nicht annehmen, dass der Analytiker ihnen etwas Gutes geben kann.

Der Preis dafür ist hoch: Das virtuelle Objekt führt zu einer Verzerrung der Selbstrepräsentanz, weil es unvermeidlich zu einer Identifikation mit ihm kommt und damit zur Entwicklung eines "falschen Selbst" (Winnicott) – das heißt zur Ausbildung einer Selbstrepräsentanz mit omnipotent erschaffenen, virtuellen Eigenschaften.

Mit der Schaffung eines "virtuellen" Objekts entsteht eine imaginäre und destruktive trianguläre Situation. An die Stelle der Abwesenheit tritt eine hartnäckige Gegenwart. Das mütterliche Objekt wird von einem imaginären Dritten, den es in sich enthält, vollständig okkupiert. Melanie Klein (1932, S. 310f) spricht von einem "combined object", einer Figur der in sadistischer Allmacht vereinigten Eltern und einer Mutter, die den Vater in ihrem Innern enthält. Der Dritte ist keine lebendige und getrennte Person wie das väterliche Objekt, sondern Produkt der Omnipotenz und der narzisstischen Projektion des Kindes. Er kann deshalb nicht vor der dyadischen Verschmelzung mit der Mutter schützen, sondern verstärkt sie nur. Das illusionäre ödipale Dreieck, in dem die dritte Position von einem "virtuellen" Objekt eingenommen wird, verstärkt in einem circulus vitiosus die enge, unlösbare Verbundenheit mit der abwesenden Mutter. Es öffnet die Beziehung nicht, sondern verschließt sie defensiv mit all den zerstörerischen Konsequenzen für die Qualität der Beziehungen und des psychischen Wachstums. Die Person ist eingesperrt in ein "Claustrum", wie Meltzer (1922) es nennt, und wird unzugänglich für Kontakt. Die Welt wird gleichsam aus der Perspektive des destruktiven Innern des Objekts oder eines fremden Bewusstseinszustandes betrachtet.

Rose (2001) berichtet, dass in der Behandlung dieser Patienten die Gefahr einer unendlichen Analyse ohne Veränderung droht, da sie sich weigern, das mit dem inneren Bild der Mutter verschmolzene virtuelle Objekt aufzugeben. Die analytische Situation wird von einem

Widerstand gegen alles beherrscht, was die Zeitlosigkeit des infiniten "virtuellen" Objekts in Frage stellen könnte, weil Zeit Veränderung und Verlust bedeutet. Die Patienten sind in ihrem System der Abwehr gegen Verlust und Trennung eingesperrt, weil sie etwas haben, was immer "da" ist und sie nie verlassen wird. So erschöpft sich die analytische Arbeit in endloser Wiederholung derselben Themen und scheint ohne Objekt und Sinn zu sein. "Fort" und "Da" stehen starr gegenüber; es gibt keinen Wechsel zwischen Negieren und Bejahen, zwischen Abwesenheit und Anwesenheit und zwischen Trennen und Verbinden. Abweichung wird mit Verlust gleich gesetzt. Der Zirkel lässt sich nur durchbrechen, wenn es gelingt, den triangulären Raum in der analytischen Situation immer wieder herzustellen und eine ausgedehnte und stabile Situation des Holding zu schaffen, die es dem Patient ermöglicht, den Verlust des "virtuellen" Objekts zu betrauern.

3 Gruppen und Institutionen

Wenn ich gesagt habe, die dritte Instanz in der analytischen Situation neben Patient und Analytiker seien die Methode und die psychoanalytische Theorie, so muss diese Aussage insofern erweitert werden, als Methode und Theorie die Position des Dritten nur einnehmen und behalten können, wenn sie in den klinischen und theoretischen Diskursen der Psychoanalytiker immer neu geschaffen, bestätigt und weiterentwickelt werden. Um eine sichere psychoanalytische Kompetenz und eine stabile professionelle Identität zu erwerben, braucht der Analytiker die fördernde Umwelt der Gruppe und der psychoanalytischen Institutionen. Die "Evidenz des Unbewussten" (Sexualität, Ödipuskomplex, Widerstand und Verdrängung) kann nur, wie Beland (1983, S. 48) schreibt, im Kontext von Gruppenbeziehungen entstehen und bewahrt bleiben. Denn auch im Psychoanalytiker gibt es einen Widerstand gegen das Bewusstwerden unbewusster psychischer Realität und gegen die Psychoanalyse.

Der Analytiker braucht den Rahmen der Gruppe und der psychoanalytischen Institutionen in einem doppelten Sinne: Er muss eine stabile innere Objektrepräsentanz der Gruppe der Psychoanalytiker und ihrer Institutionen entwickelt haben; und er muss sich während seiner höchst persönlichen analytischen Arbeit sicher sein können, dass die psychoanalytischen Ausbildungsinstitutionen und die wissenschaftlichen Fachgesellschaften die Fähigkeit zum Containing haben – das heißt, dass seine Arbeit und die Belastungen, die sie bedeutet, und seine klinischen Ideen, auch wenn sie mit dem psychoanalytischen mainstream nicht völlig übereinstimmen, in der Gruppe und der Institution aufgenommen und nicht zerstört werden und dass sie ihrerseits die Gruppe und Institution nicht zerstören.

Die Tatsache, dass Ideen, Erfahrungen und Gedanken in einer psychoanalytischen Institution aufgenommen und anerkannt werden können, auch wenn sie von der herrschenden Linie abweichen, belegt die Existenz eines triangulären institutionellen Raumes. Wenn in einem Institut die Vorstellung dominiert, jede Abweichung vom herrschenden Konsens sei zerstörerisch, entsteht dyadische Enge und das "Fort-Da-Spiel" wird unmöglich. So gehört das Vorhandensein eines triangulären Raumes zu den Voraussetzungen eines lebendigen fachlichen und klinischen Lebens in einem psychoanalytischen Institut.

Was aber ist die Bedingung für die Herstellung und Erhaltung einer triangulären institutionellen Struktur? – Entscheidend ist, dass die Mitglieder der Institution ein drittes potentielles Objekt teilen. Jedes Institut braucht einen Bezug auf den anwesend abwesenden Dritten in Form von Auseinandersetzungen mit anderen Instituten, mit den Gremien der psychoanalytischen Gesellschaft (dem Ausbildungsausschuss, dem Lehranalytikergremium, der Gruppe der Forscher, dem Vorstand usw.) und mit internationalen Gruppen, in denen kulturelle Unterschiede im Verständnis der Psychoanalyse eine wichtige Rolle spielen.

Die trianguläre Struktur ist um so wichtiger, als angesichts innerer und äußerer Bedrohung eine Vielzahl von Mechanismen in Gang gesetzt werden, um an symbiotischen Phantasien von Zugehörigkeit und unbegrenzter Verfügung fest zu halten. Wir sind geneigt, diese Phantasien in der Institution zu deponieren (Bleger 1967) oder angesichts der Herausforderung und Ungewissheit, mit der uns der psychoanalytische Prozess konfrontiert, Sicherheit in einer Identifikation mit den institutionellen Werten und der Ideologie der Rolle, die die analytischen Institutionen uns anbieten, zu suchen (Parin 1977). Die Folge ist, dass diese unbewussten Bilder aus dem analytischen Prozess heraus gehalten werden. Wir kennen dies zur Genüge aus Lehranalysen oder aus Debatten über das Ausbildungssystem. Der Bezug auf den potentiellen Dritten hingegen konfrontiert die Gruppe und ihre Mitglieder schmerzhaft mit ihren persönlichen Grenzen und mit denen ihrer Institution.

Oft haben diese Mechanismen nicht unmittelbar mit der analytischen Arbeit und der Institution, in der sie wirksam werden, zu tun. Vielmehr entfaltet die psycho-soziale Dynamik in Gruppen und Institutionen, wie Beland hervorhebt, eine eigene Virulenz. Psychoanalytische Institutionen sind oft keine "Arbeitsgruppen" im Sinne von Bion (1971), sondern Fundgruben für irrationale gruppendynamische Prozesse, wie sie Bion mit den Grundannahmen "Abhängigkeit", "Kampf-Flucht" und "Paarbildung" als unbewusste Gruppenphantasien beschrieben hat. Derartige irrationale, "verrückte" Gruppenprozesse können bei den Mitgliedern zu quälenden Identitätszweifeln führen und erheblichen Einfluss auf die psychoanalytische Arbeit des Einzelnen haben. Sowohl auf der Ebene des Individuums als auch auf der der Gruppen und Institutionen kann es dadurch zu vielfältigen Projektionen und Identifikationen kommen, die die fachliche Kreativität und die Fähigkeit, die unbewusste psychische Realität zu erforschen, zerstören können.

Durch den Bezug auf den potentiellen Dritten werden die Gruppe und ihre Mitglieder mit ihren persönlichen Grenzen und mit denen ihrer Institution konfrontiert.

Die Kreativität des Psychoanalytikers droht abzusterben, wenn er mit seiner klinischen Arbeit (von deren Qualität er überzeugt sein muss, um sie gut machen zu können) und seinen konzeptionellen Überlegungen in seiner Bezugsgruppe keinen Platz finden kann und vom psychoanalytischen Diskurs ausgeschlossen ist. Derartige Ängste und Erfahrungen haben entscheidend zu den Abspaltungen beigetragen, die die Geschichte der Psychoanalyse seit den Tagen Freuds begleiten. Der verlorene oder verlassene Andere ist als abwesend dennoch virtuell weiter anwesend – als gutes oder als böses Objekt. Dies zeigt auch die Geschichte der Deutschen Psychoanalytischen Gesellschaft (DPG). Mit der Ablehnung der Internationalen Psychoanalytischen Vereinigung (IPV), die DPG 1949 wieder als Zweiggesellschaft aufzunehmen, und der Gründung der Deutschen Psychoanalytischen Vereinigung (DPV) im Jahre 1951 entstanden für die DPG zwei virtuelle Objekte im Sinne von Rose, die, obwohl abwesend, als eine Art Sündenböcke latent stets anwesend waren. Sie füllten die institutionelle Lücke, die mit den Entscheidungen von 1949 und 1951 entstanden war, und konnten als Projektionsfläche für das, was als einengend, dogmatisch oder erstarrt erlebt wurde, und zur Begründung des Rückzugs aus dem internationalen Diskurs dienen. Bis heute wird der überregionale psychoanalytische Diskurs in der DPG als Fachgesellschaft vielleicht gerade deshalb oft implizit oder explizit abgelehnt oder vermieden, weil er eng mit der Phantasie des bösen Dritten verknüpft wird – eines bösen Dritten, der die Alltagssorgen der analytischen Praxis ignoriert und durch starre Reglements oder normative Festlegungen die eigene klinische Erfahrung und die regionale psychoanalytische Kultur der Institute zu zerstören droht. Wir sollten uns fragen, ob diese Phantasie vom potentiell zerstörerischen Dritten nicht auch das Produkt von Zweifeln an der eigenen psychoanalytischen Kreativität ist. Je brüchiger das Containing innerhalb eines psychoanalytischen Instituts, desto mehr muss der Bezug zu überregionalen Institutionen wie der Fachgesellschaft als ganzer oder der Internationalen Psychoanalytischen Vereinigung als anwesend abwesenden Dritten gefürchtet und abgewehrt werden. Innerhalb der DPG hat dies zu einer institutionellen Zersplitterung und Fragmentierung des analytischen Diskurses geführt, deren Nachwirkungen wir noch heute spüren. Viele Jahre war die DPG ein reiner Mitgliederverein, der keinen Einfluss auf die Institute und auf die an sie gebundene Ausbildung nahm. Einen überregionalen und lebendigen wissenschaftlichen psychoanalytischen Diskurs gab es nur begrenzt. Es fehlte eine dritte Instanz, die eine Verbindung zwischen den Instituten und der internationalen Psychoanalyse hätte schaffen können.

Inzwischen ist ein komplexer Prozess der Differenzierung und Integration in der DPG abgelaufen. Dabei wurde deutlich, wie überaus schwer es ist, die aus verborgener Omnipotenz (und Ohnmacht ist nur die Kehrseite davon) geborenen und von Projektionen geprägten Objekte "IPV" und "DPV" aufzugeben, sich mit der Realität dieser stets anwesend abwesenden Institutionen auseinander zu setzen und sie als eine potentielle dritte Instanz zu akzeptieren, die für den psychoanalytischen Diskurs und die fachliche Auseinandersetzung innerhalb der Gesellschaft einen Bezugspunkt bieten kann. Durch die Veränderungen innerhalb der DPG und die Wiederannäherung an die internationale Psychoanalyse erweitert sich der potentielle Raum der Institution und öffnen sich neue Möglichkeiten kreativer psychoanalytischer Arbeit. Dies setzt allerdings zweierlei voraus: (1) dass ihre Mitglieder die institutionellen Projektionen der einengenden, dogmatischen und erstarrten Tendenzen, aber auch die Projektionen institutioneller Willkür zurücknehmen können. Beide Tendenzen gibt es ja auch in der DPG und in ihren Instituten. Und (2), dass gleichzeitig verhindert werden kann, dass die Projektionen innerhalb der Gesellschaft als innere Spaltung wiederkehren – als Spaltung zwischen einer Gruppe, auf die die Wünsche nach Reglementierung projiziert werden, und einer anderen, die zur Trägerin der Projektionen von Beliebigkeit und falscher Freiheit wird. Durch eine Spaltung aber würde ein wirklicher Trauerprozess um die historisch verlorenen oder verpassten Möglichkeiten vermieden. Es ist wohl kein Zufall und mag Ausdruck einer "Unfähigkeit zu trauern" sein, dass es weder in der DPG noch in der DPV, geschweige denn gemeinsam, für die Zeit von 1951 bis heute (im Unterschied zu der Zeit bis 1949/1951) eine gründliche Aufarbeitung der historischen Dokumente gibt.

Für die weitere Entwicklung der Gesellschaft wird entscheidend sein, ob sich die DPG von vertrauten Strukturen und dem eingeschliffenen Selbstverständnis trennen und einen Verlust ertragen kann, um auf einer neuen Ebene das Verlorene wieder zu finden – ob wir als Psychoanalytiker also auch auf der institutionellen Ebene in einem triangulären Raum ein kreatives "Fort-Da-Spiel" miteinander werden spielen können.

4 Schluss

Zum Schluss erinnere ich noch einmal an das Zitat aus den "Papieren des Immunen" von Hugo Loetscher, mit dem ich meine Überlegungen begonnen habe. Dort heißt es: "Es sei aber ein Heimweh, das ihn selber nicht heimtreibe, sondern fort, nicht dorthin, wo er einmal zuhause war, sondern dorthin, wo es andere Zuhause gebe. Nicht dass er ein neues Zuhause suche, aber er möchte wissen, was alles sein Zuhause sein könnte." Ich denke, als Kind und in der psychoanalytischen Behandlung brechen wir auf und möchten wissen, was alles unser Zuhause sein könnte. Und jetzt ist auch die DPG als psychoanalytische Gesellschaft aufgebrochen. Ihre Mitglieder möchten wissen, was ihr psychoanalytisches Zuhause sein könnte. Finden können sie es nur dann, wenn sie wissen, von wo sie aufgebrochen sind, und wenn sie den Verlust ihres ersten Zuhauses schließlich anerkennen, aushalten und betrauern können. Dann muss das jeweils neue "Zuhause" nicht identisch mit dem ursprünglichen sein. Auf allen drei Ebenen – der Ebene des analytischen Prozesses, der Ebene der psychoanalytischen Theorie und der Ebene der psychoanalytischen Institutionen – gibt es dieses Heimweh, das uns fort treibt – angetrieben von einem brennenden Wunsch zu wissen, welche unbekannten Möglichkeiten, anzukommen und erneut aufzubrechen, uns jenseits der Grenze erwarten werden.

Literatur

Beland, H. (1983): Was ist und wozu entsteht psychoanalytische Identität. In: Jb. Psychoanalyse 15, S. 36-67.

Bibring, E. (1943): The conception of the repetition compulsion. In: Psychoanal. Q. 12, S. 486-519.

Bion, W. (1967): Second thoughts. London (Heinemann).

Bion, W. (1970): Attention and interpretation: A scientific approach to insight in psychoanalysis and groups. London (Tavistock).

Bion, W.R. (1971): Erfahrungen in Gruppen und anderen Schriften. Stuttgart (Klett).

Bleger, J. (1967): Psycho-analysis of the psycho-analytic frame. In: Int. J. Psycho-Anal. S. 511-519.

Brenner, C. (1971): The psychoanalytic concept of aggression. In: Int. J. Psycho-Anal. 52, 137-144.

Feldman, M. (1997): Projective identification: the analyst's involvement. In: Int. J. Psycho-Anal. 78, S. 227-241.

Freud, S. (1920): Jenseits des Lustprinzips. In: GW XIII, 1-69.

Friedman, J. (1992): Freud's Todestrieb. In: Int. R. Psycho-Anal. 19, S. 189-196; S. 309-322.

Green, A. (2000): Geheime Verrücktheit. Grenzfälle der psychoanalytischen Praxis. Gießen (Psychosozial-Verlag).

Hartmann, H.; Kris, E. & Loewenstein, R. (1958): Ego psychology and the problem of adaption. New York (Int. Univ. Press).

Klein, M. (1932): Die Psychoanalyse des Kindes. In: Gesammelte Schriften II, 1997. Stuttgart-Bad Cannstatt (frommann-holzboog).

Lacan, J. (1978): Die vier Grundbegriffe der Psychoanalyse. Olten-Freiburg i. Br. (Walter).

Loetscher, H. (1988): Die Papiere des Immunen. Zürich (Diogenes).

Meltzer, D. (1922): The claustrum. An investigation of claustrophobic phenomena, o. O. (Clunie).

Money-Kyrle, R. (1968): Cognitive development. In: D. Meltzer (Hg.), The collected papers of Roger Money-Kyrle, 1978, Strath Tay (Clunie), S. 416-433.

Parin, P. (1977): Das Ich und die Anpassungsmechanismen. In: Ders. (1978) Der Widerspruch im Subjekt. Ethnopsychoanalytische Studien. Frankfurt a. M. (Syndikat).

Parsons, M. (1999): The logic of play in psychoanalysis. In: Int. J. Psycho-Anal. 80, S. 871-884.

Pascal, B. (1987): Gedanken. Leipzig (Reclam).

Rose, J. (2001): The presence of absence in the transference: some clinical, counter-transference and meta-psychological implications. In: Bull. British Psycho-Analytical Society 37, S. 1-13.

Segal, H. (1991): Traum, Phantasie und Kunst. Stuttgart (Klett-Cotta).

Von Goldacker, U. (2001): "The full menu". Notes on the closing phase of the psychoanalytic process. Unveröff. Manuskript.
Winnicott, D. W. (1965): Reifungsprozess und fördernde Umwelt. Frankfurt a. M. (Fischer).
Žižek, S. (2001): Die Tücke des Objekts. Frankfurt a. M. (Suhrkamp).

Kapitel I

Das "Fort-Da-Spiel" und das Subjekt

Jenseits des Fort-Da-Prinzips

Slavoj **Žižek**

Die "Fort-Da"-Geschichte in Freuds *Jenseits des Lustprinzips* kann als der vielleicht beste Test dienen, um das Niveau des Freud-Verständnisses festzustellen. Nach der Standard-Fassung symbolisiert Freuds Enkel das Weggehen und Wiederkommen seiner Mutter damit, dass er eine Holzspule wegwirft – "Fort!" und sie (mit Hilfe eines daran gebundenen Fadens) wieder zurückholt – "Da!". Damit scheint die Situation klar; traumatisiert durch die Abwesenheit der Mutter überwindet das Kind seine Angst und erlangt die Herrschaft über die Lage, indem es sie symbolisiert. Dadurch, dass es die Mutter durch die Holzspule ersetzt, wird es zum Regisseur ihres Erscheinens und Verschwindens. Angst ist damit im freudigen Geltendmachen der Herrschaft aufgehoben.

Sind jedoch die Dinge wirklich so klar? Was ist, wenn die Holzspule nicht für die Mutter steht, sondern für das, was Lacan *objet petit a* nennt, letztlich das Objekt in mir, das, was die Mutter in mir sieht, was mich zum Gegenstand IHRES Begehrens macht? Wenn nun aber Freuds Enkel SEIN EIGENES Verschwinden und Wiederkommen spielt? In genau diesem Sinne ist die Holzspule das, was Lacan einen "Bizeptor" nannte; er gehört weder dem Kind noch der Mutter, er ist zwischen den beiden der ausgeschlossene Schnittpunkt der beiden Zustände.

1 Das objet petit a

Erinnert sei an Lacans berühmtes "Ich liebe dich, doch es gibt etwas in dir, das mehr ist als du, das ich liebe, das objet petit a, also vernichte ich Dich", – die elementare Formel der destruktiven Leidenschaft des Realen als des Bestrebens, den wahren Kern deines Wesens aus dir herauszuziehen. Das verursacht die Angst in der Begegnung mit dem Begehren des Anderen; worauf der Andere zielt, bin nicht einfach ich selbst, sondern ist der reale Kern, das, was in mir mehr ist als ich selbst, und der Andere ist bereit, mich zu vernichten, um diesen Kern herauszuholen. Ist nicht die ultimative Kino-Wiedergabe des extremen Charakters des *objet a* in mir die des "Alien" in dem gleichnamigen Film, dass ganz buchstäblich dasjenige "in mir" ist, "was mehr ist als ich selbst", ein fremder Körper im Innersten meiner selbst, und der darum nur um den Preis meiner Vernichtung aus mir herausgenommen werden kann?

2 Das elementare Paradox des Begehrens

Man sollte damit die Konstellation *umkehren:* das wahre Problem ist die Mutter, die sich an mir (ihrem Kind) erfreut, und der wahre Spieleinsatz ist es, dieser Einschließung zu entrinnen. Die wahre Angst ist dieses in der Lust *(Jouissance)* des Anderen gefangen zu sein. Ist es darum nicht so, dass ich, aus Angst vor dem Verlust der Mutter versuche, ihr Weggehen/ihr Kommen zu beherrschen, dass ich, geängstigt von ihrer überwältigenden Gegenwart, verzweifelt versuche, einen Fluchtweg zu bahnen, auf dem ich eine Distanz zu ihr gewinnen und damit fähig werden kann, mein Begehren aufrecht zu erhalten.

Wir erlangen dadurch ein völlig anderes Bild: anstelle des Kindes, das das Spiel beherrscht und auf diese Weise mit dem Trauma der Abwesenheit der Mutter fertig wird, haben wir das Kind, das versucht, der erstickenden Umarmung der Mutter zu entgehen und einen offenen Raum für das Begehren zu konstruieren; statt des verspielten Tauschs von "Fort" und "Da" haben wir ein verzweifeltes Schwanken zwischen den beiden Polen, von denen keiner Befriedigung verschafft – oder, wie es Franz Kafka geschrieben hat: "Ich kann nicht mit ihr leben, und ich kann ohne sie nicht leben". Und es ist diese höchst elementare Dimension des Fort-Da-Spiels, das in der kognitivistischen Geisteswissenschaft verfehlt wird. Ein neueres kognitivistisches Textbuch sagt uns: "Wenn jemand behaupten würde, dass jemand zugunsten seines Verlangens nach einem Objekt sich von diesem Objekt wegbewegte, dann könnten wir vermuten, dass er entweder ein Verrückter ist oder die Bedeutung des Ausdrucks 'Begehren' nicht kennt". Ist aber solch ein Vermeiden des Objekts gerade zugunsten unseres Verlangens danach – nicht gerade das Paradox des Begehrens an sich, seiner elementaren Grundlagen? Erinnert es nicht an das immer erneute Aufschieben des endlichen Treffens mit der fernen Geliebten?

Und vielleicht liefert dieses elementare Paradox auch den Schlüssel für die heutige kulturpolitische Spannung in unseren Beziehungen zu den Fremden: die tolerante Offenheit, die Einladung an sie, DA zu bleiben und zu ihrem Gegenteil, dem xenophobischen Verlangen, dass sie, in sicherer Distanz FORT bleiben. Was bei der ausländerfeindlichen Gewalt ins Auge sticht, ist das "primitive" Niveau der zugrundeliegenden libidinösen Ökonomie – "primitiv" nicht im Sinne einer Regression auf irgendeine archaische Schicht, sondern im Sinne der höchst *elementaren* Beschaffenheit des Verhältnisses zwischen Lust und Genießen, zwischen dem Zirkel des Lustprinzips, das nach Gleichgewicht, nach Wiederherstellung seines geschlossenen Kreislaufs strebt, und dem traumatischen fremden Körper des exzessiven Genießens. Die libidinöse Ökonomie, auf die sich der niederträchtige Kriegsruf "Ausländer raus!" stützt, lässt sich durch die Begriffe darstellen, die Freud und Lacan verwenden, um das Verhältnis von Ich und dem fremden Kern des Genießens zu beschreiben – diese Begriffe treffen exakt die Metaphorik der rassistischen Haltung gegenüber Ausländern: Assimilation und Widerstand dagegen, Ausstoßen eines fremden Körpers, gestörtes Gleichgewicht ... Um diesem Bösen im Hinblick auf die üblichen Arten des Bösen einen Platz zuzuweisen, bietet es sich an, als klassifikatorisches Prinzip die Freudsche Triade von Ich, Über-Ich und Es zu verwenden:

Wenn man einen Skinhead fragt, warum macht er das, bekommt man als Erstes eine pseudo-ideologische Antwort: "Wir tun das, um unsere westliche Zivilisation und ihre Werte – Freiheit, Demokratie, usw. – gegen den Fundamentalisten zu bewahren." Das heißt, man bekommt eine Über-Ich Antwort.

Wenn man weiter scharrt, bekommt man eine mehr ehrenhafte Antwort: "Die Fremden stehlen unsere Arbeitsplätze, unsere Frauen" – eine Antwort, die von eigennütziger Berechnung und Gier geleitet ist, und die sich auf der Ebene des Ich und seines utilitaristischen Egoismus bewegt.

Aber wenn man noch weiter scharrt, dann bemerkt man, dass bei den Skinheads, die Ausländer niederprügeln, eigentlich weder eine eigennützige Berechnung noch eine eindeutige ideologische Identifizierung zu beobachten Ist. Von all dem Gerede über Ausländer, die uns die Arbeitsplätze wegnehmen oder über die Bedrohung, die sie für unsere westlichen Werte darstellen, sollten wir uns nicht täuschen lassen: Bei genauer Untersuchung wird schnell deutlich, dass dieses Gerede nur eine überflüssige, sekundäre Rationalisierung ist. Die Antwort, die ein Skin uns schließlich geben wird, ist, dass Verprügeln von Ausländern ihm ein gutes Gefühl gibt, da ihn deren Gegenwart nervt ... Wir begegnen hier dem Es-Bösen, das heißt dem Bösen, das vom höchst elementaren Ungleichgewicht im Verhältnis von Ich und JOUISSANCE gebildet und angeregt wird – von der Spannung zwischen der "normalen" Lust und dem exzessiven fremden Körper der JOUISSANCE in deren innersten Zentrum.

Auch das ist aber noch nicht die letzte Antwort. Wenn man noch weiter scharrt, stößt man auf etwas wirklich Unheimliches: wenn der Skinhead wirklich dazu gezwungen wird, über die Gründe für seine Gewalttaten Rechenschaft abzulegen, beginnt er plötzlich ganz im Stile eines Sozialarbeiters, Soziologen oder Sozialpsychologen zu sprechen. Er führt mangelnde soziale Aufstiegschancen, steigende Unsicherheit, den Zerfall der väterlichen Autorität, den Mangel an Mutterliebe in seinen frühen Lebensjahren usw. ins Feld.

Damit begegnen wir vielleicht dem treffendsten Beispiel für die verallgemeinerte Reflexivität unseres Lebens – ein Phänomen, das heute den meisten Psychoanalytikern in der Gestalt der zunehmenden Unproduktivität der psychoanalytischen *Interpretation* bekannt ist. Traditionelle Psychoanalyse verlässt sich immer noch auf eine substantielle Vorstellung des Unbewussten als einem unreflektierten "schwarzen Kontinent", eine undurchdringliche "dezentrierte" Seinssubstanz des Subjekts, in die man durch die Interpretation mühselig vordringen und sie reflektieren, vermitteln muss. Heutzutage haben aber die Formationen des Unbewussten (angefangen bei den Träumen bis hin zu den hysterischen Symptomen) definitiv ihre Unschuld verloren: Die "freien Assoziationen" eines typischen erfahrenen Patienten bestehen zum größten Teil aus Bemühungen, eine psychoanalytische Erklärung ihrer Störungen zu liefern, weshalb man mit vollem Recht sagen kann, dass wir es nicht nur mit jungianischen, kleinianischen, lacanianischen usw. Interpretationen der Symptome zu tun haben, sondern mit Symptomen, die selbst schon jungianisch, kleinianisch, lacanianisch usw. sind, d.h. ihr Vorhandensein beinhaltet schon eine implizite Bezugnahme auf irgendeine psychoanalytische Theorie. Das unglückliche Resultat dieser allgemeinen Reflexivierung (alles wird Interpretation, das Unbewusste interpretiert sich selbst ...) besteht natürlich darin, dass die *Deutung* des Analytikers ihre "symbolische Wirksamkeit" verliert und das Symptom in seinem idiotischen Genießen intakt lässt. Mit anderen Worten passiert in der psychoanalytischen Kur also etwas ähnliches wie beim (schon erwähnten) Paradoxon des Neonazi-Skinheads: der große Andere als Substanz unseres gesellschaftlichen Seins zerfällt und ebenso die Einheit von Praxis und der ihr innewohnenden Reflexion in pure Gewalt und machtlose, unproduktive Interpretation.

3 Die Macht des Realen

Diese Machtlosigkeit der Interpretation ist eine der notwendigen Kehrseiten der universalisierten Reflexivität, die von den Theoretikern der

Risikogesellschaft so gepriesen wird: Es scheint so, als ob unsere reflexive Macht nur gedeihen kann, insoweit sie ihre Stärke aus irgendeinem minimal "präreflexiven" substantiellen Träger bezieht und sich auf einen solchen verlässt, der ihrem Zugriff entgeht, so dass die Universalisierung mit ihrer eigenen Unproduktivität bezahlt wird, d.h. mit dem paradoxalen Wiederauftauchen des brutalen Realen der "irrationalen" Gewalt, die für die reflexive Interpretation undurchlässig und taub bleibt. Die Tragödie besteht darin, dass, konfrontiert mit dieser Sackgasse der Unproduktivität ihrer interpretierenden Eingriffe, sogar manche Psychoanalytiker, die ansonsten der falschen Lösung nicht so leicht nachgeben und sich vom eigentlichen Feld der Psychoanalyse abwenden und sich ein Refugium bei der Biochemie oder dem Körpertraining suchen, dazu neigen, den Weg des Realen einzuschlagen: Sie betonen, dass, da das Unbewusste schon seine eigene Interpretation ist, dem Analytiker nichts anderes übrig bleibt als zu handeln [act] – anstatt dass also der Analysand agiert (und z.B. Fehlleistungen produziert) und der Analytiker die Handlungen des Analysanden interpretiert, haben wir es mit Analysanden zu tun, die interpretieren, und ihr Analytiker unterbricht diesen Interpretationsfluss durch einen Akt (in dem er z.B. die Sitzung vorzeitig beendet).

Was können wir Analytiker hier eigentlich noch tun? Es gibt heutzutage einen Druck, eine Forderung an die Psychoanalyse, sich über "extreme" Pathologien Rechenschaft abzulegen, von selbstmörderischen Terroristen bis hin zu "irrationalen" Massenmördern; die Psychoanalyse solle die Frage beantworten, wie "so etwas möglich war? Wie können Menschen so etwas tun?" Diese Forderung ist wie jede im klinischen Bereich, zweideutig und trügerisch: ihr wahrer Inhalt ist, das Trauma wegzuerklären, uns eine sichere Entfernung von ihm zu verschaffen, indem ein pathologischer Mechanismus bereitgestellt wird, der es erklärt, Hier treffen wir die ethische Aufgabe der Psychoanalyse: Uns in sie einzuschließen, um zu zeigen – Freuds altes Motto – wie Pathologie die symptomale Pathologie des Normalen selbst ist, das ist der beste Zugang zur verborgenen "Logik des Normalen". Das heißt, dass man die verborgenen Dimensionen gerade des Gegenteils des Fundamentalismus, die Dimensionen unserer toleranten, multikulturellen, liberalen Demokratie, infrage stellen sollte.

Erinnern wir uns an den Schwarzen in Spike Lee's Film *Do the Right Thing,* der die Weißen damit nervte, dass er mit laut aufgedrehtem Ghettoblaster herumspazierte. Es ist DIESE exzessive und aufdringliche *jouissance,* die zu tolerieren man lernen sollte – ist er nicht das ideale Subjekt der "kulturellen Belästigung"? Und stellt die Besessenheit von "sexueller Belästigung" nicht ebenso eine Form von Intoleranz – oder "zero tolerance" – um den populären Orwellschen Begriff der Gesetzeshüter zu gebrauchen – gegenüber dem Genießen des Anderen dar? Dieses Genießen ist per Definition exzessiv – jeder Versuch sein "natürliches Maß" zu bestimmen, geht fehl, weil sexuelle Verführung und Anmache als solche zudringlich, störend sind. Liegt darin nicht das letzte Motiv des Kampfes gegen "Belästigung", in der Idee des Rechts eines jeden Individuums darauf VON SEINEN ODER IHREN NÄCHSTEN ALLEIN-GELASSEN zu werden, vor ihrer aufdringlichen *jouissance* geschützt zu sein?

Warum hat Hamburg drei Fern-Bahnhöfe, den *Hauptbahnhof, Hamburg Dammtor* und *Hamburg-Altona, alle* auf der gleichen Strecke? Der Unterschied zwischen den ersten beiden, die offensichtlich "irrationale" Tatsache, dass einen kurzen Fußweg weit ein weiterer Bahnhof, *Dammtor,* liegt, lässt sich noch leicht erklären: die herrschende Klasse wünschte sich einen Bahnhof, in dem ihre Angehörigen unbehelligt von den Massen aus der Unterschicht einsteigen konnten. Viel rätselhafter verhält es sich mit dem dritten Bahnhof – *Altona.* Es ist nicht klar, woher dieser Name stammt; einigen Quellen zufolge bezieht er sich auf die Tatsache, dass diese dänische Siedlung, als "al to nah" ("allzu nah") an Hamburg selbst wahrgenommen wurde. Wahrscheinlicher ist aber, dass er auf "all ten au", "am Bach", zurückgeht. Tatsache ist jedenfalls, dass sich die Bürger Hamburgs seit dem frühen 16. Jahrhundert kontinuierlich über diese kleine, ursprünglich dänische Siedlung im Nordwesten des Stadt-Zentrums beklagen. Und bezüglich der "allzu nahe"-Theorie sollte man das alte italienische Sprichwort heranziehen: – se *non e vero, e ben' trovato* - ist es nicht wahr (auf der Ebene der Fakten), so ist es doch gut erfunden! Auf diese Weise ist bei Freud ein Symptom organisiert: als eine hysterische Anklage, die, auf der Ebene der Fakten, sicherlich nicht wahr, aber trotzdem "wohlbegründet" ist, weil ein unbewusstes Begehren in ihr wiederhallt. Auf die gleiche Weise übernimmt der dritte Bahnhof, *Altona,* die symbolische Funktion, die Eindringlinge, die immer "allzu nahe" rücken, auf sichere Distanz zu halten, und dient ebenso dazu, den grundlegenden gesellschaftlichen Widerspruch (den Klassenkampf) in einen Scheinwiderspruch zwischen "uns" (unserer Nation, in der alle Klassen in einem einzigen Körper vereint sind) und "ihnen" (den fremden Eindringlingen) zu verstellen und zu mystifizieren. Der Kampf innerhalb des sozialen Körpers (zwischen *Hauptbahnhof und Dammtor,* den Unterdrückten und der herrschenden Klasse) wird sich immer, durch eine strukturelle Notwendigkeit, in einem Kampf zwischen dem sozialen Körper "als solchem" (wir alle, Arbeiter und Herrschende) und denjenigen, die draußen sind ("sie", die Fremden, die "allzu nahe" sind, in *Altona)* spiegeln. Das impliziert auf keinen Fall, dass die Art und Weise, in der wir uns auf "sie" beziehen, bloß zweitrangig wäre, und wir einfach den Fokus wieder auf die Antagonismen richten sollten, die innerhalb "unserer" Gesellschaft aufbrechen; die Art und Weise, in der wir uns auf "sie", das dritte Element, beziehen, stellt den Hauptindikator dar, der anzeigt, wo wir wirklich in Bezug auf die inneren Antagonismen stehen. Besteht nicht die grundlegende Operation des heutigen, neo-faschistischen Populismus genau darin, die Anrufung der Arbeiterklasse mit der rassistischen Anrufung zu kombinieren (kosmo-politische, multinationale Firmen als der wahre Feind unserer ehrlichen Arbeiter)? Deshalb bedeutet – um ein extremes Beispiel zu nennen – für die Juden im heutigen Israel "Liebe deinen Nächsten!" "Liebe die Palästinenser!" ODER ES BEDEUTET ÜBERHAUPT NICHTS.

Die Gerichte der meisten westlichen Gesellschaften kennen die Maßnahme des "Verbots der Annäherung"; wenn jemand einen anderen wegen Belästigung verklagt (der ihn oder sie schlägt oder unerwünschte sexuelle Angebote unterbreitet), kann es dem Belästiger gesetzlich verboten werden sich dem Opfer wissentlich mehr als bis auf eine gewisse Entfernung (10 Meter) anzunähern. So notwendig diese Maßnahme auch angesichts der offensichtlichen Tatsache der Belästigungen ist, gibt es in ihr so etwas wie einen Widerstand gegen das Reale im Begehren des Anderen; ist es nicht offensichtlich, dass im offenen Bekunden der Leidenschaft für jemanden etwas schrecklich *Gewaltsames* liegt? Leidenschaft *verletzt* ihr Objekt per Definition, und selbst wenn ihr Adressat gerne bereit ist, diese Position einzunehmen, kann er das nie ohne einen Augenblick von Furcht und Überraschung tun. Oder, um noch einmal Hegels berühmtes Diktum "das Böse liegt in dem reinen Blick, der das Böse überall um sich herum erspäht" zu variieren: die Intoleranz gegenüber dem Anderen liegt in dem reinen Blick, der überall um sich herum intolerante, aufdringliche Andere wahrnimmt. Man sollte in Bezug auf diese Besessenheit von sexueller Belästigung besonders misstrauisch sein, wenn Männer sie äußern; schnell entdeckt man, nachdem man kaum an der "pro feministischen" PC-Oberfläche gekratzt hat, den guten, alten, chauvinistischen Männer-Mythos von Frauen als hilflosen Wesen, die man nicht nur vor aufdringlichen Männern, sondern letztlich vor sich *selbst* schützen muss.

Das Problem besteht nicht darin, dass sie unfähig wären, sich selbst zu verteidigen, sondern darin, dass sie anfangen könnten, die sexuellen Belästigungen zu GENIESSEN, d.h. dass das männliche Bedrängen in ihnen den selbstzerstörerischen Ausbruch eines exzessiven, sexuellen Genießens freisetzen wird. Kurz gesagt, man sollte die Aufmerksamkeit auf die Frage richten, *welche Art die verschiedenen Formen von Subjektivität von Belästigungen mit sich bringen?* Ist es nicht die "narzisstische" Subjektivität, in der alles, was andere tun (sich an mich richten, mich anschauen usw.), eine potentielle Bedrohung ist, so dass, wie es Sartre vor langer Zeit sagte, die Anderen die Hölle sind ("l'enfer, c'est les autres")? In Bezug auf Frauen als Objekt der Störung heißt das: Je mehr sie verdeckt sind, desto mehr erregen sie unsere (männliche) Aufmerksamkeit auf das, was hinter dem Schleier ist. Die Taliban zwangen die Frauen nicht nur dazu, in der Öffentlichkeit vollkommen verschleiert aufzutreten, sie verboten ihnen sogar Schuhe mit zu festen Absätzen aus Metall oder Holz zu tragen und befahlen ihnen, ohne zu laute Klack-Geräusche zu gehen, die die Aufmerksamkeit der Männer erregen und sie von ihrem inneren Frieden und ihrer Würde ablenken könnten. Das ist das Paradoxon des Mehr-Genießens in seiner reinsten Form: Je mehr das Objekt verhüllt wird, desto störender ist schon die geringste Spur seines Rests.

Trifft das nicht auch auf das immer stärker verbreitete Rauchverbot zu? Erst wurden alle Büros zu "Nichtraucherzonen" erklärt, dann Flugzeuge, Gaststätten, Flughäfen, Bars und Privatclubs, dann, in einigen Universitätsgeländen, ein Bereich von fünf Metern um die Eingänge der Gebäude. Schließlich, in einem einzigartigen Fall pädagogischer Zensur entfernte die amerikanische Post – ähnlich wie die Stalinisten Fotografien der Nomenklatura retuschierten – die Zigarette von der Briefmarke, auf der das Foto-Portrait Jackson Pollocks abgebildet war. Zielen diese Verbote nicht auf des Anderen exzessive, riskante *jouissance,* verkörpert in dem "unverantwortlichen" Akt, sich eine Zigarette anzuzünden und mit unverschämten Vergnügen tief zu inhalieren – im Gegensatz zu den Yuppies clintonscher Prägung, die es ohne zu inhalieren tun (oder die Sex haben ohne Penetration, oder Essen ohne Fett –, oder...)?

Wie kann man diesen geschlossenen Zirkel durchbrechen?

4 Lösungen I: Die Idiosynkrasie öbszönen Genießens

Im ehemaligen Jugoslawien machten Witze über die verschiedenen ethnischen Gruppen die Runde. Jede von ihnen wurde durch ein bestimmtes Merkmal stigmatisiert; Montenegriner galten als ausgesprochen faul, Bosnier als dumm, Mazedonier als Diebe, Slowenen als geizig usw. Bezeichnenderweise nahmen diese Witze mit der Zunahme ethnischer Spannungen in den späten 80er Jahren ab, und als 1990 der Krieg ausbrach, hörte man sie überhaupt nicht mehr. Weit davon entfernt, einfach nur rassistisch zu sein, waren diese Witze – vor allem diejenigen, in denen Angehörige verschiedener Nationalitäten aufeinander trafen (der "Ein Slowene, ein Serbe und ein Albaner gehen einkaufen"–Typus) – einer der Schlüssel zur tatsächlichen Existenz der offiziellen "Brüderschaft und Einheit" von Titos Jugoslawien. In diesem Fall dienten die gemeinsamen obszönen Witze nicht nur dazu, die anderen, die nicht "dabei" waren, auszuschließen, sondern sie fungierten auch als Mittel ihrer Einbeziehung, als Etablierung eines minimalen symbolischen Paktes. Nordamerikianische Indianer rauchen die sprichwörtliche Friedenspfeife, während wir, die primitiveren Balkanvölker, Obszönitäten austauschen müssen. Um wirkliche Solidarität durchzusetzen, reicht die gemeinsame Erfahrung der Hochkultur nicht aus; man muss mit dem Anderen die peinliche Idiosynkrasie obszönen Genießens austauschen.

Im Verlauf meines Militärdienstes freundete ich mich mit einem albanischen Soldaten an. Wie man weiß, sind Albaner sehr empfindlich, was sexuelle Beleidigungen betrifft, die sich auf ihre engsten Familienangehörigen beziehen (Mutter, Schwester); wirklich akzeptiert wurde ich von meinem albanischen Freund in dem Moment, als wir das oberflächliche Spiel aus Höflichkeit und Respekt beiseite ließen und einander mit formalisierten Beleidigungen begrüßten. Den ersten Schritt machte der Albaner: Eines Morgens begrüßte er mich nicht mit dem üblichen "Hallo!", sondern mit "Ich ficke deine Mutter!" Ich wusste, dass dies eine Offerte war, auf die ich angemessen reagieren musste. Daher antwortete ich: "Nur zu, bitte sehr, aber erst, wenn ich mit deiner Schwester fertig bin!" Dieser Dialog verlor schon bald seinen unverblümt obszönen oder ironischen Charakter und nahm eine formalisierte Gestalt an. Schon wenige Wochen später machten wir uns nicht mehr die Mühe, vollständige Sätze auszutauschen. Wenn wir uns morgens sahen, nickte mein Freund nur mit dem Kopf und sagte "Mutter!", woraufhin ich einfach mit "Schwester!" antwortete. Dieses Beispiel veranschaulicht aber auch die Gefahren, die einem solchen Ritual innewohnen: Die Solidarität erfolgt häufig auf

Kosten einer dritten Partei; in diesem Fall handelt es sich um ein Männerbündnis, um Solidarität zwischen Männern auf Kosten der Frauen.

Es gibt hier aber noch ein weiteres Problem, nämlich das von Macht und Autorität. Mein Beispiel des obszönen Rituals mit dem albanischen Soldaten funktioniert nur deshalb, weil der Albaner und ich uns auf dem gleichen Level befanden, d.h. weil wir beide einfache Soldaten waren. Wäre ich ein Offizier gewesen, wäre es für den Albaner viel zu riskant, ja praktisch undenkbar gewesen, den ersten Schritt zu tun. Und hätte es sich umgekehrt bei dem Albaner um einen Offizier gehandelt, wäre die Situation praktisch noch obszöner gewesen: Seine Geste wäre eine Geste falscher obszöner Solidarität gewesen, die die zugrunde liegenden Machtverhältnisse kaschiert hätte: ein paradigmatischer Fall "postmoderner" Machtausübung. Die traditionelle Autoritätsfigur (der Chef, Vater) insistiert darauf, mit angemessenem Respekt behandelt zu werden, wobei die formalen Regeln der Autorität eingehalten werden. Der Austausch von Obszönitäten und spöttischen Bemerkungen muss hinter seinem Rücken erfolgen. Der heutige Chef oder Vater hingegen insistiert darauf, dass wir ihn als Freund behandeln, er spricht uns mit aufdringlicher Vertrautheit an, bombardiert uns mit sexuellen Anspielungen, lädt uns zu einem Drink ein oder erzählt uns einen vulgären Witz. All dies geschieht in der Absicht, ein Männerbündnis herzustellen, bei dem aber das Autoritätsverhältnis (unsere Unterordnung unter ihn) nicht nur erhalten bleibt, sondern sogar als eine Art Geheimnis behandelt wird, das respektiert, aber nicht thematisiert werden soll. Für den Untergeordneten ist eine solche Konstellation klaustrophobischer als die traditionelle Autorität: Heute sind wir sogar unseres privaten Raums der Ironie und des Spotts beraubt, da der Herr und Meister sich auf beiden Ebenen befindet und sowohl als Autorität wie auch als Freund fungiert.

5 Lösungen II: Den Schein wahren

Gestatten Sie mir also zum Abschluss einige Bemerkungen über das tragische Ereignis in Erfurt. Ich denke, es gilt hier einige – vielleicht nur allzu offensichtliche – Merkmale in ihrem vollen Ausmaß sorgfältig in Betracht zu ziehen. Es ist entscheidend, dass Robert verzweifelt versuchte DEN SCHEIN ZU WAHREN. Er tat seinen Eltern gegenüber so, als ginge er noch jeden Tag zur Schule, obwohl er längst von dieser verwiesen worden war; ein paar Stunden vor dem Massaker erzählte er seinen ahnungslosen Eltern noch, er müsse zur

Mathematikprüfung. Der Heldenmut des Rainer Heise, der Steinhausers wilde Schießerei beendete, funktionierte exakt wegen dieses Festhaltens am Schein. Heise trat Robert mit den Worten gegenüber: "So, und jetzt kannst du auch mich erschießen. Aber wenn du mich erschießt, dann guck mir in die Augen!" Ist das nicht die reine Formel der Scham? Das heißt, Robert war noch nicht zum Werkzeug des reinen, entsubjektivierten Terrors geworden, er war immer noch ganz dem verpflichtet, was man nach Hegel die "intersubjektive Dialektik der Anerkennung" nennen sollte. Die Tatsache, dass Roberts Gewaltausbruch sein partieller "Sozialtod", der Ausschluss aus dem Kreis derer, die "es geschafft hatten" und anerkannt waren, vorausging, macht den Hegelianischen Hintergrund dieses tragischen Falles umso deutlicher: das Ringen um Anerkennung, die Autonomie, die bereit ist wegen einer geringfügigen Kränkung oder Erniedrigung alles aufs Spiel zu setzen. Die – jedenfalls relative – Unbedeutendheit der narzisstischen Wunde, die den gewaltsamen Ausbruch verursachte (Verweis vom Gymnasium), stellt uns vor eine entscheidende Frage: Warum reagieren heute so viele Menschen mit mörderischen Gewaltausbrüchen auf so geringfügige Anlässe? Jemand wird zum Mörder, weil er in der Schlange an der Kinokasse übergangen worden ist, wegen einer kritischen Bemerkung, weil er zu spät zu einer Verabredung gekommen ist usw. – Woher kommt diese Überempfindlichkeit in Bezug auf den eigenen Stolz – was man versucht ist, das "Michael Kohlhaas Syndrom" zu nennen?

Vielleicht sollten wir die Antwort bei einem weiteren Missverhältnis, einem weiteren Fehlen des rechten Maßes zwischen Ursache und Wirkung suchen: dem Missverhältnis zwischen der Gewalttätigkeit von Roberts Ausbruch und der Tatsache, dass er kein "außergewöhnliches Verhalten" gezeigt hat, bis auf seine intensive Beschäftigung mit Gewaltvideospielen. Stellen wir uns den eher gewöhnlichen Fall eines scheuen und gehemmten Mannes vor, der im Cyberspace an einer virtuellen Gruppe teilnimmt und die Bildschirmpersona einer promiskuitiven Frau übernimmt; seine Haltung ist natürlich die des "Ich weiß ganz genau, dass ich nur ein scheuer stiller Typ bin, warum sollte ich mich also nicht darauf einlassen, als promiskuitive Frau aufzutreten und Dinge tun, die ich im wirklichen Leben nie tun würde?" – liegen die Dinge aber wirklich so schlicht und einfach? Was, wenn die *Real-Life*-Persona dieses Mannes (das Selbst, das er annimmt, wenn er sich in seiner realen gesellschaftlichen Interaktion befindet) eine Art "sekundärer Abwehrbildung" ist, eine Identität, die er nur als Maske annimmt, um sein wahres "inneres Selbst", den harten Kern seiner phantasmatischen Identität, zu "verdrängen" oder nicht an die Oberfläche zu lassen; und wenn dieses "innere Selbst" darin besteht, eine promiskuitive Frau zu sein und er das nur in seinen geheimen Tagträumen oder in Sexspielen der anonymen virtuellen Gemeinschaft auslebt? Im *Seminar XI* erwähnt Lacan das alte chinesische Paradoxon des Tschuang-Tse, der erwacht, nachdem er geträumt hatte, er sei ein Schmetterling und sich dann fragt: "Wie kann ich wissen, dass ich kein Schmetterling bin, der jetzt träumt, er sei ein Mensch?" Gilt nicht dasselbe für unseren schüchternen Teilnehmer an der virtuellen Gruppe? Ist er nicht tatsächlich eine promiskuitive Frau, die träumt, ein gehemmter Mann zu sein? Auf diese Weise können wir die Falschheit des "Reality-TV" bestimmen: Selbst wenn diese Sendungen "echt" sind, so sind die Menschen darin doch Schauspieler – sie spielen einfach sich selbst. Der übliche Hinweis in einem Roman ("Die Personen in diesem Text sind frei erfunden, jede Ähnlichkeit mit lebenden Personen ist rein zufällig") gilt auch für die Teilnehmer der Reality-Soaps. Wir sehen fiktionale Charaktere, selbst wenn sie sich selbst als real spielen. Alle Versuche, die Schuld auf die virtuellen Gewaltspiele zu schieben, gehen daher am Ziel vorbei. Es gibt keine direkte Verbindung zwischen virtueller und realer Gewalt – virtuelle Gewalt kann echte Gewaltausbrüche auslösen ODER sie verhindern, es kommt immer auf die jeweils spezifische libidinöse Ökonomie an – in Roberts Fall darauf, was den Kurzschluss zwischen virtueller und sozialer Realität verursacht hat, was ihn dazu gedrängt hat, sein virtuelles Tun in die Wirklichkeit zu übertragen.

Wir nähern uns hier einer der Schlüsselkomponenten von Gewaltausbrüchen: Sie treten als Verteidigung gegen die Angst auf, die entsteht, wenn sich die Phantasie zu sehr der gesellschaftlichen Wirklichkeit nähert. Michael Hanekes jüngster Film *Die Klavierspielerin* gibt eine Orientierung in diesem Rätsel. Basierend auf einem kurzen Roman von Elfriede Jelinek erzählt er die Geschichte einer leidenschaftlichen aber perversen Liebesbeziehung zwischen einem jungen Pianisten und seiner älteren Lehrerin (hervorragend dargestellt von Isabelle Huppert): Er bezieht sich auf das alte, aus dem Wien des *fin de siècle* stammende Klischee eines jungen, sexuell unterdrückten Mädchens aus gutem Hause, das sich leidenschaftlich in ihren Klavierlehrer verliebt. Heute, hundert Jahre später, haben sich nicht nur die jeweiligen Geschlechterrollen umgekehrt: In unserer permissiven Zeit muss die Beziehung eine perverse Wendung erhalten. Die Dinge nehmen ab einem ganz bestimmten Punkt ihren schicksalhaften Lauf und beginnen, sich auf das unerbittliche, tragische Ende (den Selbstmord der Lehrerin) zu zubewegen, nämlich als sich die "unterdrückte" Lehrerin in Erwiderung der sexuellen Annäherungsversuche des Schülers diesem öffnet und ihm einen Brief mit einer detaillierten Liste ihrer Forderungen schreibt (im Prinzip ein Drehbuch für eine masochistische Vorstellung: wie er sie zu fesseln hat, sie zwingen muss, seinen Anus zu lecken, sie ohrfeigen, ja sogar prügeln soll usw.). Es ist wichtig, dass diese Forderungen SCHRIFTLICH gestellt werden: Was da zu Papier gebracht wurde, ist zu traumatisch, um in direkter Rede geäußert zu werden, es ist ihre innerste Phantasie selbst. Wenn die beiden sich dann gegenüberstehen – er mit seinen leidenschaftlichen Gefühlsausbrüchen, sie mit ihrer kalten, leidenschaftslosen Distanz – sollten wir uns durch dieses Szenario nicht täuschen lassen: Sie ist es, die sich hier wirklich öffnet, die ihm gegenüber ihre Phantasie bloßlegt, während er lediglich ein oberflächliches Verführungsspielchen spielt. Kein Wunder, dass er panisch vor ihrer Offenheit flieht: Die direkte Zurschaustellung ihrer Phantasie verändert in seinen Augen ihren Status radikal und verwandelt ein faszinierendes Liebesobjekt in ein abstoßendes Etwas, das er nicht ertragen kann. Kurz darauf wird er allerdings selbst von ihrem phantasmatischen Szenario auf perverse Weise angezogen, gefangen in dessen exzessiver *jouissance,* und bemüht sich zunächst, zu ihrer eigenen Botschaft zurückzukehren, indem er Elemente ihrer Phantasie inszeniert (er schlägt sie, so dass ihre Nase blutet, tritt heftig auf sie ein usw.); als sie zusammenbricht und sich von der Verwirklichung ihrer Phantasie zurückzieht, geht er zum Akt über und vergewaltigt sie, um seinen Sieg über sie zu besiegeln. Der anschließend vollzogene sexuelle Akt ist, in seiner fast unerträglichen Qual, die Veranschaulichung von Lacans *il n'y a pas de rapport sexuel:* Obwohl der Akt in Wirklichkeit vollzogen wird, ist er – zumindest für sie – seiner phantasmatischen Unterstützung beraubt und wird so zu einer ekelhaften Erfahrung, die sie völlig kalt lässt und zum Selbstmord treibt. Es wäre völlig irreführend, ihr Zurschaustellen der Phantasie als Abwehrformation gegen den echten sexuellen Akt zu interpretieren, als Ausdruck ihrer Unfähigkeit, sich gehen zu lassen und den Akt zu genießen. Im Gegenteil, die zur Schau gestellte Phantasie bildet den Kern ihres Seins, das, "was in ihr mehr ist als sie selbst", und es ist der sexuelle Akt, der eine Abwehrformation darstellt, nämlich gegen die in der Phantasie verkörperte Bedrohung.

6 Jenseits des FORT-DA Prinzips

Was das bedeutet, ist, dass sich die Dialektik von Schein und Realem nicht einfach auf die schlichte Tatsache reduzieren lässt, dass die Virtualisierung unseres täglichen Lebens, die Erfahrung, dass wir mehr und mehr in einem künstlich geschaffenen Universum leben, den unwiderstehlichen Drang nach einer "Rückkehr zum Realen" entstehen lässt, um wieder festen Boden in einer "wirklichen Wirklichkeit" zu erlangen. *Wegen seines traumatischen/exzessiven Charakters sind wir nicht in der Lage, das Reale in unsere Realität (oder in das, was wir als Realität erfahren) zu integrieren, und sind daher gezwungen, es als alptraumhafte Erscheinung zu erleben.* Das fesselnde Bild der einstürzenden Türme des WTC war genau ein Bild, ein Schein, ein "Effekt", der gleichzeitig "das Ding selbst" freisetzte. Normalerweise heißt es, dass man eine Fiktion nicht für die Wirklichkeit halten solle – erinnern wir uns an die postmoderne Doxa, nach der die "Wirklichkeit" ein diskursives Produkt ist, eine symbolische Fiktion, die wir fälschlich als substanzielle, autonome Entität wahrnehmen. Die Psychoanalyse lehrt hier genau das Gegenteil: *Man darf die Wirklichkeit nicht für eine Fiktion halten* – wir sollten in der Lage sein, bei dem, was wir als Fiktion erleben, den harten Kern des Realen zu erkennen, den wir nur ertragen können, wenn wir ihn fiktionalisieren. Kurz, man muss unterscheiden, welcher Teil der Wirklichkeit durch das Phantasma "transfunktionalisiert" wird, so dass er, obwohl Teil der Wirklichkeit, als Fiktion wahrgenommen wird. Viel schwieriger als die Demaskierung der (scheinbaren) Wirklichkeit als Fiktion, ist, den Anteil der Fiktion an der Wirklichkeit zu erkennen.

Heißt das, dass wir auf den *circulus vituosus* des FORT-DA verurteilt sind? Dass die einzige Lösung in einem Gleichgewicht zwischen Phantasma und Realität besteht? Es erscheint, dass wir heute in einer aussichtlosen Schwingung zwischen den beiden Extremen gefangen sind, zwischen dem FORT der toleranten multikulturellen Offenheit und dem DA des Strebens nach partikulären ethnisch-kulturellen Wurzeln. Ist aber wirklich alles, was wir tun können, nach einem richtigen Maß, nach einem Gleichgewicht zwischen den beiden Extremen zu suchen – nicht zuviel Offenheit, weil das unsere Identität bedroht, und nicht zuviel Verschlossenheit, weil uns das von der breiten Welt isoliert? Was aber, wenn es kein "objektiv" richtiges Maß gibt, keine "objektive" Schwelle der Toleranz der Anderen? Was, wenn jede einzelne Kultur ihr eigenes FORT-DA-Spiel strukturiert, ihren Umgang mit den traumatischen Anderen – zu jedem Hamburg sein eigenes Altona?

Die tragischen Ereignisse in Erfurt sind vielleicht eines von vielen Zeichen, dass die FORT-DA-Spiele, die unsere jetzige Kultur ausbildet, an ihre Grenze gestoßen hat. So muss man auch die Freudsche Referenz zu *acheronta movebo* am Beginn der *Traumdeutung* verstehen: auch wenn wir nicht direkt in die Wirklichkeit eingreifen können, können wir dennoch deren dunklen und undurchsichtigen phantasmatischen Grund in Bewegung bringen. Dieses Eingreifen, das sozusagen die Spielregeln des FORT-DA selbst ändert, ist das eigentliche Jenseits des FORT-DA Prinzips.

Die Präsenz des Geistes: Erinnern, Wiederholen und Durcharbeiten

Marcia Cavell

Bei der Vorbereitung dieses Beitrags ist mir eine Geschichte über Erinnern und Wiederholen eingefallen, mit der Sie alle vertraut sein werden. Immer wieder, jeden Tag, webte Penelope an einem Leichentuch für Odysseus' Vater. Wenn es fertig wäre, so hatte sie versprochen, würde sie einen der Freier heiraten. Aber sie träumte von Odysseus' Wiederkehr; so ging sie jede Nacht zurück zum Webstuhl und trennte auf, was sie vollbracht hatte, um die Zeit aufzuhalten, Geschehen- und Ungeschehenmachen, immer wieder aufs neue beginnend, bis ihr Traum schließlich wahr wurde.

Was Odysseus betrifft, nimmt die Erzählung der Irrfahrt entgegen der kontinuierlichen Zeitfolge ihren Lauf. Homer beginnt mit dem Helden im Versteck auf der Insel von Calypso, die ihm Unsterblichkeit versprach, wenn er seine Heimat vergessen und für immer bei ihr bleiben würde. Wir werden dann rückwärts zu den Hindernissen auf seiner Heimreise gelenkt: das Land der Lotusesser, Circe und die Sirenen, die Seeleute mit ihrem Gesang in den Tod locken. Es heißt, dieser Gesang erzähle vom Trojanischen Krieg. Wie das, fragen wir uns. Odysseus selbst soll diese Geschichte viele Male erzählt haben. Warum sollte Erinnern in einem Fall einen passenden Hintergrund für seine Reise abgeben und andrerseits etwas sein, dem er sich widersetzen muss, um sie beenden zu können?

Die Antwort liegt in einer bestimmten Vorstellung von Gedächtnis, die dem Epos innewohnt. Der Sirenengesang ruft nicht nur die Vergangenheit zurück, er hält seine Zuhörer auch darin gefangen. Homer präsentiert uns zwei Arten von pervertiertem Gedächtnis: Einmal ist der Erinnernde in der Vergangenheit stecken geblieben; Erinnerung ist an die Stelle des betrauerten Verlustes, an die Stelle des Wagnisses von Entscheidung und Hoffnung getreten. Im anderen Fall verlässt der Held den Pfad seiner Geschichte ganz. Calypso, die Lotusesser und die Sirenen machen Männer vergesslich. Circe macht sie nicht nur vergessen, sie verwandelt sie in Schweine. Homer unterstellt, dass der Verlust des Gedächtnisses bedeutet, seine Menschlichkeit und seinen Geist zu verlieren.

In "Notiz über den 'Wunderblock'" beschreibt Freud (1924) Wahrnehmungsverarbeitung als eine Form des Erinnerns. Seine eigene Idee der *Nachträglichkeit* geht davon aus, dass Erinnerung Vergangenheit unter den Bedingungen der Gegenwart neu beschreibt. Damit erscheint die Erinnerung aber in einem anderen Licht: Erinnerung ist nicht das passive Drehbuch, sondern der aktive Schreiber, der sammelt, ordnet, interpretiert oder missinterpretiert. In Loewalds Worten: "Erinnerung ist eine Aktivität, bei der eine Art von Ordnung und Organisation, eine Art von Dauer ebenso wie Bewegung und Wechsel entstehen" (Loewald 1976, S. 299). Und: "Zeit ist eine Bedingung menschlichen Verstehens" (Ricoeur 1984).[1]

Die Verwandtschaft zwischen Gedächtnis und Denken legt nahe, dass Geist und Gedächtnis nur gemeinsam vorkommen.

Das erste Thema meines Beitrags ist ein bestimmtes Konzept des Geistes, das zentral für die Psychoanalyse ist, aber immer Gefahr lief, vernachlässigt zu werden. Ich möchte die interpersonalen Voraussetzungen herausarbeiten, die für die Entstehung des Geistes notwendig sind und werde über Erinnern, Wiederholen und Durcharbeiten sprechen.

1 Das zentrale Konzept

Nach Freud lassen sich viele der scheinbar unsinnigen Verhaltensweisen in denselben psychologischen Begriffen verstehen, die wir auch benutzen, um die Bandbreite alltäglichen menschlichen Verhaltens zu erklären, wie z.B. Überzeugung, Begehren, Wunsch, Gedächtnis, Bedauern, Schuld, Absicht und Intention. Es sind Haltungen gegenüber Vorannahmen, die per definitionem richtig oder falsch sein können. Sie alle haben mehrere wichtige Charakteristika, die Gegenstand der Psychoanalyse sind. Zum einen gehen Haltungen gegenüber Vorannahmen, Überzeugungen und Begehren generell rationale Verbindungen miteinander ein. Zweitens sind sie vermit-

[1] Frank Kermode stellt fest, dass wir zeitliche Dauer nur erfassen können, wenn sie wie ein Narrativ mit einem Anfang, einer Mitte und einem Ende organisiert ist. Wir sagen über die Uhr, dass sie tick-tack macht, so als ergäben diese Töne ein winziges Narrativ. Kermode beschreibt ein Experiment, bei dem Personen, die rhythmische Strukturen wie tick-tack hören und wiederholt identisch die Intervalle zwischen den Klangstrukturen korrekt wiedergeben können. Aber sie können nicht spontan das Intervall zwischen den rhythmischen Gruppen, also zwischen tack und tick erfassen, auch dann nicht, wenn diese gleichbleiben (Kermode 1966, S. 45).

telt, d.h., dass sie bis zu einem gewissen Grad Gemeingut des gesellschaftlichen Umfeldes sind. Drittens haben sie auch noch einen anderen Aspekt, der sie nur für die bewusste Aufmerksamkeit eines einzigartigen Ichs verfügbar macht. Wir alle kennen gelegentlich unsere Gedanken in einer für uns gewissermaßen spezifischen Weise.

Um das zu belegen, musste Freud erst einmal herausfinden, dass das kindliche Verhalten seinen Sinn nur dann enthüllt, wenn wir die zugrunde liegenden Überzeugungen und Wünsche, die für dieses Lebensstadium passend sind, als unterschieden von den eigenen wahrnehmen. Dafür bedurfte es der Entdeckung, dass der Geist der Erwachsenen die eigene Geschichte sichtet und verhüllt in sich bewahrt. Weiterhin musste das Reich des Geistes ausgedehnt werden auf die unbewussten Anteile, die jedoch in der Vorstellung Freuds der Aufmerksamkeit des Ichs zugänglich sind. Mit dem Konzept der Abwehr erklärt Freud, wodurch die Zugänglichkeit verhindert wird. Andrerseits kann die Aufmerksamkeit des Ichs durch Erinnern, Wiederholen und Durcharbeiten vorangebracht werden. Auf der Basis dieser komplexen Sichtweise hat sich Freud die Psychoanalyse als Wandlungsprozess der Selbsterforschung, bei dem das Unbewusste bewusst wird, vorgestellt.

Seit Freuds Zeiten hat sich die Psychoanalyse erheblich verändert. Wir wissen viel mehr über Kinder und über die Wichtigkeit der Eltern-Kind-Interaktion in der frühen Entstehung des Geistes. Wir haben das, was Freud den "Primärprozess" nannte, erforscht. Wir haben sehr viel mehr über Emotionen und ihren Platz in der Kognition verstanden. Wir haben einige von Freuds Lieblingsideen hinterfragt und über Bord geworfen. Wir haben vielfältige, oft widersprüchliche Theorien über das Wesen der analytischen Beziehung entworfen und über das, was therapeutische Ziele sein könnten. Viele Vorstellungen und Herangehensweisen, die Freud fremd wären, sind jetzt Teil der psychoanalytischen Theorie. Aber keine von ihnen ersetzt das zentrale Konzept des Geistes, nicht die Informationstheorie, nicht die Neurophysiologie und nicht die kognitiven Wissenschaften. Zur Verdeutlichung meines Standpunkts möchte ich anmerken, dass wir – im Gegensatz zu geistigen Zuständen wie Überzeugung und Begehren – nicht einmal wissen, ob das Ich-Bewusstsein beim kalkulierenden Denken eher als neurophysiologischer oder mehr als ein kalkulierender Zustand angesehen werden kann (Moran, 2001). Im Weiteren werde ich Argumente nennen, die zeigen, dass neurophysiologische Prozesse den geistigen zugrunde liegen, dass aber die Sprache des Geistes nicht und niemals reduzierbar auf neurophysiologische Prozesse ist.

Die reduktionistische Vorstellung durchzieht Freuds frühestes Werk, "Entwurf einer wissenschaftlichen Psychologie", und hat seinen Fehlschluss in "Jenseits des Lustprinzips" zur Folge. Ein basales Phänomen der Pathologie erforschend nannte er es "Wiederholungszwang", wenn Menschen scheinbar absichtlich schmerzhafte Beziehungen wieder aufsuchen oder erneut schaffen. Damit hoffte Freud die Vorliebe von Kindern für ritualisierte Spiele zu erklären und jene Träume verständlich zu machen, die traumatisches Erleben bzw. traumatische Fixierungen und Wiederholungen in der Übertragung wieder aufsuchen.[2] Schopenhauer sagte: "Gehen ist nur der ständig vereitelte Fall, die körperliche Existenz, das ständig vereitelte Sterben." Dies aufgreifend behauptet Freud in "Jenseits des Lustprinzips", dass alles Leben dem Tode entgegendränge, einem Trieb folgend, in den anorganischen, statischen Zustand zurück zu kehren. Darüber hinaus spiegele sich der intrapsychische Konflikt weder im Gegensatz zwischen Sexualität und Selbsterhaltung noch im Gegensatz zwischen narzisstischer und Objektlibido wider; vielmehr zeige er sich im Antagonismus zwischen Eros und Thanatos, was im Kampf zwischen Liebe und Aggression deutlich werde.

Freud drohte den Geist aus der psychoanalytischen Theorie zu verbannen, als er versuchte, das Denken von einem biologischen Trieb abzuleiten. Er hat ihn verbannt, indem er behauptete, "in der Psychoanalyse gibt es keine Wahl für uns, als geltend zu machen, dass seelische Prozesse als solche unbewusst sind und die Wahrnehmung von ihnen durch das Bewusstsein mit der Wahrnehmung der äußeren Welt durch die Sinnesorgane zu vergleichen" [ist] (Freud 1915, S. 171). Eine Behauptung, die kürzlich in der Arbeit von Solms (1997) wiederholt wurde. Der Geist droht immer dann von der psychoanalytischen Bildfläche zu verschwinden, wenn die Bedeutung des präpositionalen Denkens und die Wichtigkeit des Wissens um das Selbst vernachlässigt werden.

---

[2] Beide, Sulloway und Mc Millan, haben gezeigt, dass Freud versuchte, bestimmte grundlegende Ungereimtheiten in seiner Theorie zu bereinigen: Seine Arbeit über Narzissmus hat ihn dazu gebracht, zu denken, dass es zwei Arten von Libido gibt, die narzisstische Libido und die Objektlibido. Aber dies brachte seine Unterscheidung zwischen Selbsterhaltungs- und sexuellen Trieben in Gefahr und gefährdete zudem seine Annahme, dass es zwei basale Triebe sein müssten, die das geistige Leben bestimmen.

2 Der Geist und seine Entstehung

Was ich mit dem zentralen Konzept des Geistes meine, kann ich durch die Analyse einer bekannten Textpassage Freuds veranschaulichen: "Anstatt seiner (der halluzinatorischen Wunscherfüllung, M.C.) musste sich der psychische Apparat entschließen, die realen Verhältnisse der Außenwelt vorzustellen und die reale Veränderung anzustreben. Damit war ein neues Prinzip der seelischen Tätigkeit eingeführt; es wurde nicht mehr vorgestellt, was angenehm, sondern was real war, auch, wenn es unangenehm sein sollte. Die Einsetzung des Realitätsprinzips erwies sich als ein folgenschwerer Schritt. [...] Anstelle der Verdrängung [...] trat die unparteiische Urteilsfällung, welche entscheiden sollte, ob eine bestimmte Vorstellung wahr oder falsch, das heißt im Einklang mit der Realität sei oder nicht und durch Vergleichung mit den Erinnerungsspuren der Realität darüber entschied" (Freud 1911, S. 231-233).

Was meint Freud mit "Vorstellung", "Wahrheit", "Realität"? Was *kann* er nur meinen? Mit "Vorstellung" muss er Vorannahmen meinen; denn nur Überzeugungen und Behauptungen, die Vorannahmen zum Ausdruck bringen, können als richtig oder falsch bezeichnet werden.

Was beinhaltet das Konzept der Wahrheit? Ich frage nicht, wie wir die Wahrheit wissen können, sondern: was muss ein Geschöpf unter dem Konzept der Wahrheit verstehen? Es muss zunächst einmal das Konzept des Denkens selbst verstehen, denn es sind nicht Dinge, sondern Gedanken über Dinge, die wahr oder falsch sind; ist eine Vorannahme wahr, so sind die in ihr enthaltenen Dinge – entsprechend der Vorannahme – zutreffend. Vorannahmen sind im Allgemeinen das, was wir als den Inhalt unserer Gedanken bezeichnen. Nur im Ausnahmefall können wir – wie Solms (1997) es tut – davon sprechen, dass die Sinnesdaten, der Inhalt unseres Bewusstseins sind. Sinnesdaten sind ein Teil der kausalen Bedingungen für das Denken, ohne jedoch mit dem Denken oder dem Denkinhalt identisch zu sein.

Gedanken beziehen sich, bezeichnen, symbolisieren – eine Eigenschaft, die wir oft als *Aboutness*[3] oder *Intentionalität* bezeichnen. Für das Konzept der Wahrheit muss man wissen, dass das Denken sich

---

[3] Der Begriff *Aboutness* ist in der Kunstphilosophie und der Kommunikationswissenschaft aus dem Englischen ins Deutsche übernommen worden und lässt sich annäherungsweise mit "Über-etwas-Sein" oder "Bezogenheit" übersetzen; (die Übersetzerin)

von seinem Gegenstand unterscheidet und dass ein Gedanke eine innere subjektive Stellungnahme über eine objektive Realität ist. Aus diesem Grunde hat das Denken diesen besonderen Abstand zur Welt, so dass Dinge missverstanden, imaginiert, verdreht, phantasiert, erinnert und vorphantasiert werden können; es kann sogar angezweifelt werden, ob die Welt überhaupt besteht. Vorstellung (Repräsentation) in einer ihrer vielen Bedeutungen umfasst Intentionalität.

"Objektive Realität" ist die Vorstellung von etwas, das außerhalb meiner ganz persönlichen Erfahrung existiert, im Prinzip aber zugänglich für uns alle ist. Die Konzepte von objektiver Realität, von wahr und falsch, beruhen grundsätzlich auf der Unterscheidung zwischen meiner subjektiven Perspektive auf Dinge und der Ihren – sowie auf dem Verstehen, dass Dinge von Ihrem Standpunkt her anders aussehen, als sie für mich, von meinem Standpunkt her, aussehen. So bedarf es irgend eines Begriffs von Perspektive, um zu wissen, wie hinweisende Fürwörter wie "hier" und "dort", "jetzt" und "dann", "ich" und "du" zu gebrauchen sind. Beides – das "Ich" und das "Jetzt" im Satz: "ich gehe jetzt" – kann nur verstanden werden, wenn es von einer bestimmten Person zu einem bestimmten Zeitpunkt gesagt wird. Ein Kind kann die Benutzung dieser Begriffe lernen; das ist aber nur in der mit einer anderen Person gemeinsam erlebten Weltzeitsituation möglich, wobei dann das "Ich" als "Du" in Beziehung zum Kind treten kann. Ein Geschöpf, das die Idee von Perspektive hat, muss ein Verständnis davon haben, dass auch andere Geschöpfe – wie es selbst – einen Geist haben. Dieser Geist formt Überzeugungen und stellte besondere Blickwinkel auf die Welt her, so dass diese Welt auf unterschiedliche Weise gesehen werden kann und dass diese Blickwinkel in einem ganz besonderen Sinn intersubjektiv sind. So wie die Vorstellung von dem, was weder ausschließlich meines, noch Ihres, sondern das gemeinsame Feld für unsere verschiedenen Blickwinkel ist, hat die objektive Realität, eine unentrinnbar interpersonale Dimension. Diese intersubjektiven Verknüpfungen führen oft zu unterschiedlichen Perspektiven und Nichtübereinstimmungen und eröffnen von Ihrer oder meiner Perspektive den Raum für die Vorstellung von der Welt als etwas, das unabhängig von Ihrer oder meiner Perspektive existiert.

Indem ich Freuds Anmerkungen über Urteilsbildung analysiert habe, habe ich folgerichtig die Vorstellungen über die „Idee an sich", bzw. über Objektivität, Wahrheit, Realität und Perspektive aufgegriffen; aber damit möchte ich nicht unterstellen, dass ein Geschöpf diese Vorstellungen eine nach der anderen erfasst; es handelt sich vielmehr um zusammenkommende Teile des konzeptuellen Ganzen, so dass jede einzelne Vorstellung die anderen impliziert.

Psychoanalytiker bestehen zu Recht darauf, dass jeder von uns aus einem subjektiven Blickwinkel auf die Welt schaut. Sie ziehen daraus manchmal fälschlicherweise den Schluss, dass das, *was* wir sehen, nicht *die* Realität ist, sondern unsere eigene subjektive Darstellung davon. Verantwortlich hierfür ist die Vorstellung von der Intentionalität, die Brentano in die Philosophie eingeführt hat und von der Freud dann beeinflusst wurde. Brentano hielt dafür, dass der "Geist in Beziehung zum Inhalt" oder der "Gerichtetheit" im Bezug auf Objekte definiert wird. Er ging davon aus, dass diese Objekte nicht die vertrauten Gegenstände in der physikalischen Welt sind, sondern eher die Vorstellungen über Dinge, die geistig, persönlich und subjektiv sind. Brentano versuchte die Tatsache zu erfassen, dass wir zwar Gedanken über nicht existierende Dinge haben können; aber erst die gegenwärtige linguistische Philosophie hat gezeigt, wie dies ohne Rückgriff auf den persönlichen, "geistigen" Gegenstand bewerkstelligt werden kann, den Brentano voraussetzte. Im Gegensatz dazu setzt die Vorstellung vom subjektiven psychologischen Blickwinkel einen gesellschaftlichen, gemeinsamen Gegenstand voraus, auf den er sich bezieht. Gadamer verallgemeinert es so: "Vorurteile sind persönliche Befangenheiten, die aus unserer Offenheit gegenüber der Welt resultieren. Sie sind ganz einfach Bedingungen, unter denen wir etwas erleben und das, was wir erleben bedeutet oder sagt uns etwas " (Gadamer 1977, S. 9).

In einer ihrer vielen Bedeutungen bezieht sich "Subjektivität" auf die Tatsache, dass jeder von uns über die Welt in einer ganz eigenen Weise denkt, im Lichte des ganz eigenen, weit verzweigten Netzwerkes der geistigen Zustände. Anders ausgedrückt: Subjektivität bezieht sich auf die Tatsache, dass Sie nicht mein Erleben haben können, jedenfalls nicht mein tatsächliches Erleben. Aber daraus folgt nicht, dass Sie nicht wissen können, was ich erlebe. So sehr wir auch Gedanken als die *eigenen* Gedanken erkennen können, so wenig werden wir jedoch mit der Subjektivität geboren; vielmehr ist Subjektivität etwas, was wir langsam durch unsere Interaktion mit der Welt und anderen Personen in dieser Welt erwerben.

Zum Verständnis von dem, was wir natürliche Phänomene nennen, bedarf es weder der Übereinstimmung noch der Kommunikation. Das Kind weint; es meint nicht irgendetwas Bestimmtes damit, noch intendiert es in besonderer Weise, verstanden zu werden, und dennoch fasst die Mutter dies als ein Anzeichen von Unlust auf. Andererseits: Signale oder Codes, die von Tieren benutzt werden, sind sozial und können erlernt werden. Symbolische Kommunikation aber ist komplizierter[4], als wenn ein Geschöpf das Signal eines anderen verstehen kann. Letzteres geschieht einzig vor dem Hintergrund der gemeinsamen Erfahrung, die sie verbindet – z.B. der Flug nach Norden. Ein Symbol ist nicht kontextabhängig: Ich kann das Wort "Baum" gebrauchen und verstehen, wenn ich mich auf Bäume beziehe. Das ist sogar dann möglich, wenn es keine Bäume um mich herum gibt. Symbole versinnbildlichen Dinge mit ganz bestimmten Eigenschaften, die andere dazu veranlassen, ihre Aufmerksamkeit eher auf einen bestimmten Aspekt der Welt als auf einen anderen zu richten. Wenn ich verstehe über welchen Aspekt Sie reden, kenne ich Ihren Fokus nicht nur in Bezug auf den Gegenstand oder die Aktivität, die Sie interessiert, sondern auch in Bezug auf meine eigene Aufmerksamkeit Ihnen gegenüber.[5] Um eine symbolische Kommunikation zu begreifen, bedarf es nicht nur des bloßen Erkennens der Intention im Sinne des Ziels des Anderen, sondern auch, dass ich weiß, dass er überhaupt eine Intention, eine Überzeugung, ein Ziel und eine ganz eigene Perspektive hat. Im Normalfall hat eine Geste oder eine symbolische Struktur – wofür Sprache ein Prototyp ist – eine kommunikative Absicht. Grice sagt (1957): "A. meint etwas mit x", ist kaum das gleiche, wie wenn man sagt "A. beabsichtigt x zum Ausdruck zu bringen, um auf B. einzuwirken, damit dieser die Absicht wahrnimmt". Falls A.'s Handeln oder seine Worte bzw. Gesten für B. bedeuten, was A. meint, und falls B. weiß, wie er mit den gleichen Worten oder Gesten dieselbe Sache kommunizieren kann, damit es für A. dasselbe bedeutet wie für B., dann sind beide – A. und B. – fähig, den Vorgang aus der Perspektive des jeweils anderen zu interpretieren. Mit anderen Worten: eine symbolische Kommunikation bedeutet, dass nicht nur das Verhalten der anderen Kreatur beeinflusst wird, sondern auch sein Geist. Es ist in diesem Zusammenhang von zentraler Bedeutung, dass A. und B. nicht nur geistige Kreaturen sind, sondern dass auch jeder vom Anderen weiß, dass er geistesbegabt ist, wie er selbst.

---

[4] Die für die menschliche Verständigung relevante Informationsübermittlung hat nichts mit jener Art von Informationsübermittlung zu tun, die auf der Grundlage eines genetischen Codes geschieht (Olds 2002).

[5] Das Verständnis der Aspektwahrnehmung ist von zentralem Interesse bei Wittgenstein (Wittgenstein 1953).

Grice liefert uns eine Theorie der Bedeutung für Geschöpfe, die bereits einen Geist besitzen. Diese Theorie sagt uns nicht, wie Geist entsteht. Für die Entstehung des Geistes muss eine trianguläre Situation zugrunde liegen (Cavell 1998; Davidson 1989, 1992). Ich meine damit nicht das ödipale Dreieck; sondern das Dreieck zwischen zwei Personen und der ihnen gemeinsamen Welt.

Darüber hinaus bedarf es vieler Gelegenheiten, bei denen es einen Gegenstand in der realen, materiellen Welt gibt, der alltäglich von einem Kind beobachtet werden kann und es bedarf wenigstens eines weiteren Geschöpfes, mit dem das Kind kommuniziert. Ich werde dies hier nicht diskutieren, aber ich glaube, dass Sprache eine unverzichtbare Rolle in diesem Dreieck spielt. Der Erwachsene benennt Gegenstände und Aspekte dieser Gegenstände, und indem er dies tut in der Art, wie ich sie zuvor beschrieben habe, erlaubt dies dem Kind Vorstellungen zu formen, die die Welt abbilden, heraus aus einer unendlichen Zahl möglicher Beschreibungen.

Bei dem Versuch, einige der Stufen zu begreifen, die zur Symbolisierung führen, haben Entwicklungspsychologen auch auf die Vorstellung von der Perspektive fokussiert und auf die interpersonalen Beziehungen, die die Symbolisierung vorbereiten. Dies schließt die Art des affektiven Gleichklangs (affect attunement) und der wechselseitigen Antwortbereitschaft (mutual responsiveness) zwischen Mutter und Baby ein, von denen Stern und Trevarthan sprechen, sowie das Zeigen auf Objekte, das gemeinsame Scherzen und Spielen; dazu gehört auch das Sich-Abwechseln in der Aktivität (Stern 1985, 1995; Trevarthan 1979; Kaye 1982; Tomasello 1999). Die wesentliche Voraussetzung ist nicht bloß, dass Kind und Bezugsperson auf den gleichen Gegenstand zeigen, in einer Welt, die beiden gemeinsam ist; vielmehr ist es auch notwendig, dass beide sich gegenseitig dabei beobachten können. Das Kind zeigt auf einen Gegenstand, den die Mutter ebenfalls sieht und die Mutter sagt etwas.

Demonstrative Benennungen sind ein Schlüssel auf dem Weg zum Spracherwerb. Das sagt uns – ganz entgegen den Theorien von Saussure und Lacan – dass all den subjektiven und wechselnden Charakteristika zum Trotz Gedanken dennoch mit den Dingen verbunden sind. Aufgrund des holistischen Charakters von Gedanken kann die Bedeutung an diesem Strang entlang hin- und hergleiten. Es mag sein, dass Gedachtes umherfließt, unabhängig von der Welt. Aber die Verbindungen zwischen Vorstellungen und Realität sind irgendwo in dem holistischen Netzwerk miteinander verstrickt durch den Triangulierungsprozess, der notwendig ist, damit Geist entsteht.

In meinem Verständnis von Freuds *Fort-Da*-Geschichte (Freud 1920) geht es um das Lernen, das Anteil hat an dieser Konstruktion. Dieses kleine Spiel wird von einem Kind am Übergang zum Sprechen gespielt, im Raum, über die Zeit und mit einer anderen Person, nämlich der Mutter, die am Rand erwähnt wird. Es ist ein Wiederholungsspiel, das Liebe, Verlust, Wiederkehr und Separation erprobt – ein Spiel, das es dem Kind erlaubt, die affektiven Dimensionen von Perspektive und interpersoneller Reziprozität durchzuarbeiten und zu internalisieren. Während die auf die Mutter gerichtete Aktivität des Kindes in der Fähigkeit besteht, diese zu sich zu rufen, entstammt die Fähigkeit der Mutter zu antworten ihrer Aktivität und nicht der des Kindes. Dies impliziert, dass geradeso, wie sie aus eigenem Antrieb kommt, sie auch aus eigenem Antrieb gehen kann. Das Kind entdeckt, dass seine Macht über die Mutter begrenzt ist, denn jemand, der meinen Ruf beantworten kann, kann dies nur tun, weil er nicht ein Teil von mir ist, noch ist er, wie meine eigenen Gliedmaßen meinem Willen unterworfen. So wie die Mutter jemand ist, der weggehen kann, so bin ich jemand, der verlassen werden kann. Sie ist nicht hier, aber ich entdecke, dass sie irgendwo ist, da, wo ich nicht bin. In der Wiederholung des Verschwinden- und Wiederauftauchenlassens lernt das Kind, dass das "Hier" für mich, das "Dort" für sie ist. "Dort" ist etwas, was üblicherweise "dort draußen" gesehen wird, aber du und ich sehen es unterschiedlich. Wir beide können denselben Gegenstand sehen, aber wir werden ihn nie auf die exakt selbe Weise sehen.[6] Die *Fort-Da*-Wiederholung ist eine Art Übung, wie die des Sportlers oder des Künstlers. Das Kind übt, handelnd in der Welt zu sein. Der Tod kommt ins Spiel, nicht als das Ziel im Leben, sondern als eine Enthüllung in Form von Getrenntheit, welche die Handlungskompetenz des Ich mit sich bringt. Andere können mir helfen, mich zu entscheiden; aber sie können die Entscheidung nicht für mich fällen. Jeder von uns hat Bedenken und Gedanken, die einzigartig für jeden von uns sind, und von denen andere ausgeschlossen sein können. Loewald merkt an, dass vor der Separation Objektverlust nicht Ver-

---

[6] Jonathan Lear merkt an, dass die Fort-Da-Geschichte von Mut in seiner Entstehung handelt: Das Kind entwickelt die Fähigkeit, die Abwesenheit der Mutter zu ertragen, indem es Mutters Wiederkehr imaginiert. "Dies ist das Paradigma der Vorstellung, dass es Mut braucht, um die Realität zu ertragen. In diesem Sinne scheint der Mut ein notwendiger Bestandteil der Geistigkeit zu sein" (Lear 2000, S. 95).

lust ist, sondern eher das Erleben von totaler Hilflosigkeit (Loewald 1976, S. 312).

Zwei Punkte möchte ich noch einmal aus dem von mir beschriebenen Triangulierungsprozess aufgreifen: Die äußere Realität und das Konzept der Wahrheit.

Aus Freuds Sicht eignet sich das Kind das Konzept der Realitätsprüfung nur durch die Triebfrustration an, die den Geist einen anderen Weg als zuvor einschlagen lässt. Freud meint, dass zunächst das Denken als halluzinatorische Wunscherfüllung da ist, danach kommt die Enttäuschung – zunächst als Selbstenttäuschung, dann die Enttäuschung an anderen – erst die Magie, dann die Realität und das Denken. Das Realitätsprinzip erläutert Freud folgendermaßen: "Mit der Einsetzung des Realitätsprinzips wurde eine Art Denktätigkeit abgespalten, die von der Realitätsprüfung freigehalten [...] blieb. Es ist dies das *Phantasieren* [...]" (Freud 1911, S. 234).

In einer Zusammenfassung der Theorie Freuds führt Rapaport aus, dass es für Freud zunächst zwei Qualitäten gibt: Schmerz und Lust, und dass dies die Bedingungen sind, unter denen Spannung bewusst wird. Die halluzinatorische Vorstellung von bedürfnisbefriedigenden Objekten führt neue Bewusstseinsqualitäten ein. In einem dritten Schritt geht es um das Versagen der Halluzination beim Erreichen realer Befriedigung, was dem Organismus noch andere bewusste Qualitäten ermöglicht, die "schließlich das zusammenfügen, was wir unter Gedanken verstehen" (Rapaport 1967, S. 320f). Nach Rapaport schreitet das Kind in rascher Abfolge voran, von Vorstellungen über Gedanken zum Denken. Nur: wenn ich mit meinem Entwurf der Geistesentwicklung recht habe, geschieht dies von Anfang an in enger Verbindung mit der äußeren Welt.

Und nun zur Wahrheit: Wenn ich über die Rolle der Wahrheit in der geistigen Entwicklung spreche, wenden Psychoanalytiker oft ein, dass sich kleine Kinder nicht um die Wahrheit kümmern. Ich behaupte ja gar nicht, dass kleine Kinder sich um die Wahrheit kümmern, sondern sage Folgendes: Sobald das Kind die Sphäre der Vernunft betritt (Sellars 1956), bekommt es einen Begriff vom Konzept der Wahrheit. Es ist enthalten in der Unterscheidung von Objektivität und Subjektivität sowie in der Vorstellung von Realität als einem gesellschaftlichen Feld der Übereinstimmung bzw. Nichtübereinstimmung. Ich bestehe auf der Rolle der Wahrheit, weil sie ein grundlegendes normatives Konzept ist und diese normative Kraft einer der Gründe ist, warum die Sprache des Geistes niemals auf die

Sprache des Körpers reduziert werden kann. Dies trifft umso mehr zu, als sich Geschöpfe ohne Geistesbegabung nicht so miteinander auseinander setzen können. Sie können sich auch nicht mit sich selbst auseinander setzen, indem sie Evidenz prüfen, Implikationen ihrer Vorstellungen nachvollziehen, den Standpunkt der anderen zu verstehen versuchen und die Inkonsistenz zwischen zwei Überzeugungen wahrnehmen. Sie vermögen auch nicht zu entscheiden, nach welchem ihrer Bedürfnisse sie lieber handeln möchten. Die haltbaren Verbindungen zwischen materiellem und physiologischem Ereignis sind ausschließlich kausaler Natur, während die Verbindungen zwischen den Gedanken im Geist einer jeden Person Ursachen von ganz besonderer Art sind. Es sind Ursachen, die gleichzeitig Gründe sind. Jeder Geist ist ein Gehirn und jedes menschliche Gehirn denkt. Aber die Sprache des Geistes kann nicht auf die Sprache des Gehirns reduziert werden.

Ich spreche hier von einer der prinzipiellen gegenwärtigen philosophischen Positionen zum Geist-Körper-Problem, Positionen, die in einigen neueren Übersichtsarbeiten von Analytikern (Olds 1992, 1998, 2002) übergangen werden. Mit Olds und mit den Neuro-Wissenschaftlern stimme ich darin überein, dass der Cartesianische Dualismus Unrecht hat. Es gibt nur eine Substanz in der Welt, das ist die Materie. Aber es gibt zwei gleichermaßen unverzichtbare und gegenseitig sich nicht aufhebende Sprachen, die wir brauchen, um die Handlungen der geistesbegabten Materie zu erklären. Die eine Sprache ist angemessen dafür, wie wir uns selbst in der Welt der Physik und Biologie als bloße physikalische Geschöpfe betrachten. Das fokussieren wir, wenn wir über Gene, Neurotransmitter, Gehirne sprechen, über Größe, Gewicht usw. Ich nenne diese Sprache physikalisch. Darin haben Konzepte von Überzeugungen, Begehren, Intention, Urheberschaft, Grund usw. keinen Platz. Auch taugen sie nicht für Konzepte von richtig und falsch, wahr oder unwahr, "subjektivem" Erleben und "objektiver" Wahrheit.

Wenn wir die Sprache des Geistes gebrauchen, können wir behaupten, dass das, was wir über Gene und Gehirne sagen, wahr ist und dass unsere Schlussfolgerungen über sie valide sind. Aber Gene und hirnorganische Prozesse selbst können nicht zu Recht als wahr oder unwahr, als valide oder nicht valide bezeichnet werden. Auch sind hirnorganische Prozesse als solche weder bewusst, noch unbewusst, weder rational, noch irrational. Sie sind "außerbewusst", so wie der Kniesehnenreflex. Veränderungen im Gehirn und Nervensystem können dem Zwecke der Anpassung und dem Überleben dienen, aber dies nicht im Sinne einer Motivation oder Absicht.

Die zweite Sprache – Sie können sie die Sprache des Geistes nennen oder die der Gründe oder der Intentionalität – bringt einen anderen Fokus der Aufmerksamkeit ins Spiel und einen anderen Erklärungshintergrund, das Schlüsselkonzept der Gründe. Dieses ist auch die Sprache in der grundlegende, normative Konzepte wie "Wahrheit", "Evidenz", "Validität", "Argumentation" Platz haben, da keines dieser Konzepte irgendeinen Sinn macht, wenn sie unverbunden zu den intentionalen Konzepten von Überzeugungen und Begehren bleiben. Wir kommen nicht ohne diese zweite Sprache aus, aus dem einfachen Grund, weil wir uns nicht vorstellen können, was es heißen würde, aufzugeben, Dinge über die Welt oder übereinander wissen zu wollen oder das Verhalten der anderen Menschen in derselben Weise zu verstehen, wie wir uns selbst verstehen: durch Vorstellungen, Begehren, Intentionen, was wir zu tun beabsichtigen und unsere Hoffnungen und Befürchtungen über die Folgen. Auch sind wir nicht in der Lage, die Beschreibung aus der einen in der anderen Sprache abzuleiten. Es bedarf noch eines weiteren Schrittes, wenn man für die Nichtreduzierbarkeit der "Sprache der Gründe" auf die ausschließlich physikalische Sprache plädiert. Es muss klar gemacht werden, dass einhergehend mit jedem geistigen Geschehen, ein physikalischer Vorgang unter anderen Beschreibungsmodi stattfindet und dennoch sind wir nicht fähig, kausale Gesetzmäßigkeit zu formulieren, die das Geschehen in der einen Beschreibungsart mit dem Geschehen in der anderen Beschreibungsart verbindet.[7]

So wie ich die Entwicklung des Geistes nachzeichne, mag es scheinen, als ob das Vorhandensein der Konzepte von Wahrheit, Objektivität, der Perspektive usw. bereits von Anfang an vorauszusetzen sind. Die Idee ist eher, dass diese allmählich und gemeinsam entstehen. Es gibt keinen bestimmten Zeitpunkt von dem an wir behaupten können, dass das Kind ein vorausschauendes Denken hat. Auch kann es keinen weichen Übergang von einem Erklä-

---

[7] Die Argumentation ist zu komplex, um hier entwickelt werden zu können. Aber wenn man für die Nichtreduzierbarkeit der "Sprache der Gründe" auf die ausschließlich physikalische Sprache plädiert, muss klar gemacht werden, dass einhergehend mit jedem geistigen Geschehen ein physikalischer Vorgang unter anderen Bedingungen stattfindet. Wir sind nicht fähig kausale Gesetzmäßigkeit zu formulieren, die das Geschehen in der einen Beschreibungsart mit dem Geschehen in der anderen Beschreibungsart verbindet.

rungsmodus in den anderen geben.[8] Die geistige Entwicklung des Kindes mag unvollständig sein, so wie unsere Beschreibungen der Ereignisse in der physikalischen Welt unvollständig bleiben müssen, da einige auch geistige Ereignisse sind, wie Geglaubtes, Gewünschtes, Intendiertes (Davidson 1980b).

Freud nannte die Art des Denkens, über die ich spreche, den Sekundärprozess. Was ist mit dem Primärprozess, innerhalb dessen er Wahrheit für irrelevant hielt? (Freud 1940) Wenn er von Relevanz der Wahrheit sprach, bezog sich Freud auf die unbewussten Phantasien; abhängig davon, wie man dies versteht, bin ich mir nicht sicher ob Freud da recht hatte. Er entdeckte das Unbewusste, die Konzepte der Abwehr, den Widerstand und die Verdrängung, aufgrund derer wir beides können: Wissen und Für-Wahr-Halten, dass etwas Tatsache ist; dennoch blenden wir aus, was wir wissen. In einem Teil unseres Geistes können wir etwas glauben, was wir in einem anderen nicht glauben; und wir bestehen auf einer Überzeugung die unseren eigenen Überzeugungen zuwider läuft. Wenn jemand eine unbewusste Phantasie unterhält, ist er in der Lage die eigenen Wahrnehmungen beiseite zu lassen – die von der äußeren Welt und die der eigenen Gedanken und Gefühle. Die Phantasie ist der bewussten Beurteilung nicht zugänglich; auch erscheint sie dem Phantasierenden nicht als ein Abbild der Realität. Die Phantasien sind keine Konstruktionen, sondern die Sicht auf die Dinge wie sie sind; sie sind "unempfindlich" gegenüber Veri- bzw. Falsifizierungen in dem Sinne, dass der Denkende deren Wahrheitsgehalt nicht hinterfragt. Aber das soll nicht heißen, dass Phantasien einem Geist entspringen dem das Konzept von Wahrheit völlig abgeht.

Empirische Untersuchungen stützen jedenfalls Freuds Unterscheidungen zwischen Primär- und Sekundärprozess als Organisationsmodus (Brakel 2000). Auch liegt es nahe, dass es anstelle eines einzigen Systems unbewussten Denkens mehrere gibt, die vielen verschiedenen Funktionen dienen; außerdem charakterisieren wahrscheinlich einige der Merkmale, die Freud nur dem System des Unbewussten zuordnete, ebenso das bewusste Denken; diese sind einander ähnlicher, als Freud annahm (Westen 1999). Weiterhin gibt es psychologische Prozesse die ebenfalls interpersonalen Charakter

---

[8] David Olds behauptet, dass ein semiotisches Modell des Geistes einen weichen Übergang von der unbelebten Materie zum denkenden Gehirn herstellen kann (Olds 2002). Was das denkende Gehirn betrifft, sage ich ja, aber nicht, was das Denken selbst anlangt.

haben, die den Weg für den Sekundärprozess bereiten und über das gesamte geistige Leben im Hintergrund erhalten bleiben. Diese greife ich im folgenden Abschnitt auf.

3 Erinnern, Wiederholen, Durcharbeiten

Während Freud verdrängte Triebderivate als den Ursprung des dynamischen Unbewussten ansah, verstehen heute einige Analytiker diese Art unbewusster Prozesse als im wesentlichen interpersonaler Herkunft (Stolorow 2001; White 2001). Das betrifft sowohl den geistigen Inhalt als auch die geistige Struktur. Frühe Beziehungen bahnen Interesse und Bedürfnisse ebenso wie das, was das Kind sieht und denkt. Sie formen den Geist des Kindes und sein Bild von sich selbst (Tronick 1997). Dazu passen Buccis Feststellungen, die sie auf der Basis von kognitionswissenschaftlichen Studien trifft: "Mutters Verhalten und Gesichtsausdruck konstituieren die ersten externalen Symbole, die vom Kind auf den eigenen inneren Zustand bezogen und verwendet werden können" (Bucci 1997, S. 220).

Schafer spricht über geistige Struktur wie folgt: "Das Konzept der Ich-Synthonizität wurde immer auf bestimmte Prinzipien der Entwicklungsgrundlagen bezogen; diese Prinzipien mussten aber von denen, die sie entwickelt und angewandt haben, unhinterfragt bleiben.[...]. Metaphorisch gesprochen sind sie die Augen, die alles sehen entsprechend der eigenen Struktur und sich nicht selbst beim Sehen beobachten können [...]. Wenn wir eine Charakterstörung analysieren, rechnen wir damit, dass es einiges an unterschiedlicher, grundlegender Erfahrung geben wird [...]. Der Zugang (in der Therapie) könnte irgend eine wohlgehütete Art des hoffnungsvollen Denkens, irgend eine in den Wind geschlagene Art des realitätsentsprechenden Selbstwertgefühls, irgend eine in Scheu versteckte, aber stabile Art der Selbstliebe sein" (Schafer 1982, S. 144-146).

Eine Zeit lang glaubte Freud, dass es das therapeutische Ziel sei, das Unbewusste ins Bewusste zu überführen; dem werde die psychische Veränderung folgen. Er war enttäuscht. Tatsächlich passiert aber so etwas ähnliches. Allerdings ist es ein Kunststück zu sagen, was denn das Unbewusste bewusst macht. Lassen Sie uns noch mal zum neurotischen Wiederholungszwang zurückkehren.

Freud hat mehrere Erklärungsmodelle angeboten. Wie wir wissen hat er – noch bevor er sich dem Todestrieb zuwandte – in "Jenseits des Lustprinzips", zunächst vorgeschlagen, dass das sich neurotisch wiederholende Verhalten ein Versuch ist, die Angst zu meistern.

Mehrere Jahre später, in "Hemmung, Symptom und Angst", bekam die Angst eine Schlüsselstellung in seiner Theorie als Wurzel der psychischen Abwehr. Angst signalisiert Gefahr, insbesondere den Verlust eines existentiell gebrauchten Objektes. Diese Idee weiter entwickelnd könnten Analytiker heute sagen, dass Angst "jenseits des Lustprinzips" darin besteht, dass die Unlust, die hier angesprochen ist, nicht bloß das Fehlen der Befriedigung eines Triebes ist, sondern etwas basal anderes (Sandler 1988), z.B. im Zusammenhang mit dem Bedürfnis nach Nähe oder mit Realitätswahrnehmung. Wie Freud schon klar machte, ist der menschliche Organismus so ausgestattet, dass er reale Gefahren für Leib und Leben wahrnehmen kann.

Die gegenwärtige Säuglingsforschung bestätigt die Idee, dass das menschliche Kind von früh an in der Lage ist, auf irgend einer Ebene der Aufmerksamkeit wahrzunehmen, was im Geist des anderen vorgeht und sein eigenes Verhalten dementsprechend anzupassen (Emde 1981; Stern 1985, 1995; Tronick 1997). Kinder erlernen Schemata der Responsivität die ihnen beides ermöglichen: Nähe und ein gewisses Maß an Sicherheit in ihren frühen lebensnotwendigen Beziehungen. Weil diese unbewussten Schemata so früh entstehen, erzeugen sie Wahrnehmungs- und Verhaltensgewohnheiten, die besonders beständig sind.

Ich möchte kurz drei gegenwärtige Theorien über die Formen der unbewussten Aufmerksamkeit diskutieren, von denen keine notwendigerweise etwas mit Verdrängung zu tun hat: emotionale Grundmuster, pathogenetische Kernüberzeugungen und prozedurales Wissen. Die Theorien sind miteinander kompatibel und in ihrem Gegenstand teilweise deckungsgleich. Alle drei Theorien versuchen, Wiederholung und psychischer Veränderung zu erklären.

Bucci argumentiert, dass die kindliche Psyche subsymbolische Emotionsschemata erschafft, die aus sensorischen, visceralen und motorischen Elementen zusammengesetzt sind. Diese Schemata nehmen die Form von prototypischen Selbst-Imagines in der Beziehung zu den Anderen an und werden bestätigt durch "wiederholte Episoden" des Erlebens von gemeinsam erlebter affektiver Qualität. Die Episoden als solche werden "im Gedächtnis hinterlegt und bilden die Struktur der Emotionsschemata. Es sind konkrete Ereignisse, die ins Abstrakte gewandelt, metaphorisch für die Eventualitäten des Lebens sind. Sie beinhalten, was passieren könnte, wenn jemand Wünsche und Bedürfnisse hat, was andere Menschen dann tun könnten und wie man sich dann fühlen könnte" (Bucci 1997, S. 201). Die Schemata als solche ordnen das Gesehene, passen Erinnertes an und motivieren das Verhalten. Die Emotionsschemata "haben dieselbe Struktur einer prototypischen Episode, die zum Beispiel mit einem Wunsch oder Bedürfnis beginnt, und begleitet wird von Aktivitäten, die damit in Zusammenhang stehen; schließlich führen sie zu einer komplexen Sequenz von Reaktionen und Gegenreaktionen" (Bucci 1997, S. 196). Wir können Buccis emotionale Schehen, von welchen er in "Erinnern, Wiederholen, Durcharbeiten" schreibt: „In diesen ist nicht nur einiges Wesentliche aus dem Kindmata als eine Interpretation von Freuds Deckerinnerungen verste-heitserleben enthalten, sondern eigentlich alles Wesentliche“ (Freud 1914, S. 128).

In Buccis Theorie sind symbolische Konstrukte verbunden mit symbolischem Denken und die Sprache mit dem, was sie "referential process" nennt und was in der frühen Kindheit im Beziehungskontext beginnt. Im Idealfall hat jedes emotionale Schema referentielle Verbindungen die es in der gegenwärtigen Erfahrung und bei neuen symbolischen Interpretationen ermöglichen, responsiv zu sein. Aber bei besonders schmerzvollen Schemata können diese Verbindungen auch vermieden werden. Bucci schreibt: "Es liegt in der Natur emotionaler Schemata, dass jedes ihrer Elemente – ein Wort, eine Vorstellung, eine Aktivität, ein Geruch – ein jeweils anderes in Gang setzen kann. Wenn ein negatives Emotionsschema von einem seiner Bestandteile aktiviert wird, dann wird der affektive Kern und die Verhaltensantwort gemeinsam mit dem Schema in Erregung versetzt" (Bucci 1997, S. 201).

Leicht in Gang gesetzt initiiert das schmerzhafte Grundmuster Verhalten von schmerzhaft wiederholender Qualität, die darüber hinaus noch selbstbestätigend wirkt.

Der analytische Prozess bedarf aus Buccis Sicht einer Beziehung zum Analytiker, die dem Patienten gestattet, mit seinem emotionalen Grundmuster in Berührung zu kommen ohne unzeitgemäßen Schmerz und in relativer Sicherheit. Zusammen fassen Patient und Analytiker das Grundmuster in Worte, so dass Reflexion und Realitätsprüfung möglich werden und auf das emotionale Grundmuster selbst rückwirken können. Dies ist der Prozess, von dem Bucci sich vorstellt, dass Freud ihn mit "Lernen" gemeint hat. Aus dieser Sicht besteht struktureller Wandel in der Veränderung der emotionalen Grundmuster.

Buccis Theorie passt bestens zu der von Weiß und Sampson, für die die Neurose auf pathogenen Kernüberzeugungen beruht, welche unbewusst sind, aber nicht notwendigerweise verdrängt wurden. In der frühen Kindheit beginnend versucht sich das Kind an die Realität zu adaptieren und verlässliche "Kernüberzeugungen" über sie zu bilden – insbesondere über die anderen Personen, zu denen es in existentiell wichtigen Beziehungen steht. Das Kind versucht herauszufinden, wie es diese Beziehungen am besten erhalten kann und bemüht sich darum, "Kernüberzeugungen" über sich selbst in diesem Beziehungskontext zu bilden. Diese Überzeugungen sind basal für die psychische Struktur. Phantasien werden nicht aus dem "Trieb" abgeleitet , sondern "in Bezogenheit zu einem vorgeformten Verständnis der Realität." (Weiß 1993, S. 32).

Alle Überzeugungen sind nur langsam zu verändern – aber ganz besonders die Kernüberzeugungen, da sie Antworten auf frühe existentielle Bedürfnisse darstellen und weil sie als Organisatoren für andere Überzeugungen gedient haben. Falls sie darüber hinaus unter dem Druck heftiger Angst entstanden sind, werden die Abwehrmanöver, die dazu erfunden wurden den Schmerz zu vermeiden, automatisch und immer wieder ausgelöst. Psychopathologie zeichnet sich dadurch aus, dass in Gefahr an Überzeugungen, die nicht mehr der gegenwärtigen Situation entsprechen, festgehalten wird. So wie bei den emotionalen Schemata liegt die Pathologie von bestimmten Kernüberzeugungen in ihrer Unverträglichkeit mit den eigenen Zielen und in Störungen der Fähigkeit, die gegenwärtige Realität wahrzunehmen und darauf in angebrachter Weise zu reagieren.

Im o.g. Zitat spricht Schafer von Grundlagen organisierender Erfahrung ("principles of organizing experience"), die unsichtbar sind – eine Idee, die zu Weiß' und Sampsons Theorie passt. Psychotherapie könnte so als jener Prozess verstanden werden, in dem diese Prinzipien sichtbar werden. Auf diese Weise werden sie dann Teil des Bewusstseins und nicht nur dessen Hintergrund. Als Inhalt des Bewusstseins sind sie nun der Reflexion und Beurteilung zugänglich, was zur Veränderungen in der psychischen Struktur führen kann.

Die Unterscheidung von prozeduralem und deklarativem Wissen ergibt das dritte überzeugende Argument, warum unbewusstes Denken nicht im dynamischen Sinne unbewusst ist. Während deklaratives Wissen in Worte gefasst prinzipiell der bewussten Aufmerksamkeit zugänglich ist, ist dies bei proceduralem Wissen nicht der Fall. Dieses Konzept wurde vorwiegend auf motorische Fähigkeiten bezogen verwendet, z.B. das Wissen, wie man Fahrrad fährt. Doch jüngst haben Stern und andere Säuglingsforscher das entdeckt, was sie "implizites Wissen über interpersonale und subjektive Beziehungen" (Stern 1998, S. 905) nennen. Es beginnt früh zu funktionieren und entwickelt sich noch im Erwachsenenalter weiter.

Man könnte dieses Wissen als Teil von dem, was Heidegger "Hintergrundwissen" nannte, ansehen: die interpersonale und gesellschaftliche Bühne, auf der Sprache und mentale Prozesse mit deklarativem Charakter erlernt werden. Historisch gesehen wurde psychoanalytische Deutung an deklarativem Wissen festgemacht und als zentral für die psychischen Veränderungen verstanden. Aus Sterns Sicht sorgt die analytische Beziehung für eine Wechselwirkung zwischen Deutung, Bewegungen in der impliziten Beziehung selbst und der psychischen Veränderung. Stern spekuliert, dass es sein könnte, dass Veränderung alleine aus Bewegungen in der impliziten Beziehung resultieren könnten.

Vielleicht mit Ausnahme Sterns sehen alle drei Theoretiker das Deuten – den Vorgang das Unbewusste bewusst zu machen – als einen wesentlichen Teil des analytischen Prozesses an. Aber damit dies möglich ist, muss in der Gegenwart der Schmerz der abgewehrt wurde, wieder empfunden werden; dazu bedarf es einer relativ sicheren Beziehung zu einer anderen Person. In einer solchen Situation können die relevanten emotionalen Grundmuster, implizites Beziehungswissen oder pathogene Überzeugungen erkannt werden. Die Rolle des Deutens ist es, das gegenwärtige Gefühl mit dem unbewussten Grundmuster oder der unbewussten Überzeugung zu verbinden, so dass dann die pathogenen Überzeugungen sichtbar werden, zum Beispiel als Überzeugungen und Konstrukte, die nicht mehr als wahr gelten können in der Welt, wie sie jetzt ist.

4 Bewusstsein vom Selbst und Handlungskompetenz

Beides – Überzeugungen und Begehren – sind Haltungen, die sich in erster Linie auf die Welt *hin* ausrichten. Jemand glaubt die Existenz des Buchstabens P, weil man sehen oder hören kann, dass es ihn gibt. An das P zu glauben, heißt zu denken, dass P wirklich wahr ist. Wenn ich Gründe habe, mich zu fragen, ob ich dies wirklich glaube, schaue ich nicht in mich hinein, sondern nach draußen in die Welt. Also frage ich: Was gibt es dort, das meine Überzeugung bestätigt? Es mag sein, dass es nötig ist, ein vollständig mentales Netzwerk zu überprüfen, in das meine Überzeugung hineinverwoben ist;

in diesem Sinne schaue ich dann in mich. Aber das Netzwerk selbst wendet sich an die Welt.

Die Welt ist also der Bereich des Begehrens, wie Butlers klassische Widerlegung von Hobbes Ansicht, dass alles Begehren nur am Selbst interessiert sei, zeigt: Die Vorstellung vom interessierten Streben an sich setzt besondere Leidenschaften und besonderes Verlangen voraus, da die eigentliche Vorstellung von Interesse oder Glück darin besteht, dass Verlangen oder Affekt sich an seinem Objekt erfreut. "Lass diese Affekte weg und du lässt der Selbstliebe nichts, aber auch gar nichts, an dem sie sich erhalten kann" (Butler 1950, S. 14).

Falls ich parallel zu der Frage "Glaube ich P?" gefragt werde, "Wünsche ich P?" oder "Schätze ich P?", werde ich mir meine eigene Haltung anschauen und sehen, ob dieser Wunsch mit anderen von mir gehegten Wünschen vereinbar ist; mit anderen Worten: Indem ich die Wünschbarkeit des gewünschten Objektes überprüfe, betrachte ich es auch erneut. Als das bewusste Subjekt meiner Überzeugungen, meiner Wünsche und Intentionen und als diejenige, die reflektiert, was zu glauben oder zu tun wäre, bin ich eine Handelnde auf dem Weg hin zur Handlung. Indem ich mich zu einer Überzeugung oder einem Begehren bekenne, drücke ich eine Art Verpflichtung aus: Im Beispiel der Überzeugung bin ich wahrscheinlich offen gegenüber Evidenzerleben; im Beispiel des Wunsches bin ich offen gegenüber der Reflexion über Vereinbarkeit dieses Wunsches mit anderen Wünschen die ich habe und für die praktischen und moralischen Implikationen sowie wahrscheinlichen Konsequenzen bei Erfüllung des Wunsches. Wenn ich abschätze was ich als rationales Geschöpf glauben oder intendieren sollte, beobachte ich nicht meinen Geist, sondern ich entscheide mich (Moran 1988).[9] Wenn ich als Handelnde zu einer Überzeugung komme oder eine Entscheidung fälle und mir dessen bewusst bin, bin ich fähig zu wissen, dass es dies ist, was ich tue. Das ist es gerade was Bewusstsein in einem bestimmten Wortgebrauch bedeutet. So gesehen ist Bewusstsein die Bewusstheit von sich selbst als einem Handelnden. Aber diese Art des Selbst-Bewusstseins transportiert nur das Bewusstsein; die Welt ist der Gegenstand, auf den hin sich das Bewusstsein richtet, nicht das eigene Selbst. Bei einer anderen Sorte von Bewusstsein bin ich selbst das Objekt – etwa beim Erleben von Scham oder wenn ich bemerke, dass ich Schwierigkeiten habe eine bestimmte Ent-

---

[9] Hinsichtlich meiner Diskussion der zwei Arten von Wissen über das Selbst habe ich viel Richard Moran (2001) zu verdanken.

scheidung zu treffen oder wenn ich ein bestimmtes Verhaltens- oder Denkmuster bei mir beobachte. Diese zweite Art von Bewusstsein vom Selbst spielt im therapeutischen Prozess eine Rolle als Quelle einer wichtigen Art von Wissen vom Selbst. Aber es muss mit Handlungsbereitschaft gekoppelt sein, denn als Beobachter von mir selbst kann ich bloß feststellen, dass ich eine bestimmte Überzeugung oder ein Begehren habe und verbleibe passiv darin. Die Beobachtung verpflichtet mich zu nichts. Ich denke, es ist diese Koppelung die die Wiederholung in der Übertragung bewerkstelligt – das Erleben und Deuten der pathogenen emotionalen Grundmuster, von Kernüberzeugungen oder von implizitem Beziehungswissen.

Sartre sprach vom "Taumeln des Bewusstseins", womit er unsere schwierige Bewusstheit vom Selbst meint, deren wir gewahr sind als vollständig bewusst Gläubige, Wünschende, Tätige. Dieses Selbst ist für uns nichts Wissbares oder Fixiertes, sondern eine Art von Spontaneität gegenüber der Welt und eine endlose Menge von Möglichkeiten. Es ist eine Bewusstheit die wir typischerweise zu verändern trachten – wie Sartre sagt – indem wir von uns selbst in einer inauthentischen Weise nicht als "Freie" denken, sondern als hätten wir die Sorte von begrenzter, festgelegter Natur, die andersartige Dinge im Universum haben. Wir werfen uns als Erzähler von Geschichten auf, die bereits erzählt wurden. Wir verstehen das Selbst als eine besondere Art von Entität, die aus dem Hintergrund heraus die verschiedenen Aktivitäten des Bewusstseins regiert. Das geschieht nach Sartre deswegen, weil wir nicht wahrhaben wollen, dass es von uns selbst abhängt, wer und was wir sind. Er schreibt: "Vielleicht ist es die wesentliche Funktion des Ichs, nicht so sehr theoretisch als vielmehr praktisch ..., seine völlige Spontaneität vor dem Bewusstsein zu verbergen" (Sartre 1960, S. 100f).

Indem er auf der absoluten Freiheit besteht, geht Sartre zu weit, aber ihm ist an dem handlungsbereiten, selbsterschaffenden, normativen Aspekt des reflektierenden Ichs (Ich-Denken) gelegen, von dem Thomas Nagel schreibt: "Das reflektive Selbst kann nicht bloß Zuschauer sein, weil es nicht irgend jemand anderes ist; es ist dieselbe Person, die mit einer gewissen unreflektierten Wahrnehmung oder einem Begehren oder einer Intention begonnen haben mag, aber nun im Besitz zusätzlicher Information der besonderen Art von Selbst-Bewusstheit ist. Was immer die Person für Schlüsse zieht oder wählt oder tut, sie wird die Kehrseite der reflektiven Sicht entweder haben oder vermissen. Nehmen wir an, die Person kann versuchen zu widerstehen oder auch nicht, und dass sie darin ein Bewusstsein vom Selbst besitzt, dann wird alles, was sie tut, die Kehrseite beinhalten, Zustimmung oder Ablehnung, vom reflektiven Standpunkt aus" (Nagel 1970, S. 200f).

Natürlich kann man ablehnen, dass Ich-Bekenntnisse von Überzeugung und Begehren Verpflichtungen mit sich bringen. Freud nennt die Offenheit der Welt gegenüber Realitätsprinzip. Er wusste, dass dies oft schmerzvoll ist und dass wir über verschiedene Strategien verfügen uns vor der Welt zu verschließen. Wir bleiben dann mit uralten Ängsten zurück, die mehr auf Abschottung als auf Öffnung zur Welt drängen werden. Sie begrenzen die Auswahl und machen uns blind für Dinge, die relevant sind für unser Leben als Handelnde, die nun in einer Welt leben, die sich von der in der Vergangenheit unterscheidet. Aber der therapeutische Prozess mag die Sichtblenden entfernen und uns aufmerksam machen auf das Ausmaß an Handlungskompetenz, über das wir verfügen und damit uns befähigen anders zu handeln in der Welt.

Psychoanalytiker sprechen manchmal vom therapeutischen Prozess als von dem Erzählen einer neuen kohärenteren Geschichte. Geschichten erzählen Ereignisse nach, die per definitionem in der Zeit geschehen sind, aber gelesene Zeit und gelebte Zeit sind kategorisch unterschieden. Wir können einen Abschnitt wieder lesen, den wir bereits gelesen haben und Details erfassen, die wir sorglos übergingen; wir können Text überspringen, ans Ende der Geschichte gehen um zu sehen, wie sie ausgeht. Aber wir können buchstäblich nicht die Vergangenheit wieder leben oder die Zukunft voraus leben. Die Narrativforscher haben recht: Wie unsere Geschichte sich entwickelt hängt teilweise davon ab, wie wir sie erzählen; aber dieses Erzählen muss den Unterschied zur Kenntnis nehmen zwischen gelebter und erzählter Zeit. Beim Erinnern nimmt man die Vergangenheit als solche zur Kenntnis und inkorporiert sie in eine Bewusstheit von dem Gegenwärtigen als Gegenwart. Man arbeitet sich innerlich durch Abwehr zu Schmerz und Angst, dann wieder nach draußen durch die psychische Struktur hindurch zur Welt. Das ist der Prozess, den Freud Erinnern, Wiederholen und Durcharbeiten nannte. Es ist gleichzeitig eine Offenbarung der äußeren Welt und ein sich erneuerndes Erschaffen des Selbst.

(Aus dem US-Amerikanischen übersetzt von Annette Kreutz, Berlin)

Literatur

Bion, W. (1994). Attacks on Linking. In E. B. Spillius (Ed.), *Melanie Klein Today, Developments in Theory and Practice* (Vol. I: Mainly Theory,). London: Routledge.

Brakel, L..W. W., et al. (2000). The primary process and the unconscious: experimental evidence supporting two psychoanalytic presuppositions. *The International Journal of Psychoanalysis, 81*(1), 553-571.

Bucci, W. (1997). *Psychoanalysis and Cognitive Science*. New York: The Guilford Press.

Butler, J. (1950). *Five Sermons*. New York: Library of Liberal Arts.

Cavell, M. (1998). Triangulation, One's Own Mind, and Objectivity. *The International Journal of Psycho-Analysis, 79* (Part I,), 449-467.

Davidson, D. (1980 b). Mental Events, *Essays on Action and Events*. Oxford: Oxford University Press.

Davidson, D. (1989). The Conditions of Thought. *Le Cahier du College International de Philosophie (Paris: Editions Osiris)*.

Davidson, D. (1992). The Second Person. *Midwest Studies in Philosophy, 17*, 255-267.

Emde, R.N. (1981). Changing Models of Infancy and the Nature of Early Development: Remodeling the Foundations. *Journal of the American Psychoanalytic Association, 29*, 179-219.

Freud, S. (1911). Formulierungen über die zwei Prinzipien des psychischen Geschehens. GW (Bd. 8).

Freud, S. (1914). Erinnern, Wiederholen und Durcharbeiten. GW (Bd. 10).

Freud, S. (1920). Jenseits des Lustprinzips. GW (Bd. 13).

Freud, S. (1924). Notiz über den Wunderblock. GW (Bd. 14).

Freud, S. (1940). Abriss der Psychoanalyse. GW (Bd. 17).

Gadamer, H.-G. (1977). *Philosophical Hermeneutics* (Linge, D., Trans.). Berkeley: University of California Press.

Grice, P. (1957). Meaning. *Philosophical Review, 66*, 377-388.

Kaye, K. (1982). *The Mental and Social Life of Babies: How Parents Create Persons*. Chicago: The University of Chicago Press.

Kermode, F. (1966). *The Sense of an Ending*. Oxford: Oxford University Press.

Lear, J. (2000). *Happiness, Death, and the Remainder of Life*. Cambridge, MA: Harvard University Press.

Loewald, H. (1976). Perspectives on Memory. In M. a. H. Gill, S. (Ed.), *Psychology Versus Metapsychology: Psychoanalytic Essays in Memory of George S. Klein* . New York: International Universities Press.

Moran, R. (2001). *Authority and Estrangement*. Princeton: Princeton University Press.

Nagel, T. (1970). *The Possibility of Altruism*. Princeton: Princeton University Press.

Olds, D., & Pally, R. (1998). Consciousness: a neuroscience perspective. *The International Journal of Psycho-Analysis, 79(5)*, 971-991.

Olds, D. (2002). A Semiotic Model of the Mind. *Japa Newscast*.

Olds, D.S. (1992). Consciousness: A Brain-centered Informational Approach. *Psychoanalytic Inquiry, 12*, 419-444.

Rapaport, D. (1967). On the Psychoanalytic Theory of Thinking. In M. M. Gill (Ed.), *The Collected Papers of David Rapaport* (pp. 313-327). New York: Basic Books, Inc.

Ricoeur, P. (1984). *Time and Narrative, vol. I* (McLaughlin, K. & Pellauer, C., Trans.). Chicago: University of Chicago Press.

Sandler, J. a. A.-M. (1988). *Internal Objects Revisited*. London: Karnac (Books) Ltd.

Sartre, J. P. (1960). *The Transcendance of the Ego* (F. Williams and R. Kirkpatrick, Trans.). New York: Hill and Wang.

Schafer, R. (1982). *The Analytic Attitude*. New York: Basic Books.

Sellars, W. (1956). Empiricism and the Philosophy of Mind. In H.F. a. M. Scriven (Ed.), *Minnesota Studies in the Philosophy of Science* (Vol. 1, pp. 253-330). Minneapolis: University of Minnesota Press.

Solms, M. (1997). What Is Consciousness. *Journal of the American Psychoanalytic Association, 54(3)*, 681-675.

Stern, D. (1985). *The Interpersonal World of the Infant: A View from Psychoanalysis and Developmental Psychology*. New York: Basic Books.

Stern, D. (1995). *The Motherhood Constellation*. New York: Basic Books.

Stern, D., et al. (1998). Non-interpretive mechanisms in psychoanalytic therapy: the "something more" than interpretation. *The International Journal of Psycho-Analysis, 79(5)*, 903-923.

Stolorow, R.D. (2001). Cartesian and Post-Cartesian Trends in Relational Psychoanalysis. *Psychoanalytic Psychology, 3*, 468-484.

Tomasello, M. (1999). *The Cultural Origins of Human Cognition*. Cambridge, MA: Harvard University Press.

Trevarthan, C. (1979). Instinct for Human Understanding and for Cultural Cooperation: Their Development in Infancy. In M. v. C. e. al (Ed.), *Human Ethology: Claims and Limits of a New Discipline* (Vol. Cambridge University Press,). Philadelphia: Cambridge.

Tronick, E.Z., and Weinberg, M.K. (1997). Depressed Mothers and Infants: Failure to Form Dyadic States of Consciousness. In L.M. a. P. Cooper (Ed.), *Postpartum Depression and Child Development* (pp. 54-81). New York: Guilford.

Weiss, J. (1993). *How Psychotherapy Works*. New York: Guilford Press.

Westen, D. (1999). The Scientific Status of Unconscious Processes: Is Freud Really Dead? *Journal of the American Psychoanalytic Association, 47/4* (Fall, 1999), 1061-1107.

White, R. S. (2001). The Interpersonal and Freudian Traditions: Convergences and Divergences. *Journal of the American Psychoanalytic Association, 49/2*, 427-454.

Wittgenstein, L. (1953). *Philosophical Investigations* (G.E.M. Anscombe, Trans.). Oxford: Basil Blackwell.

Die Anstrengung, zum Subjekt zu werden

Einige Gedanken zu Freuds Fort-Da-Beobachtung

Roger Kennedy

Freuds kostbare Fort-Da-Beobachtung macht es möglich, vielfältige Überlegungen zu verschiedenen Forschungsgebieten anzustellen. Dazu gehören die kindliche Entwicklung, die klinische Psychoanalyse und die Psychologie des menschlichen Subjekts. Auf diese Themen werde ich im Laufe meines Beitrages eingehen. Man könnte das Fort-Da-Spiel als eine Art Beschreibung dessen sehen, was gewöhnlich in einer Analyse mit dem neurotischen Patienten geschieht: In der Übertragung findet ein regelmäßiges Kommen und Gehen statt, denn der Analytiker ist für den Patienten sowohl anwesend wie auch abwesend, er taucht auf und verschwindet wieder. Solche Übertragungsbewegungen führen zu keiner massiven Ängstigung. Dagegen erleben traumatisierte und Borderline-Patienten gelegentlich das Weggehen so intensiv und total, dass sie die Hoffnung auf eine Wiederkehr verlieren. Und dennoch kommen sie immer wieder in ihre Analyse (zurück) und hoffen, dass das analytische Setting ihre Verzweiflung beseitigen kann.

Solche klinischen Situationen möchte ich etwas verständlicher machen. Daher werde ich auf einige psychoanalytische Denker genauer eingehen, denen Fort-Da entweder besonders relevant erscheint oder deren Überlegungen ein besonderes Licht auf die Bedeutung der Fort-Da-Beobachtung werfen.

1 Die Anstrengung des Werdens

Winnicotts Auffassung von der frühen Entwicklung rückte den Spiel-Raum zwischen Mutter und Kind ins Zentrum seiner Betrachtung und er zeigte, wie Gegenstände – seien es nun Teddybären, Bindfäden oder die Nähgarnrolle aus Freuds Beobachtung – für das Kind als Objekte des Übergangs zwischen Subjektivem und objektbezogener Wahrnehmung wichtig werden können. Im Hinblick auf die frühe Entwicklung des Realitätssinns des Kindes meint Winnicott: "... anzunehmen ist, dass kein Mensch um die Anstrengung herum kommt, innere und äußere Realität aufeinander zu beziehen" (Winnicott, 1958, S. 240). Für Winnicott wird diese Anstrengung durch einen konfliktfreien Erlebnis-Zwischenraum abgemildert, der in enger Verbindung mit dem Spiel-Raum des Kleinkindes steht, das ins Spielen vertieft ist. Übergangsphänomene sind nur dann möglich, wenn die Eltern intuitiv die Bemühung des Kindes bei der Objektwahrnehmung erfassen, und "das Kind im Hinblick auf Subjektivität und Objektivität nicht überfordern, wenn gerade einmal ein Übergangsobjekt entstanden ist" (ebd. S. 241). Eine solche Überforderung tritt dann ein, wenn die Umgebung nicht genügend Schutz bietet. Das ist z.B. der Fall, wenn die Mutter sich dem Kind nicht ausreichend anpassen kann oder wenn durch die Umgebung schwerwiegende Übergriffe auf das Kind stattfinden. Aber auch bei guter elterlicher Fürsorge wird es auf irgendeine Weise immer zur Belastung, wenn innere und äußere Realität miteinander verbunden werden müssen; diese Belastung tritt immer auf und muss von den Eltern und natürlich vom Analytiker wahrgenommen werden.

Außerdem ist, wie Andre Green betont hat, der Übergangsraum nicht einfach nur "dazwischen"; vielmehr handelt es sich um einen Raum, "wo sich das zukünftige Subjekt im Wandel (in transit) befindet. Bei diesem Wandel ergreift es Besitz von einem erschaffenen Objekt der äußeren Realität in seiner Umgebung, noch bevor es dieses Objekt erreicht hat" (Green 1997, S. 1073). Damit existiert das menschliche Subjekt im Übergangsraum eigentlich noch gar nicht, sondern es befindet sich viel mehr im Prozess des Werdens.

Auch Winnicott hebt die Beziehung zwischen Übergangsobjekt und Symbolisierung hervor. Sobald das Kind symbolisiert, unterscheidet es bereits zwischen Phantasie und Wirklichkeit und zwischen Innen- und Außenwelt. Aber der Begriff des Übergangsobjektes "thematisiert (auch) jenen Prozess, in dem die Fähigkeit entsteht, Verschiedenheit und Ähnlichkeit anzuerkennen. Nach meiner Meinung ist ein Begriff nützlich, der die Wurzeln der Symbolisierungsfähigkeit beschreibt, die im Laufe der Zeit entsteht. Dieser Begriff veranschaulicht auch den Weg vom rein Subjektiven zur Objektbezogenheit. Nach meinem Eindruck ist das Übergangsobjekt das, was wir von der fortschreitenden Wandlung hin zur eigenen Erlebnisfähigkeit zu Gesicht bekommen" (Winnicott 1971, S. 6).

Ähnlich könnte man das Fort-Da-Spiel als einen zentralen Schritt ansehen, durch den das Kind mit Hilfe der Symbolisierung dem

Kommen und Gehen der Mutter einen Sinn geben und sich damit abfinden kann.

Das Thema des "Werdens" knüpft an meine eigenen Gedanken über menschliche Subjektivität und jenen Prozess an, den man als "Subjektwerdung" beschreiben könnte (Kennedy 1998; 2000). Der Begriff "Subjektwerdung" resultiert aus der analytischen Erfahrung, bei der der Patient uns alle möglichen Geschichten, festgefahrene Bezie hungsmuster oder Symptome, Hoffnungen, Erwartungen und Widerstände mitteilt. Patienten kommen oft mit dem Gefühl, isoliert zu sein: Entweder sie halten sich für die einzigen, die leiden oder sie leiden daran, allein zu sein. Unterschiedliche Einflüsse aus dem früheren und dem aktuellen Leben bringen die Patienten dazu, sich in Analyse zu begeben. Wenn die Analyse gelingt, haben sie die Möglichkeit, sich ihre Erfahrungen und schließlich ihr Leben (als Subjekt) anzueignen. Sie spüren, dass sie nicht mehr isoliert sind, und dass sie mehr Kontakt zu anderen haben. Aus dem Prozess der Subjektwerdung entwickelt sich dann nach und nach die subjektive Position (subjective Position). Die Fähigkeit des Subjekts, flexibel unterschiedliche Positionen einzunehmen, ist nun gewachsen. Als Subjekt zu handeln oder zu denken, kann jetzt anders erlebt werden als nur Objekt von Denken und Handeln, d.h. in einer "objektiven Position" zu sein, in der Handeln vom Subjekt nicht als ein Vorgang erlebt wird, der Teil seiner selbst ist, sondern bloß als ein Aufeinandertreffen mit der Umwelt.

Bei jeder Entwicklung hin zur subjektiven Position kommt es auch immer zur Entwicklung einer objektiven Position (objective Position). Das geschieht dann, wenn wir versuchen, dem anderen ganz und gar als Subjekt gegenüberzutreten und uns von jenem doch nur als Objekt wahrgenommen fühlen; dieser Unterschied macht sich nur gering bemerkbar, und wir bewegen uns beständig zwischen beiden Positionen hin und her.

Um wirklich als Subjekt ganz und gar mit einem anderen Menschen in Kontakt zu kommen, beginnt man dessen Sichtweise zu erfassen; der andere wird als ein Mensch bzw. als ein kontextbezogenes Subjekt wahrgenommen, das sich den anderen im sozialen Umfeld zuwendet und sich von ihnen berühren lässt. Die Subjektposition macht es möglich, den anderen auf vielen bewussten und unbewussten Ebenen zu erleben und sich von diesem Erleben so durchdringen zu lassen, dass ein bleibender Eindruck entsteht. Auf welche Art und Weise der Patient im Analytiker einen Eindruck hinterlässt, gibt Auskunft darüber, auf welchem psychischen Organisationsniveau er sich bewegt und inwieweit er eine Subjektposition einnehmen kann.

Ich meine auch, dass das menschliche Subjekt im Grunde schwer zu fassen ist: Es taucht auf und verschwindet, wenn es als individuelles Subjekt mit dem anderen Menschen zusammentrifft oder wenn der Kontakt fehlschlägt. Man mag das Subjekt in der analytischen Situation so erfassen, wie ich es gerade beschrieben habe; dennoch wird uns immer etwas Vitales entgehen. Was sich wirklich in der analytischen Begegnung abspielt, ist oft gar nicht so einfach zu beschreiben; es ist schwierig zu wissen, was wo passiert. Ich glaube, dass sich das alles auf verschiedenen, sich ständig verändernden Ebenen zwischen Analytiker und Patient abspielt. Dabei öffnet sich das Subjekt oder es verschließt sich. Diese Bewegung schafft die Basis für menschliche Subjektivität.

Wenn das Subjekt im wesentlichen schwer zu fassen ist, indem es beständig erscheint und wieder verschwindet, kommt und geht, dann wird man natürlich an die Fort-Da-Beobachtung erinnert, bei der das Kind die Nähgarnrolle erscheinen und dann wieder verschwinden lässt. In diesem Sinne erinnert uns das Fort-Da-Spiel nicht nur an das unzuverlässige Kommen und Gehen der Mutter, sondern auch an die Unsicherheit, in der menschliche Subjektivität aus den ständigen Zustandsänderungen des Kindes hervorgeht.

Greens Konzept von der "Arbeit am Negativ" (Green 1993) und seine Vorstellung vom Komplex der toten Mutter (Green 1983) sind zusätzliche Dreh- und Angelpunkte für das Verständnis darüber, welche Bedeutung die abwesende Mutter für das Fort-Da-Spiel hat. Die Mutter muss ja nicht wirklich tot sein; vielmehr wird sie seelisch als tot erlebt, denn sie ist für das Kind unerreichbar. Den Komplex der toten Mutter kann man in der Übertragung bestimmter Menschen feststellen, die unter einer besonderen Form der Depression leiden. Green arbeitet die Charakteristika dieser Depression heraus: Sie findet in Anwesenheit des elterlichen Objekts statt, das seinerseits durch einen schmerzlichen Verlust völlig in Anspruch genommen wird. Anstatt eine Quelle der Lebendigkeit für das Kind zu sein, ist die Mutter völlig absorbiert und im Erleben des Kindes gestorben; ihre Abwesenheit ist tödlich.

Wichtig ist auch Lacans Hervorhebung des Fort-Da-Spiels: Demnach veranschaulicht es, wie das Kind in die symbolische Ordnung eintreten kann, indem es binäre Phoneme hervorbringt um sein Spiel mit An- und Abwesenheit zu strukturieren (Lacan 1975, S. 173f). Die

Nähgarnrolle verwandelt sich in ein Objekt mit symbolischer Funktion, während das Kind einerseits mit Mutters Abwesenheit und andererseits mit dem eigenen Wunsch nach ihrer Anwesenheit konfrontiert ist. Das Fort-Da-Spiel ist eine frühe Äußerung des Sprachgebrauchs beim Kind. Durch die lautsprachliche Gegenüberstellung verschiebt das Kind An- und Abwesenheit auf eine symbolische Ebene.

Zusammenfassend meine ich, dass in der Diktion einiger dieser Ansätze das Verhältnis zwischen der Mutter als einem rein körperlichen Objekt und der Mutter als unzuverlässig menschlich Anwesende immer spannungsreich ist, denn sie kann kommen und gehen, wann sie will oder muss; sie stimuliert das Sehnen und Begehren des Kindes, ob sie zum Vater geht oder irgendwo anders hin. Beim Fort-Da-Spiel kann man sehen, wie das Kind mit dem Unterschied zwischen der Mutter als materiellem Objekt und der Mutter als unzuverlässig menschlich Anwesender zurecht kommt; durch diesen Unterschied kann man das Auftauchen menschlicher Subjektivität in statunascendi beobachten. Es ist gewissermaßen die Aufgabe des sich entwickelnden Kindes – genauso wie des Analysepatienten – nach und nach einzusehen, dass die Mutter nicht nur ein körperliches Objekt ist; es muss mindestens realisiert werden, dass das mütterliche Objekt nicht omnipotent vom Kind kontrolliert werden kann, sondern dass es sich um ein Subjekt mit einem mysteriösen Eigenleben handelt, das Beziehungen zu anderen Subjekten wie zu Vater oder anderen Menschen hat. Diese Tatsache nach und nach anzuerkennen ist niemals leicht; Mutters Unzuverlässigkeit zu bewältigen ist stets eine Herausforderung. Dies ist um so mehr der Fall, wenn die Abwesenheit der Mutter extrem lange dauert oder wenn ihr Wiederkommen sehr problembelastet ist.

2 Sophies Tod

Wenn man sich über die theoretische und klinische Relevanz des Fort-Da-Spiels detaillierte Gedanken macht, kann man schwerlich den Kontext der Beobachtung außer Acht lassen. Diese Überlegungen zum Fort-Da-Spiel tauchen immer wieder auf und geben ihm eine besondere, aber auch bittere Bedeutung. Man findet sie in Freuds Arbeit "Jenseits des Lustprinzips"; darin beschreibt Freud "das dunkle und düstere Thema der traumatischen Neurose" (Freud 1920, S. 14). Von den Schrecken wiederholter Erinnerungen an den Krieg wechselt er zum offenbar angenehmeren Thema des kindlichen Spiels, das allerdings aufdeckt, wie das kleine Kind mit der zwischenzeitlichen Abwesenheit seiner Mutter zurechtkommt. Und dennoch erfahren wir nach kurzer Zeit beiläufig durch eine Fußnote, dass diese Mutter (in Wirklichkeit Freuds geliebte Tochter Sophie) ungefähr vier Jahre nach der Fort-Da-Beobachtung verstarb – noch bevor Freud sein Buch geschrieben hatte. So erscheint das Fort-Da-Spiel in einem ursprünglicheren Licht: Eine Mutter stirbt und wird im Text wieder zum Leben erweckt. Obwohl wir dann auch erfahren, dass der kleine Junge neidisch auf seinen jüngeren Bruder war, wird nicht erwähnt, dass eben dieser Bruder, Heinz, einige Zeit nach seiner Mutter an Tuberkulose verstarb. Jones berichtet, dass der Tod dieses Kindes "die einzige Gelegenheit in Freuds Leben war, von der bekannt ist, dass er geweint hat" (Jones 1961, S. 550). Dieser Verlust nach dem Tod seiner Tochter und der Beginn seines Kieferkarzinoms waren nahezu unerträglich und führten bei ihm zu einer depressiven Symptomatik.

Es gibt auch noch andere, persönliche Gründe, die verständlich machen, warum sich Freud so sehr auf das 1½-jährige Kind konzentrierte: Als Freud ungefähr genauso alt war, verstarb sein jüngerer Bruder Julius (Jones 1961, S. 36). Dieser Tod sollte Freud nachhaltig belasten; er räumte ein, dass er schlimme Wünsche gegen dessen frühe Ankunft hegte, und dass er deswegen Schuldgefühle entwickelte, die kontinuierlich seine persönlichen Beziehung beeinflussten (Jones 1961, S. 36). Beispielsweise sah er einen Zusammenhang zwischen seinen Ohnmachtsanfällen in jener Zeit, als die Spannungen mit Jung zunahmen, und der Auswirkung, die der Tod seines jüngeren Bruders auf ihn hatte. Schließlich könnte man auch noch anmerken, dass der Wolfsmann wahrscheinlich im Alter von ca. 18 Monaten Zeuge der Urszene wurde (Freud 1918, S. 37). So gesehen ist die Bedeutung der Fort-Da-Beobachtung mehrfach determiniert: Sie verbindet Persönliches, Theoretisches und reale Traumen in Freuds Leben mit allgemeinen Überlegungen zur Natur des Traumas.

In "Jenseits des Lustprinzips" beschreibt Freud, wie Träume bei der traumatischen Neurose den Patienten in die Situation des "Schrecks" zurückführen – eine Situation, von der er aufwacht, indem er einen "anderen Schreck" erlebt (Freud 1920, S. 13). Ausgehend vom Auftauchen und Wiederauftauchen der traumatischen Situation im Traum gelangt Freud zum Erscheinen und Wiedererscheinen der Mutter in der Welt des Kleinkindes. Obwohl die letztgenannte Situation offenbar leichter auszuhalten ist, ist sie – wie wir gesehen haben – mit einem bedrückenden Widerhall (dark resonances) von traumatischen Elementen in Freuds persönlichem Leben belastet.

Die Fort-Da-Beobachtung führt Freud zum Analysepatienten und zu der Frage, wie sich der psychische Apparat mittels eines Schutzschildes gegen traumatische Stimuli abzuschirmen versucht. Man könnte hier ergänzen, dass die Wiederholung des Fort-Da-Spiels selber ein Schutz gegen den Schmerz über den Verlust der Mutter ist. Freud geht dann über zu seiner neuen Triebtheorie. Sie beinhaltet, dass die Todestriebe das Individuum zu seiner sicheren Auslöschung führen, während die Lebenstriebe das Unvermeidliche so lange wie möglich hinauszuzögern trachten. Freud beschreibt die Bewegungsform des Lebens als einen "Zauderrhythmus", als etwas, das sich in die Länge zieht oder verzögert: "... die eine Triebgruppe stürmt nach vorwärts, um das Endziel des Lebens möglichst bald zu erreichen, die andere schnellt an einer gewissen Stelle dieses Weges zurück, um ihn von einem bestimmten Punkt an nochmals zu machen und so die Dauer des Weges zu verlängern" (Freud 1920, S. 43).

Das Fort-Da-Spiel nimmt also einerseits die Einführung in Freuds Text über das tragische Schicksal des Individuums vorweg, das verzweifelt versucht, den unvermeidlichen Weg in Richtung Tod zu verlängern; andererseits stellt es ein zentrales Moment des "Überganges" in der Entwicklung des menschlichen Subjektes dar. Es stellt die Balance her zwischen Kommen und Gehen, zwischen An- und Abwesenheit, zwischen Vergangenheit und Gegenwart, zwischen Leben und Tod.

3 Aspekte der Fort-Da-Beobachtung

Es gibt verschiedene Möglichkeiten, die Fort-Da-Beobachtung zu verstehen. In diesem Teil meines Vortrags will ich verschiedene Aspekte von Fort-Da aus unterschiedlichen Blickwinkeln erörtern. Während das Fort-Da-Spiel als ein ziemlich hoch gestochenes Beispiel angesehen werden kann, Verschwinden und Abwesenheit durch einen frühen sprachlichen Ausdruck miteinander in Verbindung zu bringen, schwingen hier auch noch frühere Trennungserfahrungen ebenso mit wie die Vorwegnahme noch anstehender Entwicklungsschritte.

a) Die Zeit überstehen

Man könnte Fort-Da als ein zentrales, organisierendes System bezeichnen, mit dessen Hilfe sich grundsätzliche Entwicklungsprozesse verstehen lassen. Das Oxford English-Dictionary definiert "Prozess" in seiner Hauptbedeutung als etwas, das weitergeht oder fortgesetzt wird, als eine kontinuierliche Serie von Aktionen, Ereignissen oder Veränderungen; insbesondere bedeutet demnach "Prozess" eine kontinuierliche und reguläre Aktion oder eine Folge von Aktionen, die in einer bestimmten Weise vorkommen oder ausgeführt werden. Zeit ist also ein integraler Aspekt des Prozesses und sie durchdringt das Fort-Da-Spiel.

Beim Fort-Da-Spiel wird offensichtlich ein Kind ohne seine Mutter beobachtet – ein Kind, das diese Situation aushalten muss, bis die Mutter zurückkommt. Wahrscheinlich hilft ein Bild von der Mutter dem Kind über diese Wartezeit hinweg. Aber nach einer gewissen, kritischen Zeit fängt dieses Bild an zu verblassen, und mit der Zeit wird diese Situation unerträglich. Man kann sehen wie dieses Bild auf unterschiedliche Weise verblasst - von einem allmählichen Verlust der Repräsentanz wegen der ausbleibenden Wiederauffrischung bis hin zu seiner mehr aktiven und aggressiven Eliminierung. Oder wie Green (1997, S. 1081) vorschlägt, könnte es sein, dass eine destruktive negative Halluzination des Objektes entsteht und dieses Negativ des Objektes nach seiner Erschaffung dann gesucht wird.

Frühere Trennungserfahrungen sind natürlich entscheidend dafür, wie das Kind mit der Wartezeit fertig wird. Winnicott (1971, S. 97) beschreibt, wie die Mutterrepräsentanz im Baby lebendig gehalten wird, indem die Mutter sie verstärkt und sich dem Kind fürsorglich zuwendet. Das Baby kann durch die Abwesenheit der Mutter beunruhigt werden, aber wenn sie innerhalb einer angemessenen Zeit zurückkommt, wird diese Qual rasch verringert. Ein Trauma impliziert, dass das Baby einen Bruch in der Lebenskontinuität erlebt hat, so dass primitive Abwehrmechanismen gegen die Wiederholung der unerträglichen Angst mit der dazugehörigen Verwirrung und Ich-Desintegration eingesetzt werden.

Winnicott (1958, S. 222f) zeigt auch, wie das kleine Kind mit Erschütterungen in seiner Umgebung – z.B. der Abwesenheit der Mutter – umgehen kann, wenn sich die Umgebung den kindlichen Bedürfnissen aktiv anpasst. Das Kind kann sich dann in einem Zustand ungestörter Isolation befinden. In diesem Zustand kann es sich spontan bewegen und die Umgebung entdecken ohne sein Selbstgefühl zu verlieren. Vorgänge in der Umgebung werden dann wahrgenommen, es entsteht ein Gefühl von Kontinuität und aufeinanderfolgende Erfahrungen werden gemacht; wenn etwas in der Umgebung geschieht, reagiert das Kind angemessen. So folgt auf Abwesenheit – also auf ein "Fort" – eine Wiederkehr – also ein "Da". Das Kind entwickelt Erinnerungen an eine Mutter, die sowohl aktiv anwesend ist, also auch zurückkehrt, wenn sie weg war; auf diese Weise kann das Kind die Situation mit der Zeit aushalten. Wenn allerdings die Anpassung der Umgebung an die kindlichen Bedürfnisse nicht gut genug ist sondern verletzend, dann fällt das Kind in einen Zustand ruheloser Isolation zurück. Die Abwesenheit führt dann nicht zu einer Wiederkehr; die zu lange Wartezeit führt zu einem Verlust des Selbstgefühls, und das Kind versinkt in einen Zustand der Einsamkeit und des ängstlichen Wartens. In extremen Fällen mit andauernder und wiederholter Abwesenheit kann eine solche Situation zu verschiedenen Formen einer Psychose führen, wo anstelle der Persistenz eines inneren Bildes der Mutter lediglich eine Lücke bzw. das Fehlen einer Repräsentanz entsteht. Die Lücke selbst ergreift dann Besitz vom Gefühlsleben (mind) und löscht jene vorangegangenen Repräsentationen des Objektes, die der Abwesenheit vorangegangen waren. Erwachsene Patienten mit solch einer Psychopathologie entwickeln häufig eine negative therapeutische Reaktion (Green 1997, S. 1082).

Solche frühen Erfahrungen können helfen, die psychische Verfassung erwachsener Patienten zu verstehen. Der Neurotiker übersteht die Abwesenheit ohne sein Selbstgefühl zu verlieren. Beim Borderline-Patienten kommt es zu einem Wechselbad unvorstellbarer Angstzustände, obwohl noch ein vages Gefühl für die Rückkehr der Mutter erhalten bleibt. Für den psychotischen Patienten jedoch gibt es keine Rückkehr mehr und ein Gefühl totaler Trostlosigkeit und Leere bleibt zurück. Bei den zuletzt genannten Patienten kann die Analyse solche fundamentalen Störungen nur mit Hilfe einer Realbeziehung zum Analytiker beheben, weil die brüchige mütterliche Repräsentanz fortdauert.

Winnicott wendet seine Aufmerksamkeit dem wichtigen Umstand zu, dass Kleinkinder gerne Dinge herunterfallen lassen. Man könnte sagen, dass es sich hierbei um einen Vorläufer der reiferen Fort-Da-Erfahrung handelt, die Winnicott im Kontext von Kleins depressiver Position diskutiert (Winnicott 1958, S. 263). Während der kritischen Abstillphase lässt das Baby spielerisch Dinge herunterfallen. Das ist aber auch jene Zeit, in der das Kind die Fähigkeit entwickelt, mit Verlusten fertig zu werden. Damit das Kind konstruktiv spielen kann, muss zwischen der geliebten Person und dem Baby zuallererst eine enge Beziehung entstanden sein. Nur so kann die geliebte Person die verschiedenen Ängste und Projektionen des Babys aushalten und ihm mit der Zeit durch adaptives Antworten und die sichere Wiederkehr Geborgenheit bieten.

Patienten, die Kontinuität erleben konnten, schaffen auch die analytische Arbeit (psychic work) besser; ihre Symbolisierungsfunktion ist angemessen entwickelt; was verschwindet, kann auch wiederkommen. Jene Patienten aber, die eine haltende Umgebung in der frühen Kindheit diskontinuierlich erlebten, neigen dazu, sich von der realen Welt in eine private Zeit oder auf einen Status von fast psychotischer Zeitlosigkeit zurückzuziehen; es gibt kaum Hoffnung, dass das, was verschwindet, jemals wiederkehren kann, und so ist es besser, einen Zustand von Zeitlosigkeit herzustellen, in dem Kommen und Gehen irrelevant sind. Manche traumatisierte und oft auch missbrauchte Patienten geraten in pathologische Situationen, in denen sie der gelebten Zeit durch einen Wirbelwind von Aktivitäten aus dem Wege gehen und rasche Wechsel ihrer geistigen Verfassung erleben. In diesem Wirbelwind von Verwirrung mit so viel Kommen und Gehen ist es dann unmöglich, irgend ein kohärentes Muster wahrzunehmen; das Ganze kann beides sein: Schutz vor Chaoserleben und die Wiederherstellung eines Erregungszustandes, den diese Patienten benötigen, um sich lebendig zu fühlen, weil sie sich kein Zeitgefühl bewahren konnten, als Mutter wegging.

b) Unterschiedliche Arten von Abwesenheit

Die Abwesenheit der Mutter inspiriert zum Fort-Da-Spiel. Hierbei geht es sowohl um die körperliche als auch um die emotionale Abwesenheit. Die emotionale Abwesenheit – bevor Mutter geht oder wenn sie wiederkommt – ist nämlich genauso bedeutsam. D.h., dass die Qualität des Kontaktes zwischen Mutter und Kind darüber entscheidet, wie das Kind mit Mutters Abwesenheit zurecht kommt. Es gibt eine ganze Reihe unterschiedlicher Formen von Abwesenheit. Bei Greens Komplex der toten Mutter geht es um eine beherrschende und katastrophale Abwesenheit, bei der die Mutter in Trauer versunken mit sich selber beschäftigt und zu einem lebendigen Umgang mit dem Kind unfähig ist. Es gibt dann ein Vakuum, eine Leere zwischen Mutter und Kind mit einem Bedeutungsverlust und verzweifelten Versuchen, die Lücke zwischen ihnen auszufüllen. Selbst im Falle von Mutters körperlicher Anwesenheit wird das Kind – und der Analysepatient – vom Schatten ihrer Abwesenheit durchdrungen. Das führt zu einer tief sitzenden Phantasie, die Mutter zu füttern, um sie dauerhaft zu erhalten. Niemals kann sie symbolisch "fallen gelassen" werden wie im Fort-Da-Spiel.

Wenn der Komplex der toten Mutter in der Übertragung auftaucht, "erlebt sich das Subjekt leer und hohl, als ob ihm ein Objekt, das plombenartig eine Lücke ausfüllt und Schutz vor dem Verrücktwerden bietet, weggenommen wird" (Green 1986, S. 162). Für den Patienten entsteht eine schwierige Aufgabe: Er muss die Mutter betrauern, anstatt sie sich zu bewahren – er muss sie gehen lassen und loswerden, anstatt sich an ihr festzuhalten. Das bedeutet, dass sich der Patient seinen intensiven Leeregefühlen stellen muss, da die Mutter sein Seelenleben mit einer leblosen Anwesenheit ausgefüllt hat. Sie gehen zu lassen bedeutet, sie lebendig werden zu lassen und dann ihren Verlust zu betrauern; das heißt, dass der Patient sich mit der paradoxen Situation von zwei Verlusten konfrontieren muss – Anwesenheit im Tod und Abwesenheit im Leben.

Auch bei anderen Patienten, die nicht unter dem Komplex der toten Mutter leiden, kann Mutters Abwesenheit ein zentrales Thema sein. Am psychotischen Ende des Spektrums findet man die Nicht-Anwesenheit des Objektes, eine Hohlheit, ein Nichtigkeitsgefühl und absolute Leere. Selbst dann, wenn das Objekt zurückkommt, reicht das nicht, um die verheerenden Folgen der zu langen Abwesenheit zu heilen. Das aus dieser Erfahrung resultierende Erleben von Nichtigkeit spricht Bände und gibt uns Auskunft über ein katastrophales Gefühl. Nähert man sich diesem Erlebnisbereich des Patienten, so kann es zu einer aussichtslosen Abwesenheit kommen, die vom Patienten agierend reinszeniert und vom Analytiker als Depression erlebt wird. Man kann sagen, dass bei diesen Patienten das "Fort" vorherrschend ist, ohne dass ein "Da" und ein "Dort" existiert. Das führt zu einem intensiven Gefühl von Nichtigkeit und zum Erleben, als Subjekt nicht zu existieren oder ausgelöscht zu sein und kaum über menschliche Tatkraft zu verfügen. Die analytische Arbeit eröffnet die Hoffnung auf einen Rahmen, in dem eine Verbindung zwischen Anwesenheit und Abwesenheit entsteht und in dem das Werden des Subjektes möglich wird – ein Subjekt der Selbstbestimmung und nicht ein Subjekt, das dem Schicksal ausgeliefert ist.

Den "dualen Aspekt" der Übertragung habe ich an anderer Stelle beschrieben (Kennedy 1984): D.h., dass der Analytiker Empfänger von Projektionen des Patienten ist oder ein Phantasieobjekt, das sich von diesen Projektionen unterscheidet. Dieser duale Aspekt der Übertragung bezieht sich auf den mehr neurotischen Patienten, der zwischen seinem Erleben, er selber zu sein und archaischen Phantasien, in denen er etwas ganz anderes ist, oszillieren kann. Ich habe dargestellt, wie man mit einem Patienten beginnen sollte, der ein sich wiederholendes Übertragungsmuster aufweist. In diesem Übertragungsmuster ist ein gutes Stück analytischer Arbeit möglich, wird dann aber verworfen (thrown away), so dass man im Rückblick auf das, was geschehen ist, mit Wochen- und Monatsfragmenten scheinbar allein gelassen wird. Im Falle einer Patientin war das aber kein hilfreiches Wegwerfen, weil nichts wiederkehrte und sie sich mit einem Gefühl von Aussichtslosigkeit zurückgelassen erlebte. Jedoch nach vielen Wochen erlebte ich die Übertragung nach und nach dynamischer und weniger starr. Ich wurde weniger mit ihren primitiven Phantasien verschmolzen, und sie konnte mich sowohl als Figur ihrer Phantasie als auch unterscheidbar davon sehen. Gleichzeitig konnte sie die analytische Arbeit besser aushalten und musste sie nicht mehr einfach wegwerfen.

c) Unterschiedliche Arten von psychischem Raum.

Nun könnte man fragen, was zwischen dem Kommen und Gehen der Mutter im Kind vor sich geht. Bekanntlich ist die Auswirkung verlängerter Trennungen auf das Kind in der Bindungsliteratur gut dargestellt. Z.B. tritt bei hospitalisierten Kindern, die ohne Pflegeperson allein gelassen werden, Angst auf, die schließlich in Verzweiflung und Depression übergeht. Obwohl ursprünglich bereits in den 50er Jahren von den Robertsons beschrieben (Robertson 1958), sind solche Situationen leider weltweit noch immer keine Seltenheit. Sie sind die Folge von Krieg und Hunger oder von mangelhafter Pflege der Waisenkinder, die in den zuständigen Einrichtungen vernachlässigt wurden. Der Raum zwischen Mutter und Kind lässt sich wegen seiner riesigen Größe praktisch nicht mehr seelisch repräsentieren. Keine Nähgarnrolle kann die Mutter jemals zurückbringen und das Spiel wird bald aufgegeben. Das Kind bleibt ohne Hoffnung und depressiv-apathisch zurück.

Offenbar gehen Kinder und Erwachsene, die insgesamt weniger geschädigt sind, anders mit dem Raum zwischen Eltern und Kind um. Balint beschreibt zwei charakteristische Beziehungsmodi, die als Abwehr gegen primitive Ängste mit psychotischer Intensität dienen, und die mit der Qualität des Raumes zwischen Eltern und Kind zusammenhängen. Gleichzeitig tragen Balints Beschreibungen zum besseren Verständnis schwer erreichbarer Patienten bei. Bei der einen Haltung – oknophil genannt – wird das mütterliche Objekt als existenziell wichtig erlebt; das geht aber so weit, dass es zu keiner Separation vom Kind kommt. Der Oknophile klebt förmlich am Objekt und versucht, es zu kontrollieren. Sein Gegenstück, der Philobat, bevorzugt die objektlose Weite und die Sicherheit im leeren Raum. Er erlebt die Objekte als indifferent oder sogar heimtückisch und hält sie für unkalkulierbare Risken, die man besser meidet (Balint 1968, S. 70) Zweifellos gibt es Mischformen beider Haltungen mit unterschiedlich ausgeprägter Objektanklammerung und Objektvermeidung. Patienten mit zu großer Nähe zum Objekt kann die Behandlung befähigen, ein Gefühl für den psychischen Raum zu entwickeln; andererseits können diejenigen, die Objekte meiden, durch die Behandlung in die Lage kommen, Beziehungen aufzubauen, ohne sich extreme Sorgen um das Objekt machen zu müssen.

Die Sorge um Mutters Rückkehr und der Zustand, in dem sie dann ist, kann beim Erwachsenen als perverses Verhalten organisiert sein: Z.B. als Kontrollneigung gegenüber dem anderen. So kam einmal ein Mann in die Analyse, weil er Schwierigkeiten hatte, Beziehungen aufrechtzuerhalten. Anderen gegenüber war er wenig empathisch und benahm sich ausbeuterisch und oft auch emotional sadistisch. Um sein fragiles Selbstwertgefühl aufzubauen, bemühte er sich darum, von mir bewundert zu werden, während er sich gleichzeitig abfällig über meine Fähigkeiten äußerte. Ich wurde wie ein Sklave behandelt, der nur für die Bedürfnisse des Patienten da zu sein hatte. Frauen waren bloße Objekte, in die er eindringen konnte. Es gefiel ihm, sie zu ärgern, warten zu lassen, sie zu erregen und sie dann fallen zu lassen. Als die Analyse etwas fortgeschrittener war, fand er seine Art zu leben allerdings zunehmend sinnlos und spürte, wie sehr er es nötig hatte, sich mit sexueller Erregung und Destruktivität aufzufüllen, um dem Gefühl von Leere zu entkommen. Seine alles durchdringende Angst vor einem seelischen Zusammenbruch und seine schreckliche Furcht davor, von mir in der Übertragung niedergemacht zu werden, wurden immer deutlicher. Sein Mutterbild war kalt, puritanisch, überängstlich, spröde und teilnahmslos. Mit Mutter war er während der häufigen Abwesenheiten des Vaters allein und diente ihr zum Trost. Sie wurde depressiv und er hatte das Gefühl, sie aufbauen zu müssen – eine Situation, die er hasste. Seine sadistische Art, mit der er Frauen benutzte, konnte evident in Zusammenhang mit dieser frühen Mutter-Kind-Interaktion gebracht werden, in der sich die Mutter dem Kinde zuwandte, um selber getröstet zu werden. So drang sie in seinen psychischen Raum ein und es kam zu einer Vermischung von ihren Bedürfnissen mit seinen.

Die Verwendung des Übergangsraumes in der Mutter-Kind-Beziehung ist eindeutig die bessere Lösung. Sie basiert auf dem Angebot einer ausreichend guten Umgebung an das Kind und nicht auf der Entwicklung übermäßiger Angst und dem Rückzug vom aktiven Handeln. Man empfindet die Mutter-Kind-Interaktion dann als spielerisch. Dabei kann Mutter kommen und gehen, ohne dass es zu übermäßiger Angstentwicklung kommt; aber auch das Kind kann alleine in Mutters Anwesenheit spielen ohne von ihr gestört zu werden.

Allerdings wiederholen sich Angstzustände in der Analyse beispielsweise von Borderline-Patienten, wo es ein Problem mit dem Raum zwischen Kommen und Gehen gibt; dann kann es passieren, dass im Subjekt das Gefühl entsteht, nie wieder den Weg zurück zum mütterlichen Objekt finden zu können. Stattdessen erleben sich diese Patienten verloren im Raum zwischen Kommen und Gehen. Es gibt dann wenig Aussicht darauf, ein Subjekt zu werden, weil kaum noch Hoffnung besteht, das Objekt wiederzufinden. Es existiert dann weder ein "Fort" noch ein "Da"; stattdessen gibt es eine Zurückweisung oder ein Fehlen entweder von "Fort" oder von "Da". In Freuds ursprünglicher Beobachtung kann das Fort-Da-Spiel als positiver Gebrauch der Wiederholung angesehen werden. Das Spiel half dem Kind, mit dem Kommen und Weggehen der Mutter fertig zu werden; gleichzeitig bot das Spiel nach Lacan die Möglichkeit, in die symbolische Ordnung und die Sprache eingeführt zu werden. Im Raum zwischen diesem wiederholten Kommen und Gehen konnte das Kind einen Spielraum finden – einen Raum für die Repräsentation. Das Kind konnte die Mutter gehen lassen, sobald es etwas gefunden hatte, das sich wiederholte, das aber auch vermochte, das Verlassenwerden symbolisch darzustellen. Dieser positive Gebrauch der Wiederholung unterscheidet sich vom Wiederholungszwang, der auch in "Jenseits des Lustprinzips" beschrieben ist. Im Hinblick auf die Kraft des verdrängten Unbewussten hat der Wiederholungszwang etwas Seelenloses oder "Dämonisches". Man könnte sich ein labiles Gleichgewicht zwischen beiden Formen der Wiederholung vorstellen: Es ist abhängig von der Dauer des Wartens auf Mutters Rückkehr, von ihrer Verfassung beim Weggehen, von der Verfassung des Kindes beim Weggehen der Mutter, und vom Zustand, in dem beide bei Mutters Rückkehr sind.

Natürlich findet das Fort-Da-Spiel ohne die Mutter statt; dennoch gibt es viele Gelegenheiten, bei denen etwas Ähnliches in Mutters Anwesenheit passiert. Auf verschiedene Art und Weise ereignet sich in der komplexen Interaktion zwischen Mutter und Kind ein Kommen und Gehen. Sich gegenseitig zu spiegeln ist in diesem Zusammenhang besonders bedeutungsvoll in der Beziehung zwischen Mutter und Kind. Für Lacans Theorie spielt das Spiegelstadium eine zentrale Rolle: Als ein Moment der Entfremdung beim Eintreten in die symbolische Ordnung geht das Spiegelstadium dem Fort-Da-Spiel voran. Das Kind sieht sich als Ganzes im Spiegel; aber was es da sieht, ist eine imaginäre Ganzheit, die im Gegensatz zu seiner realen Hilflosigkeit und zu seiner Unfähigkeit steht, die eigenen Körperfunktionen selber zu steuern. Für Lacan entsteht das Ich an diesem Punkt der Entfremdung mit der Faszination, die jemand von seinem eigenen Spiegelbild empfindet (siehe auch Benvenuto u. Kennedy 1986, S. 55ff).

Es ist klar, dass in dieser Perspektive der Stellenwert des Spiegelbildes ganz anders als bei Winnicott und den späteren Kleinkind- und Säuglingsforschern ist, die die Bedeutung des elterlichen Spiegelns für die Strukturierung der kindlichen Affekte ins Zentrum ihrer Betrachtung rücken. Bei Winnicott (1971, S. 11ff.) ist für die Entwicklung der Selbstwahrnehmung entscheidend, wie die Mutter ihr Baby ansieht und was das Baby sieht, wenn es seine Mutter anschaut. Die grundlegende Bedeutung der Mutter ist in diesem Fall, dem Baby sein eigenes Selbst zurückzuspiegeln. Bleibt Mutters Gesicht etwa teilnahmslos, dann "ist der Spiegel ein Gegenstand den man ansieht, von dem man aber nicht angesehen wird" (ebd. S. 113). In Mutters Spiegeln gibt es dann keine Tiefe, und das Kind ist möglicherweise verwirrt darüber, was der Blick des Anderen wohl bringen mag. Solch ein Kind wird kaum die Chance haben zu erleben, jemals etwas zurückzubekommen, wenn es etwas gibt. Zwischen der spiegelnden und antwortenden Mutter und ihrem Kind entsteht ein kontinuierlicher, flexibler Austausch; auf diese Weise findet zwischen den beiden bereits eine einfache Form des Fort-Da-Spiels statt, obwohl die Mutter anwesend ist. Bleibt sie teilnahmslos, so ist sie zwar körperlich da, aber emotional abwesend – eine traumatische Situation für das Kind.

4 Abschließende Gedanken über Subjektivität

Der gesamte Beitrag handelt von Aspekten der Subjektivität, die ich nun versuche zusammenzufassen.

Die Bedeutung menschlicher Subjektivität für das Verständnis des Fort-Da-Spiels ist unklar. Einerseits gibt es nach Descartes die Vorstellung, dass das Wesen von Subjektivität in der Tiefe der Person – im "Ich denke" – angesiedelt ist. Andrerseits haben zunächst Hume und später Nietzsche (siehe auch Kennedy 2000, S. 876-877) dem entgegengehalten, dass es keine hervorgehobenen Bereiche der Einheitlichkeit gibt. Tatsächlich unterstrich Freud diesen Gesichtspunkt in "Die Traumdeutung" (Freud 1900, S. 541), als er die Funktionsweise des psychischen Apparates darzustellen versuchte. Er wies jegliche Vorstellung einer anatomischen Lokalisierbarkeit zurück und entwarf stattdessen das Bild eines Apparates, der einem Mikroskop oder einem Fotoapparat vergleichbar ist. Der Ort des Psychischen entspricht dann jenem virtuellen Punkt im Inneren des Apparates, in dem das Bild entsteht.

Freuds Metapher deutet darauf hin, dass es etwas in unserem subjektiven Leben gibt, das vom Wesen her unscharf und schwer fassbar ist. Es gibt kein eigentliches Zentrum, wo alles zusammenläuft. Vielmehr besteht der Mensch aus Elementen, die miteinander interagieren. Obwohl Freuds Anschauung manchmal zur cartesianischen Idee vom solitären Individuum tendiert, geht er doch auch zu einer anderen Denkweise über, wenn er z.B. die Übertragung oder den prägenden Einfluss der frühen Mutter-Kind-Beziehung erwähnt, wo andere Subjekte berücksichtigt werden müssen.

Es ist daher unklar, wie jener Ort beschaffen ist, an dem sich die Psyche und folglich auch die Subjektivität befindet. Wer weiß, ob es sinnvoll ist, das Individuum im sozialen Feld oder irgendwo dazwischen zu lokalisieren. Ich schlage vor, von einer sich ständig verändernden Position auszugehen, die sowohl das individuelle als auch das soziale Feld ein schließt. Auch Benjamin (1998) hat solche Überlegungen von einem psychoanalytischen Blickwinkel aus aufgegriffen. Sie unterscheidet zwischen einer intrapsychischen und einer intersubjektiven Position: Dennoch weist sie auf die Notwendigkeit hin, ein Modell des Psychischen zu benutzen, das beide Positionen in sich vereinigt ohne eine von beiden zu privilegieren. Sie weist darauf hin, dass "die analytische Beziehung eine Erfahrung mit dem intersubjektiven Raum ermöglicht, die es uns erlaubt, eine Vielzahl von Positionen einzunehmen" (Benjamin 1998, S. 90).

So gesehen integriert Subjektivität sowohl intrapsychische als auch intersubjektive Phänomene, die innere ebenso wie die intersubjektive Welt. Das Fort-Da-Spiel kann klären helfen, wie das Intrapsychische und das Intersubjektive miteinander zu dem verbunden werden, was man einen "Verwandlungskreislauf" nennen könnte, wobei man vom sozialen Feld zum Individuum und wieder zurückkommt. Das Subjekt taucht auf und verschwindet an verschiedenen Punkten dieses Kreislaufs. Das Kind im Fort-Da-Spiel versucht mit der Anstrengung zurecht zu kommen, die innere mit der sozialen Welt zu verbinden. Es gibt einen Kreis, der vom Kind zur Garnrolle, zur Mutter, vielleicht zum abwesenden Vater und wieder zurückführt. Auf dem Weg in diesem Kreis bewältigt das Kind die Unzuverlässigkeit seiner Mutter, von der es nicht weiß, wohin sie geht und wen sie trifft. Gleichzeitig beginnt das Kind die Paradoxien und Unklarheiten seiner eigenen Subjekthaftigkeit zu erleben: So ist es manchmal selber nur schwer zu fassen; mal ist es hier, mal dort; es kommt und geht, es geht verloren und wird wieder gefunden; es bewegt sich zwischen der inneren und der sozialen Welt; es geht bis an die eigene Körpergrenze und kehrt auch wieder dahinter zurück. Ein Subjekt zu werden erfordert also, sich beständig zwischen verschiedenen Punkten des Kreises intrapsychisch und intersubjektiv hin und her zu bewegen.

Aus dem Englischen von Werner Köpp, Berlin

Literatur

Balint, M. (1968), The Basic Fault, London and New York: Tavistock: Benjamin, J. (1998), Shadow of the Other: Intersubjectivity and Gender in Psychoanalysis. New York and London: Routledge.

Benjamin, J. (1998), Shadow of the Other: Intersubjectivity and Gender in Psychoanalysis. New York and London, Routledge.

Benvenuto, B. and Kennedy, R. (1986), The Works of Jacques Lacan. London: Free Association Books.

Bion, W. (1970), Attention and Interpretation, London: Tavistock.

Freud, S. (1900), The Interpretation of Dreams. S. E. 4-5. (Deutsch: Die Traumdeutung. GW Bd. 2/3).

Freud, S. (1918), From the history of an infantile neurosis. S. E. 17, pS. 1-122.

Freud, S. (1920), Beyond the Pleasure Principle, S. E. 18. (Deutsch: Jenseits des Lustprinzips) GW Bd. 13).

Green, A. (1983), The dead mother, in A. Green (1986), On Private Madness, London: Hogarth.

Green, A. (1986), On Private Madness, London: Hogarth.

Green, A. (1993), The Work of the Negative, trans. A. Weller, London: Free Association Books (1999).

Green, A. (1997), The intuition of the negative in Playing and Reality, Int.J. Psychoanal, 78: 1071-1084.

Jones, E. (1961) The Life and Work of Sigmund Freud (Abridged Version), Harmondsworth: Penguin.

Kennedy, R. (1984) A dual aspect of the transference, Int.J. Psychoanal. 65: 471-83. (1997) Child Abuse, Psychotherapy and the Law. London: Free Association Books.

Kennedy, R. (1998) The Elusive Human Subject. London: Free Association Books.

Kennedy, R. (2000) Becoming a subject: some theoretical and clinical issues. Int.J. Psychoanal. 875-92.

Lacan, J. (1975), The Seminar of Jacques Lacan, Book 1. trans. J. Forrester, Cambridge: Cambridge University Press, 1988.

Parsons, M. (2000), The Dove that appears, The Dove that Vanishes. London and Philadelphia: Routledge.

Robertson, J. (1958), Young Children in Hospital, London: Tavistock. Winnicott, D. (1958), Through Paediatrics to Psychoanalysis, Collected Papers. London: Hogarth.
Robertson, J. (1971), Playing and Reality. London: Tavistock.
Winnicott, D.W. (1971), Playing and Reality. London and New York. Routledge, S. 169f.

Risiken persönlicher Identitätsentwicklung in modernen Komplexgesellschaften

Jörg Frommer

1 Identitätsentwicklung und bürgerliche Gesellschaft

In der historischen Forschung wird für die Konstituierung der sozial inhomogenen Formation des Bürgertums nicht nur die Entwicklung der kapitalistischen Wirtschaftsordnung als wesentlicher identitätsstiftender Faktor angesehen, sondern auch die *bürgerliche Kultur*, gekennzeichnet durch das Heraustreten aus den ständischen Bindungen und die damit einhergehende Individualisierung von Lebensführung, Lebenslauf und persönlicher Identität. Innerhalb der neuentstehenden Normen, Wertorientierungen sowie Verhaltens- und Kommunikationsformen war die Subjektivität des autonom gedachten Individuums zentrales Thema (Roelcke 1999). Die bürgerliche Selbstthematisierung mündete dabei in ein Selbstverständnis, das einerseits Individualität und Selbstbestimmung, andererseits Vernunft und Rationalität, zu seinen zentralen Bestimmungsmerkmalen erhob.

Eng verflochten mit dieser Entwicklung war eine verstärkte Beschäftigung mit Phänomenen der Abweichung von den nunmehr geltenden Normen und Verhaltensweisen. Insbesondere Michel Foucault hat gezeigt, dass nicht nur zeitgleich, sondern auch implikativ verknüpft mit dem Aufstieg des Bürgertums innerhalb der Medizin ein Diskurs über Geisteskrankheit einsetzte. Der Medizinhistoriker Volker Roelcke vertritt darüber hinaus die Auffassung, "dass die große Krise des Bürgertums und vor allem des bürgerlichen Selbstbewusstseins am Ausgang des 19. und zu Beginn des 20. Jahrhunderts ebenfalls spezifische Korrelate in der Theorie- und Professionsgeschichte der Medizin hat" (Roelcke 1999, S. 21). Damit war der Beschäftigung mit dem "Anderen der Vernunft" (Kaufmann 1995) – den irrationalen Geistes- und Gemütskrankheiten – die Beschäftigung mit den Alterationen der eigenen Vernunft in Form von psychosozialen Krisen, Konflikten und Traumata unter Bezeichnungen wie "Neurasthenie" und "Nervosität" an die Seite getreten. In einem dialektischen Sinn war nun das Fremde, Unverständliche und Irrationale zumindest für einen Teil der Eliten zum antithetischen Teil der an Rationalität und Vernunft orientierten bürgerlichen Identität geworden.

2 Triebversagung und Kulturentwicklung

Diese irrationale Kehrseite des Rationalisierungsprozesses ist von psychoanalytischer Seite bereits zu Beginn des 20. Jahrhunderts thematisiert worden: In seinem Aufsatz über *Die 'kulturelle' Sexualmoral und die moderne Nervosität* formuliert Freud 1908 erstmals längere Passagen über das Wesen der Kultur und ihre Veränderungen im Verlauf des Zivilisationsprozesses. Nach seiner Stufentheorie des kulturellen Entwicklungsprozesses zeichnen sich fortgeschrittene Gesellschaften durch eine *kulturelle Sexualmoral* aus im Sinne christlich geprägter Handlungsmaximen, die unreflektiert jede sexuelle Betätigung dem Ziel der Fortpflanzung deshalb unterordnen, weil nur so sichergestellt werden kann, dass sublimierte sexuelle Triebenergie der Kulturarbeit zur Verfügung gestellt wird. Die Kehrseite der kulturellen Sexualmoral sind Freud zufolge neurotische Entwicklungen:

"Der Neurotiker ist jene Klasse von Menschen, die es bei widerstrebender Organisation unter dem Einfluss der Kulturanforderungen zu einer nur scheinbar und immer missglückenden Unterdrückung ihrer Triebe bringen, und die darum ihre Mitarbeiterschaft an den Kulturwerken nur mit großem Kräfteaufwand, unter innerer Verarmung, aufrecht erhalten oder zeitweise als Kranke aussetzen müssen" (Freud 1908, S. 154).

Der flexible, rational orientierte, in seinem Triebleben aber "gehemmt(e)" (Freud, 1908, S. 153) wird somit zur Zentralfigur psychoanalytischen und psychotherapeutischen Interesses in den nachfolgenden Jahrzehnten. Die von ihm beklagten Symptome sind zunehmend nicht mehr extrovertierte, "hysterische" Intrusionen von Irrationalität in die Sphäre zwischenmenschlicher Interaktion, sondern verkörpern durch Triebfrustration bedingtes "intimes" Leiden (von Baeyer 1961; Frommer und Frommer 1997), das nur in seinen Extremausprägungen die rationale Lebensführung beeinträchtigt.

Die die Rationalität störenden Triebkräfte sind dabei nicht nur libidinöser, sondern vor allem auch destruktiver Natur. Die Außenwelt ist für Freud in basaler Weise Bedrohung der eigenen Integrität. Vom Körper drohen Krankheit und Tod, die physikalische Außenwelt richtet sich mit "übermächtigen, unerbittlichen, zerstörenden Kräften gegen uns" (Freud 1930, S. 209), und schließlich stammt besonders schmerzliches Leiden aus Beziehungen zu anderen Menschen. Als gern verleugnetes Stück Wirklichkeit bezeichnet es Freud, *"dass der Mensch nicht ein sanftes, liebebedürftiges Wesen, ... sondern dass er zu seinen Triebbegabungen auch einen mächtigen Anteil von Aggressionsneigung rechnen darf. Infolgedessen ist ihm der Nächste ... eine Versuchung, seine Aggression an ihm zu befriedigen, seine Arbeitskraft ohne Entschädigung auszunützen, ihn ohne Einwilligung sexuell zu gebrauchen, sich in den Besitz seiner Habe zu setzen, ihn zu demütigen, ihm Schmerzen zu bereiten, zu martern, zu töten. Homo homini lupus; wer hat nach allen Erfahrungen des Lebens und der Geschichte den Mut, diesen Satz zu bestreiten?" (Freud 1915, S. 470).*

Kulturentwicklung hat demnach nicht nur die Aufgabe einer möglichst perfekten Naturbeherrschung mit technischen Mitteln, die den Menschen schließlich selbst zu einer Art "Prothesengott" (Freud 1930, S. 22) werden lässt, wichtiger noch ist die kulturelle Zähmung der destruktiven Kräfte, die die Menschen untereinander entfalten. Diesem Zweck dienen besonders philosophische und religiöse Normen- und Wertsysteme. Sie ermöglichen die Unterdrückung sozialaggressiver Triebimpulse im Sinne der Bildung eines "Kultur-Über-Ich", das, eng verklebt mit dem Über-Ich des Individuums, "strenge Idealforderungen aufstellt, deren Nichtbefolgung durch 'Gewissensangst' gestraft wird" (Freud 1930, S. 267). Die kulturelle Einschränkung des Trieblebens erstreckt sich auch auf die Sexualtriebe, in deren hemmungslosem Ausleben Freud eine die Sozialität ausschließende, auf die zwischengeschlechtliche Zwei-Personen-Beziehung gerichtete Tendenz sieht. Statt dessen verlangt das kulturell geprägte Über-Ich eine Verwandlung von Triebenergie in die "Bereitschaft zur allgemeinen Menschen- und Weltliebe", die, wie auch die nichtinzestuöse Zärtlichkeit innerhalb der Familie, zu den Formen der "zielgehemmten Liebe" (Freud 1930, S. 232) zählt.

Der Aufbau der Kultur auf "Triebversagung" (Freud 1930, S. 227) als Preis für die Abwehr triebhafter Destruktivität macht den Menschen Freuds Auffassung zu folge jedoch nicht glücklich. Vielmehr erzeugt dieser Prozess vor allem da, wo er besonders gelungen erscheint, – nämlich in der christlich-abendländischen Kultur – ein "Unbehagen" (Freud 1930, S. 261) und ist darüber hinaus Quelle neurotischen Elends:

"Man fand, dass der Mensch neurotisch wird, weil er das Maß von Versagung nicht ertragen kann, das ihm die Gesellschaft im Dienste kultureller Ideale auferlegt..." (Freud 1930, S. 218).

Freud zweifelte nicht nur an den Fähigkeiten des Individuums, den ihm kulturell auferlegten Triebverzicht ertragen zu können; mehr noch stellte sich ihm nach den Erfahrungen des ersten Weltkrieges die Frage, ob die Menschheit als ganze der ihr innewohnenden Destruktivität, die er ab 1920 als "Todestrieb" metapsychologisch verankerte, Herr werden könne, bzw. mit welchem Preis dies verbunden sei. Freud bezieht damit eine Position, die Antisozialität und Destruktivität als unverzichtbar zur anthropologischen Ausstattung des Menschen rechnet. Entweder vernichtet sich die Menschheit im gnadenlos destruktiven Kampf des Jeder-gegen-Jeden, oder sie zahlt als Preis der Triebunterdrückung mit neurotischem Elend und Anhedonie.

3 Lebensdeutungen und Identitätsarbeit

Das von Freud bereits zu Beginn des 20. Jahrhunderts herausgearbeitete Spannungsverhältnis zwischen biologisch determinierten Triebansprüchen und kulturell verankerten Wert- und Normsystemen stellt eine der konstitutiven Bedingungen personaler Identität dar und lässt zugleich deutlich werden,

"dass keine Person ihre Identität von Geburt an und im weiteren Verlauf ihres Daseins einfach besitzt. Sie muss vielmehr erworben und, unter den spezifischen Anforderungen, die körperliche, psychosexuelle und psychosoziale Entwicklungen sowie mannigfache kontingente Erfahrungen mit sich bringen, erhalten werden. Die dafür notwendigen Leistungen sind ohne die Fähigkeit zum Symbolgebrauch, letztlich ohne die kommunikativen Möglichkeiten, die die menschliche Sprache bietet, nicht denkbar. Wie auch immer die Identitätsbildung auf der Leiblichkeit des Menschen, auf vorsprachlichen und präreflexiven Momenten des Selbst- und Weltverhältnisses eines Subjekts aufruht (und ohne diese auch nicht auskommt), kann personale Identität in den entscheidenden Hinsichten als stets nur vorläufiges, zerbrechliches Resultat der kommunikativen Verständigung eines Menschen mit sich und anderen angesehen werden, als Ergebnis einer in den Vollzug der sozialen Praxis eingelassenen Verständigung zumal, in der die Sprache eine herausragende Rolle spielt" (Straub 2000, S. 170f).

Eingedenk dieser – sowohl die narrative Dimension der Kontinuität und Kohärenz von Identität, als auch den Aspekt aktiver Selbstkonstituierung in den Mittelpunkt rückenden – Definition, wird nachfolgend (im Anschluss an Erikson (1982)) als "personale Identität" verstanden, als ein die gesamte Lebensspanne begleitender psychosozialer Entwicklungsprozess, der die krisengeprägte Bewältigung lebensabschnittstypischer Schwellensituationen beinhaltet.

Innerhalb der psychoanalytischen Literatur wurde die Fruchtbarkeit des Identitätskonzepts in den vergangenen Jahren zunehmend entdeckt. Es ergänzt in diesem Zusammenhang narzissmustheoretische und Ich-psychologische Ansätze, indem personale Identität verstanden wird als ein gratwanderungsgleicher Balanceakt zwischen biologisch (mit)determinierter Triebgewalt einerseits und soziokultureller Werte- und Normenprägung andererseits. Dem auf das – in seinen Wurzeln durch die fein abgestimmten interaktiven Regulationen zwischen Mutter und Kind geprägten – Selbstgefühl aufbauenden Selbstbewusstsein oder *reflexivem Selbst* (Bohleber 1992; 1997), fällt in diesem Kontext die Aufgabe zu, lebenslang oder doch zumindest über Lebensperioden hinweg, stabile Deutungsmuster zu entwickeln und praktisch in narrativen Selbstverständigungsprozessen zu implementieren, die einerseits in ausreichendem Maße die Befriedigung triebhafter Bedürfnisse ermöglichen und andererseits sich als anschlussfähig und kompatibel erweisen müssen mit den innerhalb einer historischen Epoche dominierenden kulturellen Werten und sozialen Normen. Das tägliche Brot klinisch-psychoanalytischer Arbeit ist die Beschäftigung mit den zahlreichen Formen des Fehlgehens dieses Balanceaktes, entweder in Form des Durchbruchs unsozialisierter und unintegrierter Triebgewalt, wie dies beispielsweise im Angstanfall oder im Impulskontrollverlust geschieht, oder aber in der Form des Übergewichts verinnerlichter soziokulturell normierter Deutungsmuster und Verhaltensregeln, beispielsweise in den unterschiedlichen Formen depressiver psychischer Verarbeitung (Frommer 1996).

Die identitätsbildenden biographischen Verinnerlichungsprozesse individueller Normen und Werte sind nicht nur durch gesellschaftliche, sondern daneben auch durch sozial modulierte anthropologische Grundvorgaben der *conditio humana* geprägt. Trennung aus der symbiotischen versorgenden Ureinheit und lebenslanges vergebliches Streben nach der Rückkehr in sie, Erwerb von selbständiger Handlungskompetenz und zunehmender Kontrolle über die eigenen Lebensbedingungen, Gewinnung der Geschlechtsidentität und Konfrontation mit Altern und Tod sind Themen, mit denen sich auseinanderzusetzen keinem bewussten Lebewesen erspart bleibt. Die in *Lebensdeutungen* implizit oder explizit repräsentierten Muster der Bewältigung dieser und anderer Fragen sind kulturell und gesellschaftlich geprägt. Sie sind abhängig von historischen Epochen und deren Umbrüchen. Sie schlagen sich nieder in individuellen, privaten und persönlichen, aber auch in kollektiven Überzeugungen, Selbstverständlichkeiten und Gewohnheiten. Die entsprechenden Muster sind nur zum Teil bewusst, zum Teil aber sind sie auch vorbewusst, habitualisiert und unbewusst. Sie sind daher nicht durchgängig rational strukturiert, sondern sehr stark abhängig von Emotionen und inneren Triebkräften.

Vor allem die neuere sozialpsychologische Forschung hat dabei präzisierend herausgearbeitet, dass bei den durch *Identitätsdiffusion* gekennzeichneten Entwicklungskrisen, wie wir sie insbesondere in der Adoleszenz erleben, normalpsychologisch gesunde und pathologische Formen unterschieden werden können. So unterscheidet Marcia (1989) ein Spektrum zwischen der für Borderline-Persönlichkeitsstörungen typischen "Fragmentation des Selbst" *(self-fragmentation)* und der durch Einzelgängertum charakterisierten "gestörten Identitätsdiffusion" *(disturbed Identity Diffusion)* einerseits, sowie den normalpsychologischen Formen der "kulturell-adaptiven Diffusion" *(culturally adaptive Identity Diffusion)* und der "*Entwicklungsdiffusion*" *(developmental Diffusion)* auf der anderen Seite. Als Übergangsform zwischen gesunden und pathologischen Formen beschreibt Marcia die "sorglose Diffusion" *(carefree Diffusion)* als ein durch Ziellosigkeit und innere Leere gekennzeichnetes Moratorium im Verlauf der Adoleszenz.

Diese von Marcia vorgeschlagene dimensionale Betrachtungsweise ermöglicht komplexe Entwicklungsmodelle, die es erlauben, biologische, frühe biographische und adoleszente Voraussetzungen der Identitätsentwicklung zueinander in Beziehung zu setzen. Bei der Bewältigung adoleszenter Entwicklungskrisen entscheidet dieser Betrachtungsweise zufolge das durch die frühe Primärsozialisation geprägte Integrationsniveau der Identität über den Erfolg und d.h. darüber, ob eine echte diachrone und synchrone Integration von Identitätsanteilen stattfinden kann. Im Gegensatz zu reifen Persönlichkeiten mit ausreichend integrierter Identitätsbildung in der Kindheit finden sich bei Personen, die in der Adoleszenz *schwere Persönlichkeitsstörungen* (Kernberg 1991) ausbilden, regelmäßig schwere frühe Traumatisierungen, bspw. durch Vernachlässigung, Gewalt oder Missbrauch. Dadurch werden soziale Lernprozesse, die dazu führen, dass kulturell und gesellschaftlich vorgegebene Werte und Normen eine einheitliche intrapsychische Repräsentanz bilden, erheblich behindert oder sogar weitgehend verunmöglicht. Dies hat zur Folge, dass Erleben und Handlungssteuerung von heterogenen Identitätsfragmenten und nur mangelhaft kontrollierten dynamischen Beständen beherrscht werden. Identität und Kompetenzgefühl bezüglich der eigenen Identitätsentwicklung sind labil. Selbstwertgefühl und narzisstische Regulation müssen durch Ausblendung und Abschottung gegenüber inkompatiblen Aspekten äußerer Realität und gegenüber unintegrierbaren innerseelischer Repräsentanzen stabilisiert werden. Ist dies aber der Fall, so droht die Bewältigung der durch biographische Schwellensituationen und gesellschaftliche Veränderungsdynamiken bedingten späteren Krisen zu scheitern. Diese führen dann nicht oder nur ungenügend zu einer Weiterentwicklung der Identität auf ein schließlich höheres, zunächst widersprüchlich erscheinende Orientierungen und Handlungsdispositionen integrierendes Niveau. Vielmehr bleiben bisherige Identitätsbestände und neu zu integrierende Erfahrungen disparat. Die Auseinandersetzung mit neu aufgetretenen Inhalten beschränkt sich dann häufig darauf, dass diese entweder hyperkritisch abgewehrt, auf andere Personen, Personengruppen und soziale Welten projiziert und dort bekämpft werden; oder aber die Auseinandersetzung beschränkt sich darauf, dass die neuen Inhalte unkritisch übernommen werden, ohne dass eine wirkliche Integration stattfindet und somit *übernommene Identität* einerseits und *erarbeitete Identität* andererseits (Marcia 1993, Haußer 1997) in ein die Identität destabilisierendes – und im Sinne eines circulus vitiosus neue Veränderungsdynamik provozierendes – Spannungsverhältnis geraten.

4 Pluralitätskompetenz und postmodernes Selbst

Den hochdifferenzierten westlichen Gesellschaften unserer Zeit wird in diesem Sinne über die bereits beschriebenen Krisenphänomene hinaus heute eine Identitätskrise attestiert, in deren Zentrum sich Phänomene finden, die eng mit den Grenzlinien zwischen öffentlicher und privater Lebenssphäre zusammenhängen. Kultursoziologisch verstanden ist *Öffentlichkeit* im emphatischen Sinne des Wortes Inbegriff der bürgerlichen Kultur (Tenbruck 1986). Ihre politische, wirtschaftliche und kulturelle Entfaltung beruhte in hohem Maß auf der Entwicklung der Städte, in denen neben der Familiensphäre ein Raum entstand, der dem Schaffen und der Erzeugung von Waren, Ordnungen und Werten diente. Quasi semipermeabel von der Intimität des Privatlebens getrennt und mit dieser hinsichtlich der Bedeutung für die Lebensführung ausbalanciert, entstand die Würde einer Öffentlichkeit, die sich in Theatern, bürgerlichen Repräsentationsbauten und Produktionsstätten baulich manifestierte und mit bestimmten Regeln des sozialen Umgangs gekoppelt war. Begriffe wie Publikum, Höflichkeit, Mode, Flanieren etc. stehen für einen Lebensbereich, in dem sich bis dato Unbekannte unterschiedlicher Herkunft, Interessenlage und Begabung begegnen konnten und sich aus dieser – nach den Regeln des "Anstands" nur formal strukturierten – Begegnung ein in hohem Maße kreatives Potential entfalten konnte. Vor allem die alten südeuropäischen Städte, in denen die öffentliche Kultur entstand, lassen dies heute noch spüren. Die staatliche Herrschergewalt gibt diese Sphäre nicht vor und strukturiert sie auch nur in formaler Hinsicht. Inhaltlich ist jeder Bürger selbst verantwortlich für das, was er alleine oder zusammen mit anderen im öffentlichen Raum schafft. Die Hauptthese Richard Sennetts ist in diesem Zusammenhang, dass die Kultur der Öffentlichkeit in unserem Jahrhundert einem zunehmenden Verfall preisgegeben ist. Ihr Absterben bringt Sennett mit einer Zunahme narzisstischer Selbstbezogenheit in Verbindung, die sich schließlich zu einer *Tyrannei der Intimität* steigert. Die kosmopolitische Sphäre öffentlichen Austausches verkümmert zunehmend zur narzisstischen Pseudobeziehung, zum "Tauschhandel mit Intimitäten" (Sennett 1983, S. 24) und einem durch Langeweile geprägten "Markt gegenseitiger Selbstoffenbarungen" (ebd.).

Sennett schließt sich mit seiner pessimistischen Zeitdiagnose an die Autoren der Frankfurter Schule an, die bereits in den sechziger Jahren die Auffassung vertraten, dass das in der bürgerlichen Gesellschaft entfaltete "unersättliche Identitätsprinzip" (Adorno 1966, S. 144) kaum mehr als eine ideologische Zwangsgestalt darstelle. Die die moderne Gesellschaft beherrschende technische Rationalität und die sie bestimmende Logik des Tausches habe das steuernde und die Richtung bestimmende Subjekt längst überflüssig gemacht und zu einem "evidenten Verfall von Individualität" (Adorno 1966, S. 342) geführt. In Wirklichkeit bedürften die gesellschaftlichen Strukturen und Prozesse "kaum mehr der vermittelnden Agenturen von Ich und Individualität". Sie strebten einer totalen Rationalisierung zu, die keine Nischen mehr zulasse, "in denen eine nicht gesellschaftlich präparierte, irgend unabhängige Subjektivität sich verstecken könnte" (Adorno 1970, S. 51).

Sozialpsychologisch betrachtet nehmen großstädtische Lebensformen zu, gekennzeichnet durch soziale Netzwerke, "die groß sind, mehr schwache Bindungen beinhalten, eine geringe Dichte, hohe Dispersion und geringe Homogenität aufweisen" (Keupp 1989, S. 55). Diese Netzwerke erhalten bei den Betroffenen eher eine dezentrierte "Patchworkidentität" (Keupp 1989, S. 64) aufrecht, gekennzeichnet durch hohe Komplexität und Offenheit für Veränderung. Für eine große Zahl junger Erwachsener zeichnet sich unter diesen Bedingungen "kein Ende des Moratoriums ab, sie können also im Sinne von Erikson nicht erwachsen werden" (Keupp 1989, S. 59).

Noch weitergehend formuliert Welsch einen "neuen", durch Pluralität gekennzeichneten Typus von Subjektivität als zentralen Begriff der Postmoderne. Pluralität und Heterogenität von Lebensformen, Orientierungsweisen und Sinnzusammenhängen existiert nach seiner Auffassung "nicht mehr nur *zwischen* den Kulturen, sondern bereits *innerhalb* ihrer. Die Einsicht in die Faktizität, Legitimität und Unüberschreitbarkeit dieser unterschiedlichen sozialen und kulturellen Formen (mitsamt ihrer Konflikthaftigkeit) prägt das postmoderne Bewusstsein" (Welsch 1991, S. 351). Unter den Bedingungen objektiver Pluralität muss, so Welsch weiter, das Leben der Subjekte selbst eine Pluralität entwickeln, die bis hinein in grundlegende Sinnfragen reicht. "Innere Pluralitätskompetenz", bezogen auf identitätsstiftende Lebensentwürfe, bedeutet für Welsch, dass das Subjekt "in sich mehrere solcher Entwürfe zu durchlaufen, zu konstellieren, zu verbinden vermag" (Welsch 1991, S. 352). Damit steht für ihn die Frage im Raum, ob Subjekte unter den Lebensbedingungen der Postmoderne nicht "angesichts der pluralen Wirklichkeit mehr als schizophren", nämlich "polyphren" werden müssen (Welsch 1991, S. 358). Sie sind dann nicht mehr und nicht weniger als die ästhetische Inszenierung von "Sequenzen eines Selbst, dem keine angebbare Identität mehr zugrunde liegt und das in seinen verschiedenen Szenen und Rollen nicht etwa den Facettenreichtum einer Person, sondern den Übergang von einer Identität zur anderen demonstriert" (Welsch 1991, S. 355).

Andere Autoren, wie etwa Kenneth Gergen, mit seinem Begriff des "übersättigten Selbst" (1996), haben ähnliche Vorschläge unterbreitet wie Wolfgang Welsch. Jürgen Straub bemerkt in einer kürzlich erschienenen Arbeit kritisch zu diesen Entwürfen, dass sie zum einen nur mangelhaft empirisch, beispielsweise durch qualitative biographieanalytische Studien begründet, und zum anderen begrifflich unklar und in der Verwendung des Identitätsbegriffs changierend sind, indem sie dem postmodernen Selbst einerseits Aspekte zuschreiben, die dem psychopathologischen Diskurs entnommen sind und schwere psychische Störungen beschreiben, und andererseits die Struktur dieses Selbst so beschreiben, "dass sich alle (angeblich dramatischen) Unterschiede gegenüber modernen Konzeptionen personaler Identität schon beim zweiten Hinsehen verflüchtigen"

(Straub 2000, S. 187). Dennoch bleibt die Frage möglicher spezifischer Risiken der Identitätsentwicklung in hochdifferenzierten Gesellschaften auch dann virulent, wenn das Identitätskonzept als solches nicht vorschnell zur Disposition gestellt wird.

5 Risiken persönlicher Identitätsentwicklung in modernen Komplexgesellschaften

Fassen wir an dieser Stelle zu einem vorläufigen Fazit zusammen: Der Diskurs über die Gefährdungen des Selbst in der bürgerlichen Gesellschaft hat in der jüngeren Vergangenheit nicht nur Prozesse einer Auflösung traditionaler Verbindungen und zunehmender Individualisierung bei gleichzeitigem sich zuspitzendem Zwang zu funktionalem und rationalem Handeln beschrieben, sondern gleichzeitig auch gegenläufige Prozesse im Sinne unbeendeter adoleszenter Moratorien thematisiert – verbunden mit Identitätsdiffusion und der Entwicklung von Patchworkidentitäten bis hin zu einer Auflösung individueller Identität. Uns interessieren in diesem Zusammenhang Differenzen und Konvergenzen zwischen dem sozial- und kulturwissenschaftlichen Diskurs über personale Identität in hochkomplexen, durch Individualisierung und Globalisierung gekennzeichneten sozialen Welten und Gesellschaften einerseits und dem psychopathologischen und psychoanalytischen Diskurs über psychische Störungen und ihre psychosozialen Verursachungszusammenhänge.

Der Betrachtung wird dabei eine systematische Aufteilung der Identitätsproblematik in drei Aspekte zugrundegelegt, wobei die ersten beiden eng miteinander verflochtenen Aspekte eher formale Voraussetzungen betreffen, während der dritte Aspekt Identität von den psychosozialen Inhalten her erfasst. Die drei Aspekte sind im einzelnen:

(1) *basales impressives Selbstgewahren und Selbstgefühl*,
(2) *intentional gerichtetes reflexives Selbstbewusstsein* und
(3) *psychosozial verankerte personale Identitätsentwicklung*.

Diesen Teilaspekten entsprechen unterschiedliche Formen psychopathologischer Störungen. Einer völligen Fragmentierung von Selbstgefühl und Selbstbewusstsein entsprechen *schizophrene Psychosen*. Bei diesen Störungen scheitert in basaler Weise und weitgehend ohne intentionale Einflussnahmemöglichkeit durch den Betroffenen die Schaffung der Voraussetzungen für eine kontinuierliche und kohärente psychosoziale Identität im Sinne einer subjektiv erinnerten und aktiv konstituierten Lebensbahn, getragen durch die Aufgabe, mittels adäquater Selbst- und Weltdeutungen das Spannungsverhältnis zwischen

Person- und Subjektperspektive zum Ausgleich zu bringen. Die hieraus resultierenden Erlebnisformen, Leidenszustände und Verhaltensweisen sind dramatisch und in ihren biographischen und sozialen Folgen für den Betreffenden prekär. M.E. kommt es innerhalb der Postmoderne-Debatte einem Kategorienfehler gleich, die Notwendigkeit zur erhöhten Bewältigung komplexer, vielschichtiger und durch raschen Wandel gekennzeichneter Lebenssituationen im Erwachsenenalter mit Begriffen in Verbindung zu bringen, die eine psychotische Entordnung der Identität indizieren.

Gemeint sind in dieser Debatte vielmehr Alterationen der Selbstgefühl und reflexives Selbstbewusstsein voraussetzenden psychosozialen Identität. Störungen dieser Art wurden bereits zu Beginn des 20. Jahrhunderts als *Neurosen* beschrieben. Sie sind hinsichtlich Form und Inhalt abhängig von historischen und sozialen Bedingungen, bspw. im Sinne der beschriebenen Zunahme von Triebhemmung und Bevorzugung von Intimformen psychischen Leidens in modernen Gesellschaften. Psychopathologische Störungen sind unter Begriffen wie "Neurasthenie", "Nervosität", und "Depression" in diesem Kontext als Konsequenz der Hemmung des Vollzugs vitaler Triebbefriedigung durch verinnerlichten gesellschaftlich auferlegten Verzicht interpretiert worden. Vor allem Freuds Verdienst war es zu zeigen, dass ihre Entstehung zweizeitig verläuft: ein ungelöster, traumatisch verarbeiteter Konflikt zwischen biologisch verwurzelten Triebimpulsen und sozialen Norm- und Wertvorstellungen in den frühen kindlichen Phasen der Identitätsentwicklung erzeugt eine Vulnerabilität, und die Auslösung der den intrapsychischen Konflikt symbolisch repräsentierenden Symptome erfolgt dann durch konfliktspezifische Lebensereignisse im Erwachsenenalter, die die psychische Integrationskraft des Individuums überfordern.

Eine gesunde Bewältigung hoher Veränderungsdynamik der Lebensbedingungen im Erwachsenenalter setzt also eine gelungene Lösung der kindlichen Entwicklungskonflikte voraus. Ist diese Voraussetzung gegeben, so beschränkt sich die Pathologie der Bewältigung postmoderner Rasanz auf *Akkulturationskrisen*. Hierbei handelt es sich um die durch die neuen Erfahrungen angestoßenen mehr oder weniger kulturell adaptierten Formen der Identitätsdiffusion, die gekennzeichnet sind durch Stress, Verlust- und Ablehnungsgefühle, Verwirrung, Überraschung, Angst, Empörung und Ohnmachtgefühle (Oberg 1960). Diese Krisen sind allerdings unter den Bedingungen der Postmoderne nicht nur beim Wechsel von einer Kultur in eine andere zu gewärtigen, sondern auch beim Wechsel zwischen hochheterogenen

Subkulturen innerhalb eines – der Globalisierung zustrebenden – Kulturraums. Sie sind gekennzeichnet durch einen phasenhaften Ablauf, dessen Grundstruktur durch eine identitätssichernde Dynamik geprägt wird. Das bedeutet aber, dass neuen Erfahrungen zunächst mit psychischer Abwehr begegnet werden muss: Sie erhält die Funktion einer Projektionsfläche. Diese Abwehr kann beispielsweise anale und paranoide Züge tragen, dann erscheint das Neue als gefährlich und bedrohend und der erste Impuls, auf dieses Neue zu reagieren, besteht in Unterwerfung und Kontrolle. Oder aber die Abwehr ist bspw. narzisstisch geprägt durch eine initiale unrealistische Idealisierung. In jedem Fall aber bleibt das Neue zunächst fremd und kann nur stufenweise psychisch "verdaut" und in die eigene Identität integriert werden. Deutlich wird damit, dass die den Prozessen der Identitätsdiffusion entgegengerichtete *Identitätsarbeit* (Straus und Höfer 1997) unter diesen Bedingungen zum unverzichtbaren Charakteristikum der Identität in hochkomplexen Gesellschaften wird.

Neben den hier nur holzschnittartig skizzierten Konzepten der schizophrenen Psychose, der Neurose und der psychischen Reaktion auf Akkulturationsprozesse soll ein viertes Konzept abschließend diskutiert werden, welches spezifisch postmodernen Formen des Scheiterns von Identitätsarbeit gewidmet ist, die so tiefgreifend sind, dass sie nicht nur narrative Identität und Lebensdeutungen betreffen, sondern – wenn auch nicht so dramatisch wie psychotische Entgleisungen – darüber hinaus Selbstgefühl und reflexives Selbstbewusstsein. Dabei geht es um Phänomene, die im Sinne der psychoanalytischen Objektbeziehungstheorie als Ausdruck eines *falschen Selbst* (Winnicott 1974) bezeichnet werden können. Mangel an Authentizität und Echtheit, narzisstische Isolation und Ausblendung unliebsamer Realität, instabile pseudointime Beziehungen und Funktionalisierung von Mitmenschen werden sowohl im Kontext kulturkritischer Diagnosen postmoderner Existenz thematisiert als auch im psychoanalytischen Diskurs über *narzisstische Psychopathologien*. Anders formuliert geht es um die Frage spezifischer – über die Zunahme rationaler Triebbeherrschung hinausgehender – Gefährdungen der Identitätsentwicklung unter den Bedingungen postmoderner Lebensführung. Sie konzentriert sich vor dem Hintergrund des Gesagten auf die Auswirkungen gesellschaftliche Entwicklungsdynamik auf die frühen Phasen der Identitätsentwicklung, in denen nicht nur die Grundmuster späterer Identitätsarbeit entstehen, sondern auch die Entwicklung des basalen Selbstgefühls und Selbstbewusstseins psychosozialen Einflüssen unterliegt. Psychoanalytiker wie David Winnicott haben in Weiterentwicklung objektbeziehungstheoretischer Ansätze für diese ganz frühen Entwicklungsprozesse gezeigt, dass die Wurzeln des Selbst nicht rein intrapsychisch, sondern in einer dialektischen Interaktion zweier Personen entsteht:

"The self essentially recognizes itself in the eyes and facial expression of the mother and in the mirror, which can come to represent the mother´s face" (Winnicott 1971, zit. n. Schacht 1990, S. 94).

Das Entwicklungsstadium, das unter den Bedingungen ausreichend guter, und d.h. personal bezogener Mutter-Kind-Fürsorge zwischen der symbiotischen Verschmolzenheit auf der einen Seite und der Mutter-Kind-Differenzierung auf der anderen Seite liegt, nennt Winnicott "Übergangsraum". Die diesen Raum kennzeichnenden *Übergangsobjekte* haben für das Kind nur partiell eine eigene, von ihm – dem Kind – abgetrennte Existenz; sie sind manipulierbar und verfügbar und können durch Projektionen mit beliebigen Eigenschaften ausgestattet werden. Der Übergangsraum ist für Winnicott ein spielerisches, der interaktiven Kompetenzentwicklung dienendes Durchgangsstadium, das später reiferen Formen weicht, in denen den Objekten ein unabhängiges Eigenleben zugestanden wird.

Im Kontext der Postmoderne-Debatte scheint mir in diesem Zusammenhang die dramatisch zunehmende Ersetzung unmittelbar zwischenmenschlicher durch medienvermittelter Kommunikation und ihr Einfluss auf die Identitätsentwicklung vor allem deshalb diskussionswürdig, weil die frühen Differenzierungen in der Mutter-Kind-Beziehung implikativ verknüpft sind mit den Symbol-Symbolisiertes-Selbst-Differenzierungen im Erleben des Kindes (Ogden 1986). Lässt sich also einige Evidenz für die These reklamieren, dass bereits in der konkreten Alltagsumgebung von Kindern sinnlich erfahrbare konkrete Objekte zunehmend ersetzt werden durch symbolische Objekte, die lediglich verweisen und selbst keine sinnlichen Realitätscharakter aufweisen, so liegt die Schlussfolgerung nahe, dass dies nicht ohne Konsequenzen ist für den Grundcharakter der Repräsentanzen von Selbst und Welt in der kindlichen Psyche.

Dort wo im ökonomischen Kampf um Einschaltquoten und Verkaufszahlen medienvermittelt eine Scheinrealität erzeugt wird, die gekennzeichnet ist durch Mangel an Authentizität und Echtheit, selbstbezogene Isolation und Ausblendung unliebsamer Realität, Funktionalisierung von Mitmenschen und instabile optional verfügbare pseudointime Beziehungen, ist auch die Entwicklung des Selbst und seiner symbolischen Repräsentanzen tangiert. Der Mangel an konkretem *mirroring* (Kohut 1973) und *attunement* (Stern 1992; Bohleber

1997) im physisch anwesenden Anderen und seine Verdrängung durch medienvermittelte Andere könnte in sensiblen Entwicklungsphasen die Herausbildung von Selbst- und Objektrepräsentanzen in einer paradoxen Weise beeinflussen. Den so geprägten Individuen wird auf diese Weise nämlich einerseits eine schier unerschöpfliche Fülle von optischen, sprachlichen und kommunikativen Erfahrungen ermöglicht, eine Vervielfachung rezeptiven und interaktiven Erlebens, eine Teilhabe an ganz unterschiedlichen sozialen Welten; zugleich aber ist diese Erfahrung gekoppelt mit dem Bild des Kindes, das alleine mit der Chipstüte vor dem Bildschirm sitzt. Seine faktische Einsamkeit wird übertönt durch die gleichzeitig existierende Omnipotenz gegenüber den Medienwelten, zu denen der Bildschirm – und nur er – den Zugang ermöglicht.

Es ist nicht nur die Paradoxie von gleichzeitiger Ferne und Nähe, wie sie Richard Sennett bereits in den 80er Jahren für die Außensicht auf das Büroleben der verglasten Wolkenkratzer New Yorks beschrieb, die hier deutlich wird, sondern darüber hinaus die Paradoxie umfassender Wunscherfüllung bei gleichzeitiger maximaler Steuerung und Hemmung von Triebimpulsen. So sind bspw. alle Möglichkeiten der Erfüllung sexueller und aggressiver Triebwünsche mühelos im Internet verfügbar, ohne dass es zum physischen Vollzug kommt. Wo ein Mangel an konkretem mütterlichem Gegenüber in den Frühstadien der Genese fehlt und hier bereits durch Surrogate ersetzt wird, sind später nicht nur archaische, unintegrierte, destruktive Affekte, sondern auch eine mangelnde Fähigkeit zur Trennung von konkretem und medienvermitteltem Gegenüber zu gewärtigen. Nicht nur im Gegenüber, sondern auch auf der inneren Bühne des Selbsterlebens ist es diesen Personen dann im späteren Leben nur schwer möglich, authentisches menschliches Gefühl von funktional eingesetzter, erzeugter und gespielter Pseudoemotionalität zu trennen.

Literatur

Adorno, T. W. (1966): Negative Dialektik. Frankfurt (Suhrkamp).

Adorno, T. W. (1970): Aufsätze zur Gesellschaftstheorie und Methodologie. Frankfurt (Suhrkamp).

Baeyer, W.; Ritter von (1961): Erschöpfung und Erschöpftsein. In: Nervenarzt 32, S.193-199.

Bohleber, W. (1992): Identität und Selbst. Die Bedeutung der neueren Entwicklungsforschung für die psychoanalytische Theorie des Selbst. In: Psyche 46, S. 336-365.

Bohleber, W. (1997): Zur Bedeutung der neueren Säuglingsforschung für die psychoanalytische Theorie der Identität. In: Keupp, H.; Höfer, R. (HG): Identitätsarbeit heute. Klassische und aktuelle Perspektiven der Identitätsforschung. Frankfurt (Suhrkamp), S. 93-119.

Erikson, E.H. (1982): Kindheit und Gesellschaft. Stuttgart (Klett-Cotta), 8. Aufl.

Freud, S. (1908): Die "kulturelle" Sexualmoral und die moderne Sexualität. In: Ders.: Gesammelte Werke. Frankfurt (Fischer), Bd. 7, S. 141-167.

Freud, S. (1915): Triebe und Triebschicksale. In: Ders.: Gesammelte Werke. Frankfurt (Fischer), Bd. 10, S. 210-232.

Freud, S. (1930): Das Unbehagen in der Kultur. In: Ders.: Gesammelte Werke. Frankfurt (Fischer), Bd. 14, S. 419-506.

Frommer, J. (1996): Qualitative Diagnostikforschung. Inhaltsanalytische Untersuchungen zum psychotherapeutischen Erstgespräch. Berlin (Springer).

Frommer, J. & Frommer, S. (1997): Von der Hysterie zur Nervosität. Anmerkungen zu Willy Hellpachs sozialpathologischen Prognosen für das 20. Jahrhundert. In: Psychotherapie Psychosomatik Medizinische Psychologie 47, S. 219-224.

Gergen, K.J. (1996): Das übersättigte Selbst. Identitätsprobleme im heutigen Leben. Heidelberg (Carl Auer-Systeme).

Haußer, K. (1997): Identitätsentwicklung – vom Phasenuniversalismus zur Erfahrungsverarbeitung. In: Keupp, H., Höfer, R. (HG): Identitätsarbeit heute. Klassische und aktuelle Perspektiven der Identitätsforschung. Frankfurt (Suhrkamp), S. 120-134.

Kaufmann, D. (1995):Aufklärung, bürgerliche Selbsterfahrung und die "Erfindung" der Psychiatrie in Deutschland. Göttingen (Vandenhoeck & Ruprecht).

Kernberg, O. F. (1991): Schwere Persönlichkeitsstörungen. Stuttgart (Klett-Cotta), 3. Aufl.

Keupp, H. (1989). Auf der Suche nach der verlorenen Identität. In: Keupp, H., Bilden, H. (HG): Verunsicherungen. Das Subjekt im gesellschaftlichen Wandel. Göttingen Toronto Zürich (Hogrefe) , S. 47-69.

Kohut, H. (1973): Narzissmus. Eine Theorie der psychoanalytischen Behandlung narzisstischer Persönlichkeitsstörungen. Frankfurt 1973 (Suhrkamp).

Marcia, J.E. (1989): Identity diffusion differentiated. In: Luszcz, M. A., Nettelbeck, T. (Eds.): Psychological development. Perspectives across the life-span. North-Holland (Elsevier), S. 289-294.

Marcia, J.E. (1993): The Ego identity status approach to Ego identity. In: Marcia, J.E., Waterman, A. S., Matteson, D. R., Archer, S.L., Orlofsky, J. L. (Eds.): Ego identity. A handbook for psychosocial research. New York 1993 (Springer), S. 3-41.

Oberg, K. (1960): Cultural shock: adjustment to new cultural environments. In: Practical Anthropology 7, S. 177-182.

Ogden, Th. (1986): The matrix of the mind. Northvale and London (Aronson).

Roelcke, V. (1999): Krankheit und Kulturkritik. Psychiatrische Gesellschaftsdeutungen im bürgerlichen Zeitalter (1790-1914). Frankfurt (Campus).
Schacht, L. (1990): Die früheste Kindheitsentwicklung und ihre Störungen aus der Sicht Winnicotts. In: Adler, R., Herrmann, J.M., Köhle, K., Schonecke, O.W., Uexküll, Th. v., Wesiack, W. (HG): Uexküll. Psychosomatische Medizin. München (Urban & Schwarzenberg) 4. Aufl., S. 93-107.
Sennett, R. (1983): Verfall und Ende des öffentlichen Lebens. Die Tyrannei der Intimität. Frankfurt (Fischer).
Stern, D. (1992): Die Lebenserfahrung des Säuglings. Stuttgart (Klett-Cotta)
Straub, J. (2000): Identitätstheorie, empirische Identitätsforschung und die "postmoderne" *armchair psychology*. In: Zeitschrift für qualitative Bildungs-, Beratungs- und Sozialforschung 1, S. 167-194.
Straus, F., Höfer, R. (1997): Entwicklungslinien alltäglicher Identitätsarbeit. In: Keupp, H., Höfer, R. (HG): Identitätsarbeit heute. Klassische und aktuelle Perspektiven der Identitätsforschung. Frankfurt (Suhrkamp), S. 270-303.
Tenbruck, F.H. (1986): Bürgerliche Kultur. In: Kölner Zeitschrift für Soziologie und Sozialpsychologie 38, Sonderheft 27, S. 263-285.
Welsch, W. (1991): Subjektsein heute. Überlegungen zur Transformation des Subjekts. In: Deutsche Zeitschrift für Philosophie 39, S. 347-365.
Winnicott, D.W. (1974): Vom Spiel zur Kreativität. Stuttgart (Klett-Cotta).

Fort-Da. "Ich kann nicht mit ihr leben, und ich kann ohne sie nicht leben" (Franz Kafka). Zum claustro-agoraphobischen Dilemma aus struktural-analytischer Sicht

Hermann Lang

Im August 1912 lernt der 29-jährige Versicherungsangestellte Dr. Franz Kafka im Hause des Dichterfreundes Max Brod die Berlinerin Felice Bauer, Prokuristin bei der Diktiergeräte herstellenden Firma Carl Lindstroem, kennen. Liebesbriefen des Inhalts "Liebste, mein Gott wie lieb ich Dich" folgt dann im Juni 1913 ein Heiratsantrag: "Willst Du ... überlegen, ob Du meine Frau werden willst? Willst Du das?" Als die Berlinerin einwilligt, registrieren wir eine Antwort fast panischen Zuschnitts: "Liebe, liebste Felice, nicht das, das. Du sollst nicht in etwas Dich hingeben, was Dein Unglück sein könnte, sondern vielleicht, wenn Gott will, hineingehn, überlegen". Des Psychoanalytikers drittes Ohr hätte solches Zaudern schon im Unterton der doppelten Frage "Willst Du ...?" heraushören können. In den folgenden Jahren reihen sich an Versuche der Annäherung und Heirat sofort Reaktionen des Rückzugs, auf zweimalige Verlobungen folgt zweimalige Entlobung. Im September 1913, als sich Kafka zur Kur in Riva am Gardasee aufhielt, bringt er in einem Brief an Max Brod sein Verhältnis auf den Punkt: "Ich kann nicht mit ihr leben, und ich kann ohne sie nicht leben."

Eine ausweglose Dialektik von Nähe und Distanz, die den anderen sucht, braucht und doch verhindert, mit ihm zusammen zu sein. Ein neurotischer Konflikt des Hin und Her, der zweifellos viele Menschen strukturiert. Ein 45-jähriger Anwalt, der es geschafft hat, eine große Kanzlei mit vielen Angestellten aufzubauen wie auch eine Familie mit mehreren Kindern zu gründen gibt, gefragt, was denn sein größter Wunsch sei, dem so Ausdruck: "Ich möchte im Mittelpunkt der Familie mit Söhnen, Töchtern und Enkeln leben, dabei aber in einer kleinen Kammer, d.h. in einer gewissen Distanz bleiben, die Familie immer sehen können, aber als Gesellschaft im Nebenzimmer zu haben. Kurz: Im Kreise meiner Familie möchte ich alleine sein."

1 Das claustro-agoraphobische Dilemma

Eine Arbeit von 1985 "Zur Struktur der Angstneurose" schloss ich mit der Überlegung ab, dass sich angstneurotisches Dasein zwischen den beiden Polen der Claustro- und Agoraphobie ausspannt und sich sozusagen exemplarisch an diesen versammelt.

Der Agoraphobiker fürchtet, den häuslichen Binnenraum, wo er sich "zu Hause" fühlt, zu verlassen, fürchtet die Trennung vom kontraphobischen Begleiter (oder auch dem Arzt – Herzphobie), der zum häuslichen Umkreis zählt, er fürchtet den Schritt auf die Straße, ins "Freie", dessen Weite (wie auch "Tiefe") bedroht. Bedroht beispielsweise in Form erotischer Versuchung, sofern deren Erfüllung zum Verlust der häuslichen Geborgenheit führen kann; bedroht beispielsweise, sofern er die "aggressive Auseinandersetzung mit der Welt" (Dührssen 1971, S. 230) fordert. Am Ende dieses Schrittes hinaus aus dem, was Halt und Orientierung vermittelt, kann schließlich eine "elementare basale Verunsicherung, Rat- und Orientierungslosigkeit" (Wyss 1980, S. 102) stehen.

Ist es hier die "ungeheure Verlorenheit des Menschen in der Welt" (v. Gebsattel 1954, S. 74), sein Alleinsein in der Kälte und "Leere" des Weltraums, die in der Phobie anklingen und der Betroffene deshalb zum eingegrenzten Binnenraum Zuflucht nimmt, sich an den Anderen klammert und bindet, so kann nun gerade diese "regressive" Rückwendung zur Eingrenzung und Verklammerung zur Angststätte werden, sofern sie so einschließt, dass kein "Herauskommen" mehr möglich scheint, die eigene Selbstentfaltung zu ersticken droht. So das Angstsyndrom der Clausstrophobie. Fenichel (1974) ist der Ansicht, dass die Vorstellung des "Erstickens" bereits zu einer Zeit angstbesetzt sei, in der es noch keinerlei Kastrationsvorstellungen gäbe, ja dass sie der archaischste Angstinhalt überhaupt sei und deshalb jeder Todesangst zugrunde läge. "Erstickungsangst" ist hier mehr als ein Bild, denn nicht wenige claustrophobe Patienten fürchten, dass, beispielsweise eingeklemmt in einer Aufzugskabine, deren Tür nicht zu öffnen ist, langsam der Sauerstoffgehalt der Luft aufgezehrt würde. Fragt man sie nach kindlichen Träumen, berichten sie häufig über Alpträume, die davon handeln, wie eine riesige Wand auf sie zukommt, die zu ersticken und zu erdrücken droht. "Einschließen", "Ersticken", "Erdrücken" kann auch die Beziehung zum Anderen, wenn sie Verselbständigung, Einfügung in die menschliche Gemeinschaft, die ein "koinos kosmos" ist, blockiert und so lebend "begräbt".

Zwischen und an diesen Polen bewegt sich angstneurotisches Dasein, setzt es sich ständig auseinander, "bestimmt" es sich. "Gesundem", und das kann immer nur heißen, relativ angstfreiem Dasein, gelingt es in Abhebung dazu, von dem einen Ende soviel aufzunehmen, dass "Leere" und "Trennung" zur "Offenheit" werden und vom anderen soviel zu integrieren, dass zugleich "Geborgenheit" möglich wird.

Diese anthropologisch zu nennende Schlussfolgerung führt geradewegs zur Frage nach der Gewinnung von Identität, zur Frage nach der Entstehung von Subjektivität, dem ersten Schwerpunkt dieser Tagung. Menschliches Dasein ist von vornherein mit einem Paradoxon konfrontiert. In Abhebung zum Tier begegnet das Menschenwesen instinktarm und ist insofern offen für ein Maß von Individuation, welches das Tier, das seinem Gattungsprogramm folgt, nicht kennt. Dem Menschen ist auf diese Weise aufgegeben, eigene Identität zu entwickeln. Zugleich konstituiert ihn diese Entbundenheit von einer animalen Instinktregelung als hilf- und orientierungsloses Mängelwesen. Dergestalt ist der Mensch in einer a priori zu nennenden Weise auf Sozialisation, Vergesellschaftung angelegt. Individualisierung ist damit nur als "Generalisierung" möglich. Wir begegnen dem Paradox, dass eine Realisierung von "Ich"-Identität nur im Rahmen einer kollektiven, einer "Wir"-Identität möglich ist. Dieses Paradoxon ist letztlich nicht auflösbar, es gilt es vielmehr auszuhalten. Eine Gefährdung menschlichen Daseins, das zwischen diesen Polen ausgespannt ist, scheint dann einzutreten, sobald es einer balancierenden Mitte ermangelt, der eine Pol zugunsten des anderen an Gewicht verliert. Identität, welche wir aus der Sicht des Psychoanalytikers als "gesund" etikettieren können, zeichnete sich dann dadurch aus, dass sich statt einer mehr oder weniger starren Alternative ein feines Oszillieren zwischen partikularisierender Selbstbehauptung und generalisierender Selbsthingabe findet.

2 Das Paradox von Ich-Identität und Wir-Identität

Wir hatten oben das claustro-agoraphobische Dilemma des Angstneurotikers kennengelernt. Auf dem Hintergrund des zuletzt Dargelegten zeigt sich nun eine Verschärfung dieser Problematik.

Was Identität, Subjektivität sind, bedeuten, lässt sich besonders grell sehen, wo sie gefährdet oder schon fragmentiert begegnen. In einer Arbeit von 1988 "Schizoide Phänomene im Borderline-Syndrom" beschreibt Rey ein für Borderline-Patienten charakteristisches Dilemma, das claustro-agoraphobische Syndrom. So klagen diese Patienten "über eine Unfähigkeit, zu anderen Kontakt aufzunehmen, und halten es für unmöglich, überhaupt warme und zuverlässige Beziehungen aufrechtzuerhalten. Gelingt es ihnen einmal, eine Beziehung einzugehen, führt diese sehr schnell zu intensiver Abhängigkeit und ruft Identitätsstörungen hervor. Rasch und oberflächlich identifizieren sie sich mit ihren Objekten und erfahren einen Verlust ihres Identitätsgefühls, der mit intensiver Angst und der Furcht vor der Fragmentierung oder Auflösung des Selbst einhergeht" (Rey 1988, S. 254). Sowohl Nähe als auch Distanz gefährden in bedrohlicher Weise die eigene Identität.

Keine Frage, je früher bzw. ich-struktureller, psychotischer eine solche Störung begegnet, desto schärfer tritt dieses Dilemma hervor. Es mag zunächst fast banal klingen, wenn ich hier über eine Begebenheit meiner früheren Tätigkeit als Assistenzarzt an der Psychiatrischen Universitätsklinik in Heidelberg berichte. Als diensthabender Arzt wurde ich gegen 2 Uhr 30 vom Pförtner geweckt. An der Pforte hatte sich ein Patient eingefunden, der unbedingt den Dienstarzt sprechen wollte. Als ich ihm dann gegenüberstand, sagte er nur einen Satz und verschwand dann wieder: "Ich bin hierher gekommen, um Ihnen zu sagen, dass ich nicht aufgenommen werden will und Sie auch nicht sprechen will!" Ich selbst kannte den Patienten nicht. Wie ich am nächsten Tag von Kollegen, die ihn schon behandelt hatten, erfuhr, war von einer Wiederaufnahme dieses schizophrenen Patienten in den Tagen und Wochen vorher nicht die Rede gewesen. Ein weiteres Beispiel: Ein 32-jähriger schizophrener Patient, dem es unter 4-jähriger Therapie gelungen war, ein geisteswissenschaftliches Studium abzuschließen, meinte in einer der letzten Stunden, als der Rückblick auf die vergangenen 4 Jahre zentrales Thema war: "Ich war oft wütend auf Sie, weil Sie so eine Distanz zu mir hatten, aber ohne diese Distanz wäre ich schon nach dem zweiten Male nicht mehr gekommen."

Radikalisiert begegnet dieses Dilemma, wenn eine 34-jährige, ebenfalls an Schizophrenie erkrankte Sekretärin in der Gruppe klagt: "Wenn jemand was macht, meine ich, sofort dasselbe tun zu müssen. Nach den Gruppengesprächen weiß ich oft nicht, ob ein anderer das gesagt hat oder ich." In akuten Episoden ist sie überzeugt, dass der behandelnde Arzt sie von Anfang an kennt, über alle Handlungen, die sie getan, alle Gedanken, die sie gedacht, Bescheid weiß. Fährt der Arzt indessen in Urlaub oder entfernt sich ihr Freund aus beruflichen Gründen für eine Woche, stellt sich ein Zustand völliger

Verlassenheit ein, ist sie, wie sie sagt, nur noch "Hohlkopf", weiß sie nicht mehr, ob sie überhaupt noch existiert.

Was bei dieser Patientin begegnet, ist ein Durchlässigwerden der Ich-Umwelt-Schranke, eine Störung der Ich-Identität. Der innere Raum, das je eigene "claustrum", das zu jeder Form abgegrenzter eigener Subjektivität gehört, fließt unbegrenzt in den äußeren Raum über. Muss es dann verwundern, wenn in einem letzten verzweifelten Versuch selbsterhaltender Gegenbewegung das Sein beim Anderen völlig gekappt wird, der Kranke sich autistisch zurückzieht, was der gewöhnliche Agoraphobiker so nicht kennt. Der psychotisch Erkrankte spricht jetzt nicht mehr von einem gemeinsamen Code aus, er spricht jetzt vielmehr mit Partnern, die nur er kennt, deren "Stimmen" nur er hört, er verliert sich in den Kontext einer Welt des Wahnes, den er mit keinem anderen teilt. Das Brennglas der Psychose zeigt radikalisiert eine Problematik, die das menschliche Dasein wohl generell auszeichnet.

Dieses Paradoxon, dass individuelle Identitätsbildung nur im Rahmen kollektiver Identität möglich ist, das Partikulare sich mit dem Allgemeinen zu vermitteln hat, kann dazu führen, dass sich das Besondere im Allgemeinen und seinen kanonisierenden Rollen aufzulösen droht. Dieses "Allgemeine" begegnet auch begrenzt, beispielsweise in einer familiären "Wir"-Identität, in der Beziehung zu einem "dominant other", wie sich der amerikanische Analytiker und Psychiater Arieti (1978) ausdrückt. Dieser Andere ist häufig der Lebensgefährte oder ein naher Verwandter (ein Elternteil, ein Geschwister, ein erwachsenes Kind) oder auch ein Vorgesetzter. Menschen nun, die zur Depression disponiert sind, brauchen häufig diese Rekrutierung des Anderen oder seiner abstrakten Substitute (z.B. arbeitgebende Firma, Verein, Partei, Staat), die bis zur "Über-identifizierung" (Kraus 1977) und Verschmelzung geht, offensichtlich zur Aufrechterhaltung der eigenen Identität. Das erklärt zugleich die existentielle Angewiesenheit auf die Realpräsenz der dominierenden Objekte, das hartnäckige und manchmal verzweifelte Bestreben, diesen selbststabilisierenden Versuch unter allen Umständen aufrechtzuerhalten.

Wie sehr diese Menschen des Anderen, sei es des einzelnen oder des generalisierten mit seinen Normen, zur Konstitution des eigenen Selbst bedürfen, zeigt eklatant die Struktur der Situation, die sie erkranken lässt. Solche Situationen sind zunächst vor allem Konstellationen, die die Beziehung zum Anderen gefährden, Situationen des sogenannten "Objektverlusts".

Die bisherige Identität bricht jetzt zusammen, versinkt in der pathologischen Trauer schwerer Depression, und nicht selten kommt es durch Suizid zum realen Tod des Subjekts. Die Balance zwischen singularisierender Ich-Identität und generalisierender Wir-Identität hat sich hier bis ins Extrem zum Pol des "generalisierten Anderen" (Mead 1975) verschoben. Auf diese Weise findet sich genuine subjektive Identität weitgehend eliminiert.

Depressiver Stupor und autistische Absperrung bzw. ein radikal singularisierendes Verpuppen in einen chronischen Wahn – letzte Abwehrbastionen gegen eine identitätsauflösende Entgrenzung.

3 Versagen der Symbolfunktion

In psychoanalytischer Perspektive entsteht solche Problematik nicht von jetzt auf nachher, nicht von heute auf morgen, sie setzt vielmehr eine bestimmte Disposition voraus, die sich dann in der aktuellen Situation, der aktuellen Begegnung aktualisiert findet. Eine solche Strukturierung erfolgt, mitbedingt durch erbgenetische Faktoren, in der Kindheit, ja der frühen Kindheit – deshalb können wir auch von sogenannten frühen Störungen sprechen. Psychoanalytische Autoren weisen darauf hin, dass es diesen Patienten in der Kindheit nicht gelungen ist, adäquate "Übergangsobjekte" zu bilden. Diese das Kind normal sehr faszinierenden Gegenstände, die es ständig bei sich haben muss, wie beispielsweise den Zipfel einer Decke oder einen kleinen Teddy usw., stellen die ersten Symbole der Mutter dar. Sobald es dem Kinde gelingt, auf diese Weise erstmals die Mutter zu symbolisieren, ist der Weg zur Distanzierung und Emanzipation gebahnt, denn jetzt kann das Kind spielerisch, vermittels dieser Gegenstände, die zu Symbolen werden, die primäre Bezugsperson präsent und verschwinden machen.

Lange vor Winnicotts Konzept des Übergangsobjekts hat indessen Freuds geniale Beobachtung des "Fort-Da-Spiels" – zentraler Fokus dieser Tagung – dieses fundamentale Sozialisationsgeschehen implizit aufgezeigt. In dem Augenblick, wo der primäre Andere, sei es vermittels der Spule, sei es vermittels der Phoneme, repräsentiert, symbolisiert werden konnte, war die Möglichkeit zur Distanzierung aus der narzisstisch einschließenden Dyade eröffnet. Längst ehe das Kind in Worten zu sprechen anfängt, zur höchstentwickelten Form der symbolischen Funktion, der Sprache findet, zeichnen sich schon Symbolisierungsprozesse ab. In dem Augenblick, wo der primäre Andere repräsentiert, symbolisiert werden kann, ist die Möglichkeit zur Distanzierung gegeben und somit in ersten Spuren ein Freiraum eröffnet, in den hinein eigene Identität sich entwickeln kann.

Was wir hier beobachten können, ist das Erscheinen der symbolischen Dimension, der Anbruch, wie der Philosoph Cassirer einmal gesagt hat, "eines neuen Weltentags" (Cassirer 1954, S. 131). Lacan, der wie kein anderer auf die Bedeutung des Fort-Da-Spiels hingewiesen hat, schreibt: "Von den ersten Beziehungen des Kindes zur Mutter an, vollzieht sich vor dem Erlernen der Sprache auf motorischer und auditiver Ebene ein Geschehen der Symbolisierung; seit das Kind zwei Phoneme im Kontrast zu formulieren begonnen hat, ist das Ganze der 'organisation signifiante' bereits virtuell da" (Lacan 1958, S. 188). Der Philosoph Merleau-Ponty (1960) präzisiert noch weiter dahingehend, dass durch diese ersten phonematischen Oppositionen die Sprache als Ganzes vorweggenommen wird. Denn mit ihnen ist das Kind nun eingeführt zur lateralen Bindung des Zeichens zum Zeichen als Fundament für einen finalen Bezug des Zeichens zum Sinn.

Was also Freud und Winnicott in ersten Umrissen festhielten, wird schließlich zu einer Erfahrung mit dem Symbolischen schlechthin, der Sprache, die wir alle kennen und praktizieren – dass nämlich dann, wenn es gelingt, eine überwältigende Unmittelbarkeit zur Sprache zu bringen, Distanz gewonnen und dadurch ein Freiraum geschaffen wird. Wo diese primäre Symbolisierung misslingt, stoßen wir auf ein Beziehungsmuster, wo der eine dem anderen so symbiotisch verbunden ist, dass eine konsistente Abgrenzung zwischen Ich und Nicht-Ich strukturell fehlt. In ihren Appersonationen, d.h. in ihrer Übernahme fremden Erlebens und Verhaltens als eigenes, weiß unsere Sekretärin nicht, ob sie oder ein anderes Gruppenmitglied gesprochen hat; in einer fast absoluten Weise ist sie auf die Realpräsenz äußerer Objekte angewiesen. Was sie hat, ist eine Vis-à-vis-Identität, die jeweils mittels der Beziehung zu diesem oder jenem realpräsenten Anderen hergestellt werden muss.

Das Symbolische, die Sprache selbst erhalten in diesem Sinne eine triangulierende Funktion, sie werden sozusagen zu einem "symbolischen Vater" und umgekehrt hat der reale Vater diese symbolische Dimension zu repräsentieren. Ausgehend von der sprachanalytischen Konzeption Lacans habe ich dies an anderer Stelle (Lang 1978, 1992, 1999, 2000 a) unter dem Stichwort der "Strukturalen Triade" ausführlich dargestellt. Dieses Versagen der triangulierenden Symbolfunktion ist auf klinischer Ebene vielfältig auszumachen. Unter anderem im *impressiven*, distanzlosen Gebanntsein der Wahnstimmungen, wo alle Worte versagen und die Welt in einer katastrophal bedrängenden Weise auf den Leib rückt, oder in den Konkretismen psychotischer Patienten. Im "Fall Ilse" beschreibt L. Binswanger, wie eine Schizophrene in Gegenwart des Vaters zum Beweis ihrer "brennenden Liebe" die rechte Hand bis zum Unterarm in einen brennenden Ofen legt. "Wie wir" kommentiert Binswanger dieses Ereignis, "zur Bekräftigung einer An- und Absicht sagen: Dafür lege ich die Hand ins Feuer, legt Ilse t a t s ä c h l i c h die Hand ins Feuer (Binswanger 1957, S. 35). "Das Symbol", hatte E. Bleuler schon in seiner Schizophrenie-Monographie konstatiert, "wird unseren Kranken gern zur Wirklichkeit; wenn sie ihre heimliche Liebe brennt, so können sie sich von wirklichen Menschen mit wirklichem Feuer verbrannt glauben" (Bleuler 1911, S. 62). Eine Schizophrene mit problematischer Mutterbeziehung entfernte sich selbst ein "Muttermal". Katastrophal als während meiner Heidelberger Zeit eine 27-jährige Patientin aus der Augenklinik kam, weil sie konkretistisch dem Bibelwort "Ärgert dich dein Auge, dann reiß es heraus" gefolgt war und sich beide Augäpfel enukleiert hatte.

An die Stelle des "Sagens", des "Symbols", tritt die konkretistische Handlung. Eine Fülle von Symptomen lässt sich im Lichte dieses Versagens der Symbolfunktion explizieren. Will unsere Sekretärin "hier mit dem ganzen Schlamassel Schluss machen und irgendwo neu anfangen", will sie ihre alte prekäre Identität ablegen, zerreißt sie kurzerhand ihren Personalausweis, ihre "Carte d'Identité".

Rey spricht davon, dass der Schizophrene das Problem von Claustrophobie und Agoraphobie in "höchst konkretistischer Form" darstellt. "Im Behandlungszimmer sitzt er nahe der Tür oder des Fensters, selbst wenn dieses gar nicht weit genug zu öffnen ist, damit er entkommen könnte. Er fühlt sich verschlungen, eingekerkert in diesem oder jenem Objekt und fühlt auch, dass er mit den Objekten, die in ihm sind, ebenso verfährt" (Rey 1990, S. 256).

Schließlich zeigt sich das Versagen der Symbolfunktion im Fehlen eines kommunikativen Konsens, einer gemeinsamen Sprache. Ein an einer floriden Psychose erkrankter Patient spricht, im Gegensatz zum sogenannten Normalen oder Neurotiker, nicht mehr, wie bereits erwähnt, von einem gemeinsamen Code aus.

Wie konnte es zu einem solchen claustro-agoraphobischen Dilemma, das zwischen radikal unbegrenzter Offenheit gegenüber anderen und nicht minder radikalem Rückzug pendelt, kommen? Übertragungsvorgänge geben hier einen Fingerzeig.

4 Drittes Strukturmoment: Der Name des Vaters

So zeigte sich bei der genannten Sekretärin, dass eine bestimmte Art dualer Objektbeziehungen, nämlich die zu älteren Vorgesetzten, als äußerst problematisch imponierte. Man konnte fast sicher prognostizieren, dass dann, sobald eine solche Konstellation eine gewisse emotionale Nähe erreichte, die Psychose erneut ausbrach. Die Patientin fühlte sich jetzt auf Schritt und Tritt verfolgt, halluzinierte den Verfolger akustisch, glaubte, dass der Vorgesetzte alle ihre Gedanken von Kind auf kenne, ihr seine Gedanken aufdränge, sie in allem steuere. Im Laufe der psychotherapeutischen Betreuung stellte sich heraus, dass die Patientin in diesen Beziehungen eine Situation wiederholt, die für ihren Lebensgang prägend geworden war: die Beziehung zu ihrem Vater. Bereits im ersten Lebensjahr hatte sich innerhalb der Familie ein "Schisma" dergestalt aufgetan, dass die eine Seite Mutter, Großmutter mütterlicherseits und Sohn versammelte, während die andere durch die Dualunion von Vater und Tochter gebildet wurde. Der Vater, zweifellos eine schizoid-narzisstische Persönlichkeit mit Borderline-Zügen, schloss sich auch sonst weitgehend von der Umwelt ab und widmete sich vor allem dem Ziel der Aufzucht der Tochter. Innerhalb der sich konstellierenden Dyade spielten dann all jene "ambivalenten Mechanismen", die solche Persönlichkeitsgestörte kennzeichnen: in eines wurde die Tochter zum "Prügelknaben" und zum alleinigen libidinös besetzten Objekt, das nach Auskunft der Mutter auch direkt sexuell angegangen wurde. Die Nähe zu Vorgesetzten war nun offensichtlich nicht zu ertragen, weil sie die gefährliche und angst-entbindende Nähe zum Vater zu wiederholen drohte. Wie der Vater und zunächst auch der Therapeut wird der Vorgesetzte zum sexuellen Verfolger, zum Verfolger schließlich, der, wie der Vater realiter, sie von Kindheit an kennt, ihr seine Gedanken aufdrängt und hinter allem steckt.

Um einen Kern eigener Identität bilden zu können, muss das menschliche Subjekt Abstand zu seiner primären Bezugsperson gewinnen. Damit dies möglich wird, hat sich im Verhältnis zum primären Anderen ein drittes Strukturmoment abzuzeichnen, das auf eine andere Ordnung als die der privativen Dualunion verweist. Der reale Vater, der dieses dritte Moment zu verkörpern hat, ist indessen keine letzte Instanz. Erhalten, wie oben betont, Sprache bzw. das Symbolische und das väterliche Moment funktional gleichen Stellenwert, dann ist der reale Vater selbst nur Verweisung, Funktion, Agent der menschlichen Gesellschaft, die eine Kommunikationsgemeinschaft ist und der hier – denn darauf beruht diese menschliche Gesellschaft als auf ihrem Urgesetz – das Inzestverbot durchzusetzen hat. Wenn also das dritte Strukturmoment der Triade nicht im realen Vatersein aufgeht, dieses selbst nur Verweis auf eine fundamentale Offenheit, Differenz, auf die menschliche Kommunikationsgemeinschaft zu sein hat, so kann sich eine strukturale Triade auch bilden, wenn der reale Vater nicht präsent ist. Man denke nur an die vielen Kriegskinder und Kinder von Alleinerziehenden. Entscheidend ist, dass sich der mütterliche Diskurs nicht dyadisch schließt, sondern zu einem Außerhalb öffnet, ein drittes Strukturmoment präsentiert, so dass sich eine Vaterrepräsentanz, ein "Vatername" (Lacan 1966) bilden kann.

In psychoanalytischer Perspektive erscheint eine dyadische Beziehung als Mutter-Kind-Beziehung. Kann sich aber nicht auch eine Dyade zwischen Vater und Sohn, Vater und Tochter einspielen, wenn der Vater in seiner Verweisungsfunktion versagt, er nun selbst das Inzestverbot verletzt, so in eine Dualunion hineinzwingt und jetzt die Mutter als "Dritter", in der väterlichen Position sozusagen, aufgerufen wäre, eine solche Dualunion zu sprengen bzw. zu verhindern – dies aber nicht kann bzw. nicht will. Die vielen Fälle sexuellen Missbrauchs sind hierfür nur allzu beredte Beispiele. Dabei kann wohl sehr früher Missbrauch eine so tiefgehende Identitätsstörung bewirken, dass sie dann beim Jugendlichen bzw. Erwachsenen als Psychose oder Borderline-Persönlichkeitsstörung erscheinen kann. Im Lichte unserer Konzeption der "Strukturalen Triade" zeichnen sich genetisch zwei prinzipielle Möglichkeiten ab: einmal kann Triangulierung in Ansätzen vorhanden sein, zeigt sich aber so fragil, dass in akuten Belastungssituationen dualisiert, entgrenzt wird und es so zu übertragungspsychotischen Phänomenen kommen kann; zum anderen ist eine sekundäre Dualisierung beispielsweise durch fortgesetzten sexuellen Missbrauch im Sinne schwerer Traumatisierung nicht auszuschließen. Es konnte sich eine strukturale Triade gebildet haben, die aber jetzt durch die ständige Schädigung seelischer und körperlicher Integrität zur "Vater-Tochter- (seltener Mutter-Sohn-) Dyade" pervertiert wird (père-version, Lacan). Herausbildung von Übergangsobjekten, Distanzierungsspiele, wie das Fort-Da oder auch das bekannte "Kuckuck", unterbleiben bzw. werden torpediert, weil sie das dyadische Zusammensein bzw. die narzisstische Rekrutierung des Anderen stören. Dagegen kann sich ein aberrierender familiärer Kommunikationsstil finden mit Double-bind-Modus, Pseudogegenseitigkeit, Verunklarung, Nichtbeachtung von Subjekt- und Generationenengrenzen.

Lassen sich entsprechende Überlegungen hinsichtlich der Genese des claustro-agoraphobischen Dilemmas auch bei nicht-psychotischen Menschen anstellen? Warum bei Franz Kafka diese perniziöse Dialektik zwischen Nähe und Distanz, die den Anderen sucht und doch ein Miteinander blockiert, warum für den Prager Berlin ein ersehnter Ort möglicher Zweisamkeit ist und zugleich ein Ort, der zurückschrecken lässt? Als Franz Kafka sich zum ersten Mal anschickt, seine Verlobte in Berlin zu besuchen, schreibt er ihr: "Ich komme mir vor, als stünde ich vor einer abgesperrten Tür, hinter der Du wohnst und die sich niemals öffnen wird." Diese Unmöglichkeit hängt nun für den Dichter wesentlich mit dem Verhältnis zum Vater zusammen, wie es der berühmte Brief an den Vater dokumentiert: "Die Heirat ist gewiss die Bürgschaft für die schärfste Selbstbefreiung und Unabhängigkeit. Ich hätte eine Familie, das Höchste was man meiner Meinung nach erreichen kann, also auch das Höchste, das Du erreicht hast. Ich wäre Dir ebenbürtig, alle alte und ewig neue Schande und Tyrannei wäre bloß noch Geschichte... Es ist zuviel, so viel kann nicht erreicht werden. Es ist so, wie wenn einer gefangen wäre und er hätte nicht nur die Absicht zu fliehen, was vielleicht erreichbar wäre, sondern auch noch, und zwar gleichzeitig, die Absicht, das Gefängnis in ein Lustschloss für sich umzubauen." – Einer will gehen, dem Gefängnis der Herkunftsfamilie entfliehen und zugleich will er bleiben und das Gefängnis in ein Lustschloss verwandeln.

Verselbständigung, Sexualität, Heirat bleiben verstrickt mit der Überwindung des Vaters und – müssen wir ergänzen – mit der Mutter, die, wenn im Brief erwähnt, immer mit Ausdrücken von Zärtlichkeit und Güte beschrieben wird. Helmwart Hierdeis (1997) stellte verschiedenen Schriftstellern und Wissenschaftlern die Aufgabe, anstelle von Hermann Kafka, dem Vater, auf des Sohnes Brief zu antworten. Bekanntlich hatte der Brief seinen Adressaten nie erreicht. U.a. antwortet Schmidbauer (1997) hinsichtlich der gerade aufgeworfenen Frage: "Du sagst wenig über die Beziehung zu Deiner Mutter, aber ist es nicht viel entscheidender für Dein Versagen in diesen ewig angekündigten und dann doch nicht vollzogenen Hochzeiten, dass Du sie nicht loslassen konntest und jede der Frauen, deren Zuneigung Du fandest, an ihr gemessen hast? ... Es scheint mir, als wolltest Du Deine Kindheit nicht loslassen ... Deine Mutter und Du, das ist aber ein Kapitel. Sie hat Dich immer sehr geliebt, mehr als die Mädchen (Kafkas drei Schwestern)... Du schreibst von dieser großen, unerträglichen Angst vor einer Ehe und erwähnst mit keinem Wort, dass Ehe doch heißt, sich mit einer anderen Geliebten zu verbinden als mit der, die eine ganze Kindheits- und Jugendzeit die einzige, die große und mächtige Frau war ..." (Schmidbauer 1977, S. 170f).

Franz Kafka bleibt offensichtlich ödipal in seinen Vorstellungen an die Mutter fixiert. "Sie steht unsichtbar neben und vor jeder Frau, die damit unerreichbar wird, auf die er Schuldgefühle und Angst transponiert, vor allem vor den Verlobten, die er, so gut sie gewählt erscheinen, wieder aufgeben muss, soll er sich nicht in inzestuöse Ängste ... gestürzt sehen" (Bräutigam 1975, S. 124 f.).

Bleibt das Begehren auf das primäre Objekt fixiert, ist es, wie Israel (1986) einmal für den Mann formulierte, "als ob alle Frauen verboten wären, nur die eine nicht". Ist die Mutter als Repräsentantin des quasi absolute Lust versprechenden Objektes nicht versperrt, werden die Türen zu allen anderen Frauen verschlossen, "versperrt" sein.

War hier kein Vater, keine Vaterrepräsentanz präsent, die aus dieser Fixierung, diesem Dasein als Nesthocker herauszukommen ermöglichte, ja sie gar nicht hätte aufkommen lassen dürfen? Es scheint nun, als sei hier zuviel Vater präsent gewesen. Kafka geht diesem Verhältnis zum Vater bis in die Kindheit nach, deren Erfahrungen – ganz im psychoanalytischen Sinne – noch ganz das gegenwärtige Erleben bestimmen. Ich bin dem an anderer Stelle (Lang 1999) näher nachgegangen. Es sei hier nur soviel bemerkt, dass mehr und mehr der Vater als ein allgewaltiger riesenhafter Autokrat erscheint, der mit seiner "grenzenlosen Vitalität", ja allein schon durch seine schiere Präsenz (Grieser 1998, S. 195) den Sohn erdrückt. "Manchmal stelle ich mir die Erdkarte ausgespannt und ich quer über sie hin ausgestreckt vor und es ist mir dann, als kämen für mein Leben nur die Gegenden in Betracht, die Du entweder nicht bedeckst oder die nicht in Deiner Reichweite liegen."

5 Der gescheiterte Fluchtversuch

Wie soll bei einer solch omnipotenten, allgewaltigen Gestalt die Internalisierung einer genuinen Vaterrepräsentanz möglich sein? Wir hatten angedeutet, dass die Errichtung dessen einen Vater der Verweisung voraussetzt, einen Vater, der gerade keine letzte Instanz ist, sondern selbst dem Gesetz, einer gemeinsamen Ordnung unterworfen ist und gerade nicht als Gesetzgeber selbst, als Despot der Willkür auftritt. So bietet gerade ein solch allgewaltiger Patriarch keine Voraussetzung für den Schutz vor regressiver Bedrohung, die für den Adoleszenten und Erwachsenen von der sexuellen Anziehung der Frauen ausgeht, wenn diese zu sehr die Mutterimago spiegeln. Erst eine gesicherte internalisierte väterliche Repräsentanz, ein symbolischer Dritter, ein "Vatername" (Lacan), würde ein volles emotionales Erleben der Sexualität, würde Heirat ermöglichen – und nicht ein Vater, vor dem Franz das Reden verlernte, vor "diesem riesigen Mann, der letzten Instanz, für den ich nur ein Nichts bin".

Es ist eine tiefe Ambivalenz, die das Verhältnis des menschlichen Subjekts zum Primärobjekt kennzeichnet: auf der einen Seite eine lebenslange Sehnsucht nach regressivem Aufgehobensein, in narzisstischer Verschmelzung aller schmerzhaften Individuierung und Selbstverantwortlichkeit, allen Mangels ledig, heil, ganz zu sein, auf der anderen Seite Angst, gerade in einem solchen Verschmelzungsgeschehen verschlungen, nihiliert zu werden.

Ist es Franz Kafka nicht möglich oder ist er vielleicht dessen unbewusst gar nicht willens, diesen Abschied von der Mutter und die damit verbundene Trauerarbeit zu leisten? Erinnern wir an diese auffällige Phantasie, das familiäre Gefängnis in ein familiäres Lustschloss verwandeln zu wollen. Sträubt er sich gegen das "Fort" im Fort-Da-Spiel, das keimhaft die Möglichkeit zur Entwicklung von Autonomie und eigener Identität eröffnet? Sträubt er sich gegen das "Fort", weil diese Öffnung zugleich Erfahrung von Verlust, Abschied, Entfremdung bedeutet? Sobald die symbolische Dimension ins Spiel kommt, und dies geschieht mit dem Fort-Da-Spiel, ist mit jeder Präsenz zugleich Abwesenheit gegeben, erscheint jedes Präsente, wie im Figur-Grund-Verhältnis, nur auf dem Hintergrund eines selbst nichtpräsenten Grundes. Wellendorf hat diese Dialektik in seinem Einführungsbeitrag sehr differenziert dargestellt. Ebenso wenig wie in der Spule ist die Mutter im "Da" als unmittelbares, totales Befriedigungsobjekt präsent, denn das Symbol, sei es die Spule oder das "Da", ist dadurch gekennzeichnet, dass es gerade nicht das Objekt ist, das es symbolisiert. Mit der symbolischen Darstellung kommt so die Erfahrung von Verlust ins Spiel. So lässt sich strukturell mit Hanna Segal das Symbolische der depressiven Position zuordnen, denn: "Ein Symbol ist wie ein Niederschlag der Trauer um das Objekt" (Segal 1996, S. 69). War Franz Kafka nicht bereit, diese Trauer auf sich zu nehmen oder blockierte die "père-version", diese Art von Vater, dessen "Version" von Welt als die alleingültige galt, diese Ablösung?

Andererseits: Franz Kafka gilt als einer der größten Schriftsteller des 20. Jahrhunderts. Kann Literatur nicht selbst Therapie, therapeutische

Selbsthilfe sein? Adolf Muschg wird zu dieser Thematik an anderer Stelle sprechen, wobei er gerade auf eigene Erfahrungen zurückgreift. War das Kafka nicht möglich?

Gab ihm nicht, wie Goethes Tasso, ein Gott zu sagen, was er leidet? Werther erschießt sich, nicht aber Goethe. Ermöglichte es nicht gerade Goethe, diese Leiden ins Wort, in Sprache zu bringen, dass er sich aus der Gefahr des leidenschaftlichen Sichverlierens herausbewegen konnte? Sprache, und erst recht dichterische Sprache, hat diese Möglichkeit, dass sie uns zu dualen Verstrickungen Distanz verschafft, auf eine Metaebene hebt, die Festgefahrenes, Fixiertes in einem neuen Licht, relativiert, sehen lässt. Sprache hat, wie wir oben gesehen haben, eine triangulierende Funktion. Was sagt der Dichter nun selbst zu seiner Dichtung und ihrem Verhältnis zum Vater? "Hier (in meinem Schreiben) war ich tatsächlich ein Stück selbständig von Dir weggekommen, wenn es auch ein wenig an den Wurm erinnerte, der, hinten von einem Fuß niedergetreten, sich mit dem Vorderteil losreißt und zur Seite schleppt. Einigermaßen in Sicherheit war ich, es gab ein Aufatmen; die Abneigung, die Du natürlich auch gleich gegen mein Schreiben hattest, war mir hier ausnahmsweise willkommen. Meine Eitelkeit, mein Ehrgeiz litten zwar unter Deiner für uns berühmt gewordenen Begrüßung meiner Bücher: 'Leg's auf den Nachttisch!' (Meistens spieltest Du ja Karten, wenn ein Buch kam), aber im Grunde war mir dabei doch wohl ..., weil jene Formel mir klang wie etwa: 'Jetzt bist Du frei!'"

Schreiben, Dichten hat also zweifellos auch für Franz Kafka einen emanzipatorischen, triangulierenden Effekt – aber das Zitat geht weiter: "Natürlich war es eine Täuschung, ich war nicht oder allergünstigsten Falles noch nicht frei." Und was war nun der Grund für diese Unfreiheit im an sich befreienden Schreiben? "Mein Schreiben handelte von Dir, ich klagte dort ja nur, was ich an Deiner Brust nicht klagen konnte. Es war ein absichtlich in die Länge gezogener Abschied von Dir ...". Kafka plante sogar, sein Gesamtwerk unter den Titel "Fluchtversuch vor dem Vater" zu stellen (Brod 1954). Doch diese Flucht konnte nicht gelingen – und das ist der perniziöse Zirkel, worin der Dichter steckt. Er brauchte offensichtlich dieses allgewaltige Vaterbild, weil es Stimulans für sein kreatives Schaffen war und zugleich, in welchen Substitutionen und Situationen auch immer, Material für seine Dichtung lieferte. So wollte er beispielsweise die Helden der drei Geschichten "Das Urteil", "Der Heizer" und "Die Verwandlung" unter dem Obertitel "Die Söhne" gemeinsam veröffentlicht sehen – Söhne, die beim Übergang von der Familie in die Gesellschaft scheitern. Insofern braucht dieser Vatergoliath, dieses "Vatermonster", nicht der Realität des Vaters zu entsprechen.

6 Schluss

Es wird jetzt klarer, weshalb der Dichter ausgerechnet sein Lustschloss am Platz des familiären Gefängnisses errichten will, weshalb er in einem Brief an Milena (31. Juli 1920) sein "Wohnen bei den Eltern" als "Das Rütteln der Fliege an der Leimrute" definiert. Dieses Bild kehrt im Schlusskapitel des Prozessromans wieder, als Josef K. zur Hinrichtung abgeholt wird und hilflos zwischen den zwei schwarzen Herren hängt: "Ihm fielen die Fliegen ein, die mit zerreißenden Beinchen von der Leimrute wegstrebten". Der Flug, die Flucht, die das Schreiben ermöglicht, setzt das Kleben an der Leimrute voraus, und so steckt die Person Franz Kafka in einer unerbittlichen Sackgasse und so blieb die zentrale Möglichkeit emanzipatorischer Gesundung durch die Sprache versagt, einer emanzipatorischen Potenz, wie sie sich im Fort-Da-Spiel ankündigt und die Basis unserer therapeutischen Arbeit ist. Und die selbst bei Frühgestörten zum Tragen kommen kann.

Allein schon der therapeutische Rahmen, vermittelt und konstituiert durch das Gespräch, erzeugt einen "symbolischen Raum" (H. Weiß), worin Therapeut und Patient einander begegnen können, ohne in entgrenzende Kommunikationsweisen zurückzufallen, wie sie nicht selten die Kommunikationsmodi der frühen Sozialisation bestimmt haben. Der verbindliche äußere Rahmen, die Regeln des Settings und der Vorrang, den die Sprache in der Therapie hat, schaffen so ein "drittes Element", welches die Anerkennung von Ich und Anderem wie auch eine Symbolisierung emotionaler Erfahrungen möglich macht, welcher der Patient zuvor nur auf eine bizzare, psychotische Weise "empfinden" konnte. In der Therapie früher Störungen, meint Mentzos (1991), komme es nicht nur darauf an, dass der Therapeut den Patienten einfühlsam begleitet, sondern vielfach auch in der Lage ist, das "Gefühlsgewirr" adäquat zu benennen. Warum kann eine solche "Benennung", analog zur Affektidentifizierung und Affekt-Dekodierung, wie sie von Heigl und Heigl-Evers (1984) ausgearbeitet wurde, therapeutisch wirksam sein? Nun vor allem auch dadurch, dass die Sprache als etwas Drittes zwischen Therapeut und Patient tritt und sowohl eine Abgrenzung zwischen beiden als zugleich eine Verbindung durch den gemeinsamen Bezugsrahmen ermöglicht und somit vom Patienten als eine paradigmatisch günstige Lösung, Reduktion des Grundkonfliktes zwischen Autonomie versus Fusion erlebt wird. Das claustro-agoraphobische Dilemma findet sich auf diese Weise relativiert.

Literatur

Arieti, S. (1978): Psychodynamics of severe depression. In: Arieti, S. & Bemporad, J. (1993): Psychotherapy of Severe and Mild Depression. Northvale, N. J. (Jason Aronson), S. 129-155.

Binswanger, L. (1957): Schizophrenie. Pfullingen (Neske).

Bleuler, E. (1911): Dementia praecox oder Gruppe der Schizophrenien. (Handbuch der Psychiatrie, spez. Teil, 4. Abtl., 1. Hälfte): Leipzig, Wien (Deuticke).

Bräutigam, W. (1975): Anthropologie der Neurose. In: Gadamer, H.-G. & Vogler, P. (HG): Neue Anthropologie, Bd. 6: Philosophische Anthropologie. München (dtv), S. 114-137.

Brod, M. (1954): Franz Kafka, eine Biographie. In: Brod, M. (1974): Über Franz Kafka. Frankfurt am Main (Fischer).

Cassirer, E. (1929): Philosophie der symbolischen Formen III. "Phänomenologie der Erkenntnis". Darmstadt (Wissenschaftl. Buchgemeinschaft) 1954.

Dührssen, A. (1971): Psychogene Erkrankungen bei Kindern und Jugendlichen. Göttingen (Vandenhoeck & Ruprecht).

Fenichel, O. (1974): Hysterien und Zwangsneurosen. Darmstadt (Wissenschaftliche Buchgesellschaft).

Gebsattel, V. E. von (1954): Prolegomena einer medizinischen Anthropologie. Berlin, Göttingen, Heidelberg (Springer).

Heigl-Evers, A. & Heigl, F. (1984): Was ist tiefenpsychologisch fundierte Psychotherapie? In: Prax Psychother Psychosom 29, S. 234-244.

Hierdeis, H. (HG). (1997): "Lieber Franz! Mein lieber Sohn!" – Antworten auf Franz Kafkas "Brief an den Vater". Wien (Passagen Verlag).

Kafka, F. (1982ff.): Schriften, Tagebücher, Briefe. Kritische Ausgabe. Frankfurt am Main (Fischer).

Kafka, F. (1967): Briefe an Felice und andere. Korrespondenz aus der Verlobungszeit. Frankfurt am Main (Fischer).

Kraus, A, (1977): Sozialverhalten und Psychose Manisch-Depressiver. Stuttgart (Enke).

Lacan, J. (1958): Les formations de l'inconscient. Resümee der Seminare von 1957/58 dch. J.-B. Pontalis. In : Bulletin de Psychologie XII, S. 182-192.

Lacan, J. (1966): Schriften II. Olten, Freiburg/Br. (Walter) 1975.

Lang, H. (1978): Die strukturale Triade – struktural-analytische Untersuchungen zur familiären Tiefenstruktur bei Schizophrenen. Habilitationsschrift (Universität Heidelberg).

Lang, H. (1985): Zur Struktur der Angstneurose. In: Lang, H. (2000 a): Strukturale Psychoanalyse. Frankfurt am Main (Suhrkamp), S. 215-229.

Lang H. (1992): Die strukturale Triade – Überlegungen zur Neubewertung des Ödipuskomplexes. In: Prax Psychother Psychosom 37, S. 207-215.

Lang, H. (1999): Die strukturale Triade – Zur Bedeutung des symbolischen Dritten. In: Weiß, H. (HG) (1999): Ödipuskomplex und Symbolbildung. Tübingen (edition diskord), S. 62-80.
Lang, H. (2000b): Das Gespräch als Therapie. Frankfurt am Main (Suhrkamp).
Mead, G. H. (1975): Geist, Identität und Gesellschaft. Frankfurt am Main (Suhrkamp).
Mentzos, S. (1991): Psychodynamische Modelle in der Psychiatrie. Göttingen, Zürich (Vandenhoeck & Ruprecht).
Merleau-Ponty, M. (1960): Signes. Paris (Gallimard).
Muschg, A. (2002): Literatur als Therapie. Vortrag am 20.9.2002 auf der Tagung "Was ist Psychotherapie und wodurch wirkt sie?" in Wüerzburg.
Rey, J. H. (1988): Schizoide Phänomene im Borderline-Syndrom. In: Bott Spillius, E. (HG) (1990): Melanie Klein Heute. Bd. I. Beiträge zur Theorie. München u. Wien (Verlag Internationale Psychoanalyse), S. 253-287.
Schmidbauer, W. (1997): Brief an Franz Kafka. In: Hierdeis, H. (HG): "Lieber Franz! Mein lieber Sohn!" – Antworten auf Franz Kafkas "Brief an den Vater". Wien (Passagen Verlag), S. 163-174.
Segal, H. (1991): Traum, Phantasie und Kunst. Stuttgart (Klett-Cotta) 1996
Weiß, H. (2000): Borderline-Position und pathologische Persönlichkeitsorganisation – der Kleinianische Ansatz in Großbritannien. In: Kernberg, O. F., Dulz, B. & Sachsse, U. (HG) (2000). Handbuch der Borderlinestörungen. Stuttgart New York (Schattauer), S. 641-653.
Wyss, D. (1980): Zwischen Logos und Antilogos. Göttingen (Vandenhoeck & Ruprecht).

Kapitel II

"Fort-Da" in der klinischen Praxis

Zur Missrepräsentation der Erfahrung von Getrenntheit und Verlust – Klinische Probleme[1]

Heinz Weiß

Sie haben das Thema Ihrer Jahrestagung unter den beziehungsreichen Titel "Fort!-Da! Trennen und Verbinden im psychoanalytischen Prozess" gestellt. "Fort-Da", heißt es im Begleittext, "taugt als Metapher, die sowohl die bedrohliche Erfahrung der Trennung als auch das freudig begrüßte Wiederkommen umfasst." Diese Sichtweise – wie auch die gesamte Freudsche Beschreibung des Fort!-Da!-Spiels – setzt allerdings eine psychische Organisation voraus, die bereits über eine primitive Vorstellung von Getrenntheit verfügt. Was aber geschieht, so möchte ich in meinem Beitrag fragen, wenn eine solche Konzeption nicht verfügbar ist, wenn es nicht gelingt, die Vorstellung von Getrenntheit zu denken, weil die damit verbundenen emotionalen Erfahrungen zu schmerzhaft oder zu bedrohlich sind?

1 Das Fort!-Da!-Spiel als Rückzugsort

Betrachten wir hierzu noch einmal das von Freud (1920, S. 11ff.) beschriebene Spiel: Ein eineinhalbjähriger Junge, der wegen seines "anständigen" Charakters gelobt wird, die Verbote seiner Eltern "gewissenhaft" befolgt und nicht weint, wenn die Mutter ihn für Stunden verlässt, beginnt sich bei einer solchen Gelegenheit – nachdem er zunächst sein Spielzeug in eine Ecke geworfen hatte und dazu ein langgezogenes "o-o-o-o" hervorbrachte – für eine herumliegende Fadenspule zu interessieren. Mit großem Geschick wirft er die Spule über den Rand seines verhängten Bettchens, um sie dann wieder zu sich zurückzuziehen, wobei er das Verschwinden der Spule mit einem lauten "o-o-o-o", ihr Wiedererscheinen mit einem freudigen "Da!" begrüßt.

Sie kennen die klassische psychoanalytische Interpretation dieses Spiels. Freud, der dieses Beispiel im Zusammenhang mit dem Wiederholungszwang und der Einführung des Todestriebkonzepts diskutiert, sieht darin – wie viele Interpreten nach ihm – vor allem einen

---

[1] Für Hinweise und Kommentare, die mir beim Abfassen dieser Arbeit hilfreich waren, danke ich J. Steiner, London, sowie meinen Stuttgarter Kolleginnen P. Etzersdorfer, C. Frank, A. Kidess und A. Roman.

Versuch, die Trennungserfahrung zu bewältigen: Indem das Kind die Spule wegwirft, realisiert es seine feindseligen Impulse gegenüber der Mutter, während das Zurückholen für die Wiedergutmachung und Reintrojektion des ausgestoßenen Objekts steht, welches nun eine symbolische Bedeutung erlangt und, obwohl äußerlich abwesend, als inneres Objekt wiederhergestellt werden kann. Mit der Konnotation des Fort!-Da! eröffnet sich dabei zugleich ein innerer Raum, welcher es ermöglicht, Anwesenheit in der Abwesenheit zu denken, wie auch umgekehrt, Abwesenheit in der Anwesenheit zu erzeugen und damit der äußeren Realität eine Bedeutung zu geben.

Soweit, etwas vereinfacht, die gängige Interpretation. Doch sind wir wirklich so sicher, dass dieses kluge und brave Kind hier im Begriffe ist, die Trennungssituation zu symbolisieren? Übersieht nicht das Staunen und die Bewunderung, die es in uns als Betrachtern auslöst, dass es sich möglicherweise in einen unwirklichen Bereich zurückzieht, an dem es vor dem Kontakt mit der psychischen Realität geschützt ist?

Tatsächlich lässt Freuds Beschreibung nur an wenigen Stellen ahnen, dass das Kind wirklich mit jenen Gefühlen der Verlassenheit, der Trauer und der Wut in Berührung kommt, die die Trennung von der Mutter in ihm auslöst. Stattdessen erfahren wir von einem zweiten Spiel, in dem es fasziniert sein eigenes Spiegelbild in einem großen Standspiegel auftauchen und wieder verschwinden lässt. Ein Jahr später erklärt man dem nun 2½-jährigen Jungen, der abwesende Vater befinde sich im Krieg. Wieder wirft er sein Spielzeug auf den Boden und sagt, sichtlich zufrieden, mit der Mutter allein zu sein: "Geh' in Kr[i]eg!" Und als die Mutter drei Jahre später verstirbt, finden wir die gleiche Reaktion: "Jetzt, da sie wirklich 'fort' (o-o-o-o) war", so Freud (1920, S. 14), "zeigte der Knabe keine Trauer um sie."

Stellt das Spiel also möglicherweise einen Rückzugsort dar, der zwar Sicherheit und Kontrolle ermöglicht, aber keinen wirklichen Kontakt mit der psychischen Realität zulässt? Handelt es sich um die Inszenierung einer ödipalen und schließlich einer narzisstischen Illusion, in der der Junge zuerst mit der Mutter allein ist und die Mutter endlich ein Teil von ihm selbst geworden ist? Um einen autistischen Rückzug?

Möglicherweise bestehen auch beide Versionen – eine, in der die Trennung anerkannt wird, und eine, welche die Wirklichkeit verleugnet – parallel nebeneinander her. Für die zweite Version findet sich im Nachlass von Freud ein Fragment, welches diese Form psychischer Missrepräsentation sehr anschaulich illustriert. Dort heißt es:

"Haben und Sein beim Kind. Das Kind drückt die Objektbeziehung gern durch Identifizierung aus: ich bin das Objekt. Das Haben ist die spätere, fällt nach Objektverlust ins Sein zurück. Muster: Brust. Die Brust ist ein Stück von mir, ich bin die Brust. Später nur: ich habe sie, d.h. ich bin sie nicht ..." (Freud 1941., S. 151)

Hier wird das Sein zum Substitut des verlorenen Objekts, dessen Verlust nicht betrauert und dessen getrennte Existenz deshalb nicht mehr vorgestellt werden kann.

Finden wir nicht eine ähnliche Vorstellung am Beginn des abendländischen Denkens, wenn es bei Parmenides heißt: "Nur das Seiende ist ...?" Handelt es sich bei der Idee des einen, unvergänglichen Seienden, in dem Anwesenheit und Abwesenheit ohne Zerstörung, ohne Anfang und Ende aufgehoben sind, nicht auch um den Schutz vor der Erfahrung von Vergänglichkeit und Verlust? Oder um den verzweifelten Versuch, das Entsetzen der Leere zu bannen ("... denn das Nichtseiende", heißt es bei Parmenides, "ist gar nicht ..."; vgl. a. Emanuel 2001).

Mir fiel zu Freuds Fragment ein Borderline-Patient ein, dessen Behandlung ich eine zeitlang supervidierte, und der von dem Tag an, als er, 14-jährig, seine Mutter tot im Treppenhaus aufgehängt vorfand, heimlich Büstenhalter zu tragen begann. Auch dieser Patient hatte nie eine Trauerreaktion gezeigt und dekompensierte erst viele Jahre später als verheirateter Mann, als seine Frau schwanger wurde, mit Verwirrung und psychotischer Angst.

Vor allem aus der Behandlung von psychotischen und Borderline-Patienten kennen wir solche Missrepräsentationen[2] der Erfahrung von Getrenntheit und Verlust. Während psychotische Missrepräsentationen nicht selten zu wahnhaften Verkennungen führen, sind diese bei Borderline- und neurotischen Patienten oft schwieriger zu erkennen und führen zu einem Zustand der Halbakzeptanz der Wirklichkeit, die nach außen hin scheinbar akzeptiert, innerlich aber heimlich verleugnet wird (Steiner 1993). Ein Beispiel für eine solche Missrepräsentation wäre Ödipus, der zunächst in einer Art Halbwissen von

[2] Eine Missrepräsentation oder Misskonzeption (Money-Kyrle) lässt sich auf verschiedene Weise beschreiben. Am einfachsten kann man sie als kunstvolle Verleugnung elementarer psychischer Tatsachen verstehen, deren Anerkennung emotionale Hindernisse im Wege stehen.

seinem Vatermord lebt, dann mit einem Angriff auf das eigene Sehvermögen reagiert, als er die Erfahrung von Trauer und Schuld nicht aushalten kann, und sich in "Ödipus auf Kolonos" schließlich in göttliche Größe zurückzieht (Steiner 1985, 1990).

Nach R. Money-Kyrle (1971) sind es vor allem drei basale Lebenstatsachen, die schwer zu akzeptieren sind und deshalb leicht zum Gegenstand von Missrepräsentationen werden: Zum einen die Abhängigkeit des Säuglings von der Brust als einer äußeren Quelle des Guten; sodann die Anerkennung der elterlichen sexuellen Vereinigung als einer lebensschöpfenden Beziehung, von der das Kind aufgrund seiner Kleinheit und Unreife ausgeschlossen ist; und schließlich als dritte Lebenstatsache die Unvermeidlichkeit des Todes, d.h. die Anerkennung der Realität von Vergänglichkeit und Verlust. Alle drei Lebenstatsachen können auf vielfältige Weise missrepräsentiert werden, wobei im Falle der Halbakzeptanz der Wirklichkeit perverse Missrepräsentationen resultieren. So spricht J. Steiner (1993) von "narzisstischer Perversion", wenn die Tatsache der Abhängigkeit von einer äußeren Quelle des Guten zwar zum Schein akzeptiert, heimlich aber geleugnet wird, weil das Objekt als Teil des Selbst betrachtet wird oder unter seiner Kontrolle steht. Bei den sexuellen Perversionen sind es, wie Freud in seiner Fetischismusarbeit (1927) gezeigt hat, vor allem die Unterschiede zwischen den Generationen und Geschlechtern, die verleugnet werden. Und in Hinblick auf die Unvermeidlichkeit von Vergänglichkeit und Verlust spricht Steiner von einer "romantischen Perversion des Zeiterlebens".

Ich habe in einer früheren Arbeit (Weiß 2002a) zu zeigen versucht, dass die zuletzt angesprochene romantische Illusionsbildung mit einer Verleugnung von Grausamkeit einhergeht und diese zugleich auf masochistische Weise inszeniert. Die betreffende Patientin träumte von einer endlosen Analyse und sehnte sich nach einem Tod auf der Couch. Nicht selten gehen diese Missrepräsentationen mit einer Verzerrung des Raum/Zeit-Kontinuums einher, wie es insbesondere für Borderline-Pathologien charakteristisch ist und wie es D. Meltzer (1966, 1992) als "geographische Verwirrung" und H. Rey (1979) unter dem Titel des agora-claustrophoben Dilemmas beschrieben.

In der analytischen Behandlungssituation kommen solche Missrepräsentationen oft dann ins Spiel, wenn die Wahrnehmung von Getrenntheit unerträglich wird. Nicht selten wird der Analytiker in dieser Situation mit Hilfe subtiler Argumente in die Missrepräsentation hineingezogen, z.B. wenn ihm als Reaktion auf Deutungen Einsichten angeboten werden, die zwar zutreffend seien mögen, deren Funktion aber vor allem darin besteht, die zugrundeliegende emotionale Erfahrung zu missrepräsentieren. Solche Situationen erfordern spezielle Deutungsstrategien, um Aufbau und Funktion der Missrepräsentation zu verstehen.

Ich möchte im folgenden anhand von klinischem Material verschiedene Formen von Missrepräsentation untersuchen. Dabei werde ich zunächst eine psychotische Missrepräsentation im ersten Analysejahr einer Borderline-Patientin beschreiben. Anhand von späteren Trennungssituationen möchte ich dann illustrieren, wie die Patientin jetzt nicht mehr psychotisch reagierte, jedoch mit Hilfe perverser Mechanismen ihr Problem zu lösen versuchte. Anhand zweier, etwas ausführlicher dargestellter Sitzungen aus ihrem fünften Analysejahr werde ich dann zu zeigen versuchen, wie die Patientin angesichts des bevorstehenden Endes ihrer Analyse zwar vorübergehend auf psychotische und perverse Elemente zurückgreift, nun aber zu einem partiellen Durcharbeiten der zuvor unerträglichen Erfahrung von Getrenntheit und Verlust in der Lage ist.

2 Klinisches Material

Die Patientin, eine erfolgreiche Rechtsanwältin Mitte 30 Jahre, hatte sich in Analyse begeben, als ihre Ehe nach 5 Jahren auseinanderbrach. Ihr Ehemann, ein viel beschäftigter Manager, hatte sich eine Freundin genommen und von der Patientin verlangt, diesen Zustand zu tolerieren. Ihrem Wunsch nach einem Baby stand er ablehnend gegenüber und stürzte sich stattdessen in Reiseaktivitäten und immer neue berufliche Pläne.

Die tiefe Resignation und Verzweiflung, die sie in dieser Situation erlebte, schien an Situationen aus ihrer Kindheit zu erinnern, in denen sie ihre Mutter als abweisend und bedrohlich erlebte, wohingegen gegenüber dem Vater eine Mischung aus Furcht und verführerischer Nähe bestand.

Dabei schien sie ihre Klugheit einzusetzen, um den Stolz des Vaters zu gewinnen, während sie zu den Gefühlen ihrer Mutter keinen Zugang fand. Lange Zeit hatte sie sich aus dem Elternhaus nicht lösen können, während sie in ihrer Phantasie – und manchmal auch real – erregte Beziehungen zu Männern unterhielt, die meist in einer Enttäuschung endeten. Als 18-jährige hatte sie einen kurzen psychotischen Zusammenbruch erlebt, als ein Theologiestudent ihre intensive Verliebtheit zurückwies. Kurz darauf war ihr jüngster Bruder an Leukämie erkrankt.

Gegen Ende ihres Jurastudiums, das sie mit einem Prädikatsexamen abschloss, war es erneut zu einer depressiven Krise gekommen, die sie erstmals eine psychotherapeutische Behandlung aufsuchen ließ. Nach mehreren Beziehungen zu meist älteren und verheirateten Männern hatte sie dann ihren jetzigen Ehemann kennengelernt.

2.1 Eine psychotische Missrepräsentation im ersten Behandlungsjahr

Ich möchte nun eine psychotische Missrepräsentation aus dem ersten Behandlungsjahr schildern, welche die Patientin auch im weiteren Verlauf immer wieder beschäftigte. Sie hatte ihre Behandlung voller Enthusiasmus aufgenommen und war überzeugt, unsere gemeinsame Arbeit würde nicht nur zur raschen Lösung ihrer Probleme, sondern auch zu grundlegend neuen Erkenntnissen in der Psychoanalyse führen. Sie überschwemmte mich mit Traummaterial und reichhaltigen Assoziationen, welche mich zu Deutungen der Übertragungssituation anregten, mich aber ihren fragmentierten inneren Zustand übersehen ließen. Bald schon stellte sich eine traumartig erotisierte Atmosphäre ein, die durch eine Postkarte mit einem Gauguin-Bild, die sie mir mitbrachte, und eine Novelle von Somerset Maugham (1976) illustriert wurde, an die sich die Patientin erinnert fühlte: Sie handelt von dem verzweifelten Kampf zwischen einem Missionar und einer Prostituierten. Während der Missionar die Prostituierte zum Glauben zu bekehren versucht, trachtet die Prostituierte danach, den Missionar zu verführen. Die Geschichte endet damit, dass man den Priester eines Tages mit durchschnittener Kehle tot am Strand einer Südseeinsel auffand.

Erst später wurde mir die Übertragungsbedeutung dieser Geschichte klar: In ihrer Übertragung, die vor der ersten längeren Unterbrechung immer deutlicher wahnhafte Züge angenommen hatte, war die Patientin nahezu überzeugt, ich sei in sie verliebt, während ich sie – wie der Missionar – mit meinen Deutungen, die auf ihre Trennungsangst abzielten, zu "bekehren" versuchte. Sie ignorierte diese Deutungen, ging verzeihend über sie hinweg oder schien sie teilweise sogar als Bestätigung dafür aufzufassen, dass nicht sie, sondern ich Schwierigkeiten mit dieser Trennung hatte. Als sie aus der letzten Behandlungsstunde herausging, wurde sie durch die Wahrnehmung eines Kinderwagens in einem vor der Praxis geparkten Auto irritiert.

Während der Unterbrechung schloss sie sich dann einer religiösen Sekte an ihrem Wohnort an und fühlte sich von deren Leiter, der den

Mitgliedern immer wieder kurze Film- und Sprachsequenzen vorführte, zuerst verführt, bald aber verfolgt und manipuliert. In einem Zustand akuter paranoider Angst, in dem sie sich wie eine Marionette fühlte und glaubte, ihr Denken werde zerstört, kehrte sie nach zwei Wochen in die Behandlung zurück.

In der ersten Sitzung benötigte sie fast eine halbe Stunde, um sich, von psychotischer Angst erfüllt, an den Wänden des Behandlungszimmers entlang zu tasten und sich schließlich auf die Couch zu setzen, wo sie sich die Ohren zuhielt und schrie: "Reden Sie kein Wort!" Offenbar befürchtete sie, auch ich würde Sprachsequenzen in ihr Inneres projizieren und ihr Denken manipulieren. Die psychotische Angst ließ in den folgenden Sitzungen allmählich nach, als wir Träume bearbeiten konnten, in denen die Behandlungssituation als eine gefährliche alchimistische Küche dargestellt war. In den folgenden Monaten gelang es ihr, einen Teil ihrer Ängste durchzuarbeiten und ihre Projektionen schrittweise zurückzunehmen. Doch obwohl die Patientin in der Folgezeit nie mehr psychotisch reagierte, blieben Therapieunterbrechungen für sie auch weiterhin ein großes Problem.

Ich denke, dass die wahnhafte Übertragungsliebe und später die Sektenorganisation eine Missrepräsentation der Erfahrung von Getrenntheit und Verlust enthielten. Offenbar fühlte sich die Patientin durch die Wahrnehmung des Kinderwagens an ihre eigene Kinderlosigkeit und an die Getrenntheit von mir und meiner Familie während der Therapieunterbrechung erinnert. Dadurch wurde sie mit solchen Fragmentierungsängsten konfrontiert, dass sie diese Erfahrung nicht denken, sondern nur mit omnipotenten Mitteln auf wahnhafte Weise abwehren konnte, so dass sie schließlich bei einer psychotischen Organisation (dargestellt durch die Sekte und deren Leiter) Zuflucht suchte. Allerdings fand sie auch hier keine Sicherheit und kehrte voller Verfolgungsangst in die Behandlung zurück.

2.2 Borderline-Organisation und perverse Missrepräsentationen

Ich möchte nun zeigen, wie die Patientin im weiteren Behandlungsverlauf zwar nicht mehr psychotisch reagierte, aber verschiedene Borderline-Mechanismen ins Spiel brachte, um mit der Erfahrung von Getrenntheit und Verlust fertig zu werden.

Eine zweite Unterbrechung führte sie nahe an die erste psychotische Erfahrung heran. Wiederum erotisierte die Patientin in fast wahnhafter Weise die Beziehung zu einem ausländischen Bekannten, blieb aber in Kontakt mit einer todesangstähnlichen Panik vor Verlust.

In der vorletzten Sitzung berichtete sie dann von einem Traum, in dem ein kleines Mädchen von einem Auto überfahren wurde und im Sterben lag. Sie rief den Notarzt herbei und versuchte, das Mädchen bis zu dessen Eintreffen zu reanimieren. Es musste künstlich beatmet werden, doch dann kam ein Junge und steckte seinen Penis in den Mund des Mädchens. Sie erkannte die Gefahr, zog den Penis wieder heraus und beatmete das Mädchen so lange, bis der Notarzt eintraf.

Dieser Traum bezeichnete die furchtbare Angst, der sich die Patientin durch die bevorstehende Therapiepause ausgesetzt sah. Der Penis im Mund des Mädchens beinhaltete eine perverse Missrepräsentation und zeigt, dass die Patientin auf diese Weise nach einer Bewältigungsmöglichkeit für ihre Verlustangst gesucht hatte, so wie sie es getan hatte, als die Übertragung von einer romantisch-sexualisierten Atmosphäre beherrscht war und sie meine Deutungen wie einen Penis in ihrem Mund erlebte. Jetzt erkannte sie aber die Gefahr, indem sie die Atemwege frei hielt und das Mädchen so lange beatmete, bis der Notarzt eintraf. Auf diese Weise konnte sie sich gegenüber dem verzweifelten Kind in ihr auch mit einer mütterlichen Funktion identifizieren.

Allerdings hatte die Patientin zu dieser Zeit immer noch das Gefühl, dass sie Therapiepausen nur auf mechanische Weise überleben konnte, indem sie starr und roboterhaft funktionierte, weil sie durch die Unterbrechung den Kontakt mit projizierten Selbstanteilen verloren hatte. In einer anderen Therapiephase konnten wir herausfinden, wie sie insbesondere vor Unterbrechungen Träume weniger als Mittel zur Kommunikation benutzte, sondern als Versuche einsetzte, die Übertragungssituation zu manipulieren, um mich in ein Enactment mit einzelnen Traumsequenzen hineinzuziehen. Sie konnte dann z.B. eine Stunde mit der Bemerkung eröffnen: "Ich habe heute drei Träume mitgebracht, Nr. 1, 2 und Nr. 3 – Sie dürfen sich auswählen, welchen Sie hören möchten!" Ich habe hierüber in einer anderen Arbeit berichtet (Weiß 2002b) und halte solche Enactments für komplexe Formen von Borderline-Missrepräsentationen, in welche der Analytiker bis zu einem gewissen Grad hineingezogen wird. In wieder anderen Situationen zeigte die Patientin agora-claustrophobe Ängste, so etwa, als sie vor einer Weihnachtspause zuerst mit agoraphober Angst reagierte und dann vor der ersten Sitzung in Panik geriet, weil sie befürchtete, die Zentralverriegelung ihres Autos würde sich von innen her nicht mehr öffnen lassen.

2.3 Klinisches Material aus zwei Behandlungsstunden im fünften Analysejahr

Ich möchte nun zwei Behandlungsstunden aus dem fünften Analysejahr etwas ausführlicher schildern. Die Therapie hatte in der Zwischenzeit erkennbare Fortschritte gemacht. Die Patientin hatte nicht nur den Tod ihres Vaters betrauern können, sondern sich auch um ihre zunehmend demente Mutter gekümmert, ohne dadurch in Verwirrung zu geraten. Im dritten Jahr hatte sie einen gleichaltrigen Mann kennen gelernt und war nach einigen Schwierigkeiten ein Jahr später mit ihm zusammengezogen. Probleme bereitete ihr dabei die enge Beziehung ihres Partners zu dessen Familie sowie die Tatsache, dass sie trotz verschiedener Bemühungen auch in dieser Beziehung kinderlos geblieben war, wofür es medizinische Gründe gab. Sie war eifersüchtig auf seine Mutter und Schwester, und stellte eine Pattsituation her, indem sie ihn verspottete und auf ihre Analyse eifersüchtig machte. Einige Monate vor den Sitzungen, über die ich nun berichten möchte, hatte ich ihr erklärt, dass ich wegen einer beruflichen Veränderung in eine andere Stadt gehen würde, wobei eine Fortsetzung der Therapie wegen der weiten Entfernung unrealistisch war. Sie hatte darauf zunächst schnippisch erklärt, sie könne die Therapie jederzeit von sich aus beenden, sich dann aber entschieden, bis zum Ende zu bleiben, wobei nicht klar war, ob sie ihre Behandlung später bei einer Kollegin, die ich ihr vermittelt hatte, fortsetzen würde. In der Sitzung, die den beiden Behandlungsstunden, von denen ich berichten möchte, unmittelbar vorausging, hatte sie von einem Traum berichtet:

Darin hatte sie zusammen mit anderen jungen Leuten den Inhalt einer Tasche in ein Schwimmbecken entleert, dann aber gefürchtet, es könnte eine giftige Mischung entstehen. Ein 6-jähriges Mädchen, das seine Eltern vermisste, wurde bewusstlos. Sie beatmete es, musste dabei aber einen Teil des Giftes in sich aufnehmen. Schließlich stabilisierte sich der Kreislauf. Sie kontrollierte Atmung, Herzschlag und Pupillenreaktion. Als der Notarzt eintraf, erklärte er, sie hätte es gut gemacht und er müsse nichts weiter unternehmen ...

Ich hatte diesen Traum in Zusammenhang mit ihrer Furcht gedeutet, überhebliche, destruktive Gefühle in ihr könnten ihre Beziehungen vergiften und das kleine Kind in ihr bedrohen, welches fürchtete, die Analyse zu verlieren. Möglicherweise hatte sie aber auch mich als

Teil der "jungen Leute" empfunden und die Beendigung der Analyse als einen von meiner Seite ausgehenden destruktiven Angriff erlebt.

2.3.1 Erste Sitzung

Zur nächsten Sitzung erschien die Patientin weinend und meinte, dies habe mit ihrer Traurigkeit über das bevorstehende Ende zu tun. Vielleicht werde sie sich auch von ihrem Freund, Mario, trennen müssen; denn dieser habe ihr erklärt, er wolle am Sonntag morgen mit einem Bekannten die Stromleitungen im Haus seiner Schwester überprüfen. Danach würden sie zum Mittagessen in ein Gasthaus gehen, und vielleicht habe sie ja Lust, dazuzukommen. In diesem Moment sei sie sehr verzweifelt gewesen und habe wieder "diesen Stachel" verspürt ...

Ich bezog den "Stachel" auf ihre Gefühle von Groll und Ressentiment, wenn sie sich im Stich gelassen fühlte.

Sie aber fuhr mit ihren Anklagen fort und wurde immer wütender: Mario verrate sie. Anstatt am Sonntag morgen mit ihr zu schlafen, ziehe er das Haus seiner Schwester vor. Im April wolle er alleine Bergsteigen gehen, während sie sich verzweifelt nach einem Baby sehne. Sie griff ihn wütend an, weinte und erwähnte dabei auch einen Traum.

Als ich sie nach diesem Traum fragte, schilderte sie, dass sie darin mit meiner Frau, einer Soziologin, diskutierte, die ihr aber überlegen war. Dann kam ihre Mutter hinzu und berichtete, dass sie früher einmal eine lesbische Beziehung mit einer Krankenschwester hatte. Sie stellte sich vor, wie faszinierend es wäre, diese Krankenschwester zu sein.

Zu diesem Traum fiel ihr ein, dass sie beim Verlassen der letzten Stunde einen Kinderwagen im Treppenhaus gesehen hatte. Als eine Frau mit einem Kleinkind die Treppe herunter kam, fragte sie sich, ob dies meine Frau sei.

Ich dachte an ihre Wahrnehmung eines Kinderwagens vor der ersten, psychotischen Dekompensation und deutete, dass sie sich durch das bevorstehende Therapieende von mir und meiner Familie, genauso wie von Mario und dessen Familie, ausgeschlossen fühle. Wenn sie dies so traurig mache, reagiere sie mit Verzweiflung und Wut.

Sie wollte diese Gefühle jedoch nicht mit mir in Verbindung bringen und fuhr mit ihren Anklagen gegenüber Mario fort. Sie sprach von ihrem Kinderwunsch und erwähnte dann eine ihrer Klientinnen, die ihren Geliebten verlassen und zu ihrem Ehemann zurückgekehrt war. Nun vermisse sie ihren Geliebten und wünsche ihrem Mann den Tod. Dann fügte sie hinzu: "Ich kann es nicht akzeptieren, dass mein Schoss leer bleibt ... Ich kann es einfach nicht akzeptieren!" – und erwähnte kurze Selbstmordgedanken, wie sich die Kehle durchzuschneiden oder sich in den Bauch zu schneiden, von denen ihre Klientin gesprochen hatte.

Ich war von dieser Grausamkeit betroffen und bemerkte, wie sehr sie zwischen dem idealisierten Geliebten und dem gehassten Ehemann unterschied. Ich dächte, ihr Hass beziehe sich vor allem auch auf die Realität des Verlustes hier, und der dringende Wunsch nach einem Baby sei zumindest teilweise ein Versuch, dies nicht wahrhaben zu wollen.

Daraufhin griff sie mich an: ich wolle sie wahrscheinlich überhaupt nicht verstehen. Ich mache mich über sie lustig und gestehe ihr nicht zu, dass sie mit ihrer Kritik an Mario Recht habe.

Ich fühlte mich von ihrem Vorwurf betroffen und erklärte, ich könne die Schwierigkeiten mit ihrem Partner schon sehen, glaube aber, dass diese auch mit ihren starken Hass- und Eifersuchtsgefühlen vermischt seien, und verglich dies mit dem Traum aus der letzten Stunde, in dem durch die Entleerung der Tasche eine giftige Mischung entstanden war und das Mädchen wiederbelebt werden musste.

Sie weinte daraufhin und sagte vorwurfsvoll, sie fühle sich wie jemand, der für nichts gearbeitet habe und nun alleine mit seinem wenigen Besitz am Bahnhof stehe.

Ich bemerkte, sie ziehe sich weiter in Hass und Verzweiflung zurück, und sie erwiderte, ich würde sie wohl wie eine Marionette sehen.

Gegen Ende der Stunde sagte sie dann jedoch: "Ich kann es nicht hinnehmen, dass Sie gehen, es ist so schwer!" Sie erwähnte ihre Angst, sie könnte etwas Verrücktes tun, und dies schien jetzt eher ihre tatsächliche Besorgnis auszudrücken.

Diskussion

Ich denke, die Patientin hatte in dieser bewegten Stunde mit der Notwendigkeit, die Realität anzuerkennen, und mit ihrem Hass auf die Wirklichkeit zu ringen. Sie griff ihren Freund Mario an, weil er dem Haus seiner Schwester den Vorzug gab, und versuchte mich zu schonen, obwohl sie wusste, dass auch ich weggehen würde. Dies spiegelte sich in der Spaltung zwischen dem gehassten Ehemann und dem vermissten Geliebten ihrer Klientin wieder. Als ich dies deutete, griff sie auch mich an und warf mir vor, sie überhaupt nicht zu verstehen. Der Traum von meiner Frau und ihrer Mutter deutete überdies die Möglichkeit einer lesbischen Vereinigung im gemeinsamen Hass auf den weggehenden Vater an. Dabei war jedoch nicht klar, ob die Patientin wirklich mich hasste oder nur das, was ich ihr antat. Ich hatte zu Beginn der Stunde ihre Verzweiflung nicht angesprochen und damit möglicherweise einen Teil dieser Grausamkeit agiert. Mit dem verzweifelten Wunsch nach einem Baby versuchte sie nun, ihre innere Leere zu füllen. Ich denke, dass sie in diesem Moment so etwas wie eine "leere Tasche" in ihrem Inneren empfand, die sie verzweifelt mit irgend etwas füllen musste, sei es mit Eifersucht, Sexualität, Wut oder mit einem Baby von mir. Insofern erhielt die Vorstellung des Babys eine Missrepräsentation der Realität von Getrenntheit und Verlust. Dabei erinnerten einige Elemente an die psychotische Missrepräsentation in ihrem ersten Analysejahr: die Tasche mit der giftigen Mischung, die Reanimation des Mädchens, das Kehledurchschneiden (wie in der Novelle von Somerset Maugham) sowie der Vorwurf, ich behandele sie wie eine Marionette (wie damals der Sektenführer). Allerdings schien die Patientin gegen Ende der Stunde wieder besser in der Lage, die Wirklichkeit anzuerkennen: Die Bahnhofszene vermittelte auch einen Eindruck von ihrer Traurigkeit bzw. ihrem Wunsch, mir hinterher zu reisen, und sie sprach selbst von ihrer Sorge, sie könnte etwas Verrücktes tun.

2.3.2 Zweite Sitzung

Ich möchte nun anhand der unmittelbar folgenden Sitzung auf die weitere Entwicklung der Missrepräsentation eingehen:

Die Patientin erschien am nächsten Vormittag in einer verletzten und ärgerlichen Stimmung. Nach der Sitzung vom Vortag habe sie Mario gegenüber Phantasien gehabt, wie: "Konkurrenz belebt das Geschäft!" – und daran gedacht, sich mit anderen Männern zu treffen und sich elegante Kleider zu kaufen, um ihn eifersüchtig zu machen. Sie habe diese Phantasien genossen, sei dann alleine zum Essen gegangen und habe bis spät in die Nacht hinein ferngesehen. Um drei Uhr morgens sei sie aus einem Traum aufgewacht, in dem sie von einem Polizeiwagen gejagt wurde. Sie wurde ohne Schuld verfolgt, und ihre einzige Chance bestand darin, dem Polizeiwagen zu entkommen.

Beim Aufwachen aus diesem Traum schwitzte sie und war voller Angst. Viele Gedanken tauchten auf. Dann aber sei alles in Hass auf mich umgeschlagen. Sie habe sich vorgestellt, ich hätte in der Sitzung gesagt, sie wäre deshalb nicht schwanger, weil sie einfach nicht fähig sei, Mario zu lieben. Sie sei unzulänglich und ich befände mich in einer überlegenen Position, verlange von ihr zu akzeptieren, dass sie kein Baby und keine Familie habe, während ich beides hätte und mich über sie lustig machte.

Ich bemerkte, der Polizeiwagen stünde womöglich für die Art und Weise, wie sie meine Deutungen am Vortag erlebt hätte: als jage und bezichtige ich sie ohne Schuld – wie eine machtvolle, überlegene Instanz, die sich über sie lustig mache und vor der sie nur fliehen könne.

Daraufhin beruhigte sie sich, und nach einer erneuten kurzen Pause, in der sie Mario und dessen Familie anklagte, was jetzt aber trauriger klang, konnten wir ihren Ärger auf mich etwas genauer untersuchen. Sie berichtete dann von einigen Kindheitserinnerungen und erwähnte in diesem Zusammenhang, dass sie aufgrund der vielen Arbeit ihrer Mutter bereits im achten Monat zur Welt kam. Die Grundschule habe sie in drei statt in vier Jahren abgeschlossen, alle seien auf sie stolz gewesen ... Und während sie dies sagte, weinte sie.

Ich antwortete, sie habe wahrscheinlich das Gefühl, wegen meiner beruflichen Veränderung auch ihre Analyse zu früh beenden zu müssen. Einerseits fühle sie sich verpflichtet, mir zu zeigen, wie gut sie alles mache, welche Fortschritte sie erreicht habe, vielleicht auch, um mich stolz zu machen. Ein anderer Teil von ihr fühle sich aber schrecklich einsam, verlassen und auf Unterstützung angewiesen.

Darauf antwortete sie, ihre Eltern hätten stets verlangt, "das Schicksal zu akzeptieren." Da müsse man eben hindurch, sie müsse sich "zusammenreißen" etc.

Ich sagte, sie denke, ich verlange das Gleiche von ihr.

Daraufhin überlegte sie, ihre Analyse eventuell bei jemandem anderen fortzusetzen, falls sie Hilfe benötige. Sie befürchte jedoch, Mario könne sie dafür verachten und würde sich vielleicht über sie lustig machen.

Ich schlug ihr vor, das Problem bestehe vielleicht auch darin, dass nicht nur Mario, sondern auch ein Teil von ihr selbst sie dafür verachten würde, wenn sie weitere Analyse benötige. Und ich fragte, ob sie sich vielleicht selbst auferlegt habe, keiner weiteren Behandlung mehr zu bedürfen.

Sie bestätigte dies und erkundigte sich dann nach der Möglichkeit, ihre Analyse bei der Kollegin, die ich ihr genannt hatte, fortzusetzen. Es entwickelte sich jetzt eine wärmere Atmosphäre, und auch ich fühlte mich wegen meines Weggehens nicht mehr so schuldig.

Ich kam dann noch einmal auf den Traum von der Tasche mit dem giftigen Inhalt aus der vorletzten Stunde zu sprechen und versuchte ihn als Ausdruck unserer Situation zu verstehen: Sie habe womöglich gefürchtet, giftige Gefühle gegenüber der Realität, die sie nur entleeren, aber kaum ertragen könne, könnten dem kleinen Mädchen die Luft zum Atmen nehmen. Und sie sei sich nicht sicher, ob sie mit dieser Situation alleine zurecht käme oder die Hilfe eines Notarztes benötige.

Sie erwiderte, dieses Gift komme in ihr vor allem dann auf, wenn sie mich als einfühlsam und verständnisvoller erlebe. Dies könne sie besonders leicht empören und wütend machen.

Die Patientin blieb dann die letzten beiden Monate bei mir in Behandlung und setzte anschließend ihre Analyse bei der Kollegin, die ich ihr genannt hatte, fort.

Diskussion

Ich möchte auch auf diese Sitzung noch kurz eingehen: Nach der Stunde vom Vortag schien die Patientin in eine erregte und überlegene Stimmung zurückgekehrt. Sie genoss Phantasien, in denen sie Mario – und wahrscheinlich auch mich – eifersüchtig machte, um auf diese Weise ihre Gefühle des Ausgeschlossen- und Verlassenseins in uns zu projizieren. Sie hatte dann bis in die Nacht hinein ferngesehen – als wäre es ihr schwer gefallen, den Kontakt mit ihrer inneren Realität auszuhalten. Als sie schließlich voller Angst aus einem Traum aufwachte – möglicherweise eine Fortsetzung des TV-Programms in ihr – fühlte sie sich von einem Polizeiwagen ohne Schuld verfolgt und musste fliehen. Ich denke, sie hatte durchaus Anlass, sich schuldig zu fühlen; denn schließlich hatte sie ihre eifersüchtigen Gefühle in Mario projiziert. Beim Nachdenken über den Traum schlug ihre Verfolgungsangst dann aber in Hass auf mich um, als sie sich vorstellte, ich hätte gesagt, sie würde nur deshalb keine Kinder bekommen, weil sie nicht fähig sei, Mario zu lieben.

Diese Vorstellung enthielt offenkundig eine Missrepräsentation meiner Deutung, der Wunsch nach einem Baby sei auch Ausdruck ihrer Verleugnung und ihres Hasses angesichts des bevorstehenden Endes der Therapie. Dennoch schien meine Patientin nicht vollständig davon überzeugt zu sein, dass ich dies wirklich genauso gesagt hätte, und sich bis zu einem gewissen Grad auch darüber im Klaren zu sein, dass sie meine Deutung nur deshalb so aufgefasst hatte, weil ihr der Gedanke, der dringende Wunsch nach einem Baby beinhalte eine Verleugnung der Realität von Getrenntheit und Verlust, unerträglich schien. Als ich daraufhin ihre subjektive Realität soweit anerkennen konnte, dass ich sagte, sie hätte meine Deutungen wie ein verfolgendes Über-Ich erlebt, das sie ohne Grund anklagte, beruhigte sie sich. Offenbar hatte sie diese Bemerkung so erlebt, dass ich sie nicht tatsächlich verfolgte und mit meinen Deutungen über sie triumphierte, indem ich durch die Art meines Deutungsstiles meine eigenen Schuldgefühle (wegen meines Weggehens) in sie projizierte. Erst jetzt war es ihr möglich, ihre Projektionen ein Stück weit zurückzunehmen; denn das nachfolgende Material von der Frühgeburt und dem Überspringen einer Grundschulklasse sowie dem Stolz ihrer Eltern darüber enthielt deutliche Hinweise darauf, wie schwer es ihr fiel, angesichts des bevorstehenden Endes mit ihrer Bedürftigkeit umzugehen.

Im weiteren Verlauf der Stunde kehrte die Patientin nicht mehr zu einer verfolgenden Version der Trennungssituation zurück, sondern konnte am Ende der Sitzung sogar anerkennen, dass sie manchmal gerade dann eine destruktive Reaktionsbereitschaft in sich aufkommen spürte, wenn sie mich als einfühlsamer und verständnisvoller erlebte. Dadurch nahm sie mich als weniger grausam und unbarmherzig wahr und ermöglichte es umgekehrt auch mir, mich wegen meines Weggehens nicht mehr so grausam und schuldig zu fühlen.

3 Schlussbemerkungen

Schauen wir uns die Sequenz dieser beiden Sitzungen noch einmal an, so, denke ich, wird deutlich, wie die Patientin angesichts des bevorstehenden Therapieendes zum Teil auf psychotische- und Borderline-Mechanismen zurückgriff, um die Realität, die ihr so unerträglich erschien, zu missrepräsentieren. Zweifellos hatte sie die Trennung als von meiner Seite ausgehende Grausamkeit erlebt, vor der sie sich schützen musste, indem sie zu vertrauten Abwehrmaßnahmen Zuflucht nahm.

Während psychotische Ängste sowohl im Traummaterial als auch in der verzerrten Wahrnehmung einzelner Deutungen erkennbar waren, zeigten sich Borderline-Mechanismen vor allem darin, wie sie zwischen den Sitzungen die Situation des Ausgeschlossenseins in etwas Erregendes verwandelte, oder auch wie sie die Vorstellung von einer lesbischen Vereinigung im gemeinsamen Hass auf den weggehenden Vater kreierte. Durch diese Phantasien wird die Realität von Getrenntheit und Verlust bis zu einem gewissen Grad zugleich anerkannt und negiert. Ich habe diese Halbakzeptanz der Wirklichkeit im Anschluss an J. Steiners (1982; 1993) Überlegungen zur Struktur perverser Objektbeziehungen als ein charakteristisches Merkmal von Borderline-Organisationen beschrieben (Weiß 1998; 2001). Pathologisch sind solche Missrepräsentationen vor allem dann, wenn sie exzessiv benutzt werden oder zeitlich überdauernd auftreten.

Worauf es mir in den hier dargestellten klinischen Sequenzen ankam, ist der Umstand, dass die Patientin angesichts des bevorstehenden Therapieendes zwar vorübergehend wieder auf diese Mittel zurückgriff, jetzt aber besser in der Lage schien, ihre depressiven Ängste durchzuarbeiten, als ihr dies zu Beginn ihrer Analyse möglich war. Dies ermöglichte ihr, die symbolische Bedeutung des Materials anzuerkennen, genauso wie ihre Bedürftigkeit, so dass sie sich entschließen konnte, ihren Groll und ihren defensiven Stolz zu überwinden und ihre Analyse wenige Monate später bei einer Kollegin fortzusetzen.[3]

Ich möchte meine Ausführungen mit dem Hinweis abschließen, dass ich es für wichtig halte, Missrepräsentationen der Realität von Getrenntheit und Verlust auch innerhalb kleiner Sitzungssequenzen sorgfältig zu registrieren. Sie können dann in die Deutung der Übertragungssituation einbezogen werden, und der Analytiker kann anschließend die Reaktion des Patienten auf seine Deutungen untersuchen. Diese Reaktionen können dann ihrerseits zum Ausgangspunkt für weitere Deutungen und für gemeinsames Durcharbeiten werden.

Das Durcharbeiten von Missrepräsentationen der Realität von Getrenntheit und Verlust stellt wahrscheinlich nicht nur in Trennungs- und Abschlussphasen der Behandlung eine mögliche Deutungsstrategie dar. Es bildet m.E. auch die Voraussetzung dafür, dass nach dem Anerkennen der Getrenntheit auch die Wiederannäherung ohne allzu schwerwiegende Verzerrung der inneren und äußeren Realität erfolgen kann. In diesem Sinne würde ich das von Freud beschriebene "Fort!-Da!" sehr genau daraufhin untersuchen, was in der jeweiligen Situation "Fort!" und was "Da!" bedeutet – d.h. ob es, wie eingangs beschrieben, um die Anerkennung von Trauer und Verlust

---

[3] Möglicherweise beinhaltet aber auch diese baldige Fortsetzung ein Element der Verleugnung von Getrenntheit und Verlust.

geht, ob es sich um die Verleugnung von Getrenntheit handelt, oder aber sogar um eine kunstvolle Verknüpfung widersprüchlicher Versionen. Hermann Beland hat mit seinem Beitrag "Das Gespenst ist wieder da!" auf eine solche mögliche Missrepräsentation der Wiederannäherungssituation hingewiesen.

Meines Erachtens zieht jede Missrepräsentation der Realität von Getrenntheit und Verlust sowohl bei der Trennung, als auch bei der Wiederannäherung, mehr oder weniger ausgeprägte Verwirrung und Identitätsängste nach sich: Bei der Trennung, weil mit der Trennung vom Objekt auch projizierte Teile des Selbst verloren gehen, bei der Wiederannäherung, weil dann eine Verwirrung von Selbst und Objekt entsteht. Dies gilt für die Psychoanalyse des Einzelnen ebenso wie für die Wiederannäherung unterschiedlicher gesellschaftlicher Gruppen oder sozialer Systeme. Dass dies auch für die schmerzliche Trennung und versuchte Wiederannäherung psychoanalytischer Organisationen gelten kann, ist wohl mit ein Grund dafür gewesen, dass Sie das Thema Ihrer diesjährigen Tagung mit "Fort!-Da!" überschrieben haben.

Literatur

Emanuel, R. (2001), A-void – an exploration of defences against sensing nothingness. Int. J. Psycho-Anal. 82, 1069-1084.

Freud, S. (1920), Jenseits des Lustprinzips. G.W. XIII, 1-69.

Freud, S. (1927), Fetischismus. G.W. XIV, 309-317.

Freud, S. [1941 (1938)], Ergebnisse, Ideen, Probleme. G.W. XVII, 149-152.

Meltzer, D. (1966), The relation of anal masturbation to projective identification. Int. J. Psycho-Anal. 47,355-342.

Meltzer, D. (1992), The claustrum. An investigation of clausrophobic phenomena. Perthshire: Clunie Press.

Money-Kyrle, R. (1971), The aim of psycho-analysis. Int. J. Psycho-Anal 52, 103-106.

Parmenides (um 500 v. Chr.), Über das Sein (Hg. H. v. Steuben). Die Fragmente des Lehrgedichts (Übers u. Gliederung v. Jaap Mansfeld). Stuttgart: Reclam 1981.

Rey, J. H. (1979) Schizoide Phänomene im Borderline-Syndrom, in Bott-Spillius, E. (Hg.), Melanie Klein heute. Entwicklungen in Theorie und Praxis, Bd. 1. Beiträge zur Theorie. München, Wien, Verlag Internationale Psychoanalyse, 1990, 253-287.

Steiner, J. (1982), Perverse relationships between parts of the self: a clinical illustration. Int. J. Psycho-Anal. 63, 241-251.
Steiner, J. (1985), Turning a blind eye. The cover-up for Oedipus. Int. Rev. Psycho-Anal. 12, 161-172.
Steiner, J. (1990), The retreat from truth to omnipotence in Oedipus at Colonus. Int. Rev. Psycho-Anal. 17, 227-237.
Steiner, J. (1993), Orte des seelischen Rückzugs. Pathologische Organisationen bei psychotischen, neurotischen und Borderline-Patienten. Stuttgart: Klett-Cotta 1998.
Weiß, H. (1998), Perverse Objektbeziehungen und pathologische Organisationen der Persönlichkeit. Eine klinische Illustration zu John Steiners Theorie der Psychic Retreats. Jahrbuch für Klinische Psychoanalyse 1. Tübingen: editiondiskord, 185-204.
Weiß, H. (2001), Borderline-Position und pathologische Persönlichkeitsorganisationen, in: Kernberg, O., Dulz, B., Sachsse, U., Handbuch der Borderline-Störungen. Stuttgart, New York: Schattauer, 641-653.
Weiß, H. (2002a), Über einige klinische Manifestationen des Todestriebes. Romantische Perversion, Masochismus und virtuelle Unsterblichkeit. Forum Psychoanal 18, 37-50.
Weiß, H. (2002b), Reporting a dream accompanying an enactment in the transference situation. Int. J. Psychoanal. 83, 1-13.

Mutter oder Großmutter, Fort oder Da.

Douwe Jongbloed

1 Einleitung

In der Literatur der letzten 10 bis 15 Jahre wird die analytische Situation zunehmend mehr in Begriffen der Interaktion beschrieben; Fachtermini wie "Zwei-Personen-Psychologie", "Enactment", "Collusion", "Co-transference" sind Gemeingut geworden. Im Mittelpunkt dieser Veränderung steht die Auffassung, dass die Analyse als eine gemeinsame Schöpfung von Analytiker und Patient angesehen werden kann.

Meine hier vorgestellten Auffassungen basieren zu einem wichtigen Teil auf Winnicotts Konzepten vom "holding, mirroring" und "the place where we live", sowie auf Bions Gedanken zur projektiven Identifikation und zum containment. Der Analytiker/die Mutter hält die projizierten Aspekte des Selbst und die dazu gehörenden Gefühle des Analysanden/des Babys lebendig und bringt sie zum Leben, indem er ihnen Bedeutung gibt.

In den letzten Jahren ist viel über die Wichtigkeit von "Echtheit" und Spontaneität sowie über das explizite zur Diskussion-Stellen der Gegenübertragung geschrieben worden. Nun gibt es keine einzige Bemerkung, Haltung, Deutung usw. ohne Gefühl. Gefühl ist notwendig. Dazu später mehr. Die Frage ist, wann und warum Gefühl vom Analytiker spontan mitgeteilt wird, ob er ein Bedürfnis dazu hat und wie weit das der Analyse dient.

Wie relativ und wie stark diese Diskussion an das jeweilige Analytiker-Analysand-Paar gebunden ist, werde ich am Beispiel einer Analysandin von mir verdeutlichen: sie ist professionelle Sängerin und auch Gesangslehrerin; sie hört an meiner Atmung – Zwerchfell-oder Brustatmung bzw. am Übergang von einem zum anderen – ganz genau, in welchem Gemütszustand ich mich befinde und wie ich auf sie reagiere. Aber es wird erst interessant, wie sie damit umgeht: so wird sie z.B. sehr ängstlich, wenn ich ein wenig irritiert bin; oder sie schweigt – und dann muss ich sie fragen: "Sie sind so still, ist das vielleicht eine Reaktion darauf, dass Sie gehört haben, dass ich etwas irritiert bin?"

Meine Auffassungen werden von mir auf dem Hintergrund eines universalen menschlichen Bedürfnisses nach Bindung formuliert. Der therapeutische Begriff "Empathie" findet dann seine Wurzeln im fundamentalen Bedürfnis des Analytikers, sich zu binden und könnte wohl eine der vornehmlichen Triebfedern sein, diesen Beruf zu wählen. Die Fähigkeit zur Empathie wird dann durch das Bedürfnis, sich zu binden, angestoßen. Der Analytiker formuliert aus diesem Bedürfnis heraus gelegentlich spontane Selbstenthüllungen, besonders sein Gegenübertragungsgefühl. In welchem Augenblick tut er das? In welcher Weise dient es dem analytischen Prozess? Wie können wird das theoretisch verstehen?

Wir verstehen inzwischen sehr gut, dass die analytische Situation zu einem Teil die frühe Mutter-Kind-Beziehung mit enthält. Wir unterscheiden z.B. den sogenannten "primären Aspekt" von einem mehr "objektlibidinösen Aspekt" der analytischen Beziehung. Der "primäre Aspekt" bezieht sich auf die haltende Qualität der Beziehung und wird auch beschrieben als die "narzisstische Übertragung", die abhängige und "Containing-Übertragung" und das narzisstische Band (Kohut 1968; Lampl-de Groot 1975).

Der "objektlibidinöse" Aspekt bezieht sich mehr auf die "klassischen" Übertragungsmanifestationen, in denen die andere Person als eine getrennte, eigenständige Person erlebt wird. In der analytischen Situation werden sowohl die primären Aspekte der frühen Mutter-Kind-Beziehung wieder erschaffen als auch die mehr objektlibidinösen Aspekte. Dies ist besonders wichtig, wenn wir es mit Patienten zu tun haben, deren Objektkonstanz unzureichend ausgebildet ist. Dann benötigt man hinreichend haltende Angebote, Empathie, konzentrierte Aufmerksamkeit und tägliche Routine, um solchen Patienten die Möglichkeit zu geben, die Grenzen zwischen "Ich" und "Nicht-Ich" (me and not me) und zwischen "Ich" und "Ich mit dem Anderen" ("me" and "me-with-other") zu entdecken.

Die Veränderung dieser Grenzen zwischen dem Ich und dem Nicht-Ich, dem Ich und dem Ich-mit-dem-Anderen ist in seiner tiefsten Bedeutung die strukturelle Veränderung der Persönlichkeit im psychoanalytischen Prozess. So wie für den Säugling die genuinen spontanen Gefühle von Mutter und Vater eine Frage von Leben und Tod darstellen, so sind für den Patienten die genuinen spontanen Gefühle des Analytikers von äußerster Wichtigkeit.

Die traumatisierenden Auswirkungen depressiver, innerlich abwesender Mütter oder Väter sind wohlbekannt. Genau so traumatisierend können Analytiker ohne genügend spontane Gefühle für ihre Patienten sein.

Ich möchte diese Überlegungen mit klinischen Vignetten aus einer Analyse illustrieren, in denen der Analytiker sich spontan als ein "reales" Objekt mit mütterlichen und/oder großmütterlichen Merkmalen zeigt. Charakteristische Gefühle von Tod oder Lebendigkeit werden beschrieben und wie diesen Gefühlen vom Analytiker durch sein Erleben der analytischen Situation Bedeutung gegeben wird. Derartige Zusammenhänge werden in der deutschen Literatur mit dem Konzept des "szenischen Verstehens" beschrieben. Es handelt sich um ein Konzept, das Argelander (1970) entwickelt hat.

Etwa 15 Jahre später, 1983, vertiefte Klüwer das Konzept durch die Beschreibung des "Handlungsdialoges" und erweiterte es dadurch zu einem Prozess-Konzept (Klüwer 1983). Dadurch haben Argelander (mehr implizit) und Klüwer (mehr explizit) das Konzept der Gegenübertragung von seiner negativen Konnotation befreit. Beide sehen es als essentiell an, die unbewussten Manifestationen, die von den beiden Partnern der analytischen Situation geschaffen werden, zu verstehen.

Diese Konzepte waren ihrer Zeit weit voraus und fanden unglücklicherweise nicht ihren Weg in die internationale psychoanalytische Literatur. Ogden hat später (1994) sein Konzept des "intersubjektiven analytischen Dritten" eingeführt; er beschreibt, dass das Dritte durch das unbewusste Zusammenspiel von Analytiker und Analysand geschaffen wird. Er fügt über die analytische Situation hinzu: "Es gibt keinen Analytiker, keinen Analysanden und keine Analyse außerhalb des Prozesses, durch den das 'analytische Dritte' geschaffen wird" (Ogden 1994, S. 131).

2 Ein Fallbeispiel

Frau Z. meldet sich telefonisch an. Sie spricht schnell und kommt direkt zur Sache: "Ich bin schon bei 5 Menschen gewesen und wurde jedes Mal weiterverwiesen. Sie sind Nummer 6 und ich will, dass mir jetzt einmal geholfen wird." Auf meine Nachfrage erfahre ich, dass sie meine Telefonnummer von ihrem Hausarzt hat. Der hatte zu ihr gesagt: "Herr Jongbloed hat nichts gegen schwierige Patienten." Hinter ihrem sachlichen Ton fühle ich leichte Verärgerung und vermute, dass sie verzweifelt ist.

Sie löst direkt eine ganze Reihe von Gefühlen in mir aus. So fühle ich mich etwas unter Druck gesetzt und irritiert durch ihren ansonsten sehr begreiflichen Wunsch, dass ihr schnell geholfen wird. Sie teilt mir mit, dass sie eine schwierige Patientin ist, die schon von 5 Fachleuten weitervermittelt wurde – also auf was lasse ich mich da ein? Auch fühle ich mich zu jemand Besonderem gemacht: ich bin ihre letzte Chance und der Einzige, der ihr noch helfen kann – was durch den Hausarzt, zu dem ich eine gute Beziehung habe, noch verstärkt wurde. Auch spüre ich noch eine weitere Irritation – ausgelöst dadurch, dass sie mich zur "Nummer 6" gemacht hat.

Frau Z. will nach all ihren vergeblichen Versuchen und Umwegen schnell eine Verabredung. "Wenn ich ihr eine Stunde anbiete, dann muss ich sie halten, dann sitze ich womöglich für Jahre an ihr fest", so schießt es mir durch den Kopf, "denn noch einmal weiterverwiesen zu werden hält sie sicher nicht aus".

Meine Irritation über das Zwingende, das von ihr ausgeht, äußert sich in einem Widerstreben. "Wie komme ich auf eine gute Weise von ihr los?" – frage ich mich. Um ein wenig Zeit zu gewinnen, frage ich nach ihren Beschwerden. Sie erzählt in kurzen und deutlichen Worten, worunter sie leidet: sie ist von innen her immer unruhig, und um diese Unruhe zu bekämpfen, muss sie immer etwas tun. Sie hat eine sehr anstrengende Arbeit und in ihrer geringen Freizeit muss sie radfahren, muss sie ein Buch lesen, muss sie ausgehen. Sie fühlt sich nie entspannt und hat an nichts Freude. "Wie furchtbar" reagiere ich und ohne weiter nachzudenken biete ich ihr eine Stunde an.

Zur verabredeten Sitzung ist Frau Z. auf die Minute pünktlich. Sie ist altmodisch, geschäftsmäßig angezogen, in grauen Farbtönen, unauffallend. Sie sieht älter aus als 26, ist mager und hat ein bleiches, eingefallenes Gesicht; sie ist klein von Gestalt. Auffallend sind ihre scharfen, durchdringenden Augen, die alles kritisch aufnehmen. "Ruhig, aber wohl etwas dunkel" ist ihre Beschreibung meines Raumes – die Ambivalenz ist deutlich. Ich gehe darauf ein und sie erzählt, dass sie natürlich Ruhe sucht, und das erscheint ihr hier schon gut möglich, aber sie mag die Dunkelheit nicht und auch keine dunklen, braunen Farben; zu Hause bei sich hat sie alles in hellen, beigen Tönen eingerichtet. Das verwundert mich etwas angesichts ihrer grauen Ausstrahlung und ich biete ihr meine Vermutung an: Ob sie wohl ihre eigene dunkle Seite weghaben will? Das bejaht sie, sie will fröhlich werden. So kommen wir ins Gespräch über ihre düstere Seite. Frau Z. scheint keine Freunde und Freundinnen zu haben. Die sozialen Kontakte laufen über ihren Mann. Sie fühlt sich dadurch manchmal einsam, aber das lässt sie kaum zu sich durchdringen: sie sorgt stets dafür, dass sie etwas zu tun hat. Zu Hause und auf ihrer Arbeit – sie leitet eine kleine Abteilung in einem großen Büro – läuft alles wie geschmiert. Ich höre mit einiger Bewunderung zu, wie sie ihre Arbeiten auf äußerst effiziente Weise einteilt. Sie schaut voller Abscheu nach dem Chaos auf meinem Schreibtisch. Sie sieht meinen Blick und sagt: "Das halte ich einfach nicht aus." Zu Hause, so stellt sich heraus, macht sie alles selbst: einkaufen, kochen, saubermachen, waschen und so weiter. Ihr Mann würde ihr gerne helfen, aber das erlaubt sie nicht. Und eine Putzfrau, die das Ehepaar sich gut erlauben könnte, will sie auch nicht.

Meine Bewunderung schlägt in Mitleid um. "Das hält ja kein Mensch aus!" – geht mir durch den Sinn, während ich ihr mattes, gequältes Gesichtchen anschaue. Ich frage sie, ob sie sehr lange durch all ihre Regeln die Illusion aufrecht erhalten hat, dass sie alles alleine kann und niemanden nötig hat, und dass es nun langsam zu ihr durchdringt, auf dem Umweg über die düsteren Augenblicke, dass sie doch Menschen nötig hat. Sie nickt kurz, trocknet schnell ihre Tränen. Ich denke: "Es wird ihr schnell zu viel." Sie bejaht meine Vermutung, aber dann argumentiert sie ausführlich, wie gut es doch ist, danach zu streben, niemanden nötig zu haben. "Dann ist da deutlich etwas passiert, wenn Sie das so sehen", biete ich ihr an. Da weint sie ein wenig länger. Ihre ältere Schwester ist vor ein paar Jahren bei einem Fahrradunfall ums Leben gekommen. Sie war mit ihr sehr verbunden gewesen; als es passierte, hatte die Schwester gerade geheiratet und war damit beschäftigt, Kinder zu kriegen. Frau Z. mochte auch den Ehemann gerne. Aber jetzt nicht mehr: der hat nämlich letztes Jahr wieder geheiratet. Das versteht sie nicht, sie findet, es sei Verrat und sie versteht auch nicht, dass ihre Eltern und ihre jüngere Schwester noch ganz normal Kontakt mit diesem Ex-Schwager und seiner neuen Frau haben; die sind nun dabei, Kinder zu kriegen: "und das, obwohl meine Schwester tot ist."

Sie ist erstaunt über ihren Schmerz. "Ich habe noch nie um sie geweint, ich habe es damals gar nicht wirklich erlebt", so beschreibt sie die Depersonalisationsgefühle rund um den Tod der Schwester. Sie weiß nicht, was sie davon halten soll, dass sie jetzt weinen muss.

Auf meine Frage nach ihrem Kinderwunsch jetzt nach 3 Jahren Ehe kann sie schwer antworten; es bringt sie ein wenig durcheinander: "Vielleicht ja, vielleicht nein". Ihren Mann kann sie kaum beschreiben:

"Er ist lieb und ruhig". Auf meine Frage, wie ihre Beziehung ist, reagiert sie erstaunt: "Da habe ich noch nie drüber nachgedacht."

Kommentar:

Schon am Telefon wird die Inszenierung zwischen der Patientin und mir in Gang gesetzt. Sie spricht schnell, deutlich, geschäftsmäßig, kurz, ohne fühlbare Emotionen. Bei mir, dem Analytiker, tauchen dagegen direkt heftige, gegensätzliche Emotionen auf. Ich will sie los sein, finde sie lästig, bin irritiert. 3 Minuten später habe ich starkes Mitleid, will ihr sofort helfen und sie in Behandlung nehmen und gebe ihr eine Stunde. Dieser Übergang von einem zum anderen Gefühlszustand geht blitzschnell. Es ist der Analytiker, der auf dem Wege der projektiven Identifikation die Spaltung der Selbstanteile der Patientin erfährt. Von Anfang an ist deutlich, dass die Patientin stark auf die primären Aspekte der analytischen Situation reagiert. Dieser primäre Aspekt wird gespalten: es ist angenehm ruhig, aber unangenehm dunkel.

Um sich eine gute Vorstellung von diesen Prozessen zu machen sind die von Treurniet 1984 eingeführten Begriffe "Vordergrundmutter" und "Hintergrundmutter" sehr hilfreich. Er transponiert diese Begriffe in die analytische Situation und erklärt, dass "Holding" und "Containing" vor allem zur Hintergrundmutter gehören.

Eine Störung im Erleben der Hintergrundmutter führt zu einer Störung im Erleben der Vordergrundmutter, d.h., im Erleben des Analytikers als getrennte, eigenständige Person. Dies wird in dieser Analyse deutlich zu sehen sein.

3 Die Analyse

In dieser Analyse ist jeder Moment der Stille ein ganz besonderes, auch beängstigendes Phänomen, das mich beschäftigt und das ich lange nicht verstehe. Es tritt von der allerersten Analysestunde an auf und aktiviert mich in einer Weise, der ich lange ausgeliefert bin.

Wenn Frau Z. aufhört zu reden fühlt sich das für mich so an, als ob sie nicht mehr da wäre. Sie ist weg, sie existiert nicht mehr. Wenn ich versuche, mit ihr darüber zu reflektieren, wird deutlich, dass sie in der Stille vollständig vergessen hat, was vorher gesprochen worden war. Sie bewegt sich in einer Art Niemandsland. Sie hat keinen einzigen Einfall während der Stille, kein Gefühl. Frau Z. sagt dazu Dinge wie: "Ich bin nicht da, ich bestehe nicht; Sie sind ein Schatten geworden." Ich finde keinen Weg, die Stille zu deuten und eine Verbindung herzustellen zu dem, was vorher gesprochen wurde.

Diese Momente der Stille dauern nicht lang, 1 bis 2 Minuten. In dieser Zeit gibt es keinen Kontakt. Ich erlebe diese Stille als etwas, das fast nicht auszuhalten ist, ich bekomme Angst. Wenn sie selbst nicht weiterredet, wird meine Angst beinahe unerträglich. "Ich muss etwas tun" schießt es durch meinen Kopf, "sie verschwindet sonst – und das geht nicht!". Und ich fange von mir aus an zu sprechen. Außerdem merke ich, dass ich irritiert bin durch ihre Aussage, dass ich in den Stillephasen ein Schatten sei. Diese Mischung von intensiver Besorgtheit und Irritation führt dazu, dass ich mich heftiger bewege und mehr spreche, als ich es von mir gewohnt bin. Ich fange an, leicht vorgebeugt zu sitzen und direkt in Richtung ihres Kopfes zu sprechen. Meine Patientin dreht sich manchmal um, schaut mich an und scheint zuzuhören. Dieser Handlungsdialog begleitet uns in den ersten Analysejahren.

In der ersten Zeit der Analyse erlaubt meine Patientin mir, Verbindungen zwischen Vergangenheit und Gegenwart herzustellen. Außerdem wird ihre Art zu sprechen langsam etwas weniger flach und geschäftsmäßig, während die Gefühle, die sie beschreibt, intensiver werden – aber nur für Ereignisse außerhalb der Analyse. Die Patientin gebraucht mich als Analytiker, um Unterstützung und Verständnis zu bekommen, aber ich habe als Person niemals einen Platz in ihren Gefühlen.

Ausführlich kommentiert sie die analytische Situation. In meinem Raum sind zu viele Mücken, es ist zu dunkel, ich sollte ihr andere Stunden anbieten, es gibt zu viel Krach, wenn meine Putzfrau da ist, zu wenig Privatheit, wenn sie anderen Patienten begegnet, das Kissen unter ihrem Kopf ist zu weich, es ist zu kalt oder zu warm oder zu feucht in meinem Raum, die Ferienplanung ist schlecht und so weiter. Die Analyse taugt fundamental nichts. Sie sagt: "Solche Dinge werden hier alle extra gemacht, um mich zu treffen." Sie droht mehrmals mit Abbruch.

Wenn ich behaupte, dass ihre Anklage an mich als Person gerichtet ist, denn schließlich bin ich es, der die Ferien plant, die Heizung anstellt, das Kissen hinlegt usw., behauptet sie, dass ich mich irre, denn derartige Beschwerden hat sie überall, immer und bei jedem; darum will sie auch keine Freundinnen.

Ich lasse mich regelmäßig verführen, breite philosophische Diskussionen zu führen, die ich gänzlich verliere; meine Patientin ist Juristin und hat in einem universitären Abendkurs Philosophie belegt.

Das gerade Beschriebene steht in einem absoluten Gegensatz zu einem sehr positiven Erleben der analytischen Situation. Dann beschreibt sie, dass sie so angenehm entspannt da liegen kann, dass die festen Stunden gut sind, weil sie sich darauf verlassen kann, es ist so schön ruhig, es gibt eine Decke, wenn es ihr kalt wird, es ist herrlich, dass sie so viel Aufmerksamkeit bekommt und dass sie so gut mit mir reden kann.

Aber auch in den Momenten des positiven Erlebens der analytischen Situation habe ich als Person keinen Platz. In der Gegenübertragung fühle ich mich aufgespalten. Einerseits bin ich ängstlich, irritiert, besorgt, habe das Gefühl, nichts gut genug zu machen, ich fühle mich schuldig, ihr nicht genügend Sicherheit zu geben. Auf der anderen Seite fühle ich mich wohl, kann leicht reden und habe eine Vorstellung, dass ich Analytiker sein kann in dem Sinne, dass ich genetische Deutungen geben darf. Dass sie mich so gar nicht als eigenständige Person erleben kann, beschäftigt, befremdet und ärgert mich auch immer wieder. Ich muss notgedrungen warten, bis mir der unbewusste Hintergrund hierzu deutlicher wird.

Im Laufe der Jahre unternehme ich immer wieder Versuche, diese zwei entgegengesetzten gespaltenen Erlebnisweisen der analytischen Situation miteinander zu verbinden, und außerdem versuche ich, immer wieder als Person einen Ort in ihrem Gefühlsleben zu bekommen. Die mir aufgedrückte Rolle, gespalten und nicht eigenständig zu sein gewinnt größere Intensität.

Kommentar:

Der Analytiker reagiert hier in seiner "haltenden" und "containenden" Funktion für die beiden Selbstanteile, die Frau Z. nicht zusammenbringen kann.

Winnicott beschreibt "Holding" folgendermaßen: "'Holding'(...) bedeutet nicht allein das aktuelle physische Festhalten des Säuglings, sondern auch die allgemeinen Angebote der Umgebung, die der Vorstellung vom Zusammensein vorausgehen. (...) Es fällt zusammen mit triebhaften Erfahrungen, die zu ihrer Zeit die Objektbeziehungen bestimmen, wenn auch die Holding-Erfahrung früher beginnt. Holding umfasst die Umgangsweise mit Erfahrungen, die zum Sein gehören, sowie die Vollendung von Prozessen, die von außen ganz physiologisch wirken, die aber zur Psychologie des Säuglings gehören und die in einem komplexen psychologischen Raum stattfinden, der bestimmt wird durch das Bewusstwerden und die Empathie der Mutter" (Winnicott 1960, S. 43).

In diesem Umgang mit Erfahrung im Grenzgebiet zwischen Physiologie und Psychologie spielt die Spiegelfunktion der Mutter eine entscheidende Rolle. Diese Spiegelfunktion der Mutter (beziehungsweise des Analytikers) hat ihr Pendant in dieser Analyse, wenn der Analytiker den physischen Zustand und den Gesichtsausdruck von Frau Z. verbalisiert, während sie ihn anschaut.

Der Begriff "Containing" bezieht sich vor allem auf das Aushalten von heftigen Gefühlen wie Angst oder rasende Wut, denen ein Baby ausgeliefert sein kann. Bion spricht hier über die Mutter, die in einer Verfassung von "Reverée" mit ihrem Kind mitfühlt, in einem Zustand von Verbundenheit, den Bion der Mutterliebe gleichstellt. In dieser Reverée erfährt die Mutter, was das Kind an heftigen Emotionen wie Angst und rasender Wut fühlt, aber sie wird dabei nicht überspült durch die Angst, der das Kind ausgeliefert ist, sondern sie erfährt die Angst auf einem schwächeren Niveau und kann so dem Kind die Erfahrung ermöglichen, dass sie es gut versteht, aber dass das Gefühl nicht zur Panik führen braucht.

Es gibt einen Unterschied zwischen "Holding" und "Containing". Holding bezieht sich auf die gesamte Beziehung zwischen der hinreichend guten Mutter und dem Baby und ist somit ein umfassenderes Konzept als Containing. Dasselbe gilt für "Mirroring" und "Reverée".

Für die Reverée ist das Konzept der projektiven Identifikation wichtig. Bion (1962) macht deutlich, dass projektive Identifikation ein interaktioneller Prozess ist, in dem eine Person unbewusst dazu gezwungen wird, in den Phantasien einer anderen Person eine bestimmte Rolle zu spielen. In dieser Analyse ist gut zu sehen, wie sich der Analytiker durch ein besonders starkes Gefühl von Alarmiert-Sein gezwungen fühlt zu reden.

3.1 Weiterer Verlauf

In der Analyse sind Tod und Leben zentrale Themen. Ich werde Ihnen einige Beispiele aus den ersten Jahren dieser Behandlung geben.

In den Ferien phantasiert sie während der Autofahrten immer über Unfälle. Wenn ihr Mann zwei Nächte weg ist, muss sie an Unfälle denken und klagt über Schlaflosigkeit. Wenn ihre Mutter Geburtstag hat, fragt sie sich, wie lange sie noch leben wird und muss eine schlaflose Nacht damit zubringen. Sie sagt, dass sie davon überzeugt ist, dass nach etwas Schönem stets etwas Schreckliches passiert, aber wenn sie schon im Voraus daran denkt und sich unglücklich fühlt, passiert es nicht. Ich schlage vor, dass sie wohl darum aufpasst, sich nicht einem glücklichen und zufriedenen Gefühl zu überlassen, weil sonst schreckliche Dinge passieren werden. Sie fängt an zu weinen und die ersten Erinnerungen an das Weglaufen ihrer Mutter in ihrer Grundschulzeit kommen zum Vorschein.

Wenn ihre Mutter einmal wieder weggelaufen war, weil ihr die 3 Kinder (die Älteste war damals etwa 12 Jahre, die Patientin 8, die Jüngste 3) unerträglich erschienen, betete Frau Z. ganz intensiv zu Gott, dass ihrer Mutter nichts passieren solle. Sie glaubte nicht, dass Gott von sich aus dafür sorgen würde, dass keine Unfälle passierten, sondern dass ihr intensives Gebet dafür sorgte.

Ihr magisches Denken beschreibt sie auch deutlich im Zusammenhang mit dem Tod ihrer Schwester: "Ich radelte genau zu der Zeit gemütlich nach Hause – und dann hörte ich, was passiert war, und es fühlte sich genau so an, als ob ich da etwas hätte tun müssen, ich hätte an sie denken müssen, dann wäre es nicht passiert."

Ich versuche in diesen Jahren ganz häufig, diese besondere Stille zu deuten, die ich oben beschrieben habe. Ich deute, dass sie mich damit totmachen will, dass sie mich totschweigen will, dass sie mich irritieren und in Bewegung bringen will, dass ich reden soll, um damit zu zeigen, dass ich nicht böse bin, dass ich lebe, dass ich finde, sie ist die Mühe wert, dass ihr Schweigen auch Schmerz ausdrückt, dass sie sich einsam macht, sich zurückzieht, gerne hätte, dass ich zum Trost rede usw.

Es ist wichtig anzumerken, dass ich meine eigene Wahrnehmung ihres Gefühls und meine Gegenübertragung zum Ausgangspunkt mache. Ihre Körpersprache und ihr Gesichtsausdruck – sie schaut mich regelmäßig an – sprechen für mich Bände. Besonders dieses Anschauen wirkt als starker Appell auf mich zu sprechen. Meine Versuche, die Stille zu deuten, haben keinerlei Erfolg, selbst dann nicht, als ich mir überhaupt keinen Rat mehr weiß und dazu übergehe, ihre Körperhaltung und ihren veränderten Gesichtsausdruck zu beschreiben. Immer wieder aufs Neue fühle ich mich in die eine – ich will es einmal so nennen – "positive Ko-Kreation" der Analyse oder in die andere, dann "negative Ko-Kreation" gezogen. Wie schon gesagt, ich fange an, mich mehr und mehr gegen diese mir aufgelegte Spaltung meiner Person zu wehren.

Ich lasse mich wieder in Diskussionen darüber verwickeln, wie meine Patientin mich noch einen Augenblick zuvor als sehr verständnisvoll erlebt hatte und mich nun plötzlich als einen Sadisten erlebt, während wir noch stets über dasselbe sprechen. Mehrmals betone ich, dass ich nicht in einem Moment eine harte, sadistische Person und eine Minute später eine verständnisvoll zuhörende, wohlmeinende Person sein kann.

Lassen Sie uns versuchen zu verstehen, was hier passiert: die Analyse des Handlungsdialogs, der hier erschaffen wurde, das Verstehen der Gestaltung dieses bestimmten "analytic third" oder dieser "Szene" führt zu der Erkenntnis, dass der Analytiker die Vernichtung, den Tod bestimmter Selbstanteile erfährt und sich gegen diese Erschaffung eines Niemandslandes in der Analyse wehrt. Es ist ein Niemandsland, das im Übergang, in der Stille besteht, die entsteht, wenn er vom Sadisten/vom Bösen zum Guten – und vice versa – gemacht wird und in der er überhaupt nicht mehr zu bestehen scheint und worin er, wie schon gesagt, zum Schatten gemacht wird. Außerdem wehrt er sich gegen das Wegmachen, die Vernichtung eines Teils seiner Persönlichkeit.

Nach ungefähr 3 Jahren Analyse führt dies, nach vielen Deutungen der Stille, unerwartet zu einer heftigen, irritierten Reaktion meiner Patientin. Ungeduldig will sie mich überzeugen: "Es geht überhaupt nicht um Sie, begreifen Sie das doch endlich einmal, es ist wurscht ob Sie es sind oder ein Anderer. Sie müssen einfach da sein, zuhören, sprechen, das ist alles und das muss auch so bleiben. Sie sind gemein, dass sie da jedes Mal wieder mit anfangen."

Ich reagiere auch ziemlich irritiert und sage: "Ich bin nicht austauschbar, ich bin ich, mit meiner Art zu schauen, mit meiner Hand – (sie hatte manchmal gesagt, dass sie meinen Händedruck so angenehm findet, schön fest und stark) – mit meinem Denken, dies hier ist mein Raum mit meinen Bildern und Sie tun so, als ob ich wirklich ein Monster wäre." Meine Patientin ist daraufhin eine Zeitlang still und sagt dann: "Oh, dass Sie Gefühle haben als Analytiker, das will ich eigentlich nicht, weil ich dann verantwortlich bin für das, was ich sage und dann muss ich Rücksicht nehmen auf Ihre Gefühle."

In der Tat hat Frau Z. hier einen Teil der Spaltung aufgehoben. Vordergrundmutter und Hintergrundmutter sind hier vereinigt worden.

Was bis dahin ein Spaltungsphänomen war, kann nun zum ersten Mal als neurotischer Konflikt erlebt und auch als solcher behandelt werden. Die vorausgegangene Zeit der Intensivierung des Handlungsdialogs zwischen uns war unausweichlich und notwendig, weil so die unbewusste Phantasie der Patientin deutlich und deutbar werden konnte, dass sie das Objekt, hier den Analytiker, vernichten kann. Diese äußerst beängstigende Überzeugung führte zu den primitiven Abwehren und hielt sie gleichzeitig in Gang.

Diese präödipale Problematik führte dazu, dass die Patientin den Analytiker nicht als "ganzes Objekt" hat erleben können. Das kann auf Dauer beim Analytiker zu einem Gefühl von Frustration führen, die sich auf vielerlei Weise äußert: Machtlosigkeit, Festgefahrensein, Versagen, Irritation, erhöhte Aufmerksamkeit, Faszination, Leere, Schläfrigkeit, Angst. In einem bestimmten, zentral wichtigen Moment in der Analyse, der gekennzeichnet ist durch heftige Affekte von beiden Seiten, teilt der Analytiker verbal oder nonverbal diese Gefühle dem Analysanden mit. Treurniet sagt dazu: "Es ist notwendig, dass in bestimmten kontrollierten Augenblicken der Wahrheit der Patient die Erfahrung machen muss, dass er oder sie ein genuines Gefühl im Analytiker auslösen kann" (Treurniet 1987, S. 532). Im Augenblick der Mitteilung verbalisiert der Analytiker die Interaktion, wie sie vom Patienten gesehen und gefühlsmäßig erlebt wird und korrigiert sie dadurch. Damit errichtet er eine Grenze zwischen Selbst und Objekt. Ich habe an anderer Stelle hingewiesen auf die Wichtigkeit des Verbalisierens: es separiert und überbrückt Selbst und Objekt.

Jetzt, wo ich für Frau Z. viel mehr zu einer Person geworden bin, für deren Gefühl sie sich verantwortlich fühlt, wird in der Analyse deutlich, dass das für Frau Z. bedeutet, dass sie dafür sorgen muss, dass der Analytiker eine "gute Mutter" sein kann. Das geschieht anhand des Themas der Mutterschaft. Dieses Thema beginnt mit einem Traum: Eine Nonne zeigt Frau Z. einen Friedhof, der in einen Erholungspark verwandelt wurde. In ihrem Traum ist Frau Z. sehr empört über eine derartige Veränderung. Am Tag zuvor hatte sie mit ihrem Mann den Friedhof, auf dem ihre väterlichen Großeltern begraben sind, besucht. Auf einmal hatte sie da denken müssen: "Wir laufen hier so herrlich in der Sonne, eigentlich dürfte das gar nicht sein." Und ihre Freude war verschwunden. Außerdem fällt ihr ein, dass Nonnen keinen Mann und keine Kinder haben dürfen. Ich zeige ihr, dass sie sich mit den Nonnen und den Toten solidarisch fühlen muss und dass sie deshalb keine Freude im Leben als Frau und Mutter haben darf.

In der Analyse sorgt meine Patientin für mich. Sie hat Angst, dass ich etwas vergesse, was sie mir erzählt hat. Sie hat Angst, dass ich sie vergesse zwischen den einzelnen Stunden und an den Wochenenden. Sie sagt: "Ich mache eine Liste für Sie über all die Dinge, um die es hier geht, und ich werde dafür sorgen, dass es so läuft, wie es sich gehört." Tatsächlich macht sie mehrmals eine Liste. Wenn ich erkältet bin, gibt sie mir ausführliche Ratschläge über Hustenbonbons, Vitamin C, Tropfen, Apfelsinen und früh zu Bett gehen.

Frau Z. wiederholt hier, was sie als Kind mit ihrer Mutter tat. Wenn die Mutter mit Migräne im Bett lag, räumte sie auf, spülte und kaufte ein. Aber sie räumte als Kind auch ihre Klicker weg, weil die Mutter darüber ausgleiten könnte. Frau Z. ruft mich am Wochenende an. Später wird deutlich, dass sie wissen will, ob ich noch lebe. Als Schulkind rannte sie manchmal nach Hause: "Oh Gott, wenn meine Mama nur ja keinen Unfall gehabt hat!"

In dieser Zeit erlebt sie die Stillephasen in der Analyse nicht mehr als Leere sondern beginnt, Angst zu fühlen. Mehr und mehr kann sie fühlen, wie verzweifelt sie in den Unterbrechungen der Analyse ist. Es kann beinahe nahtlos mit ihren kindlichen Gefühlen verbunden werden. Sie ist das 3-jährige Kind, das am Strand verloren ging und ganz lange an einer Sammelstelle hatte auf die Mutter warten müssen.

In dieser Zeit macht mir meine eigene Tochter einige Probleme. Mir fällt auf, dass vor allem in den Stunden mit Frau Z. Erinnerungen an die Zeit als Student und junger Vater in mir aufsteigen, in der ich für meine Tochter sorgte. Zweifel steigen in mir auf, ob ich wohl ein guter, auch mütterlicher Vater für sie gewesen bin und ob ich sie nicht zu lange allein habe spielen lassen, wenn ich über meinen Büchern saß. Es dauert aber nicht sehr lange und ich realisiere, dass dies alles zu der Szene gehört, die sich hier zwischen der Patientin und mir gestaltet. In der weiteren Entwicklung wird mir deutlich, dass ich hier das Zerstören und Töten der mütterlichen Aspekte meiner Persönlichkeit erlebe.

Mir fällt auf, dass sie sehr lange nicht mehr über das Ruhige, das Angenehme, das Entspannte gesprochen hatte, dass sie früher manchmal in der Analyse hatte erleben können. Ich mache sie darauf aufmerksam und sie verneint mit großer Heftigkeit, je solche Gefühle gehabt zu haben.

Ich verwende nun konsequent in der Analyse ihr Konzept der Zerstörung und des Tot-Seins. Das führt dazu, dass eine schon häufig ge-

gebene Deutung über ihre totale Anpassung an die Wünsche und Gefühle ihrer Mutter (sie besucht sie 2 bis 3 mal in der Woche, telefoniert täglich auf deren dringenden Wunsch und unter völliger Negierung aller eigenen Wünsche mit ihr) zu einem heftigen gefühlsmäßigen Ausbruch führt: sie ist auf einmal intensivst traurig und weint lange. Sie ist fasziniert durch das Buch "Das Parfüm" von Süskind, in dem ein Mann Jungfrauen ermordet, die Leichen auskocht und sich mit dem Fett einschmiert, damit jeder ihn liebt. Am Ende wird er von einer Menge Landstreicher, die völlig außer sich sind, aufgegessen.

Dann kommt das Datum des Sterbetages ihrer Schwester. Meine Patientin sagt die Analyse für 3 Tage ab. Am Tag selbst kommt sie. Sie hat die 3 Tage still zu Hause gesessen, sie hat kaum etwas gegessen. Tot-Sein erscheint ihr überhaupt nicht schlimm, der Tag des jüngsten Gerichtes kann morgen kommen. Sie sagt die Analyse für die folgenden zwei Tage ab und will in ein paar Wochen ganz und gar aufhören. Ich deute unter anderem, dass die Analyse für sie für Leben steht, dass sie die Analyse tötet und dass sie sich mit der toten Schwester dadurch vereinigen will, dass sie sich wie tot verhält. "Welches Urteil fürchten Sie" frage ich. Das weiß sie nicht – aber ihre Schwester war damit beschäftigt, Kinder zu kriegen.

Ich deute, dass Leben, Leben als Frau heißt, Kinder zu kriegen und dass sie durch ihren Wunsch, die Analyse zu beenden, ihre eigenen mütterlichen Fähigkeiten und die mütterlichen Fähigkeiten ihres Analytikers tötet. Meine Patientin entwickelt davon ausgehend langsam einen Kinderwunsch. Sie will mit mir zusammen eine Graphik über ihre düsteren Tage erstellen – das sind die Tage vor dem Eisprung. Zögernd spricht sie darüber, bei jemand anders in Analyse gehen zu wollen. "Vielleicht eine Frau" und meint, dass sie da dann fröhlich wäre. Etwas später zweifelt sie an meinem Mann-Sein. "Ich weiß wohl, dass Sie ein Mann sind, aber irgendwie sind Sie ein vager, ein bisschen diffuser Jemand." Ich deute, dass sie früher eine fröhliche, bessere Mutter hatte haben wollen und dass sie mich auch gerne als eine bessere, fröhlichere Mutter erleben will.

Dann überrascht meine Patientin mich mit neuen, essentiellen Tatsachen, die mir deutlich machen, was all die Jahre in der komplizierten Übertragungs-Gegenübertragungskonstellation passiert war. Ihre Großmutter war Hebamme und mochte Kinder sehr gerne. Diese Großmutter kam in ihre Familie direkt nach ihrer Geburt, als ihre Mutter unter einer postnatalen Depression litt und Antidepressiva bekam. Die Oma war täglich 1-2 Stunden da und kümmerte sich um meine Patientin als Baby. Die Oma ist eine fröhliche, lebendige Frau, der auch Jahre später das Gewimmel von 3 kleinen Kindern überhaupt keine Probleme macht. Meine Patientin ist die Zweitälteste, die Älteste ist 5 Jahre älter, und die Jüngste ist 3 Jahre jünger. Wenn das Jüngste als Baby anfing zu schreien, dann lief die Mutter hysterisch heulend davon. Aber die Oma sagte, dass Kinder nun einmal schreien, nahm das jüngste Baby hoch und begann dabei auch noch ein Spiel mit den beiden anderen Kindern.

Wenn ich nach dieser Entdeckung erwartete, dass nun eine leichtere Periode in der Analyse anbrechen würde, dann täuschte ich mich. Die Bemerkung meiner Patientin über das Geschrei kleiner Kinder war ein Vorläufer für ihr "Geschrei" in der Analyse. Sie sollte das später auch selbst als "Geschrei" beschreiben.

Einige Monate lang meckert und schimpft meine Patientin auf alles, auf alle Regeln, auf ihre Arbeit, auf ihr zu Hause, auf die Analyse. Sie kommt absichtlich 10 Minuten zu spät, sagt einfach so eine Stunde ab, denkt sich eine Ausrede aus, streitet mit mir über alle Deutungen und bekennt ängstlich, dass das Provozieren auch Spaß macht. Sie droht ununterbrochen mit Abbruch.

Im Zusammenhang mit dem Thema dieses Vortrages will ich hier mitteilen, dass zwischen Frau Z. als Kleinkind und ihrer Mutter ein intensiver Essenskampf und ein Kampf um die Reinlichkeitserziehung stattgefunden hatte, so stark, dass sie als Kleinkind manchmal allein in ein Zimmer oder sogar in den Kohlenkeller gesperrt wurde.

Zur gleichen Zeit wird Frau Z. bei einer Umfrage an ihrem Arbeitsplatz als sehr geschätzte Kollegin beschrieben, und sie wird für ihre Fähigkeit zur Zusammenarbeit gelobt. Sie kann das absolut nicht glauben.

Ich zeige ihr die Spaltung in ihrem Erleben und ihrer Person. Es gibt eine Seite in ihr, da kann sie sehr wohl zusammenarbeiten. Ich sage: "Ist das nicht 'Sie mit Ihrer Oma'"? Und es gibt eine andere Seite, wo sie das nicht kann. "Ist das nicht 'Sie mit Ihrer Mutter'"? Ich sage ihr außerdem, dass nun gerade mit mir in der Analyse vor allem die zweite Seite zum Vorschein kommt. Aber dadurch, dass sie jedes Mal die Zusammenarbeit in der Analyse buchstäblich in Frage stellt z.B. dadurch, dass sie mit Abbruch droht, und dass sie dann erlebt, dass ich als eine Art Oma trotzdem einfach weiter mit ihr arbeite, macht sie mich zugleich zu Mutter und Großmutter.

Kurze Zeit später wird Frau Z. schwanger. Die Schwangerschaft verläuft problemlos, sie schläft gut, isst gut, schaut genüsslich TV. Sie genießt sichtlich und ihr Mann sagt, dass sie wieder lacht, was sie nach dem Tod ihrer Schwester beinahe nicht mehr getan hatte. Die Analyse steht im Zeichen der Realität der Schwangerschaft, das heißt, alle Besorgungen so wie Babykleidung, Stühlchen, Wiege, das Einrichten des Babyzimmers, die Schwangerschaftsgymnastik, die Gewichtszunahme, der Gynäkologe. Es wird alles im Detail berichtet und ich rede detailliert mit. Es ist deutlich, dass die Zunahme ihres Bedürfnisses nach Kontakt in der Form von Sprechen im Zusammenhang steht mit der Schwangerschaft. Zum ersten Mal sind die Schweigephasen in der Analyse für Frau Z. selbst nicht mehr gefüllt mit abgewehrter Angst oder Angst und auch ich fühle keine Angst mehr. Es sieht so aus, als wäre sie dabei, die "Fähigkeit allein zu sein in Gegenwart des Anderen" zu entwickeln.

Während ihrer Schwangerschaft stirbt dann ihre Großmutter nach langer Krankheit. Meine Patientin hatte ihre Oma ihr Leben lang einmal in der Woche besucht, um gemütlich mit ihr zu reden.

Die Geburt ihrer Tochter führt zu einer sechswöchigen Unterbrechung der Analyse, drei Wochen vor und drei Wochen nach der Geburt. Entgegen unserer Verabredung nimmt sie keinen Kontakt mit mir auf. Ich zögere ein paar Tage, aber 3 Wochen nach der Geburt entscheide ich mich, sie anzurufen. Ich denke hier an die primäre Inszenierung zwischen uns – dass dann, wenn es still in der Analyse war, ich derjenige war, der anfing zu reden und den Kontakt herstellte. Sie ist äußerst positiv überrascht. "Dass sie an mich denken, mich einfach so anrufen, wie schön".

Zwei Tage später kommt sie wieder zu ihren Stunden. Es stellt sich heraus, dass sie, bis ich sie anrief, nicht mit ihrer kleinen Tochter gesprochen hatte. Es wurde ihr bewusst, nachdem sie telefonisch mit mir gesprochen hatte. Sie hatte ihren redenden Analytiker sehr vermisst, sie musste auch an ihre Großmutter denken, die sie auch so vermisst. Danach begann sie, mit ihrer Tochter zu sprechen. Sie bricht in Schluchzen aus: "Durch Ihren Anruf wurde mir klar, dass Ihnen wirklich an mir liegt, mit all dem Sprechen, das Sie all die Jahre getan haben."

Geburt ist Trennung, Krise, löst Schmerz, Sehnsucht und Regression aus. Ihre Reaktion verdeutlicht die Bedeutung des Sprechens in seiner Funktion als Holding und Containing. Darüber später mehr.

Einmal in der Woche nimmt Frau Z. das Baby mit in die Analyse. Das hat viele Bedeutungen, von denen ich hier eine vertiefen will. Anfangs geht Frau Z. sehr einfach und selbstverständlich mit ihrer kleinen Tochter um. Sie hat deutlich viel Freude an dem Kind. Das dauert einige Monate, wonach sie einmal völlig ratlos in die Stunde kommt. Ich sehe eine völlig andere Frau. Sie erzählt, dass es ihr in der Nacht nicht gelungen sei, ihr Töchterchen zu beruhigen. In der Stunde selbst sehe ich mit Erstaunen, wie ungeschickt, nervös und ängstlich sie auf das Baby reagiert.

Das Baby selbst wird immer unruhiger. Am Morgen hatte Frau Z. bereits ihre Mutter angerufen, aber die wusste auch nicht zu helfen. Jetzt fragt sie mich um Rat, wobei sie den Kinderwagen so umdreht, dass ich direkt vor dem Baby sitze. Ich deute ihr die Identifikation mit ihrer Mutter, die ihre Kinder der Oma gab, so wie sie jetzt ihr Baby ihrem Analytiker zuschiebt. Außerdem deute ich ihr die Spaltung: wenn sie mit dem Kind so gut umgehen kann wie ihre Oma, dann ist es so, als gäbe es die Mutter überhaupt nicht – und wenn es eben einmal misslingt mit ihrem Kind, dann ist sie wie die Mutter und die Oma existiert nicht mehr in ihr. Allerdings lasse ich mich auch verführen, den Titel eines kleinen Buches zu nennen, den sie prompt vergisst.

Da diese Patientin mit Trennung und Differenzierung von Selbst und Objekt so große Schwierigkeiten hat, ist es nicht verwunderlich, dass sie die Geburt ihres Kindes in eine psychische Krise gestürzt hat, die sie mit den ihr bis dahin vertrauten primitiven Abwehrmechanismen zu bewältigen versucht. Darum kann sie in den ersten Wochen nicht mit dem Neugeborenen sprechen. Durch die Trennung der Geburt, die Trennung vom Analytiker und den Verlust ihrer Großmutter durch deren Tod geht Frau Z. der Teil ihres Selbst verloren, der das gute verinnerlichte Objekt repräsentiert.

Das, was übrig bleibt, ist das depressive, leere Stück ihres Selbst, und dieses leere Stück bestimmt die Interaktion mit dem Baby. Mein Telefonanruf durchbricht diesen Gefühlszustand, ihr wird bewusst, dass Menschen, ihr Analytiker, wirklich an ihr interessiert sind. Dann kann sie die Sehnsucht nach ihrem redenden Analytiker fühlen und kann auch fühlen, dass ihr Baby eine redende, in Kontakt tretende Mutter braucht.

3.2 Die Spaltung der Analyse

Im Vorhergehenden hatte ich beschrieben, wie durch die analytische Arbeit die Spaltungen verringert werden und die Patientin mich mehr und mehr als ganze, getrennte, eigenständige Person wahrnehmen konnte. Dadurch wurden allerdings auch Gefühle wie Sehnsucht, Schmerz und Hass intensiver, spürbarer, deutlicher – und jede Trennung löste aufs Neue diese Gefühle aus.

Als ihr Baby etwa 7 bis 8 Monate alt ist, also am Übergang von der paranoid schizoiden zur depressiven Position, gerät die Patientin erneut in eine Krise, die aufs Neue eine Regression in die frühen Spaltungsmechanismen bewirkt. Diesmal agiert die Patientin mit dem Setting: sie kommt monatelang zwei- oder dreimal in der Woche statt der vereinbarten 5 Stunden.

Themen, die zu den Konflikten der depressiven Position gehören, tauchen nun in der Analyse auf und werden nach und nach durchgearbeitet. Sie hat Sehnsucht nach Kontakt, nach Freundinnen, hat auch in der Müttergruppe nach der Geburt ein oder zwei Freundinnen bekommen; aber wenn sie die nun anrufen soll, dann wissen die ja, dass sie sie nötig hat und könnten vielleicht keine Zeit haben. Das macht ihr schlechte Gefühle und sie ruft lieber nicht an. Ihre jüngere Schwester traut sich, "fuck up" zu ihrer Mutter zu sagen – und die hat trotzdem Freundinnen. Wenn Menschen sie erst einmal wirklich kennen lernen, dann wollen sie doch nichts mit ihr zu tun haben usw.

Deutungen meinerseits über die Tatsache, dass sie nur 2 bis 3 Mal in der Woche kommt, erlebt sie als Zwang, aber vor allem als Störung ihrer positiven Gefühle für mich. "Sie sind so nett, warum machen Sie das?" Ich antworte: "Gerade deswegen." Sie muss lachen, was sie selten in der Analyse getan hat, und ich bin überzeugt, dass sie hier plötzlich sehen kann, was sie mit mir in der Übertragung tut.

Auch ihr Mann bekommt nun einen Ort in der Analyse. Sie erzählt, dass sie ihn so heftig angehen kann, dass er in Tränen ausbricht. Sie kann Kritik von ihm überhaupt nicht aushalten, ist dann voller Angst, dass er sie verlassen könnte und gerät direkt in einen Wutanfall, kränkt und beleidigt ihn. Eigentlich, so bekennt sie, ist sie auch enttäuscht, ja sogar böse, dass ihr Mann ihre sadistischen Angriffe nicht aushalten kann.

Ich zeige ihr, dass sie hier die Gefühle des Betroffenen wegmachen will, das Opfer hat keine Gefühle, ist tot. Außerdem deute ich ihr, dass ich auch die eine Hälfte der Woche nicht existiere, tot bin, und dass dort ihre Angriffe, ihr Hass darüber steckt, dass sie mich braucht.

In der anderen Hälfte der Woche existiere ich wohl, da steckt ihre Liebe. Nach und nach gelingt es Frau Z., das durchzuarbeiten und sie kommt wieder 5 mal in der Woche.

Dass sie nun in der Lage ist, die Position des Dritten einzunehmen, nachzudenken über "Ich" und "Ich-mit-dem-Anderen" ("me" and "me-with other"), zeigt sie in einem Resümee über sich und ihren Mann. Er ist ein lieber, fröhlicher, vertrauenswürdiger Mann. Sich selbst beschreibt sie eher als berechnend und egozentrisch und sie endet damit, dass sie betont, dass sie sehr froh ist, mit ihrem Mann zusammen zu sein.

Frau Z. integriert in der letzten Periode ihre Erfahrungen innerhalb und außerhalb der Analyse. Sie nimmt Fotos mit von ihrem Zuhause, von ihrer eigenen Familie, von ihrer Herkunftsfamilie, von ihrer Oma. So eignet sie sich nochmals ihre Vergangenheit an. Nachdenklich erzählt sie noch einmal von den wichtigen Ereignissen in ihrem Leben, von ihrer Mutter und der Großmutter, die später Ärger bekam mit ihrer schwierigen Mutter, die 20 Jahre Antidepressiva genommen hat, von ihrem Vater, der schwere körperliche Arbeit in einer Stahlfabrik verrichtete und das kaum durchhalten konnte, bis er eine andere Arbeit bekam, aber da war sie bereits 12 Jahre alt. Nochmals erinnert sie sich an den Tod ihrer Schwester und nähert sich einer Versöhnung mit ihrem Schicksal. So erscheint es sehr beeindruckend, als sie nass vom Regen hereinkommt und erzählt, dass sie auf dem Fahrrad durch den Regen hierher fahrend dachte: "Da fahre ich, eine 31-jährige, nicht mehr so junge Frau mit meiner Kapuze auf dem Kopf – und ich habe es in meinem Leben nicht so ganz leicht gehabt."

Sie erzählt mir, was ihr Mann für eine Stelle hat und mit welchen Problemen er in seiner Arbeit zu tun hat. Sie kann mich mit realeren Augen sehen und fragt mich z.B., ob ihre Vermutung, dass ich früher einen anderen Beruf ausgeübt habe, zutreffend ist, was ich bejahe. Sie unternimmt viel, der Kontakt mit Freundinnen verläuft besser.

4 Schluss

Die durch Frau Z. in mich projizierte Angst, die ich bei mir in den ersten Jahren der Analyse in den Schweigepausen so stark gefühlt hatte und die dazu führte, dass ich von mir aus sprach, lässt sich gut verstehen mit Hilfe von Winnicotts Gedanken, dass ein Baby stets am "Rande von undenkbarer Angst" verkehrt, das heißt, in der Angst vor der Vernichtung des Selbst oder seiner Vorläufer. In seinem Konzept des Holding durch die hinreichend gute Mutter ist implizit ein

Konzept der frühen Affekt-Regulierung enthalten. Das Baby erlebt die "undenkbare Angst" vor der Vernichtung des Selbst oder seiner Vorläufer und kommuniziert diese "namenlose Bedrohung" mit der Mutter. Aufgrund ihrer "primären mütterlichen Präokkupation" nimmt sie diese Verzweiflung wahr und auf; so verändert sie diese auf eine Weise, dass sie erträglich wird und endlich vom Baby selbst innerlich reguliert werden kann (Kumin 1996).

Auch Bion (1962) betont das Gesunde und Normale der projektiven Identifikation, die die Grundlage der Kommunikation zwischen Mutter und Kind darstellt. Er schreibt: "If mother and child are adjusted to each other, projective identification plays a role in the management through the operation of a rudimentary and fragile reality sense ... As a realistic activity it shows itself as behaviour reasonably calculated to arouse in the mother feelings of which the infant wishes to be rid ... As well balanced mother can accept these and repond therapeutically: that is to say, in a manner that makes the infant feel it is receiving, it's frightened personalty back again but in a form that it can tolerate – the fears are manegable by the infant personality" (Bion 1962, S. 114f).

Nach der Geburt ihres Kindes wird bei Frau Z. die Spaltung ihres Selbst sehr deutlich: es gibt die Identifikation mit der Art der Affektregulierung, die sie zwischen ihrer Mutter und sich selbst erlebt hatte, der nicht redende, depressive Selbstanteil, der sich direkt nach der Geburt des Babys gezeigt hatte. Außerdem gibt es die Identifikation mit der Art der Affektregulierung, die zwischen ihr und der Oma stattgefunden hatte, der lebendige, sprechende Selbstanteil, der wieder erweckt wurde durch meinen Telefonanruf und die Vereinbarung, wieder mit der Analyse fortzufahren. Dieser Teil machte es ihr später möglich, mit Kollegen zusammenarbeiten zu können. Der depressive, nicht sprechende Selbstanteil bekam noch eine besondere Färbung von Kränken und Streiten durch die intensiven Essenskämpfe mit den Eltern und das Ausgesperrt-Werden in einen anderen Raum.

Bion stellt hier fest: "If the mother cannot tolerate these projections the infant is reduced to continued projektive identifications carried out with increasing force and frequency" (Bion 1962, S. 115). In einem Teil ihrer Analyse inszeniert Frau Z. diesen Zusammenhang so, dass sie ihren nicht-redenden, verzweifelten, streitenden Selbstanteil in den Stunden unterbringt, in denen sie nicht kommt. Es wird dann möglich, dass gerade diese Gefühle verarbeitet werden, das heißt, dass sie Bedeutung bekommen in der Interaktion, in der Analyse, mit mir und so integriert werden können.

Malin und Grotstein führen aus: "It seems to us that it is only upon perceiving how the external object receives our projection and deals with our projection that we now introject back into the psychic apparatus the original projection, but now modified and on a newer level" (Malin und Grotstein 1966, S. 28).

In dieser Analyse wird gezeigt, dass der Analytiker die in ihn projizierten Gefühle und Phantasien manchmal über eine lange Zeit in sich halten, sie containen muss, bevor er sie "entgiftet" zurück geben kann (Bion).

Wichtig ist hier auch Ph. Brombers (1998) Konzept und Buch: "Standing in the spaces". Darin geht es um die Auffassung, dass der Analytiker in den Zwischenräumen zwischen den gespaltenen Objekt-Selbst-Interaktionen stehen muss. Der Analytiker vereinigt in sich selbst diese Teil-Objekt-Teil-Selbst-Interaktionen. Er tut es vom allerersten Moment an. Diesen Prozess der Verbindungen in sich selbst gibt er früher oder später, Stück für Stück, mit Hilfe von verbalen und nonverbalen Deutungen an den Patienten zurück.

Das Konzept der projektiven Identifikation vereinigt Affektregulierung und Bedeutungsgebung. Wie wichtig Reden in der frühen Mutter-Kind-Interaktion ist, braucht keine Betonung.

Das Werk von René Spitz über die Hospitalisierung (1945) zeigt, dass reden, brabbeln und Freude der Mutter überlebensnotwendig sind für das Baby. In einem Findlings-Kinderheim mit guter Ernährung und Hygiene, aber ohne das ausreichende Angebot von Reden und Körperkontakt, waren die Babys apathisch und sehr klein für ihr Alter. Außerdem waren sie schwach und infektanfällig. Spitz beschreibt, dass im 19. Jahrhundert, als dergleichen Heime für Findlinge verbreitet waren, die Sterbensrate in den ersten zwei Lebensjahren bis zu 90 % betrug.

Aber schon lange vor Spitz, im 12. Jahrhundert berichtet Salimbene, Chronist von Kaiser Friedrich II., dass dieser Kaiser wissen wollte, welche Sprache Menschen von sich aus sprechen würden, wenn niemand mit ihnen sprach. Würde es Latein, Griechisch, Hebräisch, die älteste Sprache, sein oder vielleicht die Sprache der Eltern. Er ließ neugeborene Kinder versorgen von Ammen, denen er den Auftrag gab, den Kindern die Brust zu geben und sie so gut wie möglich zu versorgen, aber verbot, mit den Kindern zu sprechen.

"But he labored in vain, because the children all died. For they could not live without the petting and joyful faces and loving words of their foster mothers. And so the songs are called 'swaddling songs', which a woman sings while she is rocking the cradle, to put the child to sleep, and without them a child sleeps badly and has no rest" (Provence and Lipton 1962, S. 3).

Literatur

Argelander, H. (1970): Die szenische Funktion des Ich und ihr Anteil an der Symptom- und Charakterbildung. Psyche, 24:325-345.

Bion, W.R. (1962): Learning from experience. In: Seven Servants (1977): Four works by Wilfred R. Bion, New York, Jason Aronson.

Bollas, C. (1996): Figures and their Functions. On the Oedipal Structure of a Psychoanalysis, The psychoanalytic Quarterly, 1996, vol.1.

Brombers Ph. (1998): Standing in the spaces, New York, The Analytic Press

Groen Prakken, H. & Jongbloed, D. (1993): Die "altmodische" Oralität. Gedanken über Triebschiksale und das Selbst; eine Falldarstellung und ein Ritual, Zeitschr. f. psychoanalytische Theorie und Praxis 7, S. 71-86.

Groen-Prakken, H. (1999): Vicieuze cirkels. In: Ders.: Het kind in de ouder, Assen, van Gorcum.

Jongbloed, D. (1996): Father's tools. In: H. Groen-Prakken, Psychoanalysis in a Post-Classical Context, Assen, Van Gorcum, S. 35-39.

Jongbloed, D. (1995): Origin of psychic reality in the child, Presentation at panel at IPA Congress, San Francisco.

Jonghe, F. de, Rijnierse, P., Jansen, R. (1991): Aspects of the analytic relationship, Intern. Journ. Psychoanal. 72:693-709.

Klüwer, R. (1983): Agieren und Mit-agieren. In: Hoffmann, S.O. (Hg) (1983): Deutung und Beziehung. Kritische Beiträge zur Behandlungskonzeption und Technik in der Psychoanalyse, Frankfurt/M., Fischer, S. 132-145.

Kohut, H. (1968):The psychoanalytic treatment of narcissistic personality disorders, Psychoanal. Study Child, 23:86-113.

Kumin, I. (1996): Pre-object relatedness: early attachment and the psychoanalytic situation, New York, The Guilford Press.

Lampl-de Groot, J. (1975): Vicissitudes of narcissism and problems of civilization, Psychoanal. Study Child, 30:663-682. Also in: Man and Mind, New York/Assen Intern. Univ. Pr., van Gorcum.

Malin, A. & Grotstein, J.S. (1966): Projective identification in the therapeutic process, International Journal of Psychoanalysis 47:26-31.

Modell, A.H. (1990): Other times, other realities. Toward a theory of psychoanalytic treatment, Harvard University Press, Cambridge, Mass.-London.

Ogden, T.H. (1999): Analyzing forms of liveness and deadness. In: Kohon, K. (1999): "The dead mother", the work of André Green, S. 131ff, G. Kohon, The new Library of Psychoanalysis.

Provence, S. & Lipton, R.C. (1962): Infants in institutions, New York, International Universities Press.

Treurniet, N. (1984): Over recente ontwikkelingen van het psychoanalytisch denken, Tijdschrift voor Psychotherapie, 10:232-275.
Treurniet, N. (1987): On transference neurosis – the structure and the process, a clinical study, Psychoanal. Inq. 7:511-533.
Spitz, R.: Hospitalism: an enquiry into the Genesis of psychiatric conditions in early childhood, Psychoanal. Study of the Child, S. 1945:53-74.
Winnicott, D.W. (1960): In theory of the parent-infant relationship. In: Winnicott, D.W. (1976): The Maturational Processes and the Facilitating Environment, London, Hogarth Press and Institute of Psychoanalysis.
Winnicott, D.W. (1962): Ego integration in child development. In: Winnicott, D.W. (1965): The Maturational Processes and the Facilitating Environment, New York, International Universities Press.
Winnicott, D.W. (1971): Playing and Reality, Pelican Books, S. 44.
Yogman, M. (1982): Observations on the Father-Infant Relationship. In: Eds. S. Cath, A. Gurwitt, J. Ross: Father and child, New York, The Analytic Press, S. 101-123.

Wer analysiert wen? Über Gegen-Deutung im analytischen Prozess

Klaus Grabska

Schauen wir in unsere Lehrbücher, dann taucht die Frage, wer wen analysiert, ebenso wenig darin auf wie der Begriff der Gegen-Deutung. Ich möchte aufzeigen, dass sowohl die Frage, wer wen analysiert, als auch der Begriff der Gegen-Deutung für Analytiker einen Sinn macht. Beginnen möchte ich mit Karl Abraham und seiner Beschreibung eines grundsätzlichen Widerstandes gegen die Psychoanalyse.

1 Über eine besondere Form des Widerstandes gegen die psychoanalytische Methodik

In einer kleinen, 1919 erschienenen Arbeit mit dem Titel "Über eine besondere Form des neurotischen Widerstandes gegen die psychoanalytische Methodik" beschrieb Karl Abraham eine verunsichernde Erfahrung: Über den gewöhnlichen Widerstand gegen das Bewusstwerden unbewusster Inhalte hinaus, zeigten mehrere Analysanden einen systematischen Widerstand gegen die Analyse selbst, den Abraham mit ihrem gestörten Narzissmus, mit dem Neid und mit der Missgunst der Analysanden auf ihren Analytiker in Verbindung brachte. Er beschrieb ihn als "Neigung, sich mit dem Arzt zu identifizieren. Anstatt ihm persönlich näher zu kommen, versetzen sie sich an seine Stelle. Sie nehmen seine Interessen an und lieben es, sich mit der Psychoanalyse als Wissenschaft zu beschäftigen, anstatt sie als Behandlungsmethode auf sich wirken zu lassen. Sie neigen zum Tausch der Rolle (...). Sie belehren den Arzt, indem sie ihm ihre Ansichten über ihre eigene Neurose vortragen, halten letztere für besonders instruktiv (...). Besonders aber begehren sie, den Arzt zu übertreffen, seine psychoanalytischen Fähigkeiten und Leistungen herabzusetzen; für sich selbst nehmen sie in Anspruch, es besser zu können'" (Abraham 1919, S. 279).

Offensichtlich agierten die Analysanden eine Abwehr-Phantasie aus mit dem Inhalt, der eigentliche Analytiker zu sein, und versuchten damit, die Verhältnisse auf den Kopf zu stellen. In gewisser Weise handelten sie wie der Analysand, der meinte, die Analyse besser als der Analytiker zu verstehen, weil doch er und nicht der Analytiker die

Neurose hätte. Entsprechend beobachtete Abraham eine Geringschätzung des Analytikers und eine Neigung zur "Autoanalyse". Die Analysanden bestanden darauf, alles selbst und allein machen zu können, und erwarteten vom Analytiker, darin bestätigt und gelobt zu werden. Gegen das Vorhaben der Analyse setzten sie das Projekt eines narzisstischen Diskurses (Green 2001a).

2 Deutung und pathologischer Narzissmus

An anderer Stelle habe ich den pathologischen Narzissmus als den Kontext beschrieben, aus dem heraus der Analytiker und das Analysieren als existenzielle Bedrohung für die bereits angegriffene Ich-Organisation des Analysanden erlebt wird (Grabska 2002a, 2002b). Es ist dieser bedrohliche Kontext, der den Widerstand gegen die Analyse selbst hervorruft. Er macht sich insbesondere am Analytiker der Deutung fest, der nicht mehr in dem Maße wie der Analytiker der gleichschwebenden Aufmerksamkeit vom Analysanden als dessen narzisstisches oder subjektives Objekt für seine beschädigte Ich-Organisation im Sinne einer stillschweigenden Ich-Prothese vereinnahmt werden kann. Die Erfahrung einer emotionalen wie auch geistigen Abhängigkeit – den Analytiker der Deutung als jemanden zu brauchen, der auf affektiv bedeutsame Weise über sich selbst und den Analysanden in Bezug auf das Unbewusste nachdenkt und dies über die Deutung vermittelt – wird vom narzisstisch erkrankten Analysanden als depotenzierende Kränkung wahrgenommen, die Hass und Neid, aber auch Ängste vor Verfolgung, Verlassenheit und Vernichtung erzeugt. Diese affektive Konstellation bildet den Ausgangspunkt für den Analysanden, das eigene prekäre Selbst schützen zu wollen (Glasser 1998). Dabei wird der Analytiker in depotenzierender Weise angegriffen und in Frage gestellt, während nun im Analytiker Gekränktheit, Hass und Neid als auch Ängste vor Verfolgung, Verlassenheit und Vernichtung erzeugt werden.

Der gekränkte Narzissmus des Analysanden wird darüber zur Herausforderung für den Narzissmus des Analytikers. Denn es ist unter diesem Druck des Analysanden, der sich in den Analytiker hineinverlagert, nicht einfach, die analytische Position zu halten und weiter auszuüben. Es besteht die Gefahr, dass der Analytiker verwoben in die Ausübung der analytischen Position, selbst mit Gekränktheit, Hass und Neid auf die Angriffe des Analysanden reagiert und diese Affekte in seine Deutung eingehen lässt, um damit eigene Ängste vor Vernichtung, Verfolgung und Verlassenheit abzuwehren.

Aus dieser Perspektive ist der Analytiker nicht mehr frei von der Konflikthaftigkeit seines eigenen Narzissmus. Auch sein eigener Narzissmus kann einen zentralen Widerstand gegen die Analyse darstellen. Im Narzissmus des Analytikers findet der Analysand deswegen einen effektiven Angriffspunkt, den er für seinen Widerstand gegen die Analyse zu funktionalisieren sucht. Der Angriff verläuft dabei über den pathologischen Gebrauch dessen, was ich die Gegen-Deutung des Analysanden nenne, und kann im stillen Einverständnis beider Narzissmen münden, besser keine Analyse miteinander zu betreiben.

3 Die normale Gegen-Deutung

Pontalis (1975) weist auf das Schmerzhafte für den Analytiker hin, emotional anzuerkennen, dass auch der Analysand die psychische Realität des Analytikers unterschwellig angreift, bearbeitet und analysiert. Ich denke, wir müssen anerkennen, dass der Analysand unsere psychische Realität, in ihren Schwächen, Mängeln und Unzulänglichkeiten und in ihrer psychischen Konflikthaftigkeit, wie sie in der Ausübung der analytischen Position in Beziehung zum Analysanden eingeht und dort realisiert wird, unbewusst kennen lernt.

Der Analytiker kann sich nicht wirklich vor dem Analysanden verstecken. Jeder Analysand kennt am Ende seinen Analytiker intuitiv und weiß etwas von dem Unbewussten, das der Analytiker in sich verborgen hält. Wie die Kinder ihre Eltern beobachten, um deren psychische Realität und Persönlichkeit kennen zu lernen sowie um ihren eigenen Ort und ihre Rolle in der inneren Phantasiewelt der Eltern herauszufinden und damit ihre eigene Bedeutung als emotionales Objekt für die Eltern zu erkennen, so strebt auch der Analysand danach, 'es' beim Analytiker ebenfalls herauszufinden und sich in ihm wiederzufinden (Aron 1991). Dabei sind es nach Aron (1992) insbesondere die Deutungen des Analytikers, die dem Analysanden implizit die Subjektivität seines Analytikers vermitteln. Diese werden wiederum vom Analysanden gedeutet. Genau diese überwiegend impliziten unmittelbaren Antworten und Erwiderungen des Analysanden auf die Deutungen des Analytikers nenne ich in Übereinstimmung mit Green (1971, 1979) die Gegen-Deutung des Analysanden. Der Analysand als impliziter Deuter des Analytikers macht dabei nach Hoffman (1983) und Levenson (1993) die Erfahrung, dass die psychische Realität seines Analytikers nicht weniger komplex als seine eigene ist, und entwickelt eine Empfindsamkeit für die eigene psychische Konflikthaftigkeit des Analytikers.

4 Gegen-Deutung im analytischen Prozess

Versucht man den analytischen Prozess mit Freud (1912, 1913, 1915) wesentlich als eine unbewusste Kommunikation zwischen Analysand und Analytiker, die immer erst nachträglich verstanden werden kann, methodisch und konzeptionell zu fassen, so drängt sich die Vorstellung von einer Gegen-Deutung beim Analysanden als Reaktion auf die Deutung des Analytikers analog zur Gegen-Übertragung beim Analytiker als Reaktion auf die Übertragung des Analysanden auf. Insofern stimmt das, was ich mit Gegen-Deutung bezeichne, gut mit dem überein, was Loewald (1986) als Gegen-Übertragung des Analysanden auf die Deutung beschrieben hat. Die Übertragung des Analytikers äußert sich im unvermeidlichen affektiven und subjektiven Überschuss der Deutung als einer latenten Botschaft des Analytikers und wird interaktiv über die Art und Weise des unbewussten Gebrauches der Deutung durch den Analytiker übermittelt. Vom Unbewussten her gesehen stellt jede Deutung daher eine rätselhafte Projektion des Analytikers dar, die vom Analysanden hinsichtlich ihres latenten Gehalts durch eine Gegen-Deutung erst übersetzt werden muss.

4.1 Gegen-Deutung als Gegen-Übertragung des Analysanden

Money-Kyrle (1956) beschreibt den Prozess, wie der Analytiker zu seiner Deutung aus seiner normalen Gegenübertragung heraus kommt: Wenn der Analysand spricht und überträgt, projiziert er sich in den Analytiker, der ihn introjizierend in sich aufnimmt und sich mit ihm identifiziert. Dadurch erlebt der Analytiker den Analysanden als Repräsentanten eines früheren unreifen, beschädigten oder kranken, zumeist infantilen Teil von sich selbst und dem jeweils damit verbunden Objekten. Ich denke, dabei kommt es im Analytiker auf regressive Weise auch zu einer passageren Fusion des infantilen Selbst des Analysanden und Teilen des Analytikers (vgl. Searles 1973a). Diese Verbindung und Vermischung von eigenem und fremden Selbst bildet die Grundlage für die Gegen-Übertragung im Analytiker und ermöglicht dem Analytiker erst das Verstehen des Analysanden. Indem der Analytiker in sich die Verbindung und Vermischung von eigenem und fremden Selbst analysiert, wird es ihm möglich, zwischen sich und dem Analysanden wieder zu unterscheiden und die introjektive Identifikation mit dem Analysanden als Teil von sich selbst wieder aufzugeben. Indem der Analytiker nun sein Verstehen in einer manifesten Deutung formuliert und sie dem Analysanden 'gibt', überträgt er deren latenten Gehalt auf den Analysanden als realem Objekt und projiziert den Analysanden als inneres Objekt und damit als Teil von sich selbst in den Analysanden zurück.

Da Money-Kyrle die Frage, wie es im Analysanden dann weitergeht, offen lässt, möchte ich die Beschreibung wie folgt fortsetzen: Wenn der Analytiker deutet und den Analysanden als sein inneres Objekt zurück projiziert, dann nimmt der Analysand dieses Objekt des Analytikers, das der Analysand sein soll, introjizierend in sich auf. Übertragungsbedingt identifiziert er den Analytiker als Repräsentanten eines inneren elterlichen Objektes, wie es sich gemäß der aktuell vorherrschenden Objektbeziehung in der Übertragung in Verbindung zu seinem früheren unreifen, beschädigten oder kranken infantilen Selbst aktualisiert. So kommt es im Analysanden zu einer regressiven Vermischung zwischen elterlichem Objekt und Analytiker. Diese Verbindung und Vermischung von eigenem elterlichem Objekt und fremden Analytiker zu einem einzigen inneren Objekt ermöglicht dem Analysanden, den Analytiker zu verstehen und bildet die Grundlage für die Gegen-Deutung des Analysanden als Ausdruck seiner Gegen-Übertragung auf die Übertragung des Analytikers. In der Gegen-Deutung versteht der Analysand die Deutung des Analytikers so, als ob das innere elterliche Objekt zu ihm spricht, und verbindet den latenten Gebrauch der Deutung durch den Analytiker mit der Behandlung, die der Analysand durch das elterliche Objekt erfahren hat. Der Analysand behält das, worin er sich vom elterlichen Objekt, das der Analytiker nun ist, verstanden fühlt, und damit den verstehenden Teil des Analytikers, der mit dem elterlichen Objekt verbunden und vermischt ist, in sich. Zugleich projiziert der Analysand durch seinen latenten Gebrauch seines an den Analytiker gerichteten Sprechens und seiner freien Assoziation den konfliktbesetzten nicht-verstehenden Teil des elterlichen Objekts und das damit verbundene unverstandene infantile Selbst in den Analytiker zurück. Mit dieser Übertragung des Analysanden kann nun ein neuer Zyklus des analytischen Prozesses beginnen.

4.2 Gegen-Deutung als Deutung

Money-Kyrle weist darauf hin, dass das Verstehen des Analytikers immer dann beeinträchtigt ist, wenn der introjizierte Teil des Analysanden sich mit unverstandenen, konfliktbesetzten oder beschädigten Teilen des infantilen Selbst des Analytikers verbindet und der Analytiker diese Verbindung abwehren muss. Der Analytiker kann dann mit seinen Deutungen sowohl das infantile Selbst des Analysanden projektiv zurückweisen als auch Teile seines eigenen unverstandenen infantilen Selbst projektiv im Analysanden unterbringen. Die Situation kann sich dann dahingehend verkehren, dass der Analysand nun derjenige ist, der mit seinen elterlichen Objekten das introjizierte infantile Selbst des Analytikers 'behandeln' und bearbeiten muss. Der Analysand wird, wie Searles (1973b) sagt, zum latenten Therapeuten des Analytikers. Die Gegen-Deutung ist nun das für den Analytiker, was vorher dessen Deutung für den Analysanden war. Sie 'sagt' dem Analytiker in Form eines affektiven und subjektiven Überschusses in der Übertragung, der über die Wiederholung der elterlichen Objektbeziehung hinausgeht, und interaktiv über den Gebrauch der Übertragung vermittelt ist, was der Analysand unbewusst vom infantilen Selbst und von der eigenen unbewussten Konflikthaftigkeit des Analytikers verstanden hat. Insofern der Analytiker fähig ist, diese latente Gegen-Deutung in sich aufzunehmen, ermöglicht er dem Analysanden, dem Analytiker dabei zu helfen, seine Gegen-Übertragung hinsichtlich seiner eigenen unbewussten Konflikthaftigkeit zu analysieren. Damit hilft die Gegen-Deutung des Analysanden dem Analytiker, die analytische Position in sich zurückzugewinnen und als Analytiker funktionsfähig zu bleiben.

Ein anschauliches Fallbeispiel dafür, wie die latente psychische Verfassung des Analytikers und deren latente Wahrnehmung durch den Analysanden in diesem die Analyse fördernden Sinne zusammenspielen können, schildert Sandler (1983). Sie sieht in diesem Zusammenspiel einen interaktiven "Dialog ohne Worte", dessen Mechanismen im Dunkeln liegen. Das Konzept der Gegen-Deutung könnte zum Verständnis dieses unbekannten Mechanismus zwischen Analysand und Analytiker beitragen.

Ich fasse zusammen: Die Gegen-Deutung des Analysanden dient dazu, den analytischen Prozess in Gang zu halten und umfasst dafür immer zwei Funktionen, die gleichzeitig und überwiegend latent am Wirken sind. Sie beinhaltet eine rezeptive Funktion, in der die Deutung des Analytikers als Deutung durch ein elterliches Objekt aufgenommen und assimiliert wird und eine deutende Funktion, die sich in reparativer oder korrektiver Intention auf die unbewusste Konflikthaftigkeit des Analytikers bezieht. Es mag an diesem letzten Punkt liegen, dass die Gegen-Deutung des Analysanden bisher kein Thema geworden ist, dem sich Analytiker angenommen haben.

4.3 Die maligne Gegen-Deutung

Die maligne Gegen-Deutung bestimmt sich durch den pathologischen Gebrauch der normalen Gegen-Deutung. Bereits 1958 beschrieb Rycroft wie stark narzisstisch erkrankte Analysanden daran arbeiten, dem Analytiker ein Gefühl zu vermitteln, wie unfähig er sei, den Analysanden in irgendeiner Hinsicht zu verstehen und wie unfähig er sei, ein über das Finanzielle und das Intellektuelle hinausgehendes persönliches Interesse am Analysanden zu entwickeln. Sie arbeiten daran, das Selbstwertgefühl des Analytikers zu unterminieren, indem sie ihm das Gefühl und damit eine maligne Gegen-Deutung vermitteln, dass ihm etwas Grundsätzliches fehlen würde, um überhaupt ein Analytiker zu sein. Ähnliche Angriffe auf den Analytiker werden auch von anderen Autoren beschrieben, z.B. Rosenfeld (1971a) und Steiner (1998).

Meine These zur malignen Gegen-Deutung möchte ich im Kontext eines destruktiven oder negativen Narzissmus (Rosenfeld 1971b, Green 2001b) so formulieren: Der Kern der malignen Gegen-Deutung besteht darin, dem Analytiker als Objekt radikal jegliche Besetzung zu entziehen und damit das Objekt, als das der Analytiker sich zur Verbindung mit dem Analysanden anbietet, zu destruieren. Der in seiner narzisstischen Ich-Organisation erkrankte Analysand nutzt dafür seine unbewusst erworbene, implizite Kenntnis der Konflikthaftigkeit des Analytikers, um das für die Einhaltung und Ausübung der analytischen Position zuständige Ich des Analytikers mittels Gegen-Deutung so zu bearbeiten und so anzugreifen, dass dessen eigene narzisstische Konflikthaftigkeit versucht ist, sich mit dem destruktiv-narzisstischen Ich des Analysanden zu verbünden. Im nun von Innen wie von Außen angegriffenen Analytiker wird – über die maligne Gegen-Deutung vermittelt – eine latente innere Bereitschaft und ein emotionaler Druck erzeugt, seinerseits dem Analysanden als Objekt radikal jegliche Besetzung zu entziehen und dadurch die analytische Position in sich selbst aufzugeben.

4.4 Abwehr der malignen Gegen-Deutung durch den Analytiker

Ich vermute, dass die maligne Gegen-Deutung in Abhängigkeit vom Grad und der Form der narzisstisch erkrankten Ich-Organisation des jeweiligen Analysanden in jeder Analyse mehr oder weniger als eine potentielle Bedrohung für den Analytiker präsent ist, sobald der analytische Prozess an dem rührt, was Glasser (1982) als narzisstischen Kernkomplex bezeichnete. Dieses von der malignen Gegen-Deutung ausgehende Bedrohungspotential wird aus dem Inneren des Analytikers heraus umso mehr verstärkt, je weniger sein analytisches Über-Ich Verständnis für das Involviertsein seiner unbewussten Konflikthaftigkeit entwickelt hat und desto stärker sein analytisches Ich-Ideal ihn daraufhin als Nicht-Analytiker zurückspiegelt. Von Außen wie von Innen sieht sich der Analytiker daher mit der malignen Gegen-Deutung und ihrer Abwehr konfrontiert.

Die unbewusste Abwehr der malignen Gegen-Deutung durch den Analytiker kann im Extrem sowohl durch eine rigide Selbstbehauptung der analytischen Position als auch durch ihre fast völlige Aufgabe erfolgen. In erstem Fall verliert der Analytiker den Analysanden, im zweiten Fall verliert er sich. In beiden Fällen hätte die maligne Gegen-Deutung Erfolg gehabt. In der analytischen Praxis wird es daher immer zu Kompromissbildungen zwischen beiden Extremen kommen mit dem Ziel, den Analysanden in Analyse zu halten und die eigenen Abweichungen von der analytischen Position auf das notwendige Maß zu beschränken. Diese latenten Kompromissbildungen sind mit dem analytischen Prozess verwoben und äußern sich in einem stillen Mitagieren des Analytikers. Der Sinn solcher kollusiven Kompromissbildungen besteht nach Loewald (1986) darin, die Kontinuität der gemeinsamen analytische Arbeit von Analysand und Analytiker solange zu sichern, bis im analytischen Prozess ein Punkt erreicht ist, wo die schützende Abwehr aufgegeben werden kann. Das dabei die Abwehr einer malignen Gegen-Deutung eine bedeutende Rolle spielte, wird dem Analytiker oft erst nachträglich deutlich, wenn er plötzlich merkt, dass gar keine Analyse stattgefunden hat, und wenn er zugleich merkt, dass er in einem wechselseitig aufeinander bezogenen Agieren diesen Effekt zusammen mit dem Analysanden erst erzeugte. Die Schwierigkeiten mit der Analyse, die dann entstanden sind, werden nun zu einem Problem des Analytikers, das sich darin zeigt, dass er sich wesentlich mehr als der Analysand um das Stattfinden der Analyse kümmern zu müssen glaubt. Eine subtile Umkehrung des "normalen" Verhältnisses tritt ein, die meist nur durch außerordentliche selbstanalytische Anstrengungen wieder behoben werden kann.

Autoren wie Sandler und Sandler (1998) aus freudianischer Perspektive, Feldman (1999), O'Shaugnessy (1992) oder Steiner (1998) aus kleinianischer Perspektive, die das maligne Involviertsein des Analytikers als ein gegen die Analyse als Behandlungsform gerichtetes kollusives Abwehrarrangements untersucht haben, betonen den kontinuierlichen unterschwelligen Druck auf den Analytiker, sich in die

Abwehr des Analysanden einzufügen und seinen Abwehrbedürfnissen nach Nicht-Analyse unterzuordnen. Dieser latente Druck wird interaktiv mittels Negation der analytischen Bemühungen des Analytikers durch den Analysanden erzeugt. Der Analytiker wird dadurch in eine paradoxe, eigentlich 'verrückte' innere Position gebracht, und zwar so, dass er, um Analytiker bleiben zu können, die Bewegung 'Nicht-Analytiker' zu sein, mitmachen und dies in sich und gegenüber dem Analysanden aushalten können muss. Das Konzept der malignen Gegen-Deutung stellt aus meiner Sicht ein notwendiges Vermittlungsglied dar, um zu verstehen, wieso der Analytiker einen so intensiven inneren Druck erlebt, dass er in Abwehr dieses Druckes bereit ist, die gegen ihn als Analytiker und gegen die Analyse gerichtete Abwehr des Analysanden mitzumachen. Zusammen mit ihm gestaltet er dann Abwehrarrangements, die letztlich der Abwehr von "geheimer Verrücktheit" (Green 1979) im Analysanden und im Analytiker dienen und die vor Ängsten schützen sollen, dass diese geheime Verrücktheit die analytische Situation sowie das Paar 'Analytiker/Analysand' sprengen könnte.

5 Deutung aus der Gegen-Deutung heraus

Ich möchte ein Beispiel geben, das aufzeigt, dass Deutungen aus der Gegen-Deutung heraus unsere Möglichkeiten erweitern, mit den vulnerablen Seiten des Analysanden in Kontakt zu bleiben. Dabei orientiere ich mich an den Konzepten der analytikerzentrierten Deutung von Steiner (1998) und der introjektiven Deutung von Mitrani (2001a, 2001b).

Die Analyse mit Frau A war durch einen Hin und Her geprägt zwischen Phasen, in denen sie sich entwickelte, und Phasen, in denen ihre Entwicklung still stand und es den Anschein hatte, als ob überhaupt keine Entwicklung stattgefunden und ich keinen Wert als Analytiker für sie gehabt hätte. Versuche, diesen Wechsel im Kontext einer negativen therapeutischen Reaktion zu deuten, gingen ins Leere oder wurden von der Analysandin verdreht als Nahrung für eine masochistische Gegen-Deutung und Selbstanklagen aufgenommen. Sie sagte dann, dass ich ihr eigentlich vorhalten wollte, keine richtige Analysandin zu sein. Ich begann nun, mehr auf mich zu schauen, und stellte fest, dass Frau A in den durch ihre negative therapeutische Reaktion geprägten Phasen dafür sorgte, dass ich als Analytiker eine spezifische Deprivation erlebte. Mit ihr manövrierte sie mich in einen malignen Zustand von Nicht-Analyse und Wertlosigkeit als Analytiker, den ich nicht wahr haben wollte, weil ich mich an eigene infantile Deprivationserfahrungen erinnerte. Mittels knapper Mitteilungen, die wie analytische Appetithappen auf mich wirkten, ohne dass danach etwas Substantielles folgte, und anschließendem Schweigen konnte Frau A daher mit großem Geschick einen unterschwelligen Druck auf mich erzeugen, mich als Analytiker besonders anzustrengen und mit eigenen analytischen Gedanken und Vorstellungen aktiv zu werden.

Wir hatten beide etwas von dieser Aktualisierung einer narzisstischen Objektbeziehung im Dienste der Abwehr: Ich konnte damit meine eigene Enttäuschungswut, mich als Analytiker verhungert, fallen gelassen und entwertet zu erleben, abwehren, indem ich in mir die Illusion eines guten, an Gedanken reichen Analytikers erzeugte. Und Frau A konnte der Wahrnehmung ihrer eigenen Abhängigkeit, mich und die Analyse zu brauchen, und damit verbundenen Neid- und Hassempfindungen ausweichen, indem sie sich als nicht bedürftig und autark verhielt.

Als ich dieses Enactment als den Versuch von ihr deutete, die analytische Situation in ihr Gegenteil zu verkehren, erzählte sie davon, dass sie es genossen hatte, mich zu beobachten, wie ich mir Gedanken über sie machte und mich anstrengte, mir ein Bild von ihr zu machen. Wie in dem von Bion (1992) beschriebenen Modell der reversiblen Perspektive, hatte Frau A die analytische Perspektive dadurch negiert, dass sie sie in eine Möglichkeit der narzisstischen Gratifikation verkehrt und damit pervertiert hatte, während ich in verleugnender Weise glaubte, mit ihr Analyse zu machen. Darin lag eine maligne Gegen-Deutung: es sollte in der Analyse in Wahrheit um ein narzisstisches Projekt und nicht um das Kennenlernen der eigenen unbewussten Konflikthaftigkeit gehen.

Frau A drang nun darauf, dass ich sagen müsste, wie sie sein sollte, um eine richtige Analysandin sein zu können. Meinem Eindruck nach sollte die Kenntnis meiner Wunschvorstellungen ihr ermöglichen, eine gute Analysandin zu simulieren und dem Konflikthaften im Sinne eines falschen Selbst ausweichen zu können. Unterschwellig war damit ein Verführungsangebot verbunden, auf das Erleben von Konflikthaftem und dessen Analyse zugunsten einer wechselseitigen narzisstischen Bestätigung und Beruhigung zu verzichten. Als ich ansprach, dass in ihrer Erwartung eine Verkehrung liegen würde, derart, sich mehr mit mir und meinem Innenleben als mit ihr und dem eigenen Innenleben zu beschäftigen, reagierte sie enttäuscht und warf mir vor, sie mit ihren Wünschen nach Orientierung und Haltgebung allein zu lassen. Während Frau A aus ihrer Enttäuschung heraus nicht sehen konnte, wie sie mich als ihren Analytiker, der sich bemühte, sie zu verstehen, entwertete, verwehrte mir mein Entwertungsempfinden, zu sehen, dass ihr Gefühl, sich zurückgewiesen zu erleben, eine Berechtigung hatte. In dem Maße, wie ich mir nun bewusst wurde, dass ich mit der Fixierung an meinem Kränkungsgefühl den Teil von mir blockierte, der Frau A verstehen wollte, begann ich zu ahnen, dass in ihrem Vorwurf, sie alleine zu lassen, eine wahre Mitteilung steckte. In ihrem Erleben ließ ich sie in ihrer Unfähigkeit, mit destruktiven Enttäuschungs-, Hass- und Neidempfindungen zurecht zu kommen und der dadurch erzeugten inneren Not und Angst alleine. Sie reagierte darauf mit Abspaltung ihres destruktiv-infantilen Selbst. Gerade diese Spaltungsabwehr machte es unsinnig, den Abwehrvorgang direkt anzusprechen. Frau A und ich kannten diese Erfahrung, dass sie intellektuell etwas einsah, es aber emotional nicht nachvollziehen konnte, so dass Deutungen aus der Übertragung heraus oft nur einen hypothetischen Wert für sie hatten. Sie hätte mir sicher zugestimmt, dass sie ihre Enttäuschungswut abwehrte, aber sie hätte dazu kein authentisches Empfinden von Aggression in sich selbst gespürt.

Frau A begann nun, sich Gedanken um mich zu machen. Sie war sich sicher, dass ich sie nicht mag, wenn sie eine Analysandin ist, bei der sich nichts tut, sich nichts entwickelt und die so schwierig und so enttäuschend ist. Sie klagte darüber, sich unsicher, ängstlich und misstrauisch zu erleben. Ich konnte den Impuls, sie zu beschwichtigen, indem ich zum Beispiel auf die fruchtbaren Phasen unserer gemeinsamen Arbeit verwiesen hätte, oder mich zu beschwichtigen, indem ich eine narzisstische Größenvorstellung, dass ich so eine schwierige Analysandin schon vertragen könnte, widerstehen, so dass es mir möglich wurde, das, was von ihr kam, in mir aufzunehmen und als etwas, was Frau A und mich verband, in einer Deutung auszudrücken. Ich deutete, dass sie befürchtete, mich als einen Analytiker zu erleben, der sein Nicht-Mögen verleugnet und dem sie deswegen nicht gänzlich trauen kann, weil sie unsicher sei, wo sein Nicht-Mögen bleibt und ob es sich nicht unerwartet oder stillschweigend gegen sie wenden könnte. Sie antwortete, dass es ganz verständlich sei, wenn man sich über jemanden ärgert, der es einem schwer macht, sich helfen zu lassen. Sie kenne das aus ihrer eigenen beruflichen Tätigkeit. Anschließend sprach sie davon, dass es ihr weh tue und dass sie enttäuscht sei, sich immer wieder so abhängig und bedürftig von mir zu erleben, obwohl sie schon so lange Analyse bei mir machte. Das würde sie hoffnungslos und gleichgültig machen. Danach kritisierte sie sich erneut, dass sie keine ergiebige Analysandin sei. Ich deutete nun, dass sie vielleicht Angst habe, dass ich ihre Enttäuschung über mich nicht vertragen, böse auf sie werden und mich von ihr abwenden könnte, und dass sie aus dieser Angst heraus, lieber die Enttäuschung und Kritik auf sich nehmen würde, als mich zu verlieren.

Diese Deutung aus der Gegen-Deutung heraus, mit der ich ihr destruktiv-narzisstisches Selbst als einen Teil meines angegriffenen narzisstischen Selbst als Analytiker ausdrücken konnte, ermöglichte Frau A nun, sich vorsichtig damit zu beschäftigen, wie sie durch die Anpassung an die Wunschvorstellungen der idealisierten Mutter Enttäuschungskonflikten ausgewichen war und welche Rolle ihre Angst vor dem Verlassenwerden dabei gespielt hatte. Mittels der Deutung aus der Gegen-Deutung heraus konnte der tendenzielle Stillstand des analytischen Prozesses am Punkt eines intensiven destruktiv-narzisstischen Widerstandes überwunden und eine stärker durch Entwicklung geprägte Analysephase eingeleitet werden.

6 Schlussbemerkung

In der Deutung von der Gegen-Deutung her wird das Konflikthafte des Analysanden als Teil des Analytikers, wie ihn der Analysand wahrnimmt, formuliert, ohne bereits den projektiven und den perceptiven Gehalt der Wahrnehmung des Analysanden zu problematisieren. Die unbewusste Konflikthaftigkeit ist dann etwas Verbindendes zwischen Analytiker und Analysand, was im Möglichkeitsraum zwischen Analysand und Analytiker lokalisiert (Winnicott 1979) ist, und nicht etwas Trennendes wie bei der herkömmlichen Deutung aus der Übertragung heraus, die das Konflikthafte primär im Analysanden fixiert, während der Analytiker konfliktfrei erscheint. Insbesondere bei narzisstisch erkrankten Analysanden, die auf herkömmliche Deutungen empfindlich reagieren und zu malignen Gegen-Deutungen neigen, kann die Deutung aus der Gegen-Deutung heraus eine Möglichkeit darstellen, mit dem Analysanden in seiner Verletzlichkeit emotional in Kontakt zu bleiben. Dies scheint mir nur mit einer analytischen Haltung möglich, die den Mythos, die Analyse sei eine Angelegenheit zwischen einem Kranken und einem Gesunden (Racker 1982), nicht fortschreibt, sondern toleriert, dass der Analytiker immer auch mit seinem eigenen konflikthaften Unbewussten involviert ist.

In Anknüpfung an das Thema unserer Tagung kann man sagen: Das Unbewusste des Analytikers ist gerade dann 'Da', wenn er glaubt, dass es 'Fort' sei, und es strukturiert sich in ihm über die 'Bindfadenspule', die der Analysand als inneres Objekt für den Analytiker im Wechselspiel von Deutung und Gegen-Deutung, von Introjektion und Projektion darstellt. Sich als inneres Objekt des Analytikers zu erfahren, kann dabei für einen Analysanden eine auf anregende Weise verunsichernde Erfahrung sein. Sie wird von Lily Brett (1999) in ihrem autobiographisch geprägten Roman "Einfach so" beschrieben. Ihre Protagonistin Esther hatte eine verwirrende Analysestunde, weil ihre Analytikerin das gleiche Parfum wie sie benutzte und Esther so etwas wie eine Fusion erlebte. Darauf angesprochen, antwortete ihre Analytikerin ohne Scham und Schuldgefühl: "Auch in mir gibt es das Unbewusste". Ergänzend hätte sie fortführen können: "Und Sie sind ein Teil davon".

Literatur

Abraham, K. (1919): Über eine besondere Form des neurotischen Widerstandes gegen die psychoanalytische Methodik. In: Abraham, K. (1982) Gesammelte Schriften Band 1., Frankfurt a. M., Fischer, S. 276-283.

Aron, L. (1991): The patient's experience of the analysts subjectivity. In: Psychoanal. Dial. 1: S. 29-51.

Aron, L. (1992): Interpretation as expression of the analysts subjectivity. In: Psychoanal. Dial. 2: S. 475-507.

Bion, W. R. (1992): Elemente der Psychoanalyse. Frankfurt a. M., Suhrkamp

Brett, L. (1999): Einfach so. Frankfurt a. M., Suhrkamp.

Feldman, M. (1999): Projektive Identifikation: Die Einbeziehung des Analytikers. In: Psyche 53, S. 991-1014.

Freud, S. (1912): Ratschläge für den Arzt bei der psychoanalytischen Behandlung. In: Gesammelte Werke Band 8, S. 375-387.

Freud, S. (1913): Die Disposition zur Zwangsneurose. In: Gesammelte Werke Band 8, S. 442-452.

Freud, S. (1915): Das Unbewusste. In: Gesammelte Werke Band 10, S. 264-303.

Glasser, M. (1982): Problems in the psychoanalysis of certain narcissistic disorders. In: Int. J. Psychoanal. 73: S. 493-503.

Glasser, M. (1998): On violence: A preliminary communication. In: Int. J. Psychoanal. 73: S. 887- 902.

Grabska, K. (2002a): Zur Gewalt der Deutung – Über Destruktivität in der analytischen Methode. In : Schlösser, A.-M.; Gerlach, A. (Hg.) Gewalt und Zivilisation. Erklärungsversuche und Deutungen. Gießen, Psychosozial-Verlag 2002, S. 617-635.

Grabska, K. (2002b): Deutung als Trauma-Objekt. Unveröffentlichter Vortrag, gehalten in der DPG-Arbeitsgruppe Bremen am 07.02.2002 und in der DPG-Arbeitsgruppe Hamburg am 24.04.2002.

Green, A. (1971): The unbinding process. In: Green, A. (1986): On private madness. London, Karnac, S. 331-359.

Green, A. (1979): Das Schweigen des Psychoanalytikers. In: Green, A. (2000) Geheime Verrücktheit. Grenzfälle der psychoanalytischen Praxis, Gießen, Psychosozial-Verlag, S. 215-250.
Green, A. (2001a): Life narcissism, death narcissism. London, Free Association.
Green, A. (2001b): Todestrieb, negativer Narzissmus, Desobjektalisierungsfunktion. In: Psyche 55, S. 869-877.
Hoffman, I. Z. (1983): The patient as Interpreter of the analyst's experience. In: Contemp. Psychoanal. 19, S. 389-422.
Loewald, H. W. (1986): Transference – Countertransference. In: J. Amer. Psychoanal. Assn. 34, S. 275-287.
Levenson, E. A. (1993): Shoot the Messenger – Interpersonal aspects of the analyst interpretations. In: Contemp. Psychoanal 29, S. 383-396.
Mitrani, J. L. (2001a): Ordinary people and extra-ordinary protections. London (Brunner-Routledge).
Mitrani, J. L. (2001b): 'Taking the transference': Some technical implications in three papers by Bion. In: Int. J. Psychoanal 82: S. 1085-1104.
Money-Kyrle, R. (1956): Normale Gegenübertragung und mögliche Abweichungen. In: Bott Spillius, E. (Hg.) (1991): Melanie Klein Heute. Band 2: Anwendungen. München, Wien, Internationale Psychoanalyse, S. 29-44.
O'Shaugnessy, E. (1992): Enklaven und Exkursionen. In: O'Shaugnessy, E. (1998) Kann ein Lügner analysiert werden? Tübingen, edition diskord, S. 105-125.
Pontalis,J.-B. (1975): Ausgehend von der Gegenübertragung: Totes und Lebendiges verflochten. In: Pontalis, J.-B. (1998): Zwischen Traum und Schmerz. Frankfurt a. M., Fischer, S. 184-206.
Racker, H. (1982): Übertragung und Gegen-Übertragung. München, Ernst Reinhardt.
Rosenfeld, H. (1971a): Zur Psychopathologie psychotischer Zustände: Die Bedeutung der projektiven Identifizierung für die Ich-Struktur und die Objektbeziehungen des psychotischen Patienten. In: Bott Spillius, E. (Hg.) (1990): Melanie Klein Heute. Band 1, Beiträge zur Theorie. München, Wien, Internationale Psychoanalyse, S. 148-173.
Rosenfeld, H. (1971b): Beitrag zur psychoanalytischen Theorie des Lebens- und Todestriebes aus klinischer Sicht: Eine Untersuchung der aggressiven Aspekte des Narzissmus. In: Bott Spillius, E. (Hg.) (1990): Melanie Klein Heute. Band 1, Beiträge zur Theorie. München, Wien, Internationale Psychoanalyse, S. 299-319.
Rycroft, Ch. (1958): An enquiry into the function of words in the psychoanalytical situation. In: Int. J. Psychoanal. 39: S. 408-415.
Sandler, A.-M. (1983) Dialog ohne Worte. Nicht-verbale Aspekte der psychoanalytischen Interaktion In: Psyche 37, S. 701-714.
Sandler, J.; Sandler, A.-M. (1999) Innere Objektbeziehungen. Stuttgart, Klett-Cotta.

Searles, H. (1973a): Concerning therapeutic symbiosis: The patient as symbiotic therapist, the phase of ambivalent symbiosis and the role of jealousy in the fragmented ego. In: Searles, H. (1999) Countertransference and related subjects. Madison/Connecticut, Int.University Press, S. 172-191.
Searles, H. (1973b): The patient as therapist to his analyst. In: Searles, H. (1999) Countertransference and related subjects. Madison/Connecticut, Int. University Press, S. 380-459.
Steiner, J. (1998): Orte seelischen Rückzuges. Stuttgart, Klett-Cotta
Winnicott, D. W. (1979) Vom Spiel zur Kreativität, Klett-Cotta.

Der analytische Prozess in Psychoanalyse und Psychotherapie:

Von der interpersonellen zur intrapsychischen Ebene

Alain Gibeault

1 Einleitung

Auf einer Tagung in Budapest 1918 mit dem Tagungsthema "Über neue Wege der psychoanalytischen Technik" stellte Freud fest: "Wir werden auch sehr wahrscheinlich genötigt sein, in der Massenanwendung unserer Therapie das reine Gold der Analyse reichlich mit dem Kupfer der direkten Suggestion zu legieren, und auch die hypnotische Beeinflussung könnte dort wie bei der Behandlung der Kriegsneurotiker wieder eine Stelle finden. Aber wie immer sich auch diese Psychotherapie fürs Volk gestalten, aus welchen Elementen sie sich zusammensetzen mag, ihre wirksamsten und wichtigsten Bestandteile werden gewiss die bleiben, die von der strengen, der tendenzlosen Psychoanalyse entlehnt worden sind" (Freud 1919, S. 195f).

Mit diesen Bemerkungen formulierte Freud seine Sicht der Diskussion über die Beziehung zwischen Psychoanalyse und Psychotherapie. Die Frage, die er aufwarf, ist die folgende: Könnte die Unterscheidung zwischen beiden Ansätzen eine mögliche Entartung der Psychoanalyse und ihrer Technik zur Folge haben durch die Annahme eines Kompromisses, durch den sie ihre spezifische Besonderheit einzubüßen droht?

Das Verhältnis zwischen Psychoanalyse und Psychotherapie stößt zunächst auf eine semantische Schwierigkeit insofern, als die Begriffe in unterschiedlicher Bedeutung benutzt werden. Es ist relativ einfach zwischen psychoanalytischer und nichtanalytischer Psychotherapie zu unterscheiden, da sich das Spezifische der "analytischen Technik" mit den Auswirkungen des unbekannten und unbewussten Teils psychischen Lebens befasst, ausgehend von einer Methode, die durch die freie Assoziation und der Regel, Handlung durch Sprache zu ersetzen sowie durch Abstinenz von realer Befriedigung gekennzeichnet ist. Dies schließt jegliche therapeutischen Techniken aus, die auf Suggestion, Hypnose, pädagogischen Maßnahmen oder Manipulation beruhen.

Während die Unterscheidung zwischen innerer und äußerer Realität grundsätzlich leicht zu treffen ist, so zeigt die Geschichte der Psychoanalyse, dass es nicht immer einfach war, die Besonderheiten des psychoanalytischen Ansatzes zu bewahren und nicht in die äußere Realität des Patienten einzugreifen. Dies betrifft im Besonderen die Beziehung zwischen Psychoanalyse und psychoanalytischer Psychotherapie. Es ist noch nicht lange her, dass die Unterscheidung zwischen diesen beiden Ansätzen – und die Texte Freuds beweisen dies – auf diesen Unterschied zwischen innerer und äußerer Realität zurück geführt wurde: Während die Psychoanalyse die fundamentalen Prinzipien Freuds respektiert, erschien die psychoanalytische Psychotherapie manchmal wie eine weniger strenge Technik, die erzieherische und manipulative Ansätze zuließ und die Entdeckungen Freuds infrage stellte.

Wenn wir auf diese – an dem Gegensatz von innerer und äußerer Realität orientierte – Unterscheidung zwischen Psychoanalyse und psychoanalytischer Psychotherapie verzichten, dann bleibt die weitere Möglichkeit, uns auf *äußere* Kriterien zu beziehen, die technischen Parametern entsprechen: Frequenz, Dauer der Sitzungen und Behandlung im Liegen oder im Gegenüber. Aber wir wissen, dass dies zu einer ungenauen Definition von Psychoanalyse führt. Eine dreistündige Analyse auf der Couch gilt in Frankreich als Psychoanalyse, in Großbritannien als analytische Psychotherapie. In Frankreich verweist eine geringere Sitzungsfrequenz (eine oder zwei Sitzungen pro Woche) auf Psychotherapie; in Großbritannien setzt Psychoanalyse eine hohe Frequenz (vier bis fünf Sitzungen pro Woche) unbedingt voraus.

Man weiß von Freud, dass er Psychoanalyse an sechs Tagen in der Woche ausführte und erst sehr spät dazu bereit war, Analysen in fünf Sitzungen pro Woche durchzuführen, um einem ausländischen Kollegen einen Analyseplatz anbieten zu können. Die einzige Möglichkeit hierfür war andere Patienten zu bitten, ihre Sitzungsfrequenz von sechs auf fünf zu reduzieren, der sie zustimmten!

In Ermangelung befriedigender *äußerer* Kriterien kann man nun versuchen, *intrinsische* Kriterien zu definieren, die sich an den Zielen analytischer Arbeit orientieren. Die Psychoanalyse gründet sich auf die Entwicklung und Auflösung einer regressiven Übertragungsneurose durch Deutung in einer Haltung technischer Neutralität. Aber diese enge Definition berücksichtigt nicht die inzwischen erweiterten Ziele der Psychoanalyse und deren Anwendung auf andere psychopathologische Konstellationen als die der "Übertragungsneurosen".

Meines Erachtens werden aber durch eine erweiterte Definition von Psychoanalyse die Grenzen zwischen Psychoanalyse und Psychotherapie zunehmend verwischt, und das könnte zu einer zirkelschlussartigen Definition führen: "Psychoanalyse ist, was ein Psychoanalytiker macht".

Die Diskussion über Psychoanalyse/Psychotherapie erfordert somit eine Reflexion über die Dialektik zwischen analytischem Rahmen und analytischem Prozess. Also: welche Mittel für welche Ziele? Auch wenn für Freud die Genesung als letztendliches Ziel galt, so wissen wir, dass sich diese in der neu- oder wiedergewonnenen Fähigkeit zu lieben und zu arbeiten äußerte. Er war jedoch sofort misstrauisch bei jeder "Flucht" in die Gesundheit durch schnelle Symptombefreiung, bei der die "unbewusste Verursachung" völlig außer Acht gelassen wurde. Daher die Wichtigkeit, die den topographischen, dynamischen und ökonomischen Aspekten beigemessen wird und die die metapsychologische Herangehensweise an psychische Phänomene charakterisiert.

Im Laufe seiner Werke verschob sich der Akzent bei Freud selber: Drehte es sich im Zusammenhang seines ersten topographischen Modells noch darum, Unbewusstes bewusst zu machen, so hat er mit der Weiterentwicklung seiner Auffassungen auch die Begriffe modifiziert. Später heißt es: "Wo Es war soll Ich werden" (Freud 1933, S. 86). In beiden Fällen liegt die Betonung auf einer zirkulären Verbindung zwischen den psychischen Systemen dank der Aufhebung der Verdrängung. Man weiß auch, dass diese Weiterentwicklung der Freudschen Theorie auf der Entdeckung der unbewussten Ich-Widerstände gegen jegliche Veränderung beruht, "es sind Widerstände nicht nur gegen die Bewusstmachung der Es-Inhalte, sondern auch gegen die Analyse überhaupt und somit gegen die Heilung" (Freud 1937b, S. 85). So wies Freud auf die unbewussten Hindernisse der Genesung hin, die sich u.a. in der negativen therapeutischen Reaktion zeigten. Gleichermaßen betonte er nicht nur den Widerspruch, sondern auch die Verbindung zwischen Erkenntnis und Genesung in der Psychoanalyse.

Doch zeigt die Entwicklung von Freuds Gedanken bezüglich der mutativen Deutung, dass die Rolle der Suggestion nicht immer so offenkundig war, wie es anfangs bei der Unterscheidung zwischen Psychoanalyse und Psychotherapie schien. In "Erinnern, Wiederholen, Durcharbeiten" (1914) betonte er, dass die Wirkung der Deutung nicht allein durch die magischen Aspekte der Übertragung, insbesondere der positiven Übertragung verstärkt wird, sondern auch dadurch, dass sie sich auf die Übertragung selbst und die Übertragungswiderstände richtet. In "Konstruktionen in der Analyse" (1937a) gesteht er der "Überzeugung" des Patienten von der Konstruktion eine wichtigere Rolle zu als der der Erinnerung in der Rekonstruktion. Man kennt die wichtige Passage: "Oft genug gelingt es nicht, den Patienten zur Erinnerung des Verdrängten zu bringen. Anstatt dessen erreicht man bei ihm durch korrekte Ausführung der Analyse eine sichere Überzeugung von der Wahrheit der Konstruktion, die therapeutisch dasselbe leistet wie eine wiedergewonnene Erinnerung. Unter welchen Umständen dies geschieht und wie es möglich wird, dass ein scheinbar unvollkommener Ersatz doch die volle Wirkung tut, das bleibt Stoff für spätere Forschung" (Freud 1937a, S. 53). Man versteht Freuds Verblüffung, weil dies in gewisser Weise eine Rückkehr zu seinen ersten Vorstellungen über die Kraft der Suggestion bedeutet, denen er zu entkommen versuchte. Folglich entsteht hier Verwirrung über das reine Gold der Psychoanalyse und das Kupfer der Psychotherapie.

Man könnte die Frage auch folgendermaßen formulieren: Korreliert die Übertragungs-/Gegenübertragungsbeziehung mit einer *interpersonellen Beziehung* im *Hier und Jetzt* und dem Ziel, eine narrative Wahrheit auf der Basis der Suggestionskraft zu konstruieren, die es dem Patienten ermöglicht, einen Zusammenhang und eine psychische Kontinuität wiederherzustellen? Oder geht es mehr um eine Beziehung mit *intrapsychischer Dimension*, um die Rekonstruktion einer historischen Wahrheit, die den Zugang zu den Objekten aus der Vergangenheit ermöglicht und so die psychische Realität des Patienten in einer materiellen Realität verankert? Im ersten Fall droht die Unterscheidung zwischen Psychoanalyse und Psychotherapie zu verwischen, im anderen bleibt sie durch die angestrebte Öffnung gegenüber der Vergangenheit erhalten.

Auch wenn diese Debatte ihre Wurzeln in der Gedankenentwicklung von Freud hat, so ist sie tatsächlich mitten im theoretischen und technischen Pluralismus zu finden, der momentan die analytische Gemeinde teilt, besonders in den USA. Diese Themen sind Gegenstand meiner Ausführungen. Dabei möchte ich zunächst einen persönlichen Gedankenaustausch zwischen Otto Kernberg und mir erwähnen, dann eine Podiumsdiskussion über "Die Ziele der Psychoanalyse" während der Jahrestagung der Amerikanischen Psychoanalytischen Gesellschaft 1999, an der ich teilgenommen habe, und zum Schluss richtet sich mein Interesse auf die Verbindung zwischen dem Interpersonellen und dem Intrapsychischen mit dem Versuch, das Besondere von Freuds Entdeckungen aufrechtzuerhalten und gleichzeitig die Variationen psychoanalytischer Technik, die sich aufgrund unterschiedlicher psychischer Organisationsformen notwendig entwickelt haben, zu berücksichtigen.

2 Otto Kernberg: Aktuelle Kontroverse zwischen Psychoanalyse und Psychotherapie

In einem kürzlich erschienen Artikel, "Psychoanalyse, psychoanalytische Psychotherapie und supportive Psychotherapie" (1999) diskutiert Otto Kernberg die Unterschiede zwischen Psychoanalyse und Psychotherapie ausgehend von drei Parametern: einem allgemeinen, einem klinischen und einem pädagogischen. Er unterstreicht dabei berechtigterweise den politischen Aspekt in dieser Fragestellung, besonders hinsichtlich der Beziehung zwischen den psychoanalytischen Gesellschaften und den psychotherapeutischen Vereinigungen. Er stellt aber bewusst diese Frage zurück, um sich auf die theoretischen und klinischen Schwerpunkte zu konzentrieren.

Kernberg hebt hervor, dass es in Frankreich schwieriger sei, Unterschiede auszumachen aufgrund der größeren Flexibilität der Analytiker und der Ausweitung der psychoanalytischen Technik auf klinische Fälle außerhalb des klassischen Behandlungsfalles, und dass dies die Identität des Analytikers infrage stellen könne. Unter diesem Gesichtspunkt hätten die Franzosen und die Independent Group der Britischen Gesellschaft Gemeinsamkeiten, was korrekt ist, da die französischen Psychoanalytiker stark vom Werk Winnicotts beeinflusst wurden. Bekanntlich legte dieser großen Wert auf den *inneren Rahmen* des Analytikers, insbesondere auf die Fähigkeit zu spielen – unabhängig vom äußeren Setting. Aus dieser Perspektive sind die Grenzen zwischen Psychoanalyse und psychoanalytischer Therapie verwischt. Aber ich glaube trotzdem nicht, dass diese Konfusion die Identität des Analytikers infrage stellt, da es innerhalb der französischen Psychoanalyse vollkommen klar ist, dass es theoretische und klinische Unterschiede zwischen Psychoanalyse und psychoanalytischer Psychotherapie gibt.

2.1 Zur Theorie des Psychoanalytischen Prozesses

Man muss nämlich den analytischen Prozess als *Einheit* begreifen, die die verschiedenen therapeutischen Modalitäten umfasst. Diese Einheit des psychoanalytischen Prozesses beruht auf der Vorstellung mentalen Funktionierens, die Freud, ausgehend von dem Modell der Befriedigungserfahrung des Kindes an der Brust, konzeptualisiert hat. Wie man weiß, basieren diese Überlegungen auf dem Traumerleben und der Idee von der Befriedigung in der Halluzination. Sie sind deshalb durch Erfahrung nur schwer verifizierbar. Im Rahmen dieser Sichtweise löst Triebstimulation automatisch Angst aus, die in Verbindung mit Vorstellungen (Wort- und Sachvorstellungen) eine Umwandlung zur Signalangst erfährt, während die Tendenz zur Triebentladung die Lust am Phantasieren und Denken begründet.

Dieses Modell mentalen Funktionierens, bei dem es darum geht, Erregung in Vorstellungen und Symbolen zu binden, bestimmt die Behandlungsziele, die angewandte Behandlungstechnik sowie die Indikationen und Kontraindikationen der verschiedenen therapeutischen Ansätze.

2.2 Behandlungsziele

Nach Otto Kernbergs Auffassung sind die jeweiligen Behandlungsziele von Psychoanalyse und psychoanalytischer Psychotherapie einerseits bestimmt durch die Möglichkeit einer grundlegenden strukturellen Reorganisation, die es erlaubt, den verdrängten oder abgespaltenen Konflikt ins bewusste Ich zu integrieren, und andererseits durch eine teilweise Reorganisation der psychischen Struktur im Zusammenhang mit bedeutsamen symptomatischen Änderungen. Hier könnten Symptomlinderung, Verhaltensänderungen und Reorganisation des persönlichen Lebens Behandlungsziele sein; aber Kernbergs Überlegungen, die von ihm im Kontext des Strukturmodells formuliert wurden, fokussieren mehr auf den analytischen Prozess als solchem (process-goals).

Ohne im Widerspruch zu dieser Sichtweise zu stehen, liegt der Schwerpunkt der anderen Herangehensweise darin, an den psychischen Repräsentanzen zu arbeiten. Sie gehört mehr in den Kontext des ersten, von der Regression im Traum ausgehenden topographischen Modells. Wenn man Freud folgend die Situation Couch/Stuhl als das Paradigma des psychoanalytischen Settings ansieht, muss man feststellen, dass der mutative und therapeutische Wert der Deutung allein aus der Tatsache bezogen wird, dass die Deutung in einem formalen Rahmen gegeben wird, der bekanntlich seine Wurzeln in der Hypnose hat. Die Aufhebung der visuellen Wahrnehmung und der Motorik schafft die Voraussetzungen für Regression in all ihren Aspekten: topisch, formal und zeitlich.

Was heißt das? Bekanntlich hat die halluzinatorische Dimension im Traum die Entwicklung der psychoanalytischen Theorie entscheidend mit in Gang gesetzt. Ausgehend vom Beispiel der Befriedigungserfahrung des Kindes an der Brust entwickelte Freud die These von der regressiven halluzinatorischen Wunscherfüllung im Traum, die dem psychoanalytischen Konzept mentalen Funktionierens zugrunde liegt. Ohne sie mit der Regression im Traum gleichsetzen zu wollen, erlaubt die Regression in der analytischen Situation dennoch, zu diesem Ausgangspunkt psychischen Funktionierens zurückzukehren und möglicherweise die von ihm ausgehende Dynamik wieder aufzunehmen.

Entsprechend Freuds Traumtheorie (Freud 1900) handelt es sich um eine Situation, in der die Regression *topisch* ist, denn im Funktionieren des psychischen Apparates findet die unbewusste Erregung keine Abfuhr in der Motilität, demzufolge ist der Ausweg die Wiedererinnerung bis zur Halluzination. Es handelt sich aber auch um eine *formale* Regression, da die Rückblende eine Änderung im psychischen Material annimmt, einen Übergang von der Identität des Denkens zur Identität der Wahrnehmung, d.h. vom Gedanken zum erinnerten bzw. halluzinierten Bild. Die Grundregel, die zu Beginn der Analyse formuliert wird, alles zu sagen, was einem im Laufe der Sitzung in den Sinn kommt, also die Methode der freien Assoziation, setzt folglich voraus, dass gleichzeitig mit zwei Arten psychischen Funktionierens gearbeitet wird, dem des Tages, dem Prinzip der Denkidentität, und dem der Nacht, der Identität der Wahrnehmung, die mit einer eigenartigen Unruhe und einem Gefühl von Kontrollverlust einher geht.

Von diesem Gesichtspunkt aus erscheint die analytische Arbeit wie eine progressive Integration der formalen und topischen Regression, wobei die gefundenen Konflikte und Lösungen dazu dienen, die hervorgerufene Angst zu bewältigen.

Ob topisch oder formal, die Regression ist zugleich auch eine *zeitliche* und zwar in dem Maße, wie die Bedingungen der assoziativen Arbeit sie hervorrufen. Dieses Wiedererleben der Vergangenheit vollzieht sich in drei Arten, denn diese zeitliche Regression kann zugleich *objektgerichtet*, *libidinös* und *narzisstisch* sein. Sie umfasst eine Rückkehr zu den primären Objekten und zur primären libidinösen Organisation bis hin zum primären Narzissmus. Regressive Bewegungen werden beschrieben wie eine Rückkehr in ein früheres Sein, nach den frühesten und ursprünglichsten Wünschen. Die analytische Situation schickt das Subjekt also auf diese Suche nach dem Absoluten, welches das menschliche Dasein bewegt, oder gibt eine Ahnung von der umfassend befriedigenden Vereinigung mit sich selbst und mit dem anderen. So gerät das Individuum durch den analytischen Prozess in einen Konflikt, wo es darum geht, auf verschiedene Arten mit dieser Versuchung und dieser Sehnsucht nach der absoluten Befriedigung umzugehen. Es ist jedoch wichtig festzustellen, dass die zeitliche Regression und die Wiederbegegnung des Patienten mit seiner Vergangenheit erst auf der Basis der topischen und formalen Regression möglich wird. Anders ausgedrückt: Sie ist abhängig von der Fähigkeit des Patienten, mit vorbewusstem Material und Repräsentanzen zu arbeiten.

2.3 Behandlungstechniken

Wenn wir uns jetzt der Behandlungstechnik zuwenden, die in der Psychoanalyse und der Psychotherapie angewendet wird, so kann man nach Kernberg drei wesentliche Aspekte der psychoanalytischen Methode unterscheiden: die Interpretation, die Übertragungsanalyse und die technische Neutralität (Kernberg 1999, p 1079). Man könnte das analytische Setting, das wesentlich mit dem analytischen Prozess verbunden ist, hinzufügen.

a. Die Interpretation:

Bei diesem Ansatz, der seine Wurzeln in der Ich-Psychologie hat, beinhaltet die Technik der Interpretation die *Klarifikation* bewusster und unbewusster Erfahrungen des Patienten, die *Konfrontation* mit seinem verbalen und nicht-verbalen Verhalten und die *Deutung* der unbewussten Bedeutung dieses Materials – zunächst im Hier und Jetzt, dann in der Vergangenheit. In der psychoanalytischen Psychotherapie sind die technischen Mittel dieselben, aber "mit quantitativen Modifikationen, die durch ihre wechselseitigen Kombinationen einen qualitative Veränderung in der Natur der Behandlung ausmachen" (Kernberg 1999, S. 1080). In der psychoanalytischen Psychotherapie misst Kernberg der Klarifikation und der Konfrontation eine größere Bedeutung bei als der eigentlichen Deutung, und auch die Deutung im *Hier und Jetzt* ist ihm wichtiger als die Deutung der Vergangenheit.

Wenn man nun die Deutung im Kontext der Regression betrachtet, so ergeben sich zwei *Ziele*: Bei Patienten, die in der Lage sind, formale und topische Regression zu erfahren, also bei denjenigen, bei denen eine Psychoanalyse indiziert ist, richtet sich die Deutung auf vorbewusstes Material, das sie nach den Prinzipien von Verdichtung und Verschiebung zu enträtseln sucht, um gleichermaßen Analytiker und Analysand in Erstaunen zu versetzen und Assoziationsketten auszulösen. In diesem Fall wird die Deutung oft *andeutend* sein, sich in den "Assoziationsfluss" einfügen und die Entwicklung von Vieldeutigkeit ermöglichen (vgl. auch Duncan 1989, dessen Sichtweise der französischen Psychoanalyse nahe ist). Im Gegensatz hierzu steht der Deutungstyp, der die Erklärung zur Grundlage hat (l'interprétation-explication) und möglicherweise klarer in seiner Bedeutung ist. Er richtet sich mehr an das System Wahrnehmung-Bewusstsein und unterbricht eher den Assoziationsfluss. Beim ersten Deutungstyp sind Klarifikation und Konfrontation weniger bedeutsam als die Deutung an sich, die allein Zugang zu den verdrängten unbewussten Bedeutungsinhalten ermöglicht.

Patienten, die nicht in der Lage sind, ihr Vorbewusstes zu nutzen und somit formale und topische Regression nicht erfahren, können sich oft keine Situation ohne Agieren vorstellen. Hier wird es wichtig, ihnen statt des Agierens eher eine reziproke Bebilderung der agierten Impulse zu ermöglichen. Der Analytiker muss verstehen, dass diese Patienten sich eine Situation nicht vorstellen können, und dann den Wunsch haben, die Situation herbeizuführen, um sie sich vorstellen zu können. Das Bild wird so zum Medium für die Worte und sichert die Funktion, Erregung zu binden und die Tendenz zum gewaltsamen Agieren zu transformieren, sei es in motorische Aktivität, in Sprache oder in Körperliches. So entsteht eine gemeinsame Realität, die losgelöst von der Herkunft und dem Ursprung der Affekte sein kann und doch einen erträglichen Ersatz für das Agieren darstellt. Dies sind Otto Kernbergs Grundgedanken, wenn er Metaphern gebraucht, um primitive Objektbeziehung durchzuarbeiten.

Die Unfähigkeit, formale Regression des Denkens zu gebrauchen, spricht mehr für die Behandlung im Gegenübersitzen oder für Psychodrama als für eine Behandlung auf der Couch.

Drohender Verlust der Fähigkeit, auf ein Objekt übertragen zu können, ist zugleich eine Bedrohung durch Nicht-Repräsentation und wird – ähnlich wie beim Trauma – als ein gewaltsames Ausmaß von Erregung erlebt. Deshalb ist es notwendig, Bilder in der Deutung zu verwenden oder auch im Spiel beim Psychodrama – als Vermittlungsfunktion in der Beziehung zwischen Analytiker und Patient. Diese Patienten sind unfähig, mit der Sprache zu spielen, d.h.

sich zu erlauben, alle Dinge auszusprechen, die ihnen einfallen und darüber auch erstaunt zu sein. Sie können deshalb auch die Deutung als solche nicht ertragen, ohne sie als gewaltsames Eindringen zu erleben. Diese Patienten brauchen die visuelle und motorische Stütze in der Behandlung im Gegenübersitzen, nicht so sehr um den nonverbalen Dialog zu fördern (Kernberg), sondern um die der psychoanalytischen Situation innewohnenden Gewalt leichter zu bewältigen (durch die Empfehlung, eher über Wünsche zu sprechen als sie auszuagieren), indem der Wahrnehmung ein größerer Stellenwert eingeräumt wird.

Im Gegenübersitzen ist es manchmal schwierig, die Position der technischen Neutralität durchzuhalten. Sie ist aber wichtig, um die Fähigkeit zum Phantasieren und zum Denken zu unterstützen. In dem Moment, in dem der Analytiker und der Patient dritte Objekte (Gesten, Bilder, Gedanken) gemeinsam betrachten und davon sprechen, entwickelt sich eine Kommunikation, die gestattet, die Gewalt der analytischen Situation, die der Patient erlebt, zu überwinden und den Prozess der Phantasietätigkeit und der Repräsentation zu fördern. Das Paar Analytiker/Patient lässt an das Bild von Perseus und Medusa denken: Perseus konnte den versteinernden Blick von Medusa vermeiden, indem er sie niemals direkt anblickte, sondern nur über ihr Spiegelbild (Pasche 1971).

b. Die Übertragungsanalyse:

Sofern die Patienten zur topischen und formalen Regression nicht wirklich in der Lage sind, kann die Übertragungsanalyse niemals systematisch durchgeführt werden, so wie es von Kernberg empfohlen wird, obwohl sie natürlich ein wichtiger Bestandteil der Arbeit bleibt. Der Deutungsprozess erfordert nicht die Entscheidung zwischen archaischem Material (prägenital und präödipal) und dem der reiferen Entwicklungsstufe (genital und ödipal), es handelt sich vielmehr darum, die drängenden Partialtriebe und den sie charakterisierenden Widerstreit zu analysieren und die dazugehörigen Wünsche zu integrieren. Die Angst ist die Folge unzureichender Bearbeitung dieses Widerspruchs und kann nicht angesehen werden, als sei sie durch einen Partialtrieb ausgelöst. Einige Analytiker (z.B. de M'Uzan 1996) gehen in ihren Überlegungen sogar davon aus, dass sich in einer klassischen Analyse psychische Veränderung auch ohne Bearbeitung der prägenitalen Konflikte entwickeln kann.

Der Unterschied zwischen der Psychoanalyse im Liegen und der Psychotherapie im Gegenübersitzen besteht auch nicht, wie Kernberg es vorschlägt, aus der unterschiedlichen Handhabung der Deutung, in dem einen Fall der Deutung der Vergangenheit, im anderen im Hier und Jetzt. In dem Moment, in dem auch in der Behandlung im Gegenübersitzen sich die Fähigkeit zur formalen Regression des Denkens entwickelt, wird auch die zeitliche Regression möglich und erlaubt Vergangenheitsdeutungen. Diese Arbeit im Gegenübersitzen erlaubt aber keine narzisstische Regression, die die Bearbeitung von Konflikten bezüglich Passivität und Ablehnung von Weiblichkeit besser ermöglicht, hier sind die Grenzen der psychoanalytischen Psychotherapie im Vergleich zur Psychoanalyse auf der Couch. Unter bestimmten Umständen kann es deshalb notwendig werden, das Setting vom Gegenübersitzen zum Liegen zu verändern.

c. Technische Neutralität:

Diese ist eine notwenige Voraussetzung für die Entwicklung des analytischen Prozesses, so dass es problematisch ist, die supportive Psychotherapie als psychoanalytisch zu bezeichnen. Wenn man so will, muss die psychoanalytische Therapie, um sie in ihrem wahren Wert zu erkennen, notwendigerweise von jeglicher Form der supportiven Psychotherapie unterschieden werden (wie auch Kernberg betont). Trotzdem zögert Kernberg nicht, auch der psychoanalytisch beeinflussten supportiven Psychotherapie eine Bedeutung beizumessen, auch wenn er die Notwendigkeit unterstreicht, sie von psychoanalytischer Psychotherapie zu unterscheiden, was viele amerikanische Kollegen nicht machen. Nach ihm benutzt die supportive Psychotherapie zwar Klarifikation und Konfrontation, aber nicht die eigentliche Deutung, die durch kognitive Unterstützung (Überzeugung, Ratschläge) und emotionalen Beistand (Suggestion, Beruhigung, Ermutigung und Lob) ersetzt wird. Die Übertragung wird nicht ignoriert, aber sie wird nicht gedeutet, und somit wird die Haltung technischer Neutralität systematisch verlassen. Kernberg ist der Auffassung, dass die supportive Psychotherapie vor allem bei schwerkranken Patienten indiziert sei, die seiner Meinung nach nicht von der analytischen Arbeit profitieren könnten.

d. Das analytische Setting:

Die Indikation für das Setting ist notwendigerweise mit dem Konzept des analytischen Prozesses eng verbunden. Die Couch, die

die visuelle Wahrnehmung und die Motorik vorübergehend aufhebt wie auch die Sitzungsfrequenz – drei bis fünf Stunden in der klassischen Psychoanalyse – begünstigt am besten die drei Formen der Regression entsprechend der Regression im Traum. Man kann jedoch auch die Sitzungsfrequenz überdenken, wenn man im Gegensatz dazu ein *taktisches* Analyseziel verfolgt (z.B. das von Kernberg oder das der Kleinianer), was eine sehr genaue Verfolgung jeder Übertragungsbewegung erfordert und ein Setting mit einer vier- bis fünfstündigen Sitzungsfrequenz empfiehlt. Oder man erstrebt ein *strategisches* Ziel mit der Analyse (das Modell Freuds), das auf einem Setting mit mindesten drei Wochenstunden basiert, Momente des Schweigens wahrt und periodisch Deutungen gebraucht entsprechend der Idee, dass man Zeit verlieren muss, um mehr davon zu gewinnen (de M'Uzan 1988).

In einem Konzept analytischer Therapie, das bessere Bedingungen für die Arbeit mit Repräsentanzen schaffen möchte als nur Klarifikation und Konfrontation anzustreben, kann eine Sitzungsfrequenz von einer Wochenstunde durchaus ins Auge gefasst werden, was Kernberg allerdings ausschließt. Dies Thema ist mehr ökonomisch als topographisch anzusiedeln, und es ist nicht selten, dass sich wichtige psychische Veränderungen auch mit einer Sitzungsfrequenz von einer Wochenstunde erzielen lassen. Eine höhere Sitzungsfrequenz von zwei bis drei Wochenstunden kann jedoch in bestimmten Situationen notwendig werden, um mit der Destruktivität mancher Patienten durch die größere Kontinuität und durch den fortlaufenden Rhythmus besser umgehen zu können.

Bei Patienten, die kaum einer analytischen Arbeit zugänglich sind, muss man aber auch nicht zwingend die technische Neutralität infrage stellen, so wie in der supportiven Psychotherapie. Um die Arbeit an den Repräsentanzen und Symbolisierungen zu ermöglichen, kann man z.B. eine individuelle Psychodramatherapie in Erwägung ziehen. Sie richtet sich an Patienten, die die Beziehung zu einem einzigen Therapeuten aufgrund zu großer Hemmung oder Erregung nicht ertragen. Übertragungsverschiebung sowie motorisches und verbales Agieren, was in der Einzelanalyse grundsätzlich als Widerstand gilt, dienen hier der Förderung formaler und topischer Regression bei Patienten, die sonst dazu nicht in der Lage wären.

Die Sitzungen finden einmal in der Woche statt und dauern eine halbe Stunde, was zunächst wenig erscheint. In der Realität bietet

Psychodrama den einzigartigen Vorteil für Patienten, die nicht sagen können: "Das war nur ein Traum." Hier können sie von gleichem Wert quasi als Kompromissbildung sagen: "Das war nur ein Spiel". Dank dieses Kompromisses gelingt es ihnen, ihre Wünsche und Affekte ohne die Angst vor Überwältigung wieder zu erleben, um sich schließlich wieder als authentisch erfahren zu können.

3 Interpersonelle Unterstützung und analytischer Prozess

Aus dieser Sicht ist die Übertragungserfahrung immer eine interpersonelle Erfahrung, in der die zwei Protagonisten der Behandlung gemeinsam etwas schaffen, was jedoch nur Sinn macht in Bezug auf die Ziele des intrapsychischen Prozesses. Die eigentliche Voraussetzung für diesen Prozess, der sich auf die technische Neutralität und die Abstinenzregel gründet, ist es, den Unterschied zwischen dem *Analytiker als Person* und dem *Analytiker in seiner Deutungsfunktion* zu wahren. Dies bedingt eine Asymmetrie zwischen dem Analytiker und dem Analysanden.

Der Verzicht auf die technische Neutralität zugunsten supportiver Techniken öffnete die Tür für Abweichungen in der interpersonellen Psychoanalyse, die sich in den letzten Jahren in den USA entwickelt hat. Es ist interessant zu beobachten, dass sich diese Analysekonzeption mit Argumenten rechtfertigt, die aus dem Kontext der post-kohutianischen Narzissmuspathologie und Selbstpsychologie stammen.

Für Alan Skolnikoff (1999) ist das Hauptziel der Analyse, die Interaktion mit dem Patienten zu vertiefen und eine wechselseitige Beziehung zu verwirklichen (Skolnikoff 1999). Faktisch leistet die Wahl einer supportiven Haltung also dieser interpersonellen Sicht Vorschub, die sich mehr auf Wechselseitigkeit und Symmetrie als auf die Asymmetrie in der analytischen Beziehung konzentriert.

Dieser interpersonellen Konzeption der Analyse liegt die Vorstellung zugrunde, dass die Gegenübertragung unverkennbar und die Subjektivität des Analytikers ein Protagonist im analytischen Abenteuer ist. Sicher kann man sie nutzen, selbst wenn es die Funktion des Dritten, des analytischen Settings, infrage stellt. Man sollte sich nur im klaren sein, dass dieses analytische Vorgehen das Durcharbeiten der Geschlechtsdifferenzen keineswegs erleichtert, im Unterschied zur traditionellen Konzeption, die an der Asymmetrie der Behandlungsbeteiligten festhält (Chasseguet-Smirgel 2000).

In der Psychoanalyse ist es jedoch von Bedeutung, immer eine Distanz zwischen einer analytischen Beziehung und einer Realbeziehung, wie sie sich in einer Liebes- oder Freundschaftsbeziehung darstellt, zu halten. Das bedeutet, dass wir die Grenzen unserer Ziele akzeptieren und den analytische Prozess von den Möglichkeiten der inneren Kreativität des Patienten ausgehend bewerten müssen und nicht von den konkreten Erfolgen in seinem persönlichen Leben, die er sich immer nach seiner Wahl zurechtlegen kann. Wenn sich der Analytiker nämlich nur mit den konkreten Resultaten beschäftigt, läuft er Gefahr, den Weg vom Ausgangspunkt zum Ankunftspunkt aus den Augen zu verlieren, dem nämlich, was nach Freud der psychischen Arbeit entspricht. Anders formuliert finden die interpersonellen Beziehungen ihre Spezifität nur dann, wenn sie mit den intrapsychischen Beziehungen verknüpft werden, die allein auf das Unbewusste, auf die Triebe und auf die infantile Sexualität hinweisen.

4 Narzisstische Pathologie: Interpersonelle und intrapsychische Aspekte

Aus dieser Sicht, die das Interpersonelle gegenüber dem Intrapsychischen bevorzugt, ist die autoritäre Position des Analytikers aufzugeben, wenn es darum geht, die Gegenseitigkeit bis zur Gegenübertragungsmitteilung zu betreiben, so wie es Owen Renik vorschlägt (z.B. einer Patientin zu sagen: "Ihr Kleid ist hübsch!" um sie ihrer Weiblichkeit zu versichern). Auch wenn man an einer analytischen Haltung, die die technische Neutralität infrage stellt, Kritik üben kann, so ist es nicht uninteressant, dass psychotische Patienten durch unvermeidliche reaktive Verhaltensweisen beim Analytiker Selbstenthüllungsprozesse auslösen können. Owen Reniks Betonung dieser Impulse des Analytikers sind von Interesse, vorausgesetzt, dass diese reaktiven Verhaltensweisen jedes Mal im Kontext der Gegenübertragung durchgearbeitet werden und so dem Patienten besser ermöglichen, Triebregungen und Affekte in den Repräsentanzen zu binden.

Hier sind einige kurze Beispiele: Eine Borderline-Patientin (Guedeney 1989) die schon mehrere Suizidversuche verübt hatte, kam eines Tages mit Photos in die Sitzung, die sie in einer blutgefüllten Badewanne zeigten, nachdem sie sich die Pulsadern aufgeschnitten hatte. Als Photographin hatte sie sich photographiert und wollte die Bilder ihrer Therapeutin zeigen. Diese weigerte sich die Bilder anzusehen und sagte, dass sie diesen Vorschlag anwidernd fände, was zunächst wie ein aggressiver Angriff auf die Patientin erscheinen mag. Tatsächlich hatte diese affektive Reaktion der Analytikerin jedoch einen echten Deutungswert, da sie die Perversität der Patientin enthüllte und ihr ermöglichte ihre Haltung in der Übertragung zu verstehen. Später fragte die Analytikerin die Patientin einmal, ob sie glaube nur wegen ihrer Heldentaten in Psychotherapie zu sein. Die Patientin bejahte dies und assoziierte zugleich eine Kindheitserinnerung: Ihre Mutter hatte immer die zunehmend gefährlicher werdenden Kopfsprünge ihrer Tochter gelobt, dies gab ihr das Gefühl, dass sie von anderen nur geliebt werden würde, wenn sie lebensgefährliche Aufführungen vollbrachte, die sie dann als Erwachsene immer wieder wiederholte. Durch die Grenzen, die ihr durch die Selbstenthüllung der Analytikerin aufgezeigt wurden, gelang es, die tödliche Wiederholung zu überwinden.

Eine sehr schwierige schizophrene Patientin (Roux 2000), die unter dem Zwang stand, sich gewaltsam selbst zu verletzen, fragte eines Tages ihre Analytikerin nach der Ursache dieser Attacken. Die Antwort der Analytikerin: "Ich weiß es nicht. Aber ich stelle fest, dass Sie sich nicht mehr attackieren, seitdem Sie mit mir über ihr Verhalten und ihr Leiden sprechen. Also frage ich mich, ob der Grund Ihrer Selbstangriffe darin liegen könnte, Gefühle mitzuteilen, die Sie anders nicht ausdrücken können." Später fragte die Patientin ihre Analytikerin einmal, ob sie gerne ein Kind hätte, das wie die Patientin sei. Die Analytikerin antwortete mit ziemlich ehrlichen Gefühlen: "Ich weiß nicht. Ich glaube eher nicht. Wenn ich daran denke, wie Sie gelitten haben, hätte ich lieber nicht ein Kind, das so viel leidet." Die Analytikerin bemerkte bei der Patientin ein flüchtiges zufriedenes Lächeln, und später konnte die Vorstellung bearbeitet werden, dass die Patientin deshalb krank geworden sei, weil sie als kleines Mädchen geglaubt habe, dass ihre Mutter sie nicht liebe.

Wenn die Absicht besteht, die eigenen Gefühle zu enthüllen, ist der Gebrauch der Negation wichtig: "Ich weiß nicht ...; ich frage mich ob ..." etc. Hierdurch zeigt sich sofort der notwendige Unterschied zwischen der Person des Analytikers und seiner analytischen Funktion. Dadurch wird das Durcharbeiten und die Rückkehr in die Vergangenheit ermöglicht. Nach Freud stellt die Verneinung eine teilweise Aufhebung der Verdrängung dar und fördert das Auftauchen von Vorstellungen; aus dieser Sicht bildet sie die Grundlage der Denkprozesse beim Analytiker wie auch beim Analysanden gleichermaßen.

In der eminent persönlichen Beziehung zwischen der beschriebenen schizophrenen Patientin und ihrer Analytikerin vermeidet der Gebrauch der Negation eine inzestuöse Kollusion und gestattet beiden Beteiligten, außerhalb der psychotischen Konfusion zu existieren.

Eine andere Patientin, schon mehrfach hospitalisiert und mit Medikamenten behandelt, konnte ihre schwere Depression nicht einmal nach mehr als zwölf Jahren Analyse und mehreren Jahren Psychodrama überwinden (Gibeault 1995). Als wieder einmal das Psychodramateam von ihrer ständig wiederkehrenden Passivität überwältigt war, dachte sie an eine Szene mit ihrem Vater, als sie zwanzig Jahre alt war und er ihr vorschlug, Lehrerin zu werden. In der Psychodramasitzung entschloss sich die Patientin, die Rolle des Vaters zu übernehmen. Sie sagte in dieser Szene, dass dies eine gute Berufswahl sei wegen der Sicherheit und der langen Ferien. Die Therapeutin, die die Rolle der Patientin spielte, äußerte sich unzufrieden über ihren Vater, der immer für sie entschied und sagte, wie traurig doch das Leben sei. Nach dieser Szene stellte ich eine Verbindung zwischen dem ödipalen Verbot und ihrer Depression her und bemerkte, dass sie ihre Depression wie eine Eselshaut benütze. Zu meinem großen Erstaunen sagte sie mir, dass sie dieses Märchen nicht kenne, obwohl sie Literatur unterrichtete. Aufgrund eines Impulses, der wie eine Verführung erscheinen könnte, erzählte ich ihr das Märchen von der *Eselshaut* im Detail. Sie hörte mir zu wie ein kleines Mädchen, dem man die Geschichte zum ersten Mal erzählt.

In diesem Märchen Charles Perraults, einem französischen Schriftsteller des 17. Jahrhunderts, verliebte sich ein König, dessen Frau verstorben war, in seine Tochter. Bevor seine Frau verstarb, nahm sie dem König das Versprechen ab, sich nur mit jemanden zu verheiraten, der schöner und klüger wäre als sie, sicher, dass dies eine Wiederheirat verhindern würde. Die Qualitäten der Tochter jedoch waren denen der Mutter überlegen! Um sich vor den inzestuösen Annäherungen des Vaters zu schützen, fragte die Prinzessin die Großmutter um Rat. Die Großmutter riet ihr, sie solle von ihrem Vater nacheinander drei wunderbare Kleider fordern – eines in der Farbe des klaren blauen Himmels, ein anderes in der Farbe des Mondes und ein letztes in der Farbe der Sonne. Nur unter diesen Bedingungen sollte sie zustimmen, den König zu heiraten, was im Prinzip unmöglich sein sollte. Der König konnte jedoch all diese Wünsche erfüllen, und zuletzt riet die Großmutter ihrer Enkelin, die Haut des Esels ihres Vaters zu fordern. Nun war dieser Esel des Königs Banker, denn wenn er Stuhlgang hatte, regnete es Goldstücke. Widerwillig gab der König dieser Forderung nach. Bekleidet mit der Eselshaut floh die Prinzessin in ein Versteck im Wald. Sie lebte in einer schäbigen Hütte in der Eselshaut gekleidet und löste Abscheu und Zurückweisung aus. Jeden Sonntag jedoch zog sie eines der wundervollen Kleider an, die ihr der Vater geschenkt hatte und wurde wieder eine wunderschöne Prinzessin.

Eines Tage näherte sich ein im Wald jagender Prinz der Hütte. Als er durch das Schlüsselloch lugte, sah er die Prinzessin im sonnenfarbenen Kleid und verliebte sich sofort in sie. Als er wissen wollte, wer in der Hütte lebte, erfuhr er, dass es die "Eselshaut" sei, ein dreckiges, hässliches Mädchen, das von allen zurückgewiesen wurde. Bei der Rückkehr in seinen Palast war der Prinz verzweifelt und entschloss sich, "Eselshaut" zu bitten, für ihn einen Kuchen zu backen. Dies machte die Prinzessin und – absichtlich oder nicht – ließ sie einen Ring in den Kuchen fallen. Als der Prinz den Ring fand, ließ er das Mädchen suchen, dem der Ring gehörte und versprach, die zu heiraten, der der Ring perfekt passte. Nachdem alle jungen Mädchen des Königreiches den Ring anprobiert hatten, kam schließlich als letzte "Eselshaut" an die Reihe: Sie konnte das Fell abnehmen, den Prinzen heiraten, und sie lebten glücklich bis ans Ende ihrer Tage.

Als die Patientin das Märchen gehört hatte, erinnerte sie sich zum ersten Mal an eine Begebenheit aus ihrer Pubertät. Im Alter von vierzehn Jahren hatte ihr ihr Vater ein Kompliment über ihre Schönheit gemacht, als er sie im Badeanzug am Strand sah. Am Ende dieser Sitzung sagte die Patientin mir dann: "Sie erzählen Märchen wunderschön". Geschützt vom Setting des Psychodramas konnte die Patientin eine Vaterübertragung auf den Analytiker annehmen, die nicht sofort zur Quelle traumatischer Verführung und Destruktion wurde. Das Setting in der Dimension eines Dritten ermöglichte ihr, die interpersonelle Beziehung nicht sofort als gefährlich zu erleben wie in früheren Analysen, in denen sie immer dem Wiederholungszwang unterlag. Als Teil des intrapsychischen Prozesses konnte sie sich an das Erlebnis als Jugendliche erinnern und nun die Betrachtungen ihres Vaters als Vergnügen akzeptieren.

Was lehren uns alle diese Beispiele? Der interpersonelle Anteil ist um so wichtiger in der analytischen Beziehung, je mehr Hinweise es darauf gibt, dass eine massive Übertragungsbesetzung in Verbindung mit einer mangelnden Differenzierung der Imagines vorliegt. Die Unfähigkeit zur Verschiebung birgt die Gefahr, dass der Analytiker in einer intrapsychischen Beziehung verschlungen wird. Sobald eine Differenzierung der Imagines einsetzt, wird der Übergang von der interpersonellen zur intrapsychischen Ebene sehr viel einfacher.

5 Schlussfolgerung

Bei der analytischen Arbeit handelt es sich also um ein Angebot zum Spiel, das dem Analysanden die Möglichkeit gibt, den Wiederholungszwang im dialektischen Spiel von Illusion und Desillusionierung zu überwinden. Diese Erfahrung kann sinnstiftend sein und korreliert mit der Wiederentdeckung eines gefundenen/geschaffenen Objektes (Winnicott 1971). Sie ermöglicht, die Gewalt, die dem Trieb innewohnt, zu bezwingen.

Der Analytiker hat hierbei die Aufgabe, mit Hilfe des Settings und seiner Deutungsfunktion die Entwicklung einer "kreativen Illusion" zu fördern. Dies begünstigt die Fähigkeit, topische und formale Regression des Denkens und somit auch zeitliche Regression zu erfahren. Es kommt auf die Patienten an und deren Möglichkeiten, diese formale Regression und mehr zu tolerieren, und somit ergeben sich die Kriterien, nach denen eine Psychoanalyse, eine Psychotherapie oder individuelles psychoanalytisches Psychodrama indiziert werden kann.

So gesehen kann man die Möglichkeiten zu psychischer Arbeit an der Fähigkeit, sich auf unsichtbares Material zu beziehen, ermessen. Die Sprache wird das bevorzugte Instrument – ohne Auswirkungen von Gestik und Blickkontakt ausgesetzt, die Beteiligten sind wie in der Psychotherapie im Gegenübersitzen. Der Dritte braucht nicht materialisiert zu sein, um die Existenz von Grenzen und Unterschieden zu bestätigen.

Dies zeigt auch das Spiel des Kindes mit der Garnrolle, ein beispielhaftes Spiel, das den Zugang zur Symbolisierung illustriert. Die Bedeutung der Sprache (fort/da) und Gestik (wegwerfen und heranziehen) als Ersatz für die sofortige Befriedigung wurden oft hervorgehoben. Freud griff 1920 dieses Thema auf als er schrieb: "(Das Spiel) war im Zusammenhang mit der großen kulturellen Leistung des Kindes, mit dem von ihm zustande gebrachten Triebverzicht (Verzicht auf Triebbefriedigung), das Fortgehen der Mutter ohne Sträuben zu gestatten" (Freud 1920, S. 15). So unterstrich er den Zusammenhang zwischen dem Symbolisierungsprozess und den zielgehemmten Trieben. Dies stellt die Basis für alle sublimatorischen Fähigkeiten dar und ist abhängig von der Entwicklung einer zärtlichen Beziehung.

Weniger erwähnt wurde jedoch, dass Freud durchaus noch mehr über dieses Kind berichtete: Zur gleichen Zeit pflegte es vor dem Spiegel zu spielen und sich zu beobachten, wie es auftaucht und wieder verschwindet. Kurz darauf erzählte es einen Traum, in dem es um die Trennung von seinem Vater ging. All diese Elemente bestätigen die Schaffung einer Dimension des Unsichtbaren, die wesentlich für das geistige Funktionieren ist, da Denken und Sprache nicht angefasst werden können, aber die Schaffung einer Welt der Repräsentanzen bezeugen.

Der analytische Prozess entspricht in seiner Abfolge der Freudschen Konzeption des mentalen Funktionierens: In beiden Fällen geht es darum, die Neigung zur sofortigen Triebentladung durch Agieren umzuwandeln, in die Entwicklung der Fähigkeit zum Phantasieren und Denken und dem Vergnügen daran. Das analytische Setting schafft einen psychischen Raum und eine psychische Zeit, die diese Zirkulation zwischen den psychischen Systemen ermöglicht. Dieser Raum schließt zudem die Dialektik von Konstruktion und Rekonstruktion mit ein, ohne zwingend zwischen der einen oder der anderen wählen zu müssen.

So ist das analytische Setting, unabhängig von den Möglichkeiten der Sinneswahrnehmung oder der motorischen Aktivitäten dazu verpflichtet, optimale Bedingungen für den Genesungsprozess bereitzustellen. Und dies beinhaltet nichts anderes, als die Fähigkeit zu erlangen, seine Lebensgeschichte zu erzählen und eine Lebensgeschichte zu entwerfen, die mit der Öffnung zum Anderen einher geht. Dieser Weg mag mehr oder weniger weit, mehr oder weniger lang sein, das Ziel wird immer das Gleiche bleiben: die Erforschung des Unbewussten und der infantilen Sexualität.

Aus dem Französischen von Beate Blank-Knaut

Literatur

Chasseguet-Smirgel, J. (2000): Europe-Etats-Unis, Import-export. In: *Sur les controverses américaines dans la psychanalyse*. Collection des Monographies de psychanalyse. Paris: PUF.

Duncan, D. (1989): The flow of interpretation. The collateral interpretation, forces and flow. *Int. J. Psychoanal.*, 70:693-700.

Freud, S. (1900): Die Traumdeutung. GW II/III, 1-642.

Freud, S. (1914): Erinnern, Wiederholen Durcharbeiten. GW X, 126-136.

Freud, S. (1916-17): Vorlesungen zur Einführung in die Psychoanalyse. GW XI, 3-482.

Freud, S. (1919): Wege der psychoanalytischen Therapie. GW XII, 183-193.

Freud, S. (1920): Jenseits des Lustprinzips. GW XIII, 63-69.

Freud, S. (1933): Neue Folgen der Vorlesungen zur Einführung in die Psychoanalyse. GW XV, 3-197.
Freud, S. (1937a): Konstruktionen in der Analyse. GW XVI, 43-56.
Freud, S. (1937b): Die endliche und die unendliche Analyse. GW XVI, 59-99.
Gibeault, A. (1995): Dominique ou le défi au changement. *Les Cahiers du Centre Alfred Binet* (Association de Santé mentale du 13ème), 23:115-131.
Gibeault, A. (2000): Brief communication: In response to Otto Kernbergs "Psychoanalysis, psychoanalytic psychotherapy and supportive psychotherapy: contemporary controversies". *Int. J. Psychoanal.*, 81:1-5.
Guedeney, C. (1989): A propos des patients anorexiques. Une psychothérapie, pour quoi faire? *Les Cahiers du Centre de Psychanalyse et de Psychothérapie* (Association de Santé mentale du 13ème), 18:89-108.
Kernberg, O. (1999): Psychoanalysis, psychoanalytic psychotherapy and supportive psychotherapy: contemporary controversies. *Int. J. Psychoanal.*, 80:1075-1091.
M'Uzan, M. de (1988): Stratégie et tactique à propos des interprétations freudiennes et kleiniennes. *Rev. franç. psychanal.*, 57:657-663.
M'Uzan, M. de, (1996): Zur Formulierung der Deutung, in: Psychoanalyse in Europa, Bulletin 47: 51-61.
Pasche F., (1971): Le bouclier de la Persée ou psychose et réalité, in: Le sens de la psychanalyse, Paris, Presses Universitaires de France, 1988, 27-41.
Roux, M.-L. (2000): Le matricide. A propos du sentiment inconscient de culpabilité. Lecture delivered on 17. October to the Paris Psychoanalytical Society. Unpublished.
Skolnikoff, A. (1999): Case presentation: Professor A. Panel on the Goals of Psychoanalysis. December meeting of the American Psychoanalytic Association, article unpublished.
Winnicott, D.W. (1971): *Playing and Reality*. London and New York, Routledge, 169f.

Kapitel III

"Fort-Da" und die psychoanalytischen Institutionen

Der wiedergefundene Diskurs mit der internationalen Psychoanalyse

Ingo Focke, Josef Bernd Gutmann

Der folgende Beitrag verknüpft verschiedene Erzählstränge, die mit verteilten Rollen ineinander verflochten und aufeinander bezogen sind und nimmt damit in der Form das zentrale Motiv des Dialogischen auf, das für den Prozess der Annäherung zwischen der Deutschen Psychoanalytischen Gesellschaft (DPG) und der Internationalen Psychoanalytischen Vereinigung (IPV) grundlegend war. Es handelt sich um einen Dialog zwischen A, dem Erzähler und B, der eher eine reflexive Position einnimmt.

Erzählt und reflektiert wird über:

- die Stationen der Annäherung zwischen der Deutschen Psychoanalytischen Gesellschaft (DPG) und der Internationalen Psychoanalytischen Vereinigung (IPV) und damit auch
- zwischen der DPG und der Deutschen Psychoanalytischen Vereinigung (DPV);
- den inneren Veränderungsprozess der DPG, der diese Annäherung ermöglichte und gleichzeitig Ausdruck davon ist;
- von der Reform des Psychoanalyse-Verständnisses in der DPG, die am Beispiel der kasuistischen Konferenzen der DPG dargestellt wird;
- von den institutionellen Prozessen, die diesen Entwicklungen teils folgten, teils vorausgingen und
- von der historischen Dimension, die in jedem dieser Prozesse und ihrer Schritte enthalten ist.

A: Es war der 5. Januar 1989 und der Schneeregen wurde von dem kalten Westwind durch die Strassen Stuttgarts gepeitscht. Seit drei Stunden stapfte der Vorsitzende der DPG vor der Neuen Staatsgalerie auf und ab. Seine Stimmung war am Gefrierpunkt. Es hatte so vielversprechend angefangen, als er sich telefonisch mit der Vorsitzenden der DPV zu einem Gespräch über die Situation der beiden Fachgesellschaften verabredet hatte. Die Idee, zuvor durch eine Gemäldegalerie zu bummeln, schien ihm passend, um eine gute Atmosphäre für dieses Treffen zu schaffen ... Und jetzt lässt sie ihn hier im Regen stehen!

B: Ein kleine Szene, die denkwürdig und symbolisch ist für den schwierigen Beginn eines langwierigen Prozesses.

A: Was war damals in Stuttgart geschehen? Michael Ermann, der DPG-Vorsitzende, und Lore Schacht, die DPV-Vorsitzende, hatten sich zu dem Museumsbesuch verabredet. Michael Ermann hatte drei Stunden vor der Neuen Staatsgalerie gewartet, während Lore Schacht vor der Kunsthalle gewartet hatte. Zwischen Kunsthalle und Galerie liegt nur ein Park und eine befahrene Autoschneise – etwa fünf Minuten Fußweg. Die Begegnung zwischen den beiden Vorsitzenden der deutschen psychoanalytischen Fachgesellschaften fand – per Fehlleistung – zunächst nicht statt.

Zwei Jahre später: Eine Begegnung findet statt.

Die DPG hatte zu einer kasuistischtechnischen Konferenz mit Anne-Marie Sandler aus London nach Bad Soden eingeladen. So etwas hatte es vorher nicht gegeben. Eine Kasuistik-Konferenz für "fertige Analytiker" mit einem prominenten Gast aus England. Gespannt standen die Teilnehmer vor dem Beginn in Gruppen auf dem Flur eines Tiefgeschosses und warteten. Da schritten zwei ältere Damen eine lange Treppe herunter. Es war Anne-Marie Sandler in Begleitung von Lore Schacht, die geholfen hatte, den Kontakt nach London zu knüpfen. Damals, 1991, begann eine bis heute andauernde Beziehung zwischen Anne-Marie Sandler und der DPG. Bei dieser ersten Konferenz berichteten Reinhard Bolk aus Berlin und Reinhold Ott aus Stuttgart über ihre Behandlungen. Am Ende der Diskussion stellte Reinhold Ott eine bemerkenswerte Frage an Anne-Marie Sandler. Er fragte: "Finden Sie, dass das Analyse ist?"

B: Was war das für eine Frage? Lassen Sie uns ein wenig darüber nachdenken. Vordergründig könnte man sie als eine klinische Frage verstehen, die gegenüber einer Supervisorin dennoch ungewöhnlich ist. Denn hier wird nicht nur gefragt: "Wie habe ich dieses oder jenes gemacht?" – "Denken Sie, dass ich dies oder das verstanden habe?" – "Können Sie meine Überlegungen zur Dynamik oder zur Übertragung nachvollziehen?" – Nein! Hier wird nicht einmal gefragt: "Bin ich ein guter oder ein schlechter Analytiker?" Die Frage lautet vielmehr: "Bin ich ein Analytiker?" Sie enthält einen grundsätzlichen Zweifel und eine Sehnsucht nach Akzeptanz und nach Zugehörigkeit zur Gruppe der Analytiker. Bei einem Gast aus England wird hier eine Autorität gesucht – eine Autorität außerhalb der DPG und außerhalb Deutschlands. – Gefragt wurde eine prominente jüdische Kollegin aus London.

Wir glauben, dass diese persönliche Frage von 1991 etwas zum Ausdruck brachte, was viele Mitglieder unserer Gesellschaft bewusst oder unbewusst während der letzten 20 Jahre bewegte. Wir betrachten diese Frage als den Endpunkt eines jahrzehntelangen diffusen Suchens und den Beginn einer konkreten Auseinandersetzung. Wir denken, dass die Annäherung an die IPV eine logische Folge der inneren Entwicklung der DPG in der Beschäftigung mit dieser Frage ist. Wir möchten darlegen, wie wir das meinen. Lassen Sie uns also das Jahr 1991 zum Ausgangspunkt nehmen für einige Rückblicke auf die Zeit davor und danach. Lassen Sie uns einige Befunde zusammentragen, die den historischen Kontext beleuchten und lassen Sie uns erklären, warum wir glauben, dass die damals begonnene kasuistische Diskussion in besonderer Weise zur Eröffnung des Diskurses und des Kennenlernens beigetragen hat.

A: Eine schlichte Frage, die doch soviel Bedeutung haben soll. Wir müssen noch weiter zurückgehen. 1949 in Zürich, beim ersten IPV-Kongress nach dem Krieg, kam es zur ersten Begegnung der in Deutschland gebliebenen mit den vertriebenen Psychoanalytikern. Die Vorfälle um die beiden Vorträge von Harald Schultz-Hencke und Carl Müller-Braunschweig sind inzwischen gut erforscht. Schultz-Hencke eröffnete seinen Vortrag damals mit einer "Anfrage", wie er es nannte: "... In Deutschland wissen wir immer noch viel zu wenig von "drüben"! ... fragen wir uns immer wieder mit höchstem Interesse: Wie steht es eigentlich in Wirklichkeit im Ausland, besonders jenseits der Meere?" (Schultz-Hencke zit. n. Lockot 1994, S. 343). Danach trug er unter der Überschrift "Zur Entwicklung und Zukunft der psychoanalytischen Begriffswelt" seine Konzepte vor. Wenn Sie den Text heute lesen, erkennen Sie, dass seine Anfrage rhetorisch war. Er ließ außer acht, dass es die erste Begegnung mit den vertriebenen Kollegen war, die er als "Ausländer" ansprach und die er nun über seine Weiterentwicklung der Psychoanalyse belehren wollte. Es fehlte eine Anerkennung der Schuld der in Deutschland gebliebenen Psychoanalytiker. Und er erkannte nicht, dass mit der Vertreibung und Ermordung der jüdischen Kollegen auch für die weitere Entwicklung der Psychoanalyse in Deutschland ein unersetzlicher Verlust entstanden war.

Mit der Wiedergründung der DPG 1945 wurde versucht, an die psychoanalytische Tradition der DPG anzuknüpfen, indem die Satzung von 1931 übernommen wurde. Eine eigene psychoanalytische Ausbildung wurde jedoch nicht begründet. Vielmehr wurde das 1947 gegründete Institut für Psychotherapie nach der Synopsis-Struktur unter Beteiligung verschiedener psychoanalytischer und psychotherapeutischer Schulen organisiert und knüpfte damit an die Struktur des Reichsinstituts an.

Sechs Mitglieder in der damaligen DPG suchten einen anderen Weg mit dem Erbe umzugehen – sie traten aus und gründeten die DPV, die sogleich in die IPV aufgenommen wurde. Wir wollen auf die genaueren Umstände und Motive, die in einer Vielzahl von Texten dokumentiert und interpretiert wurden, hier nicht eingehen. Für unseren Zusammenhang möchten wir Horst Eberhard Richter zitieren, der das damalige Klima in der neuen Gruppe in seinen Erinnerungen schildert: "... dass die Berliner DPV-Gruppe sich um nichts anderes als die Wiedergewinnung einer Bestätigung durch die emigrierten psychoanalytischen Autoritäten ... sorgte. Nichts war wichtiger, als von diesen verehrten Repräsentanten der IPV angenommen, angesprochen oder gar besucht zu werden ... Wir Kandidaten erlebten Analytiker-Eltern, die mit uns und an uns unbedingt beweisen mussten, dass unser Institut die am Londoner Institut üblichen Normen eher übererfüllte" (Richter 1985, S. 293).

B: Heute können wir sagen, dass beide Wege der drängenden Aufgabe, Trauer und Schuld wahrzunehmen und zu bearbeiten, nicht gerecht werden konnten, und wir sehen, wie schwierig es nach 1945 war, den Dialog mit der IPV wieder aufzunehmen – stattdessen kam es zur Spaltung der Psychoanalyse in Deutschland. Christian Hampel schrieb 1988 über die damalige Situation: "Nach der Spaltung und verweigerten Wiederaufnahme in die IPV waren die Mitglieder der Rest-DPG zweifach ihrer Geschichte beraubt: Ihre jüngere Geschichte hatten sie durch die Unfähigkeit verloren, sich nach 45 mit den zurückliegenden Jahren des Faschismus, mit den gravierenden persönlichen und wissenschaftlichen Verlusten durch die Flucht der jüdischen Kollegen und mit der verschütteten Tradition zu konfrontieren. Und die DPV war jetzt durch die IPV als legitime Nachfolgerin der alten DPG anerkannt ... Während die DPV mit Hilfe intensiver persönlicher Kontakte zu ausländischen Analytikern und Emigranten den Anschluss an die internationale Entwicklung ... suchte, konzentrierten sich die DPG-Mitglieder im wesentlichen auf die klinisch-empirische Arbeit in der Nachfolge Schultz-Henckes" (Hampel 1988, S. 28).

Viele Kollegen fühlten sich schon in den 60er Jahren schmerzlich von internationalen Kontakten ausgeschlossen.

Bei der Gründung der International Federation of Psychoanalytic Societies (IFPS) 1962 in Amsterdam war Werner Schwidder einer der Motoren. Mit der IFPS wurde die Möglichkeit eines internationalen Austausches geschaffen, die allerdings von der DPG kaum genutzt wurde. Heute könnten wir daraus schließen, dass es nicht einfach um internationale Kontakte ging, sondern dass die Suchbewegung spezifischer war. Es wurde die Verbindung zu den Psychoanalytikern in der IPV gesucht, also auch die direkte Reihe in der Genealogie, die in der IFPS nicht wiedergefunden werden konnte. Es geht nicht nur um einen wissenschaftlichen Diskurs, sondern um die direkte Generationenfolge in der durch persönliche Unterweisung das psychoanalytische Denken weitergegeben wird.

A: Ermann beschrieb 1995 die Entwicklung dieser Jahre: "Ausgehend von Göttingen, wo Schwidder zwar die Neoanalyse weiter entwickelt, zugleich aber eine Öffnung gegenüber neuen psychoanalytischen Konzepten unterstützt hatte, begann Ende der 60er Jahre eine Umorientierung. Zunehmend wurde in der DPG jetzt die Ich- und Selbstpsychologie sowie die Objektbeziehungstheorie rezipiert. Dadurch verblasste die Bedeutung des neoanalytischen Konzeptes. Gleichzeitig erhielt die Psychoanalyse im Sinne Freuds wieder maßgebliche Bedeutung. Daraus entwickelte sich ein konzeptueller Dualismus, der die psychoanalytische Grundorientierung der DPG bis in die 90er Jahre beeinflusste" (Ermann 1995, S. 29).

Diese "liberal" genannte Idee des Dualismus war eine Zeit lang identitätsstiftend. 1978 hielt Friedrich Beese in Stuttgart eine Vorlesungsreihe mit dem Titel: "Psychoanalyse, Neopsychoanalyse – Abgrenzung und Synthese". Er setzte sich mit der neoanalytischen Theorie und gleichzeitig mit der Institutionsgeschichte der DPG auseinander. Er schreibt: "Dennoch glaube ich, ... dass die DPG, unter Zugrundelegung der Freudschen Psychoanalyse und ihrer echten Weiterentwicklungen bis zur Gegenwart, sich gegenüber der DPV aus folgenden Gründen in einer positiveren Situation zu befinden glaubt: Die Mehrzahl der DPG-Mitglieder meint, dass in der DPG wegen des Fortfalles der internationalen Fremdsteuerung und Fremdbeaufsichtigung ein freierer Umgangston und darüber hinaus eine größere Freiheit im Hinblick auf neue wissenschaftliche Entwicklungen herrscht, die nicht sofort mit der klassischen Psychoanalyse übereinstimmen ..." (Beese 1978, S. 39).

B: Wir erkennen in der Formulierung dieser Textpassage, wie Beese versucht, die Selbsteinschätzung der DPG in dieser Zeit wiederzugeben und sich gleichzeitig von ihr zu distanzieren. So wurde zwar einerseits der Mangel wahrgenommen und beschrieben, andererseits wurde er ins Positive gewendet und begründete das Selbstverständnis der DPG als unabhängige und liberale Gesellschaft.

A: Nach unserer Kenntnis wurde die Problematik des Abgeschnittenseins vom internationalen Diskurs erstmals öffentlich 1984 bei der Freiburger Jahrestagung geäußert und reflektiert, unter anderem von Wulf Volker Lindner, Ludwig Janus, Christa Studt und Friedrich Beese, der damals Vorsitzender der DPG war. In Berlin führte die Auseinandersetzung um die inhaltliche Orientierung u.a. zur mehrfachen Aufspaltung der DPG-Gruppe in der Koserstrasse. Es kam zur Gründung des IPB am Helgoländer Ufer mit dem Programm der Rückbesinnung auf die Freud'sche Psychoanalyse, während eine Gruppe um Frau Dührssen, die sich über ärztliche Psychotherapie identifizierte, ein weiteres Institut, das BIPP, gründete, und andere DPG-Mitglieder in der Koserstrasse verblieben.

1985 bei der DPG Jahrestagung in Berlin trug Christa Studt ihren Text "Neopsychoanalyse-Psychoanalyse“ vor, der zu heftigen Kontroversen führte und der, vielleicht zum ersten mal öffentlich, deutlich machte, dass in der fachlichen Diskussion zugleich ein Generationenkonflikt enthalten war. Über die damalige Verfassung der DPG gibt eine Umfrage zur inhaltlichen Orientierung Auskunft, die Gerd Rudolf durchführte und zur damaligen Tagung vorlegte. Die Befragung ergab: "... dass sich DPG-Analytiker und ihre Weiterbildungsteilnehmer mit großer Mehrheit zu den Grundlinien der traditionellen Freud'schen Psychoanalyse bekennen“. Dabei fand Rudolf heraus, dass diese Akzeptanz umso größer war, je kürzer die Ausbildung zurücklag. Am höchsten wurde sie bei den damaligen Weiterbildungsteilnehmern gemessen. Die Untersucher stellten fest, dass die Bedeutung Schultz-Henkes schon damals geringer war, als vermutet. Auffällig war, dass viele DPG-Mitglieder eine gleich große Akzeptanz von neoanalytischen und analytischen Konzepten angaben. Die durchschnittliche Akzeptanz von neoanalytischen Konzepten war damals in Göttingen mit Abstand am geringsten, während die übrigen Arbeitsgruppen viele "Sowohl-als-auch-Antworten" angegeben hatten. Diese Befunde wurden von Rudolf so interpretiert, dass die meisten Analytiker in der DPG einen Weg gefunden haben, beide Theorien in ihrer Haltung zu integrieren. Hier findet sich die Dualismus-Idee wieder.

B: Wir vermuten heute eher, dass die damalige Untersuchung eine Gesellschaft im Umbruch beschrieb, in der viele Mitglieder ihre fachliche Orientierung *verloren* hatten. Sie ließen widersprüchliche Konzepte nebeneinander bestehen. Einerseits waren sie neugierig auf die Weiterentwicklungen der Psychoanalyse, andererseits fühlten sie eine Loyalität gegenüber ihren Lehrern.

A: Auf der selben Tagung 1985, im gleichen Jahr, in dem in Hamburg der erste IPV-Kongress nach dem Krieg auf deutschem Boden stattfand, konfrontierte sich auch die DPG mit ihrer Geschichte. Es war ein *amerikanischer* Historiker, Geoffrey Cocks, der einen der Hauptvorträge über die in Deutschland gebliebenen Psychoanalytiker im Reichsinstitut, dem sogenannten "Göring Institut“, hielt. Diese Auseinandersetzung der deutschen Psychoanalytiker mit der Geschichte hatte schon einige Jahre vorher, zunächst in der DPV und auch dort nicht ohne Widerstände, begonnen.

Sie fand ihre Fortsetzung in einer ganzen Reihe von Veröffentlichungen und Veranstaltungen. In einem internen Seminar über "Psychoanalyse und Nationalsozialismus" (in Bad Soden 1989 mit Hans Keilson) konnten wir in Kleingruppen gemeinsam und persönlich über die Generationenproblematik in der Psychoanalyse und über die eigene Familiengeschichte sprechen.

1990 bei der DPG-Jahrestagung in Hannover mit dem Thema "Hassen und Versöhnen" war Rafael Moses einer unserer Gäste. In seinem Vortrag fragte er die DPG nach dem "gegründet 1910" im Namen und nach der Wahrheit der damit ausgedrückten Kontinuität. Ein Thema, das uns noch heute beschäftigt. Er fragte aber auch, "warum die DPG und ihre Mitglieder heute nicht Mitglieder der IPV sind?" Und er fragte, "was für eine Psychoanalyse betreiben Sie? ... ist (Ihre) tagtägliche Arbeit andersartig? ... und wie ist Ihre Ausbildung?" und schließlich: "Hat die DPG Interesse, die Frage einer eventuellen Mitgliedschaft in der IPV zu klären?" (Moses 1990, S. 18ff).

Mittlerweile war es in der DPG zu einem Generationenwechsel gekommen. Michael Ermann und Jürgen Körner wurden 1987 in Stuttgart in den Vorstand der DPG gewählt. Mit Ermann wurde jemand gewählt, der sich wiederholt öffentlich mit den Fragen nach der nationalsozialistischen Vergangenheit beschäftigt hatte – mit Körner jemand, der die von der Neoanalyse vernachlässigte Arbeit in der Übertragung ganz ins Zentrum seines psychoanalytischen Interesses gerückt hatte.

Die historische und inhaltliche Diskussion wirkte sich auch auf die Struktur der DPG aus: 1990 in Nürnberg gab sich die DPG eine neue Satzung und eine Weiterbildungsordnung. Damit hatte sie erstmals seit ihrer Neugründung überregionale Ausbildungsrichtlinien.

Bei der Tagung der DPG 1989 im München begannen die persönlichen Kontakte. Lore Schacht, Joyce McDougall und Isca Salzberger-Wittenberg waren als Referenten eingeladen. Die Begegnung mit diesen Gästen entfaltete unmittelbar ihre Wirkung. Beispielsweise vereinbarte noch während des Kongresses eine Gruppe von Stuttgarter Kollegen mit Frau Mc Dougall Supervisionssitzungen und sie begannen, mehrmals im Jahr nach Paris zu fahren. Bald folgten andere Kollegen diesem Beispiel, und wenige Jahre später gab es einen regelrechten Supervisionstourismus in der DPG. Mit englischen, französischen und nordamerikanischen Kollegen war eine Vielzahl von Arbeitskontakten entstanden. An vielen Instituten der DPG wurden internationale Gäste nicht mehr nur zu Vorträgen, sondern auch zur gemeinsamen Fallarbeit eingeladen.

B: Die Fallarbeit hat nicht nur die Beziehung der Gesellschaft nach außen, sondern auch die Beziehungen innerhalb der Gesellschaft sehr stark verändert und einen entscheidenden Einfluss auf die analytische Arbeit vieler Kollegen ausgeübt. Deshalb möchten wir nun die kasuistisch-technischen Konferenzen der DPG in den Mittelpunkt unserer Betrachtung rücken. Hatten diese Konferenzen zunächst vorwiegend didaktischen Charakter, so wurde die sich allmählich entwickelnde Kultur der Diskussion und die Art und Weise des gemeinsamen Nachdenkens immer wichtiger.

A: Bei der ersten dieser Konferenzen berichtete Anne-Marie Sandler ganz unvorbereitet aus einer Behandlungssituation vom Vortag. Das war in dieser Form etwas Neues. Bis dahin hatten wir die Intervisionsarbeit nur aus kleinen Gruppen mit befreundeten Kollegen gekannt. In unseren Seminaren hatten vorwiegend Ausbildungskandidaten vorgestellt, während die "fertigen" Analytiker Fallvignetten nur zur Illustration analytischer Überlegungen veröffentlichten. Die Rivalität in den Ausbildungsseminaren jener Jahre wird vielen, die damals dabei waren, noch in Erinnerung sein. In vorwurfsvoll anklagendem Ton konnte gesagt werden: "Da ist doch etwas Schizoides!" oder: "Das ist doch präödipal" und "... das Ganze ist doch oral aggressiv!!!"

Diese Seminare waren nicht sonderlich beliebt. Es gab eine Tendenz, nach dem jeweils Fehlenden zu suchen, so dass eine Atmosphäre der Besserwisserei entstand nach dem Motto: "Ich sehe was, was Du nicht siehst".

B: Die Arbeit mit Anne-Marie Sandler wurde in der DPG so beliebt, weil es ihr wie ihrer Lehrerin Anna Freud gelang, ihre Kommentare so zu formulieren, dass der Narzissmus der Beteiligten geschont wurde. Hier finden wir eine Analogie zur Behandlungssituation, ist doch die den Narzissmus schonende Deutung eine besondere Eigenschaft der Technik der "contemporary freudians". Es wird nicht das Fehlende oder das Ausgelassene gedeutet, sondern der innere Konflikt und das Bemühen, ihn in der Übertragungssituation zu bewältigen. Sandler erleichterte es unseren Kollegen auf diese Weise, das Angeschautwerden zu ertragen.

Die Öffentlichkeit stellt jeden Vorsteller natürlich vor eine Reihe von Problemen. Er weiß, dass er nicht nur seinen Patienten, sondern auch sich, seine Fähigkeiten und seine Beschränkungen zeigt. Phantasien über die eigene Stellung in der Gruppe und über die Gedanken der anderen werden lebendig. Und natürlich: "Was denkt der Supervisor?", um so mehr, wenn es sich um ein prominentes Mitglied der analytischen Gemeinschaft handelt. Die öffentliche Vorstellung findet also selbst in einem komplexen Übertragungsgeflecht statt. Jetzt könnte jemand einwenden, dass in einer solchen Situation die Tendenz stark sein muss, mehr zu verbergen als zu zeigen. Das ist wahr. Es wird immer eine komplizierte Kompromissbildung vorgestellt. Aus der Psychodynamik des Patienten, aus der aktuellen Übertragungssituation und aus der spezifischen Gruppensituation mit Ihren komplexen Übertragungen wird ein Bild konstruiert. Wir arbeiten also an einem entstellten Material, gehen aber davon aus, dass sich in diesem entstellten Material die unbewusste Problematik der Behandlung inszeniert. Darüber hinaus erleben wir modellhaft das analytische Nachdenken der Kollegen.

A: Bald veränderte sich der Stil der Fallvorstellungen: Die Berichte über Genese, Lebenssituation und die bisherige Behandlung wurden kürzer und die Aufzeichnungen über eine oder zwei Behandlungsstunden rückten in den Mittelpunkt. Diese Stundenprotokolle wurden nicht aus Tonbandmitschnitten gewonnen und immer seltener aus Mitschriften während der Stunde. Vielmehr wurden die Protokolle in einem nachträglichen Erinnerungs- und Reflexionsprozess in Dialogform aufgeschrieben.

B: Die psychoanalytische Behandlungstechnik orientiert sich heute in unterschiedlichen Schulen an Konzepten der Aktualisierung und

Externalisierung innerer Objektbeziehungen und der Notwendigkeit, affektive Regungen in jedem Augenblick der Stunde zu regulieren. Die Detailarbeit mit Stundenprotokollen kann für die Zuhörer erkennbar machen, wie sich unbewusste Wünsche und Ängste eines Analysanden in der Übertragung aktualisieren und wie sie abgewehrt werden, wie Derivate dieser unbewussten Bestrebungen sich auf versteckte Weise zeigen. Sie deckt auf, wie der Analytiker engagiert wird, sich wie ein inneres Objekt zu verhalten, wie er versucht, damit fertig zu werden, und wie er den Prozess versteht und zu deuten versucht. Die gemeinsame Betrachtung und Reflektion der klinischen Feinarbeit in der Gruppe erleichtert den Zuhörern und Diskutanten eine ständige Überprüfung von Projektionen, da sich jeder auf das vorliegende Protokoll beziehen und seine Thesen aus dem Material belegen soll.

A: Die kasuistischen Konferenzen wurden mit den Jahren so attraktiv, dass wegen der begrenzten Teilnehmerzahl viele Anmeldungen zurückgewiesen werden mussten. 1998 organisierten Ingo Focke und Bernd Gutmann dann die erste zusätzliche kasuistische Konferenz der DPG in London. Unsere Begeisterung half uns damals, als uns Zweifel überfielen, und wir uns fragen mussten, was wir da angezettelt hatten. Kollegen fragten uns: Müssen wirklich 40 Mitglieder der DPG nach London reisen, um mit 6 Kollegen des British Institute ihre Behandlungen zu besprechen? Lohnt der Aufwand, Stundenprotokolle und Behandlungsverläufe zu übersetzen? Geht dabei nicht zu viel verloren? – Die unterschwelligen Ängste, Zweifel und Befürchtungen, die sich an diesen Schritt knüpften, zeigten sich schon am ersten Tag in London: Wir versammelten uns in den ehrwürdigen Räumen des British Institute, damals noch in der New Cavendish Street. Von den Wänden und Podesten blickten Donald Winnicott, Ernest Jones und Melanie Klein auf uns. Wir trafen zuerst auf Josef Sandler. Mit ihm wollten wir über projektive Identifizierung und sein Konzept der "role-responsiveness" diskutieren. Er stellte sich an die Tafel und zeichnete mit kräftigen Kreidestrichen das topische Modell des Unbewussten. Hielt er es etwa für notwendig, uns in die Anfangsgründe der Psychoanalyse einzuführen? Nach einer Stunde kamen wir doch auf die role-responsiveness zu sprechen. Er wunderte sich, dass dieser Aufsatz eine so überwältigende Resonanz gefunden hatte und hielt das Konzept lediglich für die Beschreibung eines klinischen Details in einem wesentlich komplizierteren unbewussten Austauschprozess. So waren wir am Ende belehrt, verdutzt und auch bewegt, ihn bei der Entwicklung seiner Gedanken zu erleben.

Am Nachmittag des ersten Tages diskutierten wir mit Eglé Laufer, die als Achtjährige aus Wien flüchten musste – auf Englisch. Sie sagte uns kein deutsches Wort. Viele von uns erlebten Sie missvergnügt und abweisend und interpretierten dies als Ausdruck einer Ablehnung, fälschlicherweise, wie wir später erfuhren. Beim anschließenden Abendessen der DPG-Gruppe in einem Lokal in Hampstead fingen wir mit unserem Kellner einen Streit über die Höhe der Rechnung an. Das ist, so könnte man vermuten, angesichts der horrenden Kosten in London nichts Ungewöhnliches.

B: Wir hatten offenbar auch in einem übertragenden Sinn die Angst, der Preis, den wir zu zahlen haben, könnte zu hoch sein. Wir haben uns nicht nur der Diskussion in einer fremden Sprache und auf fremdem Terrain ausgeliefert, sondern auch zwangsläufig paranoiden Ängsten. Wir erlebten, dass es im Prozess der Annäherung an die psychoanalytische Welt außerhalb Deutschlands nicht nur um eine fachliche Diskussion ging, sondern um eine Wiederaufnahme der Beziehung zu den Vertriebenen und den Nachkommen der Ermordeten.

A: Schon während dieser ersten Konferenz veränderte sich die Atmosphäre in unserer Gruppe. Wir nahmen wahr, dass unsere Kollegen aus London uns freundlich entgegenkamen. Wir arbeiteten mit Rosine Perelberg, Michael Parsons, Eglè Laufer und Martin Miller. In den folgenden Jahren kamen Ron Baker, Michael Feldman und Irma Brenman-Pick hinzu. Von Anfang an stellten nicht nur wir, sondern auch die Londoner Kollegen ihre Arbeit vor. Mehrmals hörten wir: "Ich bin froh, mit Ihnen über diesen Patienten sprechen zu können," wenn es in London aus Gründen der Vertraulichkeit nicht möglich war. Dort gehört die ständige Diskussion der klinischen Arbeit zu den Grundlagen der analytischen Tätigkeit. Auf diesen Veranstaltungen und durch die Besuche der wissenschaftlichen Abende im British Institute kamen wir in Kontakt mit dieser angelsächsischen Kultur des Erzählens und öffentlichen Nachdenkens über Einzelfälle, "thinking about the patient", welche in London zudem von Bions Theorie des Denkens beeinflusst ist.

B: Die Kontinuität der kasuistischen Arbeit mit den IPV-Kollegen führte zu weitgehenden Veränderungen in unserem Verständnis von Übertragung. In unseren *persönlichen* Erinnerungen an die Ausbildung wurde der Analytiker oft als eine Art Begleiter, Förderer und Erzieher, kurz: als Hilfs-Ich gesehen. Daraus ergab sich, dass er eher vorausgehend und wissend war. Er wusste vor allem, was die Realität sei. Er war wachstums- und entwicklungsfördernd. Rudolf zeigt in dem von ihm und Rüger 1988 herausgegebenen Sammelband über die "Psychoanalyse Schultz-Henckes", dass in der Neoanalyse die Deutung ausdrücklich durch die Vermutung ersetzt war. Die Vermutung wurde vom Beobachtbaren abgeleitet und mit der Genese verknüpft. Es ging um die Hinwendung eines Menschen zur Welt in einem Ein-Personen-Modell, in dem die Übertragung auf den Analytiker nicht so wichtig war, die Übertragung außerhalb gleichzeitig aber als ubiquitär betrachtet wurde. Aus dieser Haltung ergab sich eine Geringschätzung der Deutung, statt dessen wurden eher Andeutungen, Hinweise, Klarifikationen, Fragen und Ermunterungen eingesetzt. Wenn der Analytiker nur authentisch sei, würde ein Patient ihn schon von seinen Übertragungsvorstellungen unterscheiden lernen. Eine Deutung unbewusster Übertragungsmanifestationen hätte hingegen die Gefahr beinhaltet, den Patienten zu manipulieren und ihn mit dem zu beschäftigen, was eigentlich im Analytiker vorgeht. "Der Analytiker soll sich nicht so aufdrängen."

A: Mit der zunehmenden Lektüre und Rezeption der internationalen analytischen Literatur war es in der DPG eine Zeit lang, schon in den 80er Jahren, zu einer gewissen Mode der Überbewertung der Gegenübertragung gekommen. Eigene Gefühlsreaktionen wurden zum Leitfaden für das Verständnis, was im Patienten vorgeht. Ein Seminarteilnehmer sagte: "Beim Zuhören bin ich ganz traurig geworden und ich frage mich, warum *Sie* diese Trauer nicht fühlen!" Aus dem "Ich sehe was, was Du nicht siehst" war "Ich fühle was, was Du nicht fühlst!" geworden. Die Unterscheidung zwischen Beziehung und Übertragung schien in den damaligen Kasuistiken aufgehoben. Die analytische Beziehung wurde als symmetrisch gewünscht. Noch etwas konnten wir in diesen Jahren feststellen: Wegen der geringen Möglichkeit zur Diskussion mit den jeweiligen Autoren hatte die reine Lektüre ohne persönlichen Austausch zu einer defensiven Rezeption geführt, die oft in einem "Das machen wir doch auch" endete.

B: Das Verständnis von Übertragung in den Konferenzen veränderte sich weiter und die Übertragungsarbeit rückte in den Mittelpunkt der Aufmerksamkeit. Sie wurde jetzt verstanden als eine Form der Aktualisierung der inneren Objektwelt in der gegenwärtigen Situation, über die dann aus einer dritten Position zu reflektieren ist. Dies lässt sich am Beispiel der Sandler'schen Konzeption zeigen: Es geht nicht mehr um eine Wiederholung und Verschiebung infantiler Wünsche aus der Vergangenheit auf den Analytiker. Vielmehr drängen unbewusste Wünsche, Impulse, Phantasien und Reaktionen in der Gegenwart an und sie fühlen sich wie die Regungen eines kleinen Kindes an. Mit diesen kindlichen Bestrebungen muss nun die erwachsene Person auf der Couch fertig werden. Sie beziehen sich auf das jetzt anwesende und bedeutsame Objekt, den Analytiker. Die gegenwärtigen unbewussten und vorbewussten Wünsche sind sozusagen nach dem Vorbild der kindlichen Wünsche modifiziert. So verstehen wir also einen feindseligen Impuls gegenüber dem Analytiker nicht als verschoben vom feindseligen Wunsch eines Kindes gegenüber seinem Vater, sondern als feindseligen Impuls des Erwachsenen seinem Analytiker gegenüber, modifiziert nach der inneren Beziehung des Kindes mit einer Vorstellung von seinem Vater. Die aktuelle Interaktion in der analytischen Beziehung funktioniert nach den Gesetzen der Vergangenheit. Die damit verbundenen Gefühle und Ängste werden als unangemessen, gefährlich oder schambesetzt erlebt und zeigen sich nur durch ihre Abkömmlinge. Daraus ergibt sich zwangsläufig, dass die Erforschung der Innenwelt des Analysanden Phantasien über den Analytiker in den Mittelpunkt stellt. Diese Arbeit im Hier und Jetzt wird durch eine höhere Stundenfrequenz erleichtert.

A: Um die Parallelität der geschilderten fachlichen Entwicklungen, mit strukturellen und organisatorischen Schritten darstellen zu können, blicken wir noch einmal zurück. Im Jahr 1990 hatte die neue Satzung und die neue Weiterbildungsordnung der DPG nach ihrer Einführung zu massiven Spannungen in der Mitgliedschaft geführt. Beim 91er Kongress in Mannheim eskalierten diese Spannungen und wurden interessanterweise an der Ost-West Thematik abgehandelt. Die DPG stritt über ihre Rolle in den neuen Ländern und war mit Konflikten um die Psychotherapie in der ehemaligen DDR beschäftigt, während gleichzeitig eine erste kleine "IPV-Kommission" arbeitete, die sich nach der Münchener Tagung zusammen gefunden hatte. Diese Gruppe stellte1992 in Berlin an die Mitgliederversammlung einen Antrag, die DPG möge Kontakt zur IPV aufnehmen und sich nach den Aufnahmebedingungen erkundigen. Dieser Antrag wurde mit deutlicher Mehrheit abgelehnt.

B: Ermann deutete diese Ablehnung später so: "Für mich bedeutete diese Stellungnahme nicht, wie früher, ... dass die DPG sich gleichsam reaktiv abschottete und womöglich angesichts der Frequenzfrage der Lehranalyse und Ausbildungsfälle ein trotziges Nein sagte" (Ermann: Rückblick auf die Amtsperiode 1987 bis 1995; persönliche

Mitteilung). Ermann hatte recht, die Entwicklung ging weiter. Zu der schon seit 1981 jährlich tagenden Arbeitsgemeinschft (AG) für wissenschaftlichen Austausch kamen eine ganze Reihe von überregionalen Aktivitäten hinzu: 1992 die AG Psychoanalyse und Kultur, 1993 die Lehranalytikerkonferenz und 1998 die AG internationale Psychoanalyse.

A: Zusammen mit Kollegen der DPV nahmen DPG Mitglieder an den Nazareth-Konferenzen teil, die 1994, 1996 und 2000 in Israel und zuletzt in Bad Segeberg stattfanden mit dem Thema "Germans and Israelis – The Past in the Present". Diese, wie auch die so genannte Seon-Konferenz über "Die Teilung der psychoanalytischen Gemeinschaft und ihre Folgen" setzten die Auseinandersetzungen aus den 80er Jahren mit der Geschichte fort, jetzt aber in persönlichen Begegnungen und Selbsterfahrungen.

Seit 1997 trafen sich regelmäßig auf Vorstandsebene Delegationen der beiden deutschen Gesellschaften und bildeten eine DPG-DPV Kommission, erstmals seit 1951 auf institutioneller Ebene.

B: Tatsächlich war die Unwissenheit und die Neigung zu verzerrten Wahrnehmungen in beiden Gruppen riesengroß. Sie kamen sich näher im Engagement für die Psychoanalyse, die seit einigen Jahren wieder heftigen Gegenwind hat. Erleichtert wurden diese Kontakte auch dadurch, dass sich die Personen, die sich trafen, gut verstanden und verständigen konnten. Als ein erstes fachliches Projekt wurde im Januar 2002 eine gemeinsame kasuistische Konferenz von DPG und DPV veranstaltet, die uns sowohl die Schwierigkeiten wie auch die Chancen einer inhaltlichen Arbeit nach 50-jährigem Gegeneinander vor Augen führte. Die Supervisoren, Inge Wise aus London und Federico Flegenheimer aus Turin, konnten die Teilnehmer anhand ihrer Diskussionsbeiträge nicht zuordnen. Ein irritierendes Ergebnis, welcher damit zusammenhängen könnte, dass sich heute beide Gesellschaften auf Dritte außerhalb Deutschlands beziehen.

A: Parallel zu dieser Entwicklung begann auch die institutionelle Annäherung an die IPV. Otto Kernberg war auf dem Weg zur IPV-Präsidentschaft. Er vertrat auf der DPG-Jahrestagung in Saarbrücken 1995 erstmals öffentlich die Meinung, dass die DPG als forschungsorientierte und flexible psychoanalytische Fachgesellschaft eine Bereicherung für die IPV darstellen würde.

Inzwischen gingen die informellen Kontakte der DPG zur IPV weiter. 1997, auf unserer Tagung über "Deuten im psychoanalytischen

Prozess" in Stuttgart, waren Vertreter der großen psychoanalytischen Strömungen mit Vorträgen unsere Gäste: Ronald Britton von der kleinianischen Gruppe, Anne-Marie Sandler als Vertreterin der Contemporary Freudians (beide aus London) und Frank Lachmann als Vertreter der Selbstpsychologie aus New York. In einem Panel zur Behandlungstechnik war Karl König aus der DPG ihr Moderator. Auf dieser Tagung wurde Anne-Marie Sandler Ehrenmitglied unserer Gesellschaft.

Im gleichen Jahr erfolgte eine erste offizielle Kontaktaufnahme durch den Vorstand der IPV. Jürgen Körner, der damalige DPG-Vorsitzende, berichtete von diesem Angebot in der Vorstandssitzung. Er erhielt den Auftrag, bei Otto Kernberg anzufragen, welche Aufnahmebedingungen die IPV denn für solche Fälle vorsehe. Die Anfrage sollte aber in einer Weise formuliert werden, dass die IPV auf keinen Fall denken solle, die DPG wolle etwas – man frage nur aus reinem Wissensdurst. Bereits ein Jahr später, im Mai 1998 auf dem Kongress in Erfurt, war die Diskussion und Meinungsbildung weitergegangen, und die Mitgliederversammlung erteilte dem Vorstand den Auftrag, die Verhandlungen mit der IPV zu führen.

B: Jetzt kamen die Institutionen ins Spiel. Bis dahin waren es die persönlichen Begegnungen und der fachliche Austausch gewesen, die den Reiz der Annäherung ausgemacht hatten.

A: In dreijährigen Verhandlungen erzielten die DPG und die IPV einen Kompromiss, dem die Mitglieder beider Gesellschaften zustimmen konnten. Dieser sah die Aufnahme der DPG als "Executive Council (Board) Provisional Society"' vor und ermöglichte allen Kollegen die persönliche IPV-Mitgliedschaft, die bereit waren, sich mit ihrer Arbeit in einer vierstündigen Behandlung dem Komitee der IPV vorzustellen. Zwar befürwortete die Mitgliederversammlung der DPG in insgesamt drei Abstimmungen eine Mitgliedschaft der *gesamten* Gesellschaft in der IPV, obwohl nicht alle Mitglieder eine Evaluierung auf sich nehmen mochten. Aber auch jene wollten in ihrer Mehrheit die Entwicklung nicht aufhalten und sprachen sich gegen den Sonderweg *einer* Gruppe aus. Die DPG wollte zusammenbleiben. Als Kompromiss wurde ein "Two-Track"-Modell entwickelt, welches zukünftig eine zusätzliche IPV-Mitgliedschaft innerhalb der Gesellschaft ermöglicht.

B: In diesem Prozess überlagerten und vermischten sich mehrere Ebenen: Institutionelle Bedingungen mit Anerkennung und Wertschätzung, fachliche Auseinandersetzungen mit Loyalitäten im Generationenkonflikt, unterschiedliche Auffassungen von Wissenschaftlichkeit und Forschung in der Psychoanalyse mit Identitätswünschen. Die Anerkennung von Regelungen und Standards gerät in Konflikt mit dem Wunsch nach Ungebundenheit. In den Verhandlungen gab es deshalb von Anfang an Hindernisse:

1. Die DPG bildete an ihren Instituten nicht in allen Punkten nach den Ausbildungsrichtlinien der IPV aus, insbesondere nicht, was die Frequenz der Lehranalyse und von 2 kontrollierten Behandlungen betraf. Bis heute ist die Frequenzfrage umstritten.

2. Die Vertreter der IPV erkannten berechtigterweise nicht an, dass die DPG in Nachfolge der Vorkriegs-DPG stünde. Damit schied die sogenannte historische Lösung aus, nämlich die 1951 nicht erfolgte Aufnahme 50 Jahre später nachzuholen. Diese Haltung der IPV war für einige eine schwere Enttäuschung. Etliche Kollegen fürchten, dass die Zugehörigkeit zur IPV mit ihren Standards zu einer Einschränkung der Ausbildungsfreiheit und des psychoanalytischen Denkens in der DPG führen könne. Wir hoffen, dass wir mit der Schilderung der konkreten Erfahrungen in unseren kasuistischen Konferenzen zumindest die Sorge über eine neue Enge des Denkens zerstreuen und im Gegenteil die Bereicherung des analytischen Diskurses aufzeigen konnten. Denn *unsere* Sorge ist, dass Institute und Ausbildung in Deutschland in einem hohen Maße und noch weiter zunehmend gesetzlichen Regelungen und ständischen Ausbildungsvorschriften unterworfen sind. Der internationale Diskurs kann uns helfen, psychoanalytisches Denken und Forschen unter einem zunehmenden Effektivitäts- und Rechtfertigungsdruck aufrechtzuerhalten und weiterzuentwickeln.

Gelegentlich wird auch der Verdacht geäußert, dass es bei den jetzigen Fallvorstellungen der DPG Kollegen vor dem IPV-Komitee um die nachgeholte Unterwerfung unter ein orthodoxes Bewertungssystem ginge – dass wieder die Shiboleth-Frage gestellt sei, ob wir in der DPG den richtigen psychoanalytischen Dialekt sprechen, dass es um die Vergebung von Schuld und die Anerkennung durch die Nachkommen der Vertriebenen gehen könnte und dass wir damit eine Zugehörigkeit finden wollten, die nur geliehen wäre. Unsere Erfahrung ist jedoch, dass gerade die reale persönliche Begegnung die Bearbeitung solcher Phantasien, Wünsche und Ängste ermöglicht und die Voraussetzung für Trauer, Scham und die Wahrnehmung eines Mangels ist. Erst dann können wir von einem wiedergefundenen Diskurs sprechen. Und dann können wir auch wertschätzen, was wir unseren Lehrern in der DPG verdanken, zum Beispiel unserer Neugier und unserem Unternehmungsgeist zu vertrauen.

Schluss:

Heute steckt die DPG in einer schwierigen Übergangszeit. Ihre Liberalität und ihre Toleranz für Unterschiede wird einer Prüfung unterzogen. Feindselige Projektionen auf die DPV und die ehemals abwesende IPV nehmen ab und verlagern sich – sie werden innerhalb der Gesellschaft und in der Ambivalenz jedes Einzelnen auftreten und harren der Reflektion. Manche Zerreißprobe ist zu erwarten.

Unser Beitrag wird keine Zweifel bei Ihnen gelassen haben, dass wir beide diese Entwicklung unserer Gesellschaft unterstützt haben und sie für wichtig für die Zukunft der Psychoanalyse in Deutschland halten. Wir haben Ihnen zu zeigen versucht, dass in dieser Entwicklung eine Folgerichtigkeit liegt, die sich nach der Spaltung der Psychoanalyse nach dem Kriege bereits in den 70er und 80er Jahren des letzten Jahrhunderts vorbereitete. Die Aufnahme persönlicher Beziehungen, der fachliche Austausch und die sich entwickelnden Freundschaften mündeten dann in den komplizierten Prozess der Aufnahme der DPG in die IPV.

A: Es war der 25. Juli 2001: In der sommerlichen Hitze von Nizza trafen wir uns auf einer malerischen Dachterrasse mit Blick auf den alten Hafen – erschöpft und zugleich aufgedreht von der Anspannung des Wartens auf die Entscheidung im Businessmeeting, berührt von der Anteilnahme vieler IPV- und DPV-Kollegen. Wir feierten mit Anne-Marie Sandler, mit Inga Villareal, mit Otto und Paulina Kernberg mit Andre Haynal und seiner Frau, mit John Kafka und seiner Frau, sowie mit etwa 50 angereisten DPG Kollegen – eine erfolgreiche Etappe auf einem langen, mühsamen Weg, der uns näher an den internationalen Diskurs herangeführt hat – und wir denken manchmal daran zurück, wie wir unmerklich zusammenrückten, damals während der Orgelkonzerte in den novemberkalten Kathedralen süddeutscher Bischofsstädte, die als obligatorisches Kulturprogramm unsere ersten Fallkonferenzen begleitet hatten.

Literatur:

Arnds, H.-G. (1990): Vermutungen zum Ärgernis Schulz-Hencke mit Stellungnahmen von F. Beese und S. Schulte-Lippern. Forum der Psychoanalyse 6, S. 250-255.

Beese, F. (1978): Psychoanalyse – Neopsychoanalyse. Abgrenzung und Synthese. In: Arbeitsgruppe der DPG Stuttgart, Vorträge 1974-1996, Bd.1, S. 9-56, Intern veröffentlichte Sammlung, TVT Medienverlag, Stuttgart.

Beese, F. (1985): Psychoanalyse in Deutschland. Zum bevorstehenden Jahreskongress der Deutschen Psychoanalytischen Gesellschaft (DPG) im November 1985 in Berlin. Forum der Psychoanalyse 1, 161-163.

Beese, F. (1988): Das neopsychoanalytische Konzept Schultz-Henckes aus psychoanalytischer Sicht. In: Rudof, G. und Rüger U. (HG) (1988): Die Psychoanalyse Schultz-Henckes, Stuttgart, Thieme, S. 57-67.

Beese, F. (1990): Eine notwendige Auseinandersetzung? Kommentar zu dem Beitrag von Sibylle Schulte-Lippern: "Harald Schulz-Hencke – Psychoanalytiker in Deutschland". Forum der Psychoanalyse 6, S. 70-74.

Blum, H.P. (1999): Die Vertreibung der Psychoanalyse und die Wiederkehr des Verdrängten. Forum der Psychoanalyse 15, S. 348-359.

Brainin, E. und Kaminer, I.J. (1982): Psychoanalyse und Nationalsozialismus. Psyche 11, 998-1012.

Brecht, K. u. a. (HG) (1985): Hier geht das Leben auf eine merkwürdige Weise weiter..., Hamburg, Verlag Michael Kellner.

Britton, R. (1997): Zur Theorie psychoanalytischer Technik. Forum der Psychoanalyse 13, S. 154-171.

Brocher, T.H. (1985): Die Bedeutung der psychoanalytischen Fachgesellschaften für die Entwicklung des Psychoanalytikers und der Psychoanalyse. Forum der Psychoanalyse 1, S. 143-156.

Cocks, G. (1987): Psychoanalyse und Psychotherapie im Dritten Reich. In Rudolf, G. Rüger U. Studt, H.H.: (HG) (1987): Psychoanalyse der Gegenwart. Göttingen, Verlag für medizinische Psychologie.

Dreher, A.U. (1997): Zur Geschichte der klinischen Verwendung der Deutung. Forum der Psychoanalyse 13, S. 191-210.

Ermann, M. (1985): Editorial "Forum der Psychoanalyse" In: Forum der Psychoanalyse 1, S. 1-3.

Ermann, M. (1986): Identität und Geschichte. Forum der Psychoanalyse 2, S. 69-76.

Ermann, M. (1994): Editorial 10 Jahre "Forum der Psychoanalyse". Forum der Psychoanalyse 10, S. 291-295.

Ermann, M. (1995): Zur Geschichte der DPG. In: Vorstand der DPG (HG) (1995): Informationen über die Deutsche Psychoanalytische Gesellschaft.

Ermann, M. (1996): Verstickung und Einsicht. Nachdenken über die Psychoanalyse in Deutschland, Tübingen, edition diskord.

Friedrich, H. (1986): Jahreskongress der Deutschen psychoanalytischen Gesellschaft (DPG) 1985 in Berlin. Forum der Psychoanalyse 2, S. 80-83.

Hampel, Chr. (1988): Zur historischen und aktuellen Bedeutung Schultz-Henckes für die Deutsche Psychoanalytische Gesellschaft. In: Rudolf, G. und Rüger U. (HG) (1988): Die Psychoanalyse Schultz-Henckes, Stuttgart, Thieme, S. 24-31.

Herdieckerhoff, E., v. Ekesparre, D., Elgeti R., Marahrens-Schürg, C. (HG) (1990): Hassen und Versöhnen. Psychoanalytische Erkundungen, Göttingen, Vandenhoeck und Ruprecht.

Janus, L. (1986): Zur Geschichte der psychoanalytischen Behandlungstechnik. Forum der Psychoanalyse 2, S. 1-19.

Kächele, H. (1986): Herbsttagung 1985 der Deutschen Psychoanalytischen Vereinigung (DPV) in Wiesbaden. Forum der Psychoanalyse 2, S. 84-85.

Kafka, J. (1985): Gedanken zur Begegnung in Deutschland. In Forum der Psychoanalyse 1, S. 72-74.

Körner, J. (1989): Arbeit *an* der Übertragung? Arbeit *in* der Übertragung! Forum der Psychoanalyse 5, S. 209-223.

Kreuzer-Haustein, U. (1994): Deutsche und Israelis: Die Vergangenheit in der Gegenwart. Forum der Psychoanalyse 10, S. 363-370.

Lockot, R. (1994): Die Reinigung der Psychoanalyse. Die Deutsche Psychoanalytische Gesellschaft im Spiegel von Dokumenten und Zeitzeugen, Tübingen, edition diskord.

Lohmann, H.-M. und Rosenkötter, L. (1982): Psychoanalyse in Hitlerdeutschland. Psyche 11, S. 961-988.

Mitscherlich-Nielsen, M. (1992): Die (Un)fähigkeit zu trauern – eine taugliche Diagnose? Psyche 5, S. 406-416.

Moses, R. (1990): Ein israelischer Psychoanalytiker spricht zur DPG. In: Herdieckerhoff, E., v. Ekesparre, D., Elgeti R., Marahrens-Schürg, C. (HG) (1990): Hassen und Versöhnen. Psychoanalytische Erkundungen, Göttingen, Vandenhoeck & Ruprecht, S. 18-28.

Richter, H.-E. (1985): Die Chance des Gewissens, Erinnerungen und Assoziationen. Hamburg, Hoffmann & Campe, S. 293.

Rudolf, G. (1988): Schultz-Henckes Beziehungspsychologie. In: Rudolf, G. und Rüger U. (HG) (1988): Die Psychoanalyse Schultz-Henckes, Stuttgart, Thieme, S. 75-82.

Rudolf, G., Rüger U., Studt, H.H. (HG) (1987): Psychoanalyse der Gegenwart. Göttingen, Verlag für medizinische Psychologie.

Rudolf, G., Wilke, S. (1985): Psychoanalytiker in der DPG. Vortragsmanuskript vorgelegt zur DPG-Jahrestagung 1985 in Berlin.

Rudolf, G. (1987): Psychoanalyse in der DPG. In: Rudolf, G., Rüger U., Studt, H.H. (HG) (1987): Psychoanalyse der Gegenwart, Göttingen, Verlag für medizinische Psychologie.

Sandler, A.-M. (1997): Zur Deutung der Übertragung im Hier und Jetzt. Forum der Psychoanalyse 13, S. 211-222.

Sandler, J. (1976): Gegenübertragung und Bereitschaft zur Rollenübernahme. In Psyche 30, S. 297-305.

Sandler, J. und Sandler, A.-M. (1985): Vergangenheitsunbewusstes, Gegenwartsunbewusstes und die Deutung der Übertragung. Psyche 39, S. 800-829.

Schmidt, G. (1985): Arbeitstagung der Deutschen Psychoanalytischen Vereinigung (DPV) in Tübingen, 7. bis 9.3.1985. Bericht und Kommentar. Forum der Psychoanalyse 1, S. 75-78.

Schulte-Lippern, S. (1990): Harald Schulz-Hencke – Psychoanalytiker in Deutschland. Forum der Psychoanalyse 6, S. 52-69.

Schultz-Henke, H. (1949): Zur Entwicklung und Zukunft der psychoanalytischen Begriffswelt. In: Lockot, R. (1994): Die Reinigung der Psychoanalyse. Die Deutsche Psychoanalytische Gesellschaft im Spiegel von Dokumenten und Zeitzeugen. Tübingen, edition diskord, S. 343-346.

Studt, C. (1986): Psychoanalyse – Neopsychoanalyse. Forum der Psychoanalyse 2, S. 215-227.

Thomä, H. (1963): Die Neo-Psychoanalyse Schultz Henckes I. Psyche 17, S. 44-80.

Thomä, H. (1963): Die Neo-Psychoanalyse Schultz Henckes II. Psyche 17, S. 81-128.

Wyman, H.M. und Rittenberg, S. (1992): Reflections on the Written Presentation of Psychoanalytic Clinical Data. In: Journal of Clinical Psychoanalysis 1, S. 323-331.

Die Vertreibung der jüdischen Psychoanalytiker aus der DPG – die Suche nach dem Verlorenen

Ursula Kreuzer-Haustein

Die Vertreibung der jüdischen Psychoanalytiker aus der DPG begann 1933, als Böhm und Müller-Braunschweig mit der Unterstützung von Jones den DPG-Vorstand arisierten und das Amt des Vorsitzenden Max Eitingon übernahmen. 1935 wurden die jüdischen Mitglieder aufgefordert, aus der DPG auszutreten. Nach Lockot (2000, S. 135) mussten 42 von insgesamt 56 Psychoanalytikern die DPG und Deutschland verlassen, weil sie Juden waren, zusammen mit den Kandidaten waren es etwa 100 (mündliche Mitteilung). 23 jüdische Psychoanalytiker wurden ermordet (vgl. Hermanns 2001, S. 46). 1936 gründete die DPG zusammen mit verschiedenen psychotherapeutischen Fachrichtungen das "Deutsche Institut für psychologische Forschung und Psychotherapie" unter der Leitung von Prof. M.H. Göring, das sogenannte "Göring-Institut"; die Psychoanalyse wurde nach und nach aufgegeben. Die historischen Recherchen, vor allem von Lockot (1985; 1994) legen nahe, von einer schweren Beschädigung bis Liquidierung der Psychoanalyse zu sprechen, wenngleich die verbliebenen DPG-Analytiker in Berlin von ihren Selbstaussagen und Motiven her bemüht waren, die Psychoanalyse zu bewahren und zum Teil auch davon überzeugt waren, sie gerettet zu haben. In der Eröffnungsrede zum 34. Kongress der IPV in Hamburg sagte der damalige Bürgermeister Klaus von Dohnanyi nicht nur den vielzitierten Satz: "Wer sagt: 'unser Bach' und 'unser Beethoven', der muss auch sagen: 'unser Hitler'", sondern er beschrieb auch den Prozess der allmählichen, beinahe lautlosen, immer weiter fortschreitenden Liquidierung, ohne den Gestus dessen, der meint, damals anders, wachsamer und besser gehandelt zu haben: "In der Gefahr, das Ganze zu verlieren, wurde Teil auf Teil geopfert. Ein jeder Schritt rational und zugleich in der falschen Richtung. Hier ein Kompromiss der Personen, dort einer in der Sache: im vermeintlichen Interesse des zu bewahrenden Ganzen – das es am Ende nicht mehr gab" (v. Dohnanyi 1986, S. 861f).

"Die Suche nach dem Verlorenen" lässt Verlust und Trauer anklingen; Verlust und Trauer darüber, die jüdischen Psychoanalytiker verloren zu haben, die in so entscheidender Weise die Psychoanalyse vor der Shoah in Deutschland geprägt haben; und darüber, eine lebendige, unbeschädigte Identifizierung mit der Psychoanalyse, mit Freud, dem Juden Freud, verloren zu haben. Doch ist es möglich, nach etwa 15 bis 20 Jahren Auseinandersetzung mit der deutschen Katastrophe – denn diese Auseinandersetzung begann erst etwa Mitte der 80er Jahre – von Trauer zu sprechen? Blumenberg (1997, S. 1140) erinnert daran, trauern bedeute, in eine innere Beziehung zum verlorengegangenen Objekt zu treten, das heißt, sich zu erinnern. Die oft beklagte Unfähigkeit zu trauern, sei eine Unfähigkeit, sich zu erinnern: "Könnte nicht erst dann jene Trauerarbeit begonnen werden, wenn gefragt werden würde: Welchen Verlust betrauern wir eigentlich mit der Vertreibung und Vernichtung jüdischer Psychoanalytiker? Was bedeutet mir dieser Verlust an jüdischen Menschen?" (ebd.)

Weil es aber um Vertreibung und Ermordung geht, haben wir es mit immensen Hindernissen für das Erinnern und Trauern zu tun. Es geht nicht um ein "Fort-Da", um Trennung und Wiederkehr, auch nicht um Verlust und Tod, sondern um ein schreckliches Ausmaß an Vernichtung. Aus einem Brief von Anna Freud an Regine Lockot ist bekannt, dass Böhm 1938 in einem Gespräch über den angeblich unumgänglichen Austritt der Juden aus der DPG die Frage von Anna Freud, ob er denn auch bereit wäre, ihren Vater zum Austritt zu veranlassen, bejahte (Lockot, mündliche Mitteilung, nach einer Information von Anne-Marie Sandler an Regine Lockot).

So heißt Erinnern in Bezug auf die Vertreibung und Ermordung jüdischer Psychoanalytiker, sich einem unbegreiflichen Vatermord, Geschwistermord, der Zerstörung der eigenen psychoanalytischen Wurzeln und Traditionen und einem schrecklichen Zerfall des Über-Ich und Ich-Ideals auszusetzen.

Die Nazareth-Konferenzen zum Thema "Germans and Israelis. The Past in the Present", die 1994, 1996 und 2000 stattfanden (vgl. Beland 2001; Biermann 1997; Kreuzer-Haustein 1994; 2000), waren ein Versuch, sich den damit verbundenen Affekten zu nähern. Diese Affekte in der unmittelbaren Begegnung zwischen Israelis und Deutschen – genauer gesagt: zwischen Juden aus Israel, Deutschen und in Deutschland lebenden Juden – zu erleben und zu tolerieren, erfordert ein hohes Maß an dem, was Bion die "negative capability" nennt: die Fähigkeit, Desintegration, Hass und Zerstörung zu tolerieren. Eine wesentliche Voraussetzung dafür, dass das in diesen Konferenzen gelang, ist die sehr strukturierte Methode und der verlässliche Rahmen dieser an der Tavistock-Klinik entwickelten psychoanalytischen Gruppenmethode; die jeweils 5-tägige Dauer dieser Konferenzen, die ein intensives und kontinuierliches Arbeiten ermöglicht; die psychoanalytisch-systemische Deutungsarbeit des Staff, die erlaubt, die unbewussten Gruppeninszenierungen im Nachhinein zu verstehen und damit vor allem die von Desintegration und Zerstörung bedrohten Prozesse zu tolerieren und zu integrieren; und schließlich eine unausgesprochene Übereinkunft der Teilnehmer darüber, dass eine solche Arbeit nur dann möglich ist, wenn immer wieder auch die guten inneren Objekt- und Selbstrepräsentanzen als gemeinsame Ressource wachgerufen werden. Wesentliche Aufgabe dieser Konferenzen ist, "zu erforschen, wie Gefühle und Phantasien über 'das Deutsche', und 'das Israelische'/'das Jüdische' die Beziehungen innerhalb und zwischen den beiden Gruppen während der Konferenz beeinflussen" (aus dem Programm, Übersetzung U.K.-H.). 1996 fand außerdem eine von der DPV und DPG gemeinsam organisierte und nach der gleichen Methode ausgerichtete Konferenz über "Die Teilung der psychoanalytischen Gemeinschaft und ihre Folgen" in Seeon statt, die sogenannte "Seeonkonferenz" (vgl. Brecht 1997; Kreuzer-Haustein 1996).

Ich will den Gegenstand meiner Arbeit in einigen Fragen formulieren: Was geschah mit den inneren Repräsentanzen der vertriebenen und ermordeten jüdischen Psychoanalytiker im psychoanalytischen Identitätsgefühl der deutschen Nachkriegsanalytiker? Wie haben die deutschen Psychoanalytiker bis heute den traumatischen Bruch abgewehrt oder verarbeitet, der eine unbeschädigte Identifizierung mit der Psychoanalyse, mit Freud, unmöglich machte? Was geschah mit dem beschädigten psychoanalytischen Introjekt? Und was geschieht, wenn wir mit diesem beschädigten, eben auch jüdischen Introjekt, mit den inneren Bildern über die Juden, die jüdischen Psychoanalytiker, Juden begegnen, vor allem denen, die wir vertrieben haben? Spätestens jetzt macht das "wir" zwei Differenzierungen notwendig:

1. Wir, das heißt die 2. und 3. Generation, während des Krieges oder danach geboren, tragen keine persönliche Schuld für die Verbrechen der Nazizeit. Es geht jedoch um eine historische Verantwortung, die wir als Deutsche und als deutsche Psychoanalytiker haben. Jeder einzelne wird diese Verantwortung auf bestimmte Weise verstehen, verleugnen oder auch ganz bewusst von sich weisen.

2. Die 2. Differenzierung des "wir" gilt der Existenz von zwei verschiedenen großen psychoanalytischen Gesellschaften in Deutschland. Die DPV ist nach ihrer Neugründung 1950 ein Jahr später in die IPV aufgenommen worden. Auf diese Weise war es den Kolleginnen und Kollegen der DPV möglich, sogleich an die Freudsche, internationale Psychoanalyse anzuknüpfen und auch in der IPV emigrierten jüdischen Kollegen zu begegnen. Die DPG hingegen orientierte sich zunächst bis in die 70er Jahre überwiegend an der Neopsychoanalyse von Schultz-Hencke, kehrte dann nach und nach zu Freud und zur internationalen Psychoanalyse zurück und wurde im letzten Jahr als "Executive Council (Board) Provisional Society" in die IPV aufgenommen. Dieser unterschiedliche Weg der beiden großen Gesellschaften hat auch unterschiedliche Modi der Abwehr und Verarbeitung des traumatischen Bruchs mit sich gebracht, wobei ich auf die in der DPG zu beobachtenden Modi zentrieren werde.

Dennoch halte ich drei Gemeinsamkeiten zu nennen für wichtig:

- Die historische Verantwortung für die schwere Beschädigung der Psychoanalyse im Nazi-Deutschland liegt in der Verantwortung der alten DPG. Also geht es heute um eine historische Verantwortung beider deutscher Gesellschaften.
- Beide deutsche Gesellschaften haben drei bis vier Nachkriegsjahrszehnte gebraucht, um mit der Auseinandersetzung über die in dieser Zeit "beschwiegenen Schuld" (Schwan 1997) zu beginnen.
- Bei den deutschen Nachkriegspsychoanalytikern ist ein "Aneignungstabu" zu vermuten – ein Begriff von Beland (mündliche Diskussionsbeiträge) –, das heißt ein Tabu, sich die Psychoanalyse wirklich zu eigen zu machen und sie kreativ und lebendig zu betreiben.

Ich werde im Folgenden einige kollektive Abwehr- und Verarbeitungsmodi beschreiben, mit denen die deutschen Psychoanalytiker nach dem Krieg versuchten, das beschädigte psychoanalytische Introjekt, den traumatischen Bruch in der Identifizierung mit der Psychoanalyse zu bewältigen. Es geht in diesen Versuchen der Interpretation um idealtypische, kollektive Prozesse; jeder einzelne Analytiker hat seine ganz eigene Geschichte in Bezug auf den Versuch, den traumatischen Bruch zu bewältigen.

1 Verleugnung, beschwiegene Schuld

Die Geschichte der Auseinandersetzung mit der Shoah zeigt auch für die Psychoanalyse wie für viele andere Wissenschaften, dass eine Auseinandersetzung erst Anfang der 80er Jahre begann. In der DPG fanden an einigen Instituten Veranstaltungen zum Thema "Psychoanalyse und Nationalsozialismus" statt. Die damals vorliegenden historischen Forschungen von Lockot (1985) und die DPV-Dokumentation von Brecht u.a. (1985) "Hier geht das Leben auf eine merkwürdige Weise weiter..." waren entscheidende Grundlagen dieser wichtigen Auseinandersetzung, ebenso Interviews mit älteren Kolleginnen und Kollegen, die ihre Ausbildung in den 50er und 60er Jahren in der DPG gemacht haben. So organisierten z.B. Jürgen Kind und Hartmut Wegehaupt 1983 am psychoanalytischen Institut in Göttingen ein Seminar zum Thema "Psychoanalyse und Nationalsozialismus", deren Ergebnisse einige Kolleginnen und Kollegen auf der Jahrestagung der DPG in Berlin 1985 vortrugen und im "Forum der Psychoanalyse" publizierten (Diebel-Braune u.a. 1986). Die DPG veranstaltete 1989 ein Seminar zum Thema "Psychoanalyse und Nationalsozialismus" in Bad Soden, auf dem Hans Keilson den Eröffnungsvortrag hielt. Zur Jahrestagung der DPG 1990 in Hannover zum Thema "Hassen und Versöhnen" lud die DPG Raphael Moses (1990) und Isca Salzberger-Wittenberg (1990) als Referenten ein. Eine entscheidende historische Auseinandersetzung begann.

Doch das kollektive Schweigen der deutschen Psychoanalytiker in den ersten vier Nachkriegsjahrzehnten hatte Folgen für die Lehranalysen. Die "beschwiegene Schuld" (Schwan 2001), Freud und die Psychoanalyse verraten zu haben, schuf einen folgenreichen blinden Fleck im Übertragungsgeschehen. Es ist bekannt, dass Übertragungen von Nazi-Elternimagines kaum vorkamen, weil das gemeinsame Beschweigen dieses Thema gar nicht erst aufkommen ließ und beide, Lehranalytiker und Lehranalysand, den damit verbundenen schwer erträglichen Affekten zu entgehen suchten. Wie interessiert immer wieder psychoanalytische Genealogien aufgenommen werden, zeigt etwas von der Sehnsucht, in einer unbeschädigten Nachfolge von Freud zu stehen. Ich kann mich gut an eine Bemerkung eines Kollegen erinnern, die mich unangenehm berührte, weil sie so unverblümt (und vielleicht auch so unbewusst) ein Beispiel für eine Rechtfertigungsstrategie bot: "Eigentlich stammen wir alle von Freud ab."

In diesem Satz ist der traumatische Bruch, sind Schuld und Verantwortung übersprungen, verleugnet. Wir wissen aus den familientherapeutischen Mehrgenerationen-Forschungen (vgl. Massing und Beushausen 1986; Massing 1991; Massing, Reich und Sperling 1992) und aus Fallberichten über Kinder, deren Väter Nazi waren (vgl. Bergmann, Jucovy und Kestenberg 1995), wie familiale Geheimnisse, Schuld und Naziverbrechen über eine unbewusste Dynamik in den seelischen Strukturen der folgenden Generation weiterwirken.

Eickhoff (1991) hat in Anlehnung an den Begriff des "entlehnten Schuldgefühls", den Freud (1923) in seiner Arbeit "Das Ich und das Es" entfaltete, einen analytischen Prozess beschrieben, in dem eine Analysandin unbewusst mit den Nazitaten ihres Vaters identifiziert war. "Entlehntes Schuldgefühl" meint also ein Schuldgefühl, das nicht auf einer persönlich begangenen Tat basiert, sondern auf einer unbewusste Identifikation mit dem Täter. In der Falldarstellung geht es um einen familialen Identifizierungsmodus – die Identifikation mit dem Vater –, den Vogt um den "nationalen Identifizierungs-modus" ergänzt, der "...von nicht geringerem Gewicht (sei), doch bleibt er in der Regel stumm und unsichtbar... Lediglich bei Rechtsradikalen wird das 'Phantasma der Nation' (Bohleber 1992, S. 684) in verzerrter Weise konkret" (Vogt 2001, S. 111).

In dem so verwandten Begriff des "entlehnten Schuldgefühls" geht es also sowohl um unbewusste familiale als auch nationale Identifizierungen mit nationalsozialistischer Schuld. Vor allem auf dem Hintergrund der Goldhagen-Debatte über die Kollektivschuld der Deutschen ist wichtig herauszustellen, dass es aus der Perspektive rationalen, zivilisierten Denkens keine Sippenhaft und Kollektivschuld gibt. Schuld ist immer an eine persönlich zu verantwortende Tat gebunden. Das "entlehnte Schuldgefühl" jedoch verweist als ein unbewusster irrationaler Vorgang auf eine andere, psychodynamisch bedeutsame Perspektive. Und hier ergibt sich nach Vogt ein wichtiger Unterschied zwischen familialem und nationalem Identifizierungsmodus: "Hinsichtlich des familialen Identifizierungsmodus kann ich sagen und innerlich kognitiv und emotional realisieren (vielleicht auch mit Hilfe einer Analyse): 'Ich bin nicht mein Großvater, ich bin nicht mein Vater. Ihre Taten sind die ihrigen, meine Taten sind die meinigen'" (Vogt 2001, S. 112). Es sei jedoch unmöglich, zu sagen: "Ich bin kein Deutscher".

Ich komme zur Frage der Lehranalyse zurück und ergänze: Ebenso unsinnig ist es zu sagen: "Ich bin kein deutscher Psychoanalytiker". Was es aber heißt, ein *deutscher* Psychoanalytiker zu sein, diese Frage ist wegen der kollektiven Verleugnung in den Lehranalysen kaum gestellt worden, wobei beide Identifizierungsmodi, der familiale und der nationale, für den Übertragungsprozess von zentraler Bedeutung sind. Der Lehranalytiker repräsentiert im Übertragungsprozess zum einen die familiale Elternimago, die potentielle historische Schuld auf sich geladen hat. Und er steht zum anderen als ein deutscher Analytiker in der Traditionsfolge der nationalen, arischen Psychoanalytiker, die ihre jüdischen Kollegen vertrieben haben. War es allenfalls in den Lehranalysen der Nachkriegszeit um den Preis der Bearbeitung im Übertragungsgeschehen noch möglich, die potentielle Schuld von Eltern- oder Großelternimagines, d.h. die familialen Identifizierungsmodi zu bearbeiten, so sind die nationalen Identifizierungsmodi vermutlich weitgehend unbearbeitet geblieben: die Auseinandersetzung mit dem Analytiker als einem *deutschen* Analytiker. Ich meine damit eine Auseinandersetzung über die vom Lehranalysanden phantasierten Einstellungen des Lehranalytikers zur Shoah, zur Liquidierung der Psychoanalyse im Nazideutschland, Phantasien darüber, ob der Lehranalytiker sich verleugnend oder auseinandersetzend dazu verhält, Schuldzuschreibungen, Idealisierungen – also all das, was wichtiger Bestandteil einer Übertragungsanalyse in der Lehranalyse sein könnte. Und so ist zu vermuten, dass das entlehnte Schuldgefühl in doppelter Weise, als familialer und nationaler Identifizierungsmodus, in den Nachkriegslehranalysen weitgehend unbearbeitet geblieben ist und zu einem generationsübergreifenden unbewussten Schuldgefühl, gleichsam zu einer historischen Fixierung geführt hat.

Gelten Verleugnung und beschwiegene Schuld in den ersten 3 bis 4 Nachkriegsjahrzehnten für beide psychoanalytischen Gesellschaften, so will ich nun einen DPG-spezifischen Abwehrmodus beschreiben, der etwas mit der Geschichte der Nachkriegs-DPG zu tun hat.

2 Zwischen Zerstörungs- und Rettungsphantasie – historische Mythenbildungen über die Nachkriegs-DPG

Die Orientierung der Nachkriegs-DPG an der Neopsychoanalyse Schultz-Henckes bis etwa Mitte der 70er Jahre und das fünf Jahrzehnte bestehende Verbleiben außerhalb der IPV schuf eine besondere kollektive Abwehr innerhalb der DPG. Diese Abwehr zeigt sich in verschiedenen historischen Interpretationen und Mythenbildungen über die Geschichte der Psychoanalyse. Der historische Blick bewegte sich zwischen einer Rettungs- und einer Zerstörungsphantasie: zwischen dem Mythos, die Psychoanalyse während des

Nationalsozialismus gerettet zu haben, und der Zuschreibung, als Nachfolgeorganisation des Göring-Instituts eine Nazigesellschaft zu sein.

Schultz-Hencke hatte in seiner Neopsychoanalyse wesentliche Essential der Psychoanalyse aufgegeben: die Triebtheorie, die Einheit der Libido, die Bedeutung des Ödipus-Komplexes und des Unbewussten, die Rolle der Aggression und der Übertragung. Er bot aber dennoch der DPG für die ersten 2 bis 3 Nachkriegsjahrzehnte die Illusion, eine psychoanalytische Gesellschaft zu sein: als Mitglied des Berliner Instituts gehörte er zur zweiten Generation der Psychoanalytiker und schuf auf diese Weise eine gleichsam genealogische Legitimation, sich Psychoanalytiker zu nennen, eine Illusion, deren Aufklärung in den 70er Jahren auf schmerzliche Weise begann und eine entscheidende Umorientierung, die Hinwendung zu Freud und zur internationalen Psychoanalyse, zur Folge hatte (zur Auseinandersetzung mit der Neopsychoanalyse vgl. Beese 1977/78 und 1990; Diebel-Braune u.a. 1986; Lindner 1975; Studt 1986; Schulte-Lippern 1990). Darüber hinaus, so Ermann (1988), war ein ganz bestimmter Mythos über die Nachkriegs-DPG bis Anfang der 70er Jahre wirksam, und zwar in Gestalt einer projektiven Abwehr: viele nicht-jüdische Psychoanalytiker, so auch Schultz-Hencke, hätten während des Kriegs im Reichsinstitut um das Überleben der Psychoanalyse gekämpft. Die IPV jedoch habe das niemals gewürdigt, die DPG sei durch die Verweigerung der Wiederaufnahme in die IPV ein Opfer ausländischer (jüdischer?) Intrigen. Auch die Gründung der DPV sei ein Akt der Illoyalität. Dieser Opfer-Mythos trägt deutlich die Züge einer Rechtfertigungsstrategie: die eigene Täterschaft, die historische Verantwortung für die Vertreibung und Ermordung der jüdischen Psychoanalytiker aus der DPG wird in einen Mythos des Sühneopfers verkehrt. Gleichzeitig war die DPG mit der offenen oder unterströmigen Zuschreibung konfrontiert, eine Nazigesellschaft zu sein. Die "Indizien" waren: der Verrat der Freudschen Theorie durch die Etablierung einer "Neuen deutschen Seelenheilkunde" am Göring-Institut, die DPG als unmittelbare Nachfolgeorganisation des Göring-Instituts sowie die Existenz außerhalb der IPV. Diese Zuschreibungen waren einerseits eine schwere, in den ersten drei Jahrzehnten überwiegend unbewusste Last für die DPG. Auf der anderen Seite bot die Version der "Nazigesellschaft" eine Zuspitzung, die absurd erschien, so dass es wiederum leicht war, sich davon zu distanzieren. Eine Auseinandersetzung mit der eigenen Täterschaft blieb aus. Erst Anfang der 80er Jahre begann ein schmerzlicher und fruchtbarer Prozess der Auseinandersetzung mit der Geschichte. Dieser Prozess war der Versuch, das zu reflektieren, was die Politikwissenschaftlerin Gesine Schwan in ihrer Analyse über die politischen, kulturellen, institutionellen und moralischen Folgen des "Beschweigens" des Nationalsozialismus beschrieben hat. Zwei der von ihr beschriebenen Folgen halte ich auch für die DPG zutreffend: der "Provinzialismus" (S. 205) und der "isolierende Trotz" (S. 52).

Die Existenz der DPG außerhalb der IPV hatte zu einer Isolation, zu einer ausschließlichen Hinwendung auf die überschaubaren Strukturen und Konzepte der eigenen Fachgesellschaft geführt. Es gab zwar auch internationale Kontakte über die Internationalen Föderation Psychoanalytischer Gesellschaften (IFPS), die DPG war jedoch aus dem wissenschaftlichen Diskurs der großen, entscheidenden psychoanalytischen Gesellschaft, der IPV, ausgeschlossen. Und es gab in dieser Zeit keine wissenschaftliche Verbindungen zwischen DPG und DPV. Doch die sehr kreative Entwicklung in verschiedenen Anwendungsgebieten der Psychoanalyse, die fruchtbare klinische Orientierung gab den DPG- Analytikern der ersten 3 Nachkriegsjahrzehnte keineswegs das Gefühl, eine psychoanalytische Gesellschaft zweiter Klasse zu sein. Gleichzeitig war jedoch eine deutliche Polemik gegen die DPV zu beobachten, eine Polemik, die die Vermutung nahe legt, dass diese Sicherheit in der professionellen Selbstwertschätzung brüchig war und über die faktische internationale Isolierung nicht hinwegtäuschen konnte. Und es war eine Polemik, die sich heute als Ausdruck eines "isolierenden Trotzes" verstehen lässt: die DPG definierte sich in Abgrenzung zur DPV als die klinisch kompetentere Gesellschaft, als eine "offene" Gesellschaft, die "freier" war als die DPV. Die DPV galt in ihrer Theorie und Behandlungstechnik als puristisch, in ihren politischen Strukturen als zu zentralistisch. Zu vermuten ist außerdem, dass die DPV wegen ihrer Zugehörigkeit zur IPV als die politisch rehabilitierte, moralisch bessere Gesellschaft phantasiert und beneidet wurde. Auch Pollmann (1998) spricht von "Trotz" zur Beschreibung einer bestimmten Atmosphäre am Berliner Institut der späten 60er Jahre: "...finde ich etwas von ...Trotz. Wir waren als Psychoanalytiker zwar international nicht anerkannt, aber wir durften trotzig stolz darauf sein, dass wir angeblich moderner waren, die so notwendige Abstinenz in der Analyse wurde gern als alter Zopf bei den klassischen Psychoanalytikern karikiert" (Pollmann 1998, S. 9).

Im Diskurs über die politische Geschichte der Psychoanalyse nach dem Zusammenbruch des Nationalsozialismus wird inzwischen von beiden Gesellschaften – sicherlich auch befördert durch die gemeinsam veranstalteten Nazareth-Konferenzen – die Einschätzung geteilt, dass die Spaltung 1950/51 und die jahrzehntelangen wechselseitigen Zuschreibungen und Feindseligkeiten über die wissenschaftlichen Kontroversen hinaus deutlich in den Dienst der Abwehr einer gemeinsamen historischen Verantwortung gestellt waren.

3 Nach dem Vatermord – die Feindschaft zwischen den Brüdern

Nachdem sich die DPG im Oktober 1945 neu gegründet hatte – die Vorsitzenden waren Müller-Braunschweig, Böhm und Kemper – kam es in den folgenden Jahren zu starken persönlichen und wissenschaftlichen Auseinandersetzungen vor allem zwischen Müller Braunschweig und Schultz-Hencke, die auf dem IPV-Kongress in Zürich 1949 zum Bruch führten. Schultz-Hencke (1994) ließ in seinem Vortrag keinen Zweifel daran, dass er wesentliche Essentials der Psychoanalyse aufgegeben hatte. Müller-Braunschweig trat diesem Konzept entgegen. Die IPV beschloss im gleichen Jahr wegen des unklaren psychoanalytischen Selbstverständnisses innerhalb der DPG einen provisorischen Status für die DPG: sie solle zunächst ihre Situation unter sich klären. Die wissenschaftlichen und persönlichen Differenzen vor allem zwischen Müller-Braunschweig und Schultz-Hencke und schwierige gruppendynamische Prozesse im gesamten Göring-Institut führten schließlich im Mai 1950 zum geheimen Beschluss von Müller-Braunschweig und 5 anderen DPG-Kolleginnen und Kollegen, die DPV zu gründen. Mit der Wiederaufnahme der DPV in die IPV im Mai 1951 erlischt die provisorische Mitgliedschaft der DPG, der Vorsitzende der DPG, Böhm, erhebt Einspruch bei der IPV. Hartmann, der Vorsitzende der IPV, weist das mit dem Zusatz zurück, die DPG könne einen Wiederaufnahmeantrag stellen, wenn Änderungen in der DPG stattgefunden haben, was besonders Anna Freud herausgestellt habe (vgl. Lockot 1994, S. 208-230).

Interessant ist, dass die DPG fast auf den Monat genau 50 Jahre nach dem Eintritt der DPV (Mai 1951 in Amsterdam) in die IPV aufgenommen wurde (Juni 2001 in Nizza).

Ich habe diese Ereignisse in Erinnerung gerufen, um deutlich zu machen, dass die Neugründung der DPV zum einen Ausdruck einer langjährigen *persönlichen* Kontroverse zwischen Müller-Braunschweig und Schultz-Hencke und einer schwierigen Gruppendynamik zu verstehen ist; zum anderen geht es um eine *wissenschaftliche* Kontroverse zwischen einer psychoanalytischen und neoanalytischen Strömung in der DPG, wobei man jedoch von einer klaren Trennschärfe nicht sprechen kann. Denn das damalige Göring-Institut bestand aus völlig heterogenen Strömungen, und auch die späteren DPV-Gründer – Müller-Braunschweig, Scheunert u.a. vertraten unter dem polischen Druck der herrschenden "Neuen deutschen Seelenheilkunde" in ihren Positionen und Publikationen keineswegs durchgängig psychoanalytische Positionen. So halte ich die gruppendynamischen Prozesse und die persönlichen Kontroversen in Bezug auf die Spaltung für weitaus bedeutsamer als die wissenschaftlichen Unüberbrückbarkeiten. Unabhängig davon jedoch, wie die Neugründung der DPV bewertet wird: die Folgen dieser Entzweiung und Spaltung sind unter dem Blick der Schuldabwehr von großer Bedeutung: nach dem gemeinsamen Vatermord kommt es zum vollständigen Bruch der verantwortlichen Brüder. Die eine Gesellschaft wird – was selbstverständlich sehr brüchig ist –, durch die Wiederaufnahme in die IPV gleichsam historisch rehabilitiert, die andere bleibt, wie beschrieben, in offenen oder unterströmigen Zuschreibungen die Nazigesellschaft. So lässt sich die Spaltung als kollektive Abwehr einer gemeinsamen historischen Verantwortung begreifen.

Wie nachhaltig schwer die Wahrnehmung dieser gemeinsamen historischen Verantwortung auch heute noch ist und wie heftig die damit verbundenen Affekte sind, hat die Seeon-Konferenz über "Die Teilung der psychoanalytischen Gemeinschaft in Deutschland und ihre Folgen" 1996 gezeigt. Auf dem Eröffnungsplenum sagte Ross Lazar, der Leiter der Konferenz: "Wäre Freud nicht rechtzeitig geflohen, wäre er vermutlich in einem Konzentrationslager ermordet worden." Der Vatermord war ausgesprochen. Auf eine spürbare kurze Erschütterung folgte Erstarrung; anschließend inszenierten sich über mehrere Tage heftige aggressive Auseinandersetzungen zwischen einzelnen Mitgliedern und immer wiederkehrende Streitrituale zwischen DPV und DPG, z.B. über Schultz-Hencke oder die Vier-Stunden-Analyse. Die Streitrituale waren deutlich in den Dienst der Abwehr von schwer erträglichen Gefühlen der Scham, Schuld, Vernichtungsangst, Hass, Verzweiflung und auch Trauer gestellt. Diese Gefühle inszenierten sich erst später und waren auch dann immer wieder von unfruchtbaren Streitritualen unterbrochen.

Dazu eine kurze Sequenz aus dieser Konferenz :

Eine gemischte DPG/DPV-Gruppe will sich zum Thema der gemeinsamen historischen Verantwortung zusammenfinden, verbunden mit der Frage eines möglichen Aneignungstabus. Als die Gruppe mit der

Diskussion beginnen will, kommt es zu einer turbulenten Inszenierung von 4 Kolleginnen der DPV und DPG, die keinen Raum gefunden hatten und nun mit trotzig-provokantem Gestus darauf bestehen, mitzudiskutieren. Es geht ihnen jedoch nicht um ein Interesse am Thema, sondern darum, ihr Recht auf Präsenz in dieser Gruppe durchzusetzen. Blitzartig entsteht eine Atmosphäre von Aggressivität, beinahe Gewaltbereitschaft, die alle überrascht. Rationale Argumente greifen nicht mehr, eine Diskussion über das Aneignungstabu und die gemeinsame historische Verantwortung kommt nicht zustande.

Es war den Teilnehmern mit dieser Inszenierung gelungen, über heftige, gleichzeitig belanglos erscheinende Machtkämpfe die Beschäftigung mit diesem Thema zu vermeiden. In der anschließenden Reflexion über diese Inszenierung wurde deutlich, dass dieses Thema vermutlich die Teilnehmer erneut in die Nähe der Aussage von Ross Lazar über die mögliche Ermordung Freuds in einem Konzentrationslager zurückgeführt hätte. So lässt sich die Gruppeninszenierung als Ausdruck einer gemeinsamen Abwehr begreifen.

4 Die ambivalente Besetzung der Psychoanalyse und ein mögliches Aneignungstabu

Blumenberg (1996) hat sich mit einer bis heute wirksamen Dialektik beschäftigt: die Nachkriegs-Psychoanalytiker in Deutschland konnten Freud und die Psychoanalyse, vor allem als eine in deutscher Sprache geschriebene Theorie, als etwas vom Nationalsozialismus "rein Gebliebenes" besetzen; auf der anderen Seite jedoch müssen sie immer auch mit eigenen feindseligen Besetzungen der Psychoanalyse als einer vom Juden Freud entwickelten, im Nationalsozialismus verfolgten "jüdischen Wissenschaft" rechnen. Ich erinnere mich an eine Diskussion während einer Veranstaltung zum 50. Todestag von Freud 1989 am Göttinger Institut, in dem es auch um Freuds Judentum ging. Plötzlich fiel der Begriff der "jüdischen Wissenschaft". Einige Kollegen protestierten heftig. Es war nicht möglich, das mögliche Jüdische in der Psychoanalyse zu diskutieren, ohne damit sofort zum Täter zu werden, der Freuds Schriften verbrennt.

Blumenberg versucht in seiner Arbeit, jüdische Wurzeln in der Psychoanalyse zu belegen, indem er auf die Struktur und religiöse Bedeutung des Talmud verweist. Der Talmud lasse in seiner Vielfalt an Interpretationen und Lesarten über das Gesetz, die Thora, Strukturen der Grundregel erkennen. Der lebendige, kommunikative Prozess des Talmud, der immer wieder neue Fragen und Lesarten erlaubt, sei in seiner Struktur so, "...als ob über viele Seiten allein die psychoanalytische Grundregel die Redaktion des Talmud diktiert hätte" (Blumenberg 1996, S. 174). Blumenberg sieht insgesamt die Forschung über die Bedeutung des Judentums für Freuds Denken und seine Theorie vernachlässigt. Diese Hypothese ist eine wichtige Frage und auch eine naheliegende Vermutung, weil möglicherweise das begriffliche Gespenst der "jüdischen Wissenschaft" die Beschäftigung damit verhindert hat. Auch wenn ich Blumenberg in seiner Zuspitzung nicht zustimmen kann, die Psychoanalyse habe die Tradition des Judentums für die Konstituierung des psychoanalytischen Denkens sehr vernachlässigt, halte ich die Auseinandersetzung mit diesem Thema für relevant, und zwar im Kontext einer kontroversen Diskussion über die kulturellen und wissenschaftlichen Strömungen, die Freud und die Psychoanalyse beeinflusst haben.

Doch ich will zu einem ganz anderen Kontext zurückkehren, in dem das Judentum Freuds eine elementar wichtige Rolle spielt: Freuds Schriften wurden verbrannt, weil er Jude war. Freud selbst sah den weit verbreiteten Widerstand gegen die Psychoanalyse genau darin begründet, und er hat sich in diesem Kontext auch stets unmissverständlich zum Judentum bekannt. An dieser Stelle erhält das Judentum Freuds eine zentrale Bedeutung und führt mitten hinein in das, was Beland das "Aneignungstabu" nennt. Wenn Freuds Schriften verbrannt wurden, weil er Jude war, entsteht die Frage: Dürfen wir uns das zu eigen machen, was wir zerstört haben? Beland vermutet für die deutschen Psychoanalytiker ein "Aneignungstabu", ein unbewusstes Tabu, sich die Psychoanalyse wirklich, und das heißt mit einem lebendigen und berechtigten Interesse, zu eigen zu machen und sie kreativ zu betreiben und weiter zu entwickeln. Das Ausmaß der abgewehrten Schuld führe dazu, dass ein deutscher Psychoanalytiker sich unbewusst der Legimitation beraubt, überhaupt Psychoanalytiker zu sein. Diese unbewussten schweren Zweifel an der eigenen Legitimität führten zu einer Beschädigung der professionellen Identität. Wenn man außerdem das bedenkt, was ich als generationsübergreifende unbewusste Weitergabe des beschädigten psychoanalytischen Introjekts in den Lehranalysen beschrieben habe, ist das Aneignungstabu eine ernst zu nehmende Hypothese.

Vogt (1986) hat in der Psyche-Kontroverse "Psychoanalyse unter Hitler" die Atmosphäre psychoanalytischer Versammlungen seiner Gesellschaft als etwas "Totes, Starres" beschrieben, "das wie ein feiner und undurchdringlicher Schleier auf allen Äußerungen zu liegen schien" (Vogt 1986, S. 435). Obwohl er Überlegungen darüber anstellte, dass "so und nicht anders eine Vereinigung aussehen könne, die auf deutschem Boden das Erbe des Juden Freud antrete" (ebd.) blieb der Eindruck, diese Starre nicht wirklich zu verstehen, bis sich ihm während eines Vortrags und einer persönlichen Begegnung mit Hillel Klein die Starre in eine emotionale Erkenntnis verwandelte: "Die Erben Hitlers treten das Erbe Freuds an. Die eine Erbschaft verträgt sich mit der anderen wie Feuer mit Wasser" (ebd.). Die persönliche Begegnung mit einem jüdischen, emigrierten Kollegen war es, die "den Schleier zerriss, das Tote und Starre kippte um in eine Erregung von ungeheurer emotionaler Brisanz, die das Plenum regelrecht schüttelte." (ebd.) Die bis dahin wirksame Abwehr war erschüttert, die Abwehr nämlich, "dass wir nicht nur in historischer, sondern auch in psychologischer Hinsicht, d.h. in aktuell noch tief in unser Erleben eingreifender Weise die Erben Hitlers sind" (ebd.).

Die Nazareth-Konferenzen, haben das, was Vogt hier 1986 beschreibt, aufgegriffen und fortgeführt. Sie haben die unmittelbare Begegnung zwischen israelischen und deutschen Psychoanalytikern ermöglicht und dieser belastenden Begegnung einen schützenden Rahmen gegeben. Ein zentrales Ergebnis der Nazareth-Konferenzen ist für mich, mit dem eigenen Antisemitismus zu rechnen sowie die Erfahrung und Erkenntnis, dass eine reife Auseinandersetzung mit der historischen Verantwortung oder gar Trauer über das Verlorene erst dann möglich ist, wenn ungleich belastendere Affekte tolerierbar geworden sind. Ich will die wichtigsten nennen:

1. eine quälende Schuld und Scham;
2. eine schwer erträgliche, vor allem auch kollektiv wirksame paranoide Vernichtungsangst, die Angst vor der Rache der Juden: so wurde das Hotel in Nazareth von einigen deutschen Teilnehmern als KZ phantasiert, in das uns die Juden gesperrt hätten, um uns alle umzubringen;
3. destruktive Phantasien und Affekte: zum einen der Hass auf die Naziväter und deren reale oder phantasierte Verbrechen; zum anderen der Hass auf die Juden, und zwar in Gestalt eines tiefverwurzelten Antisemitismus, mit dem wir rechnen müssen, und in Gestalt eines "Antisemitismus nach dem Holocaust" (Beland 2001, S. 122), der damit zu tun hat, dass wir die Juden hassen, weil sie uns immer wieder an unsere Schuld erinnern. Auch die Idealisierung des Jüdischen erwies sich als vielfach determiniert. Einige deutsche Teilnehmer erlebten ihre Sehnsucht, zu den Juden dazuzugehören, ihre Bereitschaft, sie zu idealisieren

und als ausschließlich gute Objekt zu phantasieren. Diese Wünsche und Phantasien erwiesen sich als Ausdruck eines Schuld-Entlastungswunsches, als Wunsch, auf der richtigen Seite, der Seite der Opfer zu stehen und die historische Verantwortung endlich los zu sein. Außerdem ist der primitive Entwurf des guten Juden, des mit besonderem (Geheim-) Wissen ausgestatteten Juden, oftmals in den Dienst der Abwehr von feindseligen Affekten gegen die Juden gestellt. Diese Dialektik von Philosemitismus und Antisemitismus ist vielfach beschrieben worden (vgl. Brainin & Kaminer 1982; Brainin, Ligeti & Teicher 1993 de Mendelsohn 1996).

4. eine kollektive emotionale und geistig-intellektuelle Lähmung der Kompetenz der Deutschen in Gegenwart der Juden und Angehöriger anderer Nationen. Dieses Phänomen lässt sich ebenfalls als Ausdruck des Aneignungstabus interpretieren. Besonders während der letzten, in Deutschland stattfindenden Konferenz nutzten die Deutschen ihre Ressourcen nicht; eine innere Lähmung, Einfluss zu nehmen, Gruppensprecher, d.h. unbewusst Führer, zu ernennen, lässt sich als Ausdruck der unbewussten Angst verstehen, erneut zu retraumatisierenden Tätern zu werden, was vermutlich durch den Konferenzort Deutschland verstärkt wurde. Shmuel Erlich, einer der Organisatoren und Staff-Mitglied: "Es war evident, dass die Deutschen ... sich ... ihrer Fähigkeit, zu denken und zu fühlen, beraubten. Wiederholt beklagten sie ihre Unfähigkeit zu denken und ihren Verstand zu gebrauchen ... dazu passte die Beobachtung, dass Deutsche dazu neigen, sich in internationalen Gremien inadäquat, inkompetent und stumm zu verhalten" (Erlich 2001, S. 134).

Während der Seeon-Konferenz verband sich diese Lähmung mit Verlorenheit in Gestalt einer umherirrenden Gruppe, die kein Thema und keinen Platz fand, und die von den anderen Gruppen, die in heftige Auseinandersetzungen verwickelt waren, nicht gehört wurde. Diese Inszenierung führte zu der Deutung des Staff : "Die heimatlosen Kinder sind auf der Suche nach den verlorengegangenen Vätern und Müttern. Sie sind so traumatisiert, dass sie ihre Möglichkeiten nicht nutzen können, auf gute Weise zu suchen."

5 Trauer und Suche nach dem Verlorenen

Die gerade zitierte Deutung wurde von Raphael Moses in allen Gruppen verlesen, der als Repräsentant der überlebenden jüdischen psychoanalytischen Väter gelten kann. Sie wurde von den deutschen Analytikern sehr bewegt aufgenommen, weil es möglich war, neben all den beschriebenen, schwer tolerablen Inszenierungen auch dem Trauma der Deutschen und der damit verbundenen Trauer Raum zu geben. Schon während der ersten Konferenz 1994 kam es zu sehr schmerzlichen Trauergefühlen bei den Deutschen, die von einigen israelischen Kollegen mit Interesse und Mitgefühl aufgenommen wurden.

Damals entstand das Bild , dass beide, Israelis und Deutsche, in einem Haus, aber in getrennten Zimmern trauern könnten. Die getrennten Zimmer sind ein Symbol, das eine Antwort auf die Gefahr enthält, aus sehr belastenden emotionalen Prozessen heraus die Grenze zwischen Tätern und Opfern in einer falsch verstandenen Versöhnung zu tilgen. Eine solche Gefahr zeigte sich z.B. in der Frage, ob nicht auch die Kinder der Nazigeneration Kinder des Holocaust zu nennen seien, was damals von beiden Gruppen deutlich verneint wurde. So hat sich diese Gefahr nicht bestätigt. Sie war während der letzten Konferenz in Deutschland jedoch ein wichtiges Thema: die Angst nämlich, die vertrauten Grenzen in den Identitäten von Opfern und Tätern in Frage zu stellen, was meinem Eindruck nach durch die gewachsenen kollegialen und freundschaftlichen Beziehungen zwischen einzelnen Israelis und Deutschen verstärkt wurde.

Es ist eine schwierige Gratwanderung, doch unumgänglich, das Trauma der Juden als ein unverwechselbares zu sehen und die Auseinandersetzung damit weiterzuführen *und* dem traumatischen Bruch und der Trauer über das Verlorene auf Seiten der deutschen Psychoanalytiker nachzugehen. Carl Nedelmann (mündliche Mitteilung) machte mich in Bezug auf die von mir beschriebene Gefahr einer falsch verstandenen Versöhnung auf Hillel Klein aufmerksam, dem es wie vielen jüdischen Überlebenden nicht um Versöhnung mit den Deutschen ging. Das wäre ein Verrat an der verlorenen Familie, den verlorenen Freunden. Es gehe Hillel Klein um den *Dialog* mit den Deutschen, um "Wiederannäherung ... Es geht darum, die Vergangenheit *nicht* zu negieren, *nicht* zu verneinen" (Klein 1992, S. 1183), es geht um "eine Bewegung mit der gesamten ... Skala der ... emotionalen Welt von Hass, Rache, enttäuschter Liebe – und auch (um) ein(en) Versuch der Hoffnung" (Klein 1992, S. 1183).

Was heißt es aber, sich mit dem Aneignungstabu auseinander zusetzen? Wie sieht eine Beschäftigung damit aus, und was heißt es, den traumatischen Bruch, die beschädigte Identifizierung mit der Psychoanalyse zu bearbeiten, den eigenen inneren Zweifeln an der professionellen Legitimität und Identität, einer möglichen eigenen inneren Lähmung im psychoanalytischen Diskurs nachzugehen, oder sie überhaupt wahrzunehmen? Und was heißt es, sich mit den eigenen Antisemitismen oder Idealisierungen des Jüdischen, mit ambivalenten Besetzungen der Psychoanalyse zu beschäftigen?

Ich meine damit sowohl eine wissenschaftliche als auch eine emotionale, selbstanalytische Auseinandersetzung. Die unmittelbare Begegnung und Auseinandersetzung mit jüdischen Kolleginnen und Kollegen, wie sie bisher in den Nazareth-Konferenzen in sehr intensiver Weise in einem geschützten Rahmen stattfanden, haben eine Möglichkeit für einen solchen emotionalen, selbstanalytischen Prozess geschaffen; ebenso ermöglicht der wissenschaftlichen Austausch mit jüdischen Kollegen in ganz anderer Weise eine innere Auseinandersetzung mit den Emotionen und Gedanken, vielleicht auch Lähmungen, die im unmittelbaren Kontakt mit Juden entstehen können. Mit wissenschaftlicher Auseinandersetzung meine ich die Beschäftigung mit psychoanalytischen Theorien des Antisemitismus, eine Auseinandersetzung mit den möglichen jüdischen Wurzeln der Psychoanalyse, die weitere Erforschung des Aneignungstabus und die Auseinandersetzung mit der politischen Geschichte der Psychoanalyse, vor allem die der Nachkriegs-DPG, die noch weitgehend ungeschrieben ist. Regine Lockot hat dazu mit ihrer Arbeit "Psychoanalytiker eignen sich ihre Geschichte an" (2000) einen Anfang gemacht.

Wenn wir uns mit der Geschichte der Psychoanalyse im Nazideutschland beschäftigen, haben wir es nach Lockot (2000) mit dem Kennenlernen der faktischen Geschichte *und* mit emotionalen Antworten zu tun, oftmals seien das Affekte des Erschreckens. Je mehr wir uns diesem Prozess, und eben auch dem Schrecken öffnen, um so mehr seien wir bereit – und darin sehe ich eine wichtige Dialektik, die Lockot beschreibt – den *Dialog* zu suchen. Es geht um den Dialog unter den deutschen Psychoanalytikern, d.h. innerhalb der DPG und zwischen DPG und DPV; für die DPG; um einen beginnenden Dialog in der IPV; und um den Dialog mit den jüdischen Kolleginnen und Kollegen.

Literatur:

Beese, F. (1977/78): Psychoanalyse – Neopsychoanalyse. Vorlesungen am DPG-Institut Stuttgart im Wintersemester 1977/78. Unveröffentlichtes Manuskript.

Beese, F. (1990): Eine notwendige Auseinandersetzung? Kommentar zu dem Beitrag von Sibylle Schulte-Lippern: "Harald Schultz-Hencke – Psychoanalytiker in Deutschland". In: Forum der Psychoanalyse 6, S. 70-74.

Beland, H. (2001): Gestillt mit Tränen – Vergiftet mit Milch. Bericht von den Nazareth-Gruppenkonferenzen "Germans and Israelis – The Past in the Present". In: Bohleber, W. & Drews, S. (HG) (2001): Die Gegenwart der Psychoanalyse – die Psychoanalyse der Gegenwart. Stuttgart (Klett-Cotta), S. 120-127.

Bergmann, M. S.; Jucovy, M. E. & Kestenberg, J. (HG) (1995): Kinder der Opfer – Kinder der Täter. Psychoanalyse und Holocaust. Frankfurt (Fischer).

Blumenberg, Y. (1996): Psychoanalyse – eine jüdische Wissenschaft? Von den jüdischen Wurzeln der Psychoanalyse und der Abwehr von Tradition und Fremdsein. In: Forum der Psychoanalyse 12, S. 156-178.

Blumenberg, Y. (1997): "Die Crux mit dem Antisemitismus". Zur Gegenbesetzung von Erinnerung, Herkommen und Tradition. In: Psyche 51, S. 1115-1160.

Bohleber, W. (1992): Nationalsozialismus, Fremdenhass und Antisemitismus. Psychoanalytische Überlegungen. In: Psyche, 46, S. 679-709.

Brainin, E. & Kaminer, I.J. (1982): Psychoanalyse und Nationalsozialismus. In: Psyche, 11, S. 989-1012.

Brainin, E.; Ligeti, V. & Teicher, S. (1993) .: Vom Gedanken zur Tat. Zur Psychoanalyse des Antisemitismus. Wien (Brandes & Apsel).

Brecht,K.; Friedrich,V.; Hermanns,L.; Kaminer I. & Jülich, D. (1985): Hier geht das Leben auf eine merkwürdige Weise weiter..." Zur Geschichte der Psychoanalyse in Deutschland. Hamburg (Verlag Michael Kellner).

Brecht, K. (1997): Die Teilung der Psychoanalytischen Gemeinschaft und ihre Folgen in Deutschland. In: DPV-Informationen Nr. 21, S.29-33.

Biermann, Ch. (1997): Antisemitismus: Die Welt zerriss, als jenes Wort erwachte. Subjektive Betrachtungen eines deutschen Teilnehmers der Konferenzen in Nazareth. In: DPV-Informationen Nr.21, S. 38-43.

De Mendelsohn, F. (1996): Der Antisemitismus und seine Erforschung aus psychologischer Sicht. In: Texte 16, Heft 2, S. 69-92.

Diebel, E.; Ibenthal, M.; Kind, J.; Köhler-Haars, R.; Rempp, B.; Schlösser, A.-M.; Wegehaupt, H. & Winkler, M. (1986): Der Analytiker und das Vergangene. In: Forum der Psychoanalyse 2, S. 337-344.

Eickhoff, F. W. (1991): Über das "unbewusste entlehnte Schuldgefühl". Einige fallbezogene Nachgedanken zum 34. Kongress der IPV in Hamburg. In: Juelich, D. (HG) (1991): Geschichte als Trauma. Frankfurt (Nexus), S. 45-58.

Erlich, H. S. (2001): Milch, Gift, Tränen. Bericht von den Nazareth-Gruppenkonferenzen "Germans and Israelis – The Past in the Present". In: Bohleber, W. & Drews, S. (HG) (2001): Die Gegenwart der Psychonalyse – die Psychoanalyse der Gegenwart. Stuttgart (Klett-Cotta), S. 128-138.

Ermann, M. (1986): Identität und Geschichte. Anmerkung zur Krise des psychoanalytischen Selbstverständnisses in der DPG. In: Forum der Psychoanalyse 2, S. 69-76.

Ermann, M. (1988): Unbewusste Phantasien in der Nachkriegsgeschichte der deutschen Psychoanalyse. Vortrag DGPPT – Tagung Lindau 23.09.1988. In: Werthmann, V. (HG) (1988): Die unbewusste Phantasie. München (Pfeiffer).

Ermann, M. (1989): Freud, unsere Vergangenheit und Gegenwart. In: Forum der Psychoanalyse 5, S. 177-189.

Freud, S. (1923): Das Ich und das Es. GW Bd. 13, S.235-289.

Hermanns, L. M. (2001): Fünfzig Jahre Deutsche Psychoanalytische Vereinigung. Zur Geschichte der Psychoanalyse in Deutschland 1950 bis 2000. In: Bohleber, W. & Drews, S. (HG) (2001): Die Gegenwart der Psychoanalyse – die Psychoanalyse der Gegenwart. Stuttgart (Klett-Cotta), S. 35-57.

Klein, Hillel (1992): Von Schuld zu Verantwortung. In: Psyche 46, S. 1177-1186

Kreuzer-Haustein, U. (1994): Deutsche und Israelis: Die Vergangenheit in der Gegenwart. Eine psychoanalytische Arbeitstagung in Nazareth im Juni 1994. In: Forum der Psychoanalyse 10, S. 363-370.

Kreuzer-Haustein, U. (1996): Die Teilung der psychoanalytischen Gemeinschaft in Deutschland und ihre Folgen. Arbeitskonferenz vom 03. bis 07. Juli 1996 in Kloster Seeon. In: Forum der Psychoanalyse 12, S. 363-369.

Kreuzer-Haustein, U. (2001): Germans and Israelis: The Past in the Present. 3. "Nazareth-Konferenz" vom 21. bis 26. Juni 2000 in Bad Segeberg/Holstein. In: Forum der Psychoanalyse 17, S. 84-93.

Lindner, W.-V. (1975): Der mittlere und der autonome Mensch – Bemerkungen zum anthropologischen Bezugssystem in der analytischen Psychotherapie von Schultz-Hencke. In: Zeitschrift für Psychosomatische Medizin und Psychoanalyse 21, S. 256-269.

Lockot, R. (1985): Erinnern und Durcharbeiten. Zur Geschichte der Psychoanalyse und Psychotherapie im Nationalsozialismus. Frankfurt (Fischer).

Lockot, R. (1994): Die Reinigung der Psychoanalyse. Die Deutsche Psychoanalytische Gesellschaft im Spiegel von Dokumenten und Zeitzeugen (1933-1951). Tübingen (Edition diskord).

Lockot, R. (2000): Psychoanalytiker eignen sich ihre deutsche Geschichte an. In: Schlösser, A.-M. & Höhfeld, K. (HG) (2000): Psychoanalyse als Beruf. Gießen (Psychosozial-Verlag), S. 135-162.

Massing, A. & Beushausen, U. (1986): Bis ins dritte und vierte Glied. Auswirkungen des Nationalsozialismus in den Familien. In: Psychosozial 28, S. 72-42.

Massing, A. (1991): Die Reinszenierung nationalsozialistischer Weltbilder im psychotherapeutischen Prozess. In: Forum der Psychoanalyse 7, S. 20-30.

Massing, A.; Reich, G. & Sperling, E. (1992): Die Mehrgenerationen – Familientherapie. Zweite überarbeitete Auflage (1992). Göttingen (Vandenhoeck & Ruprecht).

Moses, R. (1990): Ein israelischer Psychoanalytiker spricht zur DPG. In: Herdieckerhoff, E.; von Ekesparre, D.; Elgeti, R. & Marahrens-Schürg, Ch. (HG) (1990): Hassen und Versöhnen. Psychoanalytische Erkundungen. Göttingen (Vandenhoeck & Ruprecht), S. 18-27.

Pollmann, A. (1998): Auswirkungen des Nationalsozialismus auch 50 Jahre später. Vortrag, gehalten am 31.05.1997 auf der Wissenschaftlichen Tagung "Über die Schwierigkeit, die eigene Geschichte zu schreiben" aus Anlass des 50-jährigen Bestehens des Instituts für Psychotherapie Berlin. In: DPG – intern.

Salzberger-Wittenberg, I. (1990): Erkennen, Reue und innerer Wandel – Vom Hass zur Anerkennung des anderen. In: Herdieckerhoff, E.; von Ekesparre, D.; Elgeti, R. & Marahrens-Schürg, Ch. (HG) (1990): Hassen und Versöhnen. Psychoanalytische Erkundungen. Göttingen (Vandenhoeck & Ruprecht), S. 65-76.

Schulte-Lippern, S. (1990): Harald Schultz-Hencke – Psychoanalytiker in Deutschland. In: Forum der Psychoanalyse 6, S. 52-69.

Schultz-Hencke, H. (1994). Zur Entwicklung und Zukunft der psychoanalytischen Begriffswelt. Vortrag, gehalten auf dem Züricher Kongress von 1949. In: Lockot, R. (1994): Die Reinigung der Psychoanalyse. Die Deutsche Psychoanalytische Gesellschaft im Spiegel von Dokumenten und Zeitzeugen. Tübingen (edition diskord), S.343-346.

Schwan, G. (1997): Politik und Schuld. Die zerstörerische Macht des Schweigens. Frankfurt (Fischer.)

Studt, Ch. (1986): Psychoanalyse – Neopsychoanalyse. Eine vergleichende Betrachtung der Theorien und ihr Einfluss auf den Erkenntnisprozess. In: Forum der Psychoanalyse 2, S. 215-227.

Vogt, R. (1986): Podiumsdiskussion: Psychoanalyse unter Hitler – Psychoanalyse heute. In: Psyche 40, S. 435-436.

Vogt, R. (2001): Typische Abwehrformen bei Deutschen gegen die Erinnerung an die Ermordung der Juden. Sozialpsychologische und individuellklinische Aspekte. In: Bohleber, W. & Drews, S. (HG) (2001): Die Gegenwart der Psychoanalyse – die Psychoanalyse der Gegenwart. Stuttgart (Klett-Cotta), S. 107-119.

Von Dohnanyi, K. (1986): Eröffnungsrede zum 34. Kongress der Internationalen Psychoanalytischen Vereinigung am 28. Juli 1985. In: Psyche 40, S. 860-863 sowie in: Forum der Psychoanalyse 1, S. 324-326.

Ödipale Illusionen, Enttäuschungen und Institutionen

Mario Erdheim

Als ich zu Ihrer Jahrestagung eingeladen wurde und hörte, dass Freuds "Fort-Da-Spiel" deren Motto sei, reizte es mich, die Position einzunehmen, die Freud einnahm, als er "Jenseits des Lustprinzips" verfasste, nämlich die eines "advocatus diaboli". Das "Fort-Da-Spiel" ist ja eine geglückte psychische Leistung, die dafür steht, wie Trennungen und (Wieder-) Vereinigungen dank der Symbolisierung gut überstanden und in den Dienst von Reifungsprozessen gestellt werden können. Angesichts der historischen Situation der DPG im Hinblick auf ihre Aufnahme in die Internationale Psychoanalytische Vereinigung kann ich den Wunsch gut verstehen, Trennungen und Verbindungen zu thematisieren ebenso wie die Hoffnung, sie auf eine geglückte Art zu symbolisieren und zu verarbeiten. Als Advocatus diaboli hingegen darf ich mich für etwas Anderes interessieren. "Bei dem Prozess der Heiligsprechung oder Seligsprechung", lesen wir in 'Die Religion in Geschichte und Gegenwart', "befürwortet der Advokat des Himmels die Kanonisation, der *advocatus diaboli* aber ist verpflichtet, alle Gegengründe geltend zu machen" (Schiele 1909). Natürlich wäre es reizvoll, die Vorstellung der Kanonisation: "Wer wird nun heilig, bzw. selig werden", weiter zu verfolgen, aber ich erspare Ihnen das zu Gunsten von Überlegungen, die das Trennen und Verbinden mit den ödipalen Schicksalen verknüpfen. Auf diese Weise bekommen wir Einblick in das entwicklungspsychologische Werden des Subjekts ebenso wie in einige Eigentümlichkeiten von Institutionen.

1 Ödipale Struktur, Kastrationskomplex versus Enttäuschung

Mit dem gewaltigen Bild des "Untergangs des Ödipuskomplexes" (Freud 1924), das, wie Jutta Prasse herausarbeitete, an Spenglers "Untergang des Abendlandes" oder an den Untergang der Titanic gemahnt (Prasse 2001), versuchte Freud die vom Kind geleistete Umwandlung der sexuellen Besetzung der Eltern in zielgehemmte, zärtliche, die Kohäsion der Familie verstärkende Regungen zu beschreiben. Sexualität und Zärtlichkeit müssen also getrennt werden; dabei soll die Sexualität vorerst einmal verdrängt und die familiären

Bindungen durch die Zärtlichkeit vertieft werden. Wie kommt es zu diesen Umwandlungen? Freud entwickelte mindestens zwei verschiedene Konzepte dazu. Erstens das Konzept der Kastrationsdrohung: der Sohn muss die Mutter sexuell aufgeben auf Grund der vom Vater ausgehenden Kastrationsdrohung. Bekanntlich bereitet aber dieses Konzept große Schwierigkeiten, wenn man es auf die weibliche Entwicklung zu übertragen versucht. Zweitens das Konzept der ödipalen Enttäuschung: enttäuscht von sich selber und von seinen Fähigkeiten und Möglichkeiten gibt das Kind die sexuellen Wünsche in Bezug auf seine Eltern auf. Bemerkenswert ist, dass in beiden Fällen das Inzestverbot als ein kulturelles Verbot keine Rolle spielt. Bei der Kastrationsdrohung ist es ja die väterliche Gewalt, die den kindlichen Rivalen zum Verzicht zwingt. Bei der Enttäuschung hingegen ist es die Einsicht in die eigene körperliche Unausgereiftheit, die es verunmöglicht, die begehrten Eltern sexuell zu besitzen.

Das Inzestverbot ist für das Kind im Grund genommen noch gar keine verständliche Kategorie. Ebenso gut könnte man einem Fünfjährigen verbieten, an die Universität zu gehen. Sinnvoll ist das Inzestverbot lediglich als Schutz des Kindes vor sexuellen Übergriffen der Erwachsenen. Tatsächlich kann für das Subjekt das Inzestverbot als kulturelles Gesetz erst in der Adoleszenz relevant werden, wenn die neu erwachten ödipalen Strebungen ihren sexuellen Charakter behalten müssen, aber ins Außerhalb der Familie umgeleitet werden sollen. Vom Eigenen muss man sich nun trennen und mit den Fremden soll man sich verbinden.

Kastrationsdrohung und Enttäuschung sind zwei grundverschiedene Konzepte, und je nachdem, welchem der beiden man den Vorzug gibt, ergeben sich ganz andere Konsequenzen bei der Interpretation von Trennung und Verbindung. Im Fall der Kastrationsdrohung sind es die Gewalt und der Zwang, die zur Trennung und Verbindung führen. Ohne Androhung von Gewalt würde das Kind an seinen familiären Liebesobjekten festhalten. Auch die zielgehemmten Regungen, die zärtlichen Bindungen, erweisen sich hier als ein Produkt der Gewalt. Das Konzept der Kastrationsdrohung lässt sowohl die Familie als auch die Gesellschaft als Verbände erscheinen, die aufgrund von Gewalt zusammengehalten werden. Man kann Freuds "Massenpsychologie und Ich-Analyse" als einen Versuch lesen, gesellschaftliche Strukturen auf Gewaltverhältnisse zu reduzieren, um auf diese Weise zu untersuchen, wie die menschliche Aggression in sozialen Einrichtungen (Kirche, Heer) libidinös gebunden werden kann. Dabei entwickelt Freud einen im Rahmen der Psychoanalyse wenig beachteten

Gedanken, und zwar, dass die individuelle Psyche nicht so sehr von der Triebstruktur abhängt, sondern von der Position des Individuums in der Hierarchie.

Freud schreibt über die "zwei Psychologien": die der Massenindividuen und die des Vaters, Oberhauptes, Führers. Die Psychologie der Massenindividuen umschreibt Freud mit den Ausdrücken von Gustave Le Bon: "Schwund der bewussten Einzelpersönlichkeit, die Orientierung der Gedanken und Gefühlen nach den gleichen Richtungen, die Vorherrschaft der Affektivität und des unbewusst Seelischen, die Tendenz zur unverzüglichen Ausführung auftauchender Absichten – das alles", schreibt Freud, "entspricht einem Zustand der Regression zu einer primitiven Seelentätigkeit ..." (Freud 1921, S. 137). Dieser Psychologie stellt Freud die "Individualpsychologie" des "Führers" gegenüber: "Die Einzelnen der Masse waren so gebunden, wie wir sie heute finden, aber der Vater der Urhorde war frei. Seine intellektuellen Akte waren auch in der Vereinzelung stark und unabhängig, sein Wille bedurfte nicht der Bekräftigung durch den anderer. Wir nehmen konsequenterweise an, dass sein Ich wenig libidinös gebunden war, er liebte niemanden außer sich, und die anderen nur, insoweit sie seinen Bedürfnissen dienten. Sein Ich gab nichts Überschüssiges an die Objekte ab" (ebd. 137f). Das Interessante ist, dass diese beiden "Psychologien" ineinander überführbar sind. "Wenn er [der Urvater] starb, musste er ersetzt werden; an seine Stelle trat wahrscheinlich ein jüngster Sohn, der bis dahin Massenindividuum gewesen war wie ein anderer. Es muss also eine Möglichkeit geben, die Psychologie der Masse in Individualpsychologie umzuwandeln, es muss eine Bedingung gefunden werden, unter der sich solche Umwandlung leicht durchführen lässt (...). Man kann sich da nur dies eine vorstellen: der Urvater hatte seine Söhne an der Befriedigung ihrer direkten sexuellen Strebungen verhindert; er zwang sie zur Abstinenz und infolgedessen zu den Gefühlsbindungen an ihn und aneinander, die aus den Strebungen mit gehemmten Sexualziel hervorgehen konnten. Er zwang sie sozusagen in die Massenpsychologie. Seine sexuelle Eifersucht und Intoleranz sind in letzter Linie die Ursache der Massenpsychologie geworden" (ebd. S. 137).

Man sollte sich von der urzeitlichen Metaphorik, deren sich Freud bedient, nicht allzu sehr beruhigen lassen. Es geht hier nämlich nicht nur um die längst überwundene Urhorde, die höchstens einen Urgeschichtler interessieren könnte, es geht vor allem um die Massen von heute, also um die Massen, in denen wir uns selber bewegen. Aber was heißt "Massen"? Es sind nicht einfach die Massen, die als Mob manchmal die Strassen beherrschen, die rechts- oder linksextremen Massen oder die Fussball-Hooligans. Von diesen könnte man sich als Bildungsbürger ja noch distanzieren. Freud entwickelt aber in seinem Buch einen sehr schillernden Massenbegriff, der zwischen Volksmassen und hochorganisierten Massen oszilliert. Diese hoch organisierten Massen, wie sie Freud am Beispiel von Kirche und Heer beschrieben hat, würden wir heute eher Institutionen nennen. Wir können Freuds Ausführungen mit Gewinn als Beschreibungen des Inneren von Institutionen lesen, als Hypothesen darüber, was mit den Individuen in den Institutionen passiert, je nachdem an welchem sozialen Ort sie in der Hierarchie stehen. Mit anderen Worten: Freud untersucht den phantasmatischen Charakter der Institution, indem er ihre Verwandlung in die Urhorde beschreibt. Das ist ein drastisches Bild, aber es entspricht dem, was sich im Unbewussten der Institutionsangehörigen abspielt. Es handelt sich um eine entlastende Komplexitätsreduktion: die Unübersichtlichkeit der Institution (eben Kirche oder Heer, aber sicher auch psychoanalytische Gesellschaften) wird auf einfache Faktoren reduziert: auf Macht, Gewalt, Herrschaft und Unterordnung.

In "Jenseits des Lustprinzips" versucht Freud die Leser für seine atemberaubenden Spekulationen zu gewinnen, indem er ihnen folgendes vorschlägt: "Man kann sich doch einem Gedankengang hingeben, ihn verfolgen, soweit er führt, nur aus wissenschaftlicher Neugierde oder, wenn man will, als *advocatus diaboli*, der sich darum doch nicht dem Teufel selbst verschreibt" (Freud 1920, S. 64).

Der Gedankengang, den ich als advocatus diaboli nun weiter verfolgen möchte, dreht sich um die Frage, welche Bindungen und Trennungen sich im Schatten der Kastrationsdrohung herausbilden. Dabei interessieren mich insbesondere die Anpassung und Unterwerfung als Bindungsform sowie Mord und Totschlag als Trennungsversuch.

Wo Gewalt angedroht wird, dort kommt es – nach Freud – zu einer bestimmten Form der Gruppenbildung: zielgehemmte Strebungen produzieren Identifizierungen, einerseits mit den anderen Gruppenmitgliedern andererseits mit der Führung. Die Führung wird verinnerlicht und lenkt vom Über-Ich die Wahrnehmung und die Wertungen der Mitglieder der Institution. Man muss sich aber diese Gewaltverhältnisse nicht als reale vorstellen, so dass man Gewehre, Gefängnisse und Polizisten als Voraussetzung für solche Verhältnisse annimmt. Eine wichtige Eigenart der Institutionen besteht darin, laufend Phantasie und Realität miteinander zu vermischen[1]. Aus der eigenen Erfahrung und aus den Analysen wissen wir, wie sich in bestimmen Situationen in einer Institution Gerüchte verdichten, Unwahrscheinliches als völlig Selbstverständliches erscheint und Angst und Unsicherheit auslöst. Deshalb reicht es bereits, wenn das Individuum das Gefühl hat, es drohe ihm die Kastration, um es in diejenige Regression zu versetzen, die es zum Massenindividuum bzw. zum Institutionsmitglied macht.

In ihrem Buch "Fragen an einen Psychoanalytiker" (Malcolm 1980) erörtert Janet Malcolm mit ihrem Interviewpartner, einem New Yorker Analytiker, die Frage, was es für einen Psychoanalytiker bedeuten könnte, den Status des Lehranalytikers erreichen zu wollen. In unserer, hier entwickelten Terminologie also, wie man aus der Position des Massenindividuums näher in die des Oberhauptes kommt. Der Analytiker antwortete ihr: "Nun denken Sie sich aber in den Kandidaten hinein, dessen Analyse endet. Statt wie der gewöhnliche Analysand seiner Wege zu gehen, tritt er in den Beruf seines Analytikers ein – tritt in eben das Institut ein, dem sein Analytiker schon angehört, und beginnt die Treppe emporzuklettern, auf dessen oberster Stufe sein Lehrmeister schon steht. Mit der Zeit leben die Wünsche, denen der Kandidat entsagen, die er sublimieren musste, die aber eben nur geschlummert hatten, gebieterisch wieder auf. Er schöpft neue Hoffnung, dass er am Ende vielleicht doch in das elterliche Schlafzimmer eingelassen, dass er doch in die elterlichen Geheimnisse eingeweiht wird, dass er doch noch herausbekommen wird, was sie da drinnen machen, dass er mit einem von beiden doch noch gemeinsame Sache machen wird. Nicht alle denken so – einige kehren der Institutswelt den Rücken zu und gehen ihren eigenen Weg –, aber die meisten hoffen ganz wie ich und aus Beweggründen, die so oder so in ihrer Kindheit verankert sind, in das Schlafzimmer hineinzugelangen: Lehranalytiker zu werden" (Malcolm 1980, S. 75). Das gelingt nicht jedem. "Aus unserem Institut gehen viele Analytiker hervor, und nur wenige werden ins Tempelinnere eingelassen. Viele von denen,

---

[1] In ihrem Workshop (im Rahmen der DPG-Jahrstagung 2002) zeigte Eva Frost ein Video über die Konflikte am psychoanalytischen Institut in Los Angeles. Die Verhältnisse dort wurden mit Bildern aus faschistischen und stalinistischen Veranstaltungen verglichen. In der Diskussion wurde die Frage aufgeworfen, ob solche Vergleiche sinnvoll seien, schließlich seien in Los Angeles keine Analytiker oder Analytikerinnen verschleppt und umgebracht worden. Aber darum geht es nicht. Die Bilder brachten zum Ausdruck, wie die Verhältnisse im Institut von den Betroffenen *erlebt* wurden. Die Institution war zum Phantom geworden und entsprechend phantasmatisch waren die Bilder, die sich ihnen aufdrängten.

die draußen bleiben – und zusehen müssen, wie andere ins Schlafzimmer dürfen, sie aber übergangen werden – verbittert das. Sie geben den Grund ab für das Missvergnügen, die Feindschaften, die Sticheleien und die Parteisucht in unserem Institut, für die ständige Gefahr eines Schismas" (ebd.).

Als Analytiker verfügt Malcolms Interviewpartner über die Fähigkeit, seine Phantasien bewusst zu behalten, und so erzählt er, wie für ihn die "Geheimnisse des Alkovens" zur treibenden Kraft werden, in der Institutshierarchie aufsteigen zu wollen. Wer wissen will, was sich im elterlichen Schlafzimmer abspielt, und womöglich da auch noch mitspielen möchte, dem droht bekanntlich die Kastration[2]. Dann verwandelt sich das elterliche Schlafzimmer plötzlich in ein Tempelinneres, in einen sakralen Raum, von dem wir annehmen, dass dort das Totem aufbewahrt und verehrt wird. Manche erhalten Zugang, sind auserwählt, am Geheimnis teilzuhaben, andere aber nicht – die müssen draußen bleiben.

Wird die Institution regressiv als elterliches Schlafzimmer, als Totemtempel erfahren, dann mag die Institution noch so rational und funktional strukturiert sein, sie bekommt dennoch einen kafkaesken Charakter. Die Entscheide, die in ihr fallen, erscheinen willkürlich und ebenso wenig einsehbar wie einst die elterlichen Beschlüsse für die Kinder. Nun wird man leicht einwenden können, höchstens Analytiker, die Deutungen und Realität nie ganz auseinanderhalten, würden Institutionen so erleben. Ich muss also auf ein drastischeres Beispiel zurückgreifen.

Unbestritten ist sicherlich die Annahme, dass Institutionen das Individuum zu einer Identifikation mit ihren Normen und Zielen zu bringen versuchen. Dazu ist es notwendig, dass die Institution entsprechend idealisiert wird. Diese Idealisierung gelingt dann besonders gut, wenn sich die Institution in eine sakrale Aura hüllen kann, und das Gute und Sinnvolle innerhalb, das Bedrohliche und Chaotische außerhalb der Institution lokalisiert wird. Solange diese Spaltung aufrechterhalten werden kann, fühlen sich die Individuen in der Institution sicher und geborgen. Nun haben ja Institutionen bestimmte Funktionen in der Wirtschaft, Gesellschaft und Politik zu erfüllen, sie vermitteln Wissen, stellen Güter her und vermitteln Dienstleistungen. An sich sollte der

---

[2] Mir ist aus dem Interview nicht klar geworden, wie das Wissen, um all diese Motive den Analytiker in seinem Verhalten zu Institution beeinflusst hat. Ist er heute Lehranalytiker geworden? Ist er überhaupt noch in diesem Beruf tätig, und wenn ja, wie?

Sinn der Institution sich aus der Funktion ableiten, aber das geschieht nicht ohne weiteres, besonders in Gesellschaften wie der unsrigen, die sich in einem beschleunigten Kulturwandel befinden. Wie aber kann eine vornehmlich am Beharren orientierte Institution in einer sich rasch wandelnden modernen Gesellschaft ihre Funktion erfüllen? Risse zeigen sich unvermeidlich dort, wo die Institution ihren Aufgaben nicht entspricht. Die Institution wird aber solange als möglich versuchen, diese Risse zu kaschieren. Wenn dies nicht länger möglich ist, wird in der Regel nicht die Institution als solche in Frage gestellt, sondern lediglich die Kompetenz und Integrität von einzelnen Individuen. Institutionen neigen also dazu, Sinn zu produzieren und daran festzuhalten auch dann, wenn sie nicht mehr die alte und oft auch keine neue Funktion zu erfüllen haben. Funktion und Sinn müssen also nicht zur Deckung kommen. Aus diesem Grund konnte Freud in seiner Arbeit über die Institutionen von ihren Funktionen absehen und den phantasmatischen Charakter sowie den Zusammenhalt der Institution vor allem in den libidinösen Kräften vermuten, die die Individuen aneinander binden. Aber diese libidinösen Bindungen haben ihren Ursprung nicht in der Liebe oder in der Sympathie, die die Individuen füreinander empfinden, sondern in der Kastrationsdrohung, die über ihnen schwebt. Wie in der Psychose sich Grundformen des Fühlens und Denkens zeigen, so auch in den unerwarteten Gewaltexplosionen, die – ähnlich wie Vulkanausbrüche – eine Institution erschüttern und verwüsten können.

Vor fünfzehn Jahren erschoss Günther Tschanun, ein hoher Zürcher Beamter, vier seiner Untergebenen. In seinem Aufsatz "Das Büro als kriminogenes Milieu" schildert der Journalist Jan Morgenthaler das paranoide Klima in der betreffenden Institution: "Und so ist ihm [Tschanun] nicht entgangen, dass Fischer und Neck [zwei andere Beamte] seine definitive Wahl zum Chefbeamten mit Erfolg hintertreiben, er ihretwegen um eine Verlängerung der Probezeit bitten muss. Er spürt, dass niemand neben ihm sitzen will am Betriebsfest oder in Pausen, und dass rundherum gemunkelt und geflunkert wird. Er fühlt sich 'ausspioniert' und schottet sich ab gegen unten – nach oben schreibt er in seinem 'Mehrfrontenkrieg' Beschwerden, die aber ohne Antwort bleiben. (...)

Im Amt selber werden mit den Akten auch Klatschgeschichten weitergereicht. Tschanuns Schwachstellen sind schnell eruiert: schon [bei seiner früheren Stelle in der Bundesverwaltung; M. E.] in Bern habe er als 'Versager' gegolten, geschäftlich und natürlich privat, die 'Ehekrise' führte zur 'gerichtlichen Trennung', ein endloses 'Gschleipf'

(Liebesaffäre) mit einer verheirateten Frau sei daran schuld. (...) 'Kaut Nägel' und 'hat keine Autorität', er 'belastet anstatt zu arbeiten', überhaupt seine 'Art', man ist 'froh, wenn man nichts mit ihm zu tun hat', mit diesem 'Hochstapler', der mal 'überfreundlich', mal 'wahnsinnig kompliziert', dann wieder 'leichtfüßig' daherkommt (...). Alle wissen: 'Der dreht bald durch.' 'Das einzige was in diesem Amt läuft ist der Lift'" (Morgtenthaler 1991, S. 16f).

Morgenthaler interviewte auch Peter Hablützel, Chef des eidgenössischen Personalamtes und für 40000 Beamte der allgemeinen Bundesverwaltung zuständig, und beschreibt, wie dieser Tschanuns Tat beurteilte:

"Im Grunde sei 'ein zweiter Fall Tschanun' jederzeit möglich (...). Doch die meisten Menschen reagierten in vergleichbaren Konfliktsituationen nicht wie Tschanun: 'sie kündigen, machen Selbstmord, werden krank oder landen in der Psychiatrie'" (a.a.O., S.21).

Günther Tschanun wird also von seinen Kolleginnen und Kollegen geschnitten. Das heißt, er wird demonstrativ nicht beachtet; man übersieht ihn und zeigt ihm bei jeder Gelegenheit, dass man nichts mit ihm zu tun haben möchte. Dieses Geschnittenwerden im Sinne von Abgeschnittenwerden von der Gemeinschaft und der Anerkennung ist das, was über allen Angehörigen von Institu-tionen wie eine Kastrationsdrohung schwebt. Tschanun ist zu dem Außenseiter geworden, den alle zu werden befürchten. Indem er verachtet und geplagt wird, versichern sich die übrigen Institutionsmitglieder ihrer Zusammengehörigkeit und Beliebtheit. Erlauben Sie mir hier kurz auf den Beitrag von Ingo Focke und Josef Gutmann hinzuweisen. Es geht dort unter anderem auch um den immer wieder aufbrechenden Zweifel, ob man nun tatsächlich ein richtiger Psychoanalytiker sei oder nicht: stimmt das Setting, ist das, was man dem Analysanden mitteilt, tatsächlich eine Deutung oder nicht? Arbeitet man wirklich am Unbewussten? Falls man einen Fall mit einem "echten" Mitglied der IPV bespricht – wird dieses ihn als einen psychoanalytischen anerkennen oder nicht? All diese Ängste rühren am Kastrationskomplex: steht man dann nicht plötzlich mit "abgesägten Hosen" da? Auch die Erfahrungen die ich 1977 im Psychoanalytischen Seminar in Zürich machte, erinnern mich an die eben beschriebenen Verhältnisse: Gerüchte etwa, die damals behaupteten, das Seminar sei von italienischen Kommunisten unterwandert, die die Macht ergreifen wollten, oder später, nach der Spaltung, das Gerangel, was wirkliche Psychoanalyse sei, die lacanianische, die kleinianische oder die kohutsche Richtung, sowie das dazugehörige Abqualifizieren der jeweils "gegnerischen" Gruppe.

Wenn in Tschanuns Amt außer dem Lift nichts mehr lief, erfüllte diese Institution offensichtlich ihre Funktion nicht mehr; das scheint aber gar nicht zum Problem geworden zu sein. Zu dieser Verleugnung auf institutioneller Ebene kamen für den Chefbeamten die Belastungen auf persönlicher Ebene hinzu: er musste verleugnen, dass er sich trotz seiner Chefposition in einem infantilen Abhängigkeitsverhältnis befand. Er sah sich von seinen Vorgesetzten im Stich gelassen und von einer Verschwörung seiner Untergebenen bedroht. Tschanun geriet zunehmend in die Situation einer real gewordenen Paranoia. Er hatte seine Größenphantasien an eine Institution delegiert, die immer weniger das Gute und das Sinnvolle verkörperte, konnte sich aber zugleich von dieser Institution nicht mehr trennen. Um als Individuum auf die schlechten Arbeitsbedingungen mit einem Ausstieg reagieren zu können und einen Zusammenbruch des Selbstwertgefühls zu vermeiden, wäre er auf seine Größenphantasien angewiesen gewesen. Sich von der Institution zu trennen, muss Tschanun aber unmöglich erschienen sein, weil er in ihr einen wesentlichen Teil seines Selbst, nämlich seine Größenphantasien, deponiert hatte. In dieser Sackgasse führte das paranoide Denken dazu, dass er sich immer mehr in die scheinbar ausweglose Situation verbiss, dass er sich nicht mehr lösen konnte, sondern immer tiefer in den institutionellen Sumpf hineingeriet. An seiner Gewalttat lässt sich schließlich ablesen, wie viel Aggression er mobilisierte bei seinem Versuch, wieder in den Besitz seiner Größenphantasien zu gelangen. Er versuchte, sich in die gottähnliche Position eines Herrn über Leben und Tod zu bringen, um aus seiner Ohnmacht herauszukommen.

Der Chef des eidgenössischen Personalamtes, der erklärte, der "Fall Tschanun" könne sich jederzeit wiederholen, übertrieb nicht. Normalerweise wird in den Kommentaren zu solchen Ereignissen das Problem auf individueller Ebene lokalisiert und pathologisiert. Dabei wird die strukturelle Gewalt zu wenig berücksichtigt, die die Institutionen organisiert.

2 Ödipale Illusionen und Enttäuschungen

Erlauben Sie mir wieder eine Stelle aus "Jenseits des Lustprinzips" zu zitieren, die den Zusammenhang zwischen ödipalen Illusionen und Enttäuschungen deutlich hervorhebt: "Die Frühblüte des infantilen Sexuallebens war infolge der Unverträglichkeit ihrer Wünsche mit der

Realität und der Unzulänglichkeit der kindlichen Entwicklungsstufe zum Untergang bestimmt. Sie ging bei den peinlichsten Anlässen unter tief schmerzlichen Empfindungen zugrunde. Der Liebesverlust und das Misslingen hinterließen eine dauernde Beeinträchtigung des Selbstgefühls als narzisstische Narbe, nach meinen Erfahrungen (...) den stärksten Beitrag zum 'Minderwertigkeitsgefühl' der Neurotiker. Die Sexualforschung, der durch die körperliche Entwicklung des Kindes Schranken gesetzt werden, brachte es zu keinem befriedigendem Abschluss; daher die spätere Klage: Ich kann nichts fertig bringen, mir kann nichts gelingen. Die zärtliche Bindung an das gegengeschlechtliche Elternteil erlag der Enttäuschung, dem vergeblichen Warten auf Befriedigung, der Eifersucht bei der Geburt eines neuen Kindes, die unzweideutig die Untreue des oder der Geliebten erwies; der eigene mit tragischem Ernst unternommene Versuch, selbst ein solches Kind zu schaffen, misslang in beschämender Weise; die Abnahme der dem Kleinen gespendeten Zärtlichkeit, der gesteigerte Anspruch der Erziehung, ernste Worte und eine gelegentliche Bestrafung hatten endlich den ganzen Umfang der Verschmähung enthüllt" (Freud 1920, S. 19).

Wie schon erwähnt, entwirft hier Freud ein anderes Szenarium für den Untergang des Ödipuskomplexes. Freud kommt auf diese ödipale Enttäuschung in Zusammenhang mit dem Problem der Wiederholung von Ereignissen aus der Vergangenheit, die keine Lustmöglichkeit enthalten. Die ödipale Enttäuschung erscheint als eine so schmerzliche – weshalb wird sie dann wiederholt? Im Gegensatz dazu steht die Kastrationsdrohung: sie wird wiederholt, weil sie die ödipalen Illusionen letztlich bestätigt: Hätte man nicht der Gewalt weichen müssen, dann hätte man ja die Mutter bzw. den Vater bekommen. Die ödipale Enttäuschung hingegen ist schwieriger zu bewältigen, sie ist so schwierig wie es eben schwierig ist, Einsichten zu entwickeln.

Die ödipalen Illusionen sind von Omnipotenzphantasien durchzogen. "Als Robert drei Jahre alt war", schreibt Selma Fraiberg, "brachte er einen Kindergarten mit der Erklärung in Aufruhr, er wäre Gott und könnte Susi und Peter und Margot und Jan und jeden sonst noch dazu bringen, zu tun, was er wolle. Er war in einer schrecklichen Laune, und die kleine Gesellschaft im Kindergarten betrachtete diesen zornigen Propheten mit Angst und Besorgnis. Natürlich glaubte ihm niemand, aber niemand erhob sich auch, um den falschen Propheten zu entlarven. Es schlummert noch genug magischer Glaube in der Seele der Dreijährigen, so dass der Anspruch auf die ungewöhnliche Macht nicht völlig unglaubhaft ist. Vermutlich glaubte Robert auch selbst nicht, er sei Gott. Aber hinter diesem Ausbruch verbarg sich ein Tagtraum, der Wunsch, allmächtig zu sein, andere dazu zu zwingen, ihm den Willen zu tun und eine Welt nach seinem Wunsch zu haben" (Fraiberg 1959, S. 134). Diese Tagträume und Allmachtsphantasien tauchen nicht nur im Kindergarten, sondern auch in Institutionen für Erwachsene auf; auch psychoanalytische Gesellschaften sind – wie wir wissen – nicht gegen falsche Propheten gefeit. Auf die später gestellte Frage, was er machen würde, wäre er Gott, antwortete Robert: "Wäre ich Gott, dann müsste ich nicht zu Bett gehen. Ich brauchte auch morgens nicht aufzustehen, mit dem Bus zu fahren und in den Kindergarten zu gehen. Und dann würde ich ganz allein in einem kleinen Haus wohnen" (ebd.). Das waren aber nur die harmlosen Wünsche. Robert "besaß eine kleine Liste von bösen und unrettbar verlorenen Sündern (die meisten von ihnen hatten noch nicht ihren fünften Geburtstag erreicht)... Michael: er hat meine Pistole gestohlen. Barbara: sie schmeißt mit Sand in der Sandkiste. Anja: sie spuckt und meckert. Die Strafen, die diese strenge Vorsehung aussprechen mochte, hielt Robert für völlig gerecht und den Verbrechen angemessen. Michael? Nun, er gehörte wohl auf den elektrischen Stuhl – wenn er die Pistole nicht zurück gibt. Barbara bekommt Bakterien in ihren Hals, wird krank und stirbt. Keine Gnade für die spuckende und schimpfende Anja. Sie wird überfahren, und wenn sie nicht stirbt, wird ein Räuber in ihr Haus einbrechen und sie totschlagen" (ebd.).

In der ödipalen Illusion verfangen, phantasiert sich das Kind als Erwachsener, der seine Wünsche wenn nötig auch mit Gewalt durchsetzen kann. Der Generationsunterschied und die damit verbundene körperliche Entwicklung werden verkannt und verleugnet. Die Sexualforschung muss aus diesem Grunde phantastisch bleiben. Die Omnipotenzphantasien lassen alles als möglich erscheinen. Unter dem Schutz der Kastrationsdrohung können sie sich alle diese Elemente erhalten und werden besonders virulent, wenn das Individuum vor einer neuen Institution steht.

Beim Übertritt in den Kindergarten oder von einer Schulklasse in die nächst höhere, bei der Aufnahme zu den Pfadfindern, in den Fußballverein, in die Universität, in den Berufsverband, in den Rotary Club, in die Feuerwehr – die Liste kann beliebig verlängert werden – lauert die ödipale Illusion darauf, nun endlich doch noch zur Realisierung zu gelangen. In der Regel verhilft die Kastrationsdrohung dazu, diese Illusionen so lange wieder zu verdrängen, bis eine neue Institution auftaucht, durch deren Zugehörigkeit man sich erhofft, die Omnipotenzphantasien quasi magisch, aber sicher nicht durch Arbeit verwirklicht zu bekommen.

Viele merkwürdige Gebräuche werden so verständlicher: Uniformen und Orden, Paraden und feierliche Zeremenonien mit ihrer eigenartigen Mischung von Lächerlichkeit und Ernst. In Zürich gibt es alljährlich im Frühling ein Volksfest, dessen Höhepunkt die symbolische Verbrennung des Winters ist. Die mittelalterlichen Zünfte, in denen das Zürcher Patriziat und die weitere sogenannte gute Gesellschaft organisiert ist, veranstalten einen Umzug, in welchem die Bankiers und die Magistraten sowie die hohen Militärs sich als französische Adelige oder als napoleonische Offiziere verkleiden. Die prestigeträchtigste Verkleidung allerdings ist die als arabische Scheichs, die im wilden Ritt um den Scheiterhaufen reiten, auf dem der Winter explodiert und verbrennt. Ich habe mich immer wieder gefragt, in welchen Phantasien diese in ihrem Alltag sicherlich sehr kontrollierten und berechnenden Reiter schwelgen und wen sie auf dem Scheiterhaufen brennen lassen. Die Antwort darauf gäbe einen Einblick in die Phantasmen der Institution, in denen all diese Leute mächtige Positionen einnehmen.

Die Verarbeitung der ödipalen Enttäuschung ist nur durch Trauer möglich. Denn nur die Trauer befreit einen von der Erwartung, in Institutionen immer wieder Anerkennung zu suchen und die eigene Omnipotenz bestätigen zu wollen. Es ist vor allem *diese* Erwartung, die uns die Kastrationsdrohung fürchten lässt. Aus dieser Angst heraus unterwerfen wir uns und passen wir uns an, begierig, die erlittenen Kränkungen weiterzugeben. Die Frage eines Kollegen an den Supervisor, die Focke in seinem Beitrag zitiert: "Finden Sie, dass das Analyse ist?" hat eine ganz andere Bedeutung, je nachdem, ob sie im Zuge von Trauerarbeit oder unter dem Druck der Kastrationsdrohung gestellt wurde. Wenn der Konflikt zwischen Analytiker und Analysand den Analytiker mit seinen Omnipotenzphantasien konfrontiert, dann wird er, wie einst, das Gefühl bekommen: "Ich kann nichts fertig bringen, mir kann nichts gelingen". Auch ihm wird sich die Frage aufdrängen: "Ist das Analyse?" Er kann sich dann aber vielleicht die Trauer eingestehen, dass er wieder ein Stück seiner Allmacht aufgeben muss. Unter dem Druck der Kastrationsdrohung geschieht jedoch etwas ganz anderes. Der Analytiker muss das Problem zwischen sich und dem Patienten möglichst schnell zum Verschwinden bringen, sonst könnte er ja kastriert werden. Er wird nicht seinen Omnipotenzwünschen nachgehen, sondern sich eher fragen, was die Kollegen von seinen analytischen Fähigkeiten halten. Und er wird nach irgend welchen Regeln und Ratschlägen suchen, um sich ihnen zu unterwerfen.

3. Ausblick: die Möglichkeiten der Adoleszenz

In seinem einleitenden Beitrag zeigt Wellendorf eindrücklich auf, was im Verlauf der individuellen Entwicklung aus dem "Fort-Da-Spiel" alles werden kann. Für das Kleinkind war die Trennung von der Mutter ein schwer zu bewältigendes Problem, das es mit dem "Fort-Da-Spiel" zu symbolisieren und damit auch zu beherrschen lernte. In der Adoleszenz ist es nun der Jugendliche, der die Eltern vor das auch für sie nicht leicht zu bewältigende Problem der Trennung stellt: jetzt müssen sie eine ebenso kreative Lösung finden, wie einst das Kleinkind. Das Inzestverbot zwingt das adoleszente Subjekt dazu, sich von den frühen Liebesobjekten zu trennen und unter Fremden neue zu suchen. Trennung ist ja nicht nur etwas Lebensbedrohliches und Schreckliches, sondern zuweilen auch etwas Notwendiges. Weil der Fötus neun Monate gewachsen ist, muss es sich vom Inneren der Mutter trennen. Ähnlich muss sich der Heranwachsende von seiner Familie ablösen. Das Inzestverbot verschafft den Fremden eine neue Qualität: sie können geliebt werden. Mit anderen Worten, die Fremden ermöglichen eine neue Art von Beziehung, durch die sie ihre Qualität als Fremde verlieren und vertraut werden. Sie können aber nur dann vertraut werden, wenn das Subjekt imstande ist, die Erfahrung mit dem Fremden zu assimilieren, und zwar indem es sich selbst verändert[3].

In der frühen Kindheit ging es darum, den Verlust und die Wiederaneignung von jemand Vertrautem zu verarbeiten; in der Adoleszenz geht es um das Gewinnen eines Zugangs zum Fremden und um das Vertrautwerden mit ihm. Nur das ermöglicht psychisches Wachstum. Die Triade, die Geborgenheit vermittelte, muss aufgesprengt werden – das ist eine wesentliche Funktion des Inzestverbotes. Um die hier gründende Problematik zu veranschaulichen, verweise ich auf Kafka: Bleibt man in der familiären Triade, so droht die Verwandlung in den auf dem Rücken liegenden Käfer; geht man in die Fremde, so droht der unfassbare Prozess. Wir können dieses Dilemma auch in der Situation wiedererkennen, in der sich die DPG heute befindet: Bleibt sie in sich abgekapselt, quasi in der Familie, so besteht die Gefahr, dass sie bewegungslos auf dem Rücken austrocknet; lässt sie sich

[3] Dieser Prozess findet dann nicht statt, wenn das Subjekt nicht imstande ist, seine Projektionen auf das Fremde zurückzunehmen. Diese Projektionen dienen in erster Linie dazu, die Veränderung des Subjekts zu vermeiden.

auf die fremde Institution, auf die IPV ein, so droht ihr gleichsam der Prozess. Aus dieser Lähmung kann sich die DPG nur befreien, wenn sie sich auf die Kräfte der Adoleszenz besinnt und auf die erneuernde Kraft vertraut, die aus der Auseinandersetzung mit dem Fremden, in diesem Fall mit der IPV, resultiert. Dabei sollte sie sich nicht von der immer in solchen Fällen wirksamen Kastrationsdrohung abhalten lassen, sondern die ödipalen Enttäuschungen aushalten und eine Beziehung mit der IPV aufnehmen, die auch deren weitere Reifung nicht ausschließen sollte.

Literatur

Fraiberg, S. (1959), Die magischen Jahre in der Persönlichkeitsentwicklung des Vorschulkindes. Reinbek b. Hamburg 1972, S. 79ff.

Freud, S. (1920), Jenseits des Lustprinzips. In: Gesammelte Werke, Bd. 13. London 1955. S. 64.

Freud, S. (1921), Massenpsychologie und Ich-Analyse. In: Gesammelte Werke, Bd. 13. London 1955. S. 137.

Freud, S. (1924), Der Untergang des Ödipuskomplexes. In Gesammelte Werke, Bd. XIII, S. 393-402. London 1955.

Malcolm, J. (1980), Fragen an einen Psychoanalytiker. Stuttgart.

Morgenthaler, J (1991), Das Büro als kriminogenes Milieu.

Prasse, J. (2001), Zum Untergang des weiblichen Ödipuskomplexes. In: Arbeitshefte Kinderpsychoanalyse 29/30, S. 125-144.

Schiele, F.M. (Hg.) (1909), Die Religion in Geschichte und Gegenwart. Tübingen. Stichwort "Advocatus diaboli".

Das Gespenst "ist wieder da" Die Subjekte der Gesellschaft im Jenseits des Garnrollenspiels

Hermann Beland

Der Titel meines Beitrags hat zu tun mit der Wahl des Garnrollenspiels und also mit der Wahl des klugen anderthalbjährigen Enkelkindes Sigmund Freuds für diesen Kongress und alle seine weit gefächerten individuellen und kollektiven Aspekte von Trennen und Verbinden, ein Subjekt werden und als eine Gruppe die Psychoanalyse fördern. Ich werde den Gespenstern sogleich näher treten.

Es taucht etwas aus den Tiefen der Gruppenspaltung auf, was dort untergegangen war: die Anerkennung als Analytiker und als analytische Gruppe. Es ist wie mit Erik Eriksons Identitätsfindung am Ende der Adoleszenz: man muss sie für sich selbst finden, aber als etwas, was die anderen ebenso sehen und also bestätigen. Das ist mir in Seeon erstmalig klar geworden: nach welchen Kriterien ich mich richte, wenn ich jemanden, aber auch mich selbst, als Analytiker anerkenne. Das geschieht, wenn ich das Gefühl habe und bei mir selbst das Urteil fälle, dass der andere mit Ernst Analytiker sein und – gleichbedeutend damit - ein besserer Analytiker werden will. Ein Analytiker scheint etwas zu sein, das immer im Werden ist. Wenn dieses Urteil positiv ausfällt, sind alle anderen Feststellungen sekundär: Wissen, Können, Herkunft, Gruppenzugehörigkeit.

Ich bin ziemlich sicher, dass dieser Vorgang der Anerkennung, so subjektiv er ist, zutreffend beschrieben ist, auch wenn ich unsere theoretischen Mittel nicht für ausreichend halte, diesen Vorgang zu erfassen.

Was bisher aus der Tiefe der Spaltung auftauchte und auftauchen sollte, war das Gegenteil, die Aberkennung. Aberkennung ist ein Gespenst mit der unheimlich definitorischen Macht der Trennungspathologie. Ich möchte im folgenden einen ziemlich weiten Anlauf nehmen, der mich durch die Geschichte der Trennungsforschung in der Psychoanalyse führt, bis ich wieder bei unseren Gruppen, der Vergangenheit, unseren Lehranalysen und gemeinsamen zukünftigen Anstrengungen lande.

1 Wir brauchen ein anderes Kind für die Diskussion der Trennungskatastrophen

Ich finde, wir brauchen ein anderes Kind für die Diskussion der Trennungspathologien. Etwa ein Borderline-Kind. Oder ein psychogen autistisches Kind. Oder ein depressives Kind. Oder ein narzisstisches Kind. Ein solches, das - erwachsen geworden - uns seine pathologische Organisation mit der Bitte um Behandlung schildert. Entweder hat es nämlich der kleine Ernst Wolfgang Halberstadt erstaunlich gut gehabt, ist quietschnormal zur Zeit der Beobachtung seines Großvaters gewesen und hat den Geniestreich der gelungenen Symbolbildung schon lange geleistet, der über die geistige Gesundheit entscheidet, und hat den Begriff von der Existenz des abwesenden anderen zusammen mit dem Begriff der eigenen Repräsentanz im Denken der Mutter und im Denken des Vaters und in der eigenen Selbstreflexion gebildet. Dann konnte er schon ziemlich perfekt "mentalizen", wie Peter Fonagy sagen würde, verstehen, dass die Großen so denken wie er selbst, und er selbst genau wie die Großen. Er wäre dann ein gesundes normales Kind, das seine passiv erlittenen Trennungen aktiv bemeistert. Sie wären, als sie stattfanden, nicht über seine Toleranz für Mangel und Ohnmacht hinausgegangen. Der Mangel hätte ihn nicht rasend und die Ohnmacht nicht narzisstisch werden lassen. Wir hätten ihn nicht als Kind und nicht als Erwachsenen mit neurotischen Störungen oder Schlimmerem zu sehen bekommen.

Ich greife zu einem Gedicht, um diesen schönen Zusammenhang von gewöhnlicher Ödipalität, gewöhnlicher Trennungsangst und gewöhnlicher Symbolbildung aufzusuchen, dem 143. Sonett von Shakespeare in der Übersetzung von Christa Schuenke:

> "Schau doch die brave Hausfrau, wie sie rast
> Nach einem Federvieh, das grad entflattert
> Ihr Kind absetzt und dann in aller Hast
> Dem Gockel nachjagt, dass sie ihn ergattert;
> Und schreiend kommt das Kind ihr nachgekrochen
> Sie kümmert sich nicht drum, sie will nur eines:
> Den Kerl erwischen, der ihr ausgebrochen!
> Sie achtet gar nicht auf ihr armes Kleines.
> So rennst du jenem nach, der flieht vor dir,
> Und ich, dein Kleiner, lauf dir hinterdrein;
> Doch hast du, was du willst, dann schau nach mir
> Und spiel die Mutter, küss mich, lull mich ein.
> Wenn du zurückkommst und mich Kleinen stillst,
> Bet ich, dass du den Will kriegst, den du willst."

Dieses reizende Sonett gibt eine ödipale Antwort aus der Sicht des abhängigen Kleinkindes auf die normalen Trennungsprobleme. Es beweist, dass schon Shakespeare wusste, dass die ödipale Struktur das Erleben und Denken des Menschen von Geburt an bestimmt. Es ist dasjenige, wofür eine Frau ihr Baby zeitweilig verlassen wird, wofür sie seine Frustrationstoleranz, Trennungsangst auszuhalten und sich nach der abwesenden Mutter zu sehnen, auf das Äußerste anspannt. Es ist das Beste was sie als erwachsene Frau haben und behalten will, Selbstbestimmung und sexuelles Leben, Mann, Kind und Beruf. Das Gedicht beschreibt, dass der Mensch von Geburt an bis Drei und bis Zwei zählen kann, aber noch nicht bis Eins. Das Neugeborene hat ein mitgebrachtes, sich entwickelndes Vorverständnis dafür, dass es Eltern hat, die ähnlich miteinander verbunden sind, wie es selbst mit seiner Mutter und dass es von dieser sexuellen Verbindung der Eltern abhängt. Das Gedicht bringt sogar die Lösung jeder ödipalen Krise auf den Begriff, wie sie von keinem Psychoanalytiker gleich gut formuliert ist, Freud eingeschlossen: "Wenn du zurückkommst und mich Kleinen stillst, bet ich, dass du den Will kriegst, den du willst." Wenn ein Kind um den Preis seiner getrösteten Trennungen seinen Eltern die sexuelle Gemeinschaft gönnt und sie bis zum Beten wünscht, dann ist seine ödipale Dankbarkeit aus Triebbefriedigungen stärker als seine ödipale tödliche Rivalität und seine ohnmächtige Trennungsangst und seine zerstörende Eifersucht auf das Zusammensein der Großen. Dann springt das Kind im Dreieck des Verstehens, dann kann es gute innere Eltern lebendig fühlen, und seine schöpferischen Fähigkeiten können sich immer fortschreitend ausbilden.

Oder unser Ernst-Wolfgang Halberstadt ist so geartet, wie wir unsere Patienten und uns selbst und unsere Gesellschaft und unsere Gruppen kennen, dass wir nämlich in Teilbereichen in außerordentlichen Schwierigkeiten mit den Folgen der getrennten Existenz sind, dass wir am Anfang große Mühe haben, mit den Schwierigkeiten nach der Geburt fertig zu werden, und dass wir später große Anstrengungen und viel Zeit und Hingabe von uns und anderen brauchen, die Trennungssymptome zu verstehen und zu lösen und zu verarbeiten. Im Kern dieser Schwierigkeiten entdecken wir dann unheimliche Konkretismen, "Dämonisches", wie Freud im "Jenseits des Lustprinzips" den Wiederholungszwang nennt, kaum zu ertragende Ängste, die mit Denkstörungen zusammenhängen und Denkstörungen hervorbringen, die entsprechend in Angstträumen auftauchen, und bei denen es mit der Symbolbildung seit Anfangszeiten Störungen gegeben hat. Winnicott landete beim Squiggle-Spiel etwa beim 5. bis 8. Wechsel ziemlich regelmäßig bei der Angstfigur eines unheimlichen Zauberers, und das Kind war dankbar, wenn es merkte, dass Winnicott bescheid wusste. Wenn der kleine Ernst-Wolfgang stärker unseren heutigen Patienten ähneln sollte, dann geben jedoch die Daten der Beobachtung aus dem "Jenseits des Lustprinzips" nicht genug her, um zu einer diagnostischen Klärung kommen zu können. Wen hat der Kleine immerzu in die Ecke gepfeffert, in der zornigen Symbolisierung am Symbolisierten Rache nehmend? War es die Mutter, war es der Vater, bei dem die Mutter wahrscheinlich im Krieg war, wenn sie weg war, und das Kind wurde vielleicht *nur gerade eben* mit seiner Verlassenheit fertig? War das Weggeworfene das Kind selbst? Das Kind warf sich weg, wie es sich weggeworfen fühlte? Und die Garnrolle? War sie das Kind im Denken der Mutter, weg und wieder da? War es die Mutter, die, wie im ersten Anfall verzweifelter Trauer, weil tot, zur Strafe noch hinterher getötet wird? Überhaupt, handelt es sich beim Wegwerfen um Todeswünsche? Wo ist dann die Angst und der Kummer des Kindes? Das Kind spielt vielleicht vor dem Spiegel und mit der Garnrolle das Vergessenwerden durch die Mutter. Freud schrieb doch in der Anmerkung: "Es ergab sich aber bald [die Aufklärung], dass das Kind während dieses langen Alleinseins ein Mittel gefunden hatte, sich selbst verschwinden zu lassen." Das klingt nicht so gut. Mir kommt es deshalb am wahrscheinlichsten vor, dass die Garnrolle das Kind selbst darstellt, während das Kind die Mutter spielt. Der Faden wäre dann die gewünschte Sehnsucht der Mutter nach dem Kind, die der Mutter überhaupt nicht vergleichsweise so verzweifelt intensiv aufgezwungen ist wie dem Kind. Der Faden wäre die Umkehrung der Sehnsucht des Kindes, wie in dem berühmten "Hänschen klein", wo die Mutter weinet sehr, hat ja nun kein Hänschen mehr.

Alle diese Deutungen sind denkmöglich und kommen in der gesellschaftlichen Wirklichkeit von Kinderentwicklungen vor. Aber sie sind aus der Beobachtung Freuds nicht verifizierbar. Und selbst wenn, auf diese Weise würden wir nicht genug erfahren. Wir brauchen ein anderes Kind, eines, das aus den Überforderungen der Trennungen ausrufen würde: "Das Gespenst ist wieder da!" wenn es noch reden könnte. Wir brauchen die Kindheiten unserer tatsächlichen Patienten. Wir brauchen andererseits auch das *stolze Nichtwissen* aller einflussreichen Erwachsenen unserer Gesellschaft über die Auswirkungen von Trennungen in der Säuglings- und Kleinkindzeit, das Nichtwissen der Professoren für Wirtschaftswissenschaften, für Politologie, für Psychiatrie, für Psychologie, für Soziologie. Und wir brauchen unser bisschen mehr an Wissen, das wir verpflichtet sind, bekannt zu machen. 1999 wurden in der Bundesrepublik 771.000 Kinder geboren, und es gibt 150.000 Ganztags-Krippenplätze für Kinder zwischen 0-3 Jahren (Statistisches Bundesamt, Stat. Jahrbuch 2001). Die Zahlen beweisen einen enormen sozialen Fortschritt, andererseits machen sie eine enorme Zahl von Trennungspathogenesen wahrscheinlich.

2 Aus der Geschichte der psychoanalytischen Erforschung der Trennungsängste

Die Erforschung von Trennungsängsten ist noch überhaupt nicht abgeschlossen. Wer die bisherige Geschichte erzählen wollte, müsste von dem Mut der Pioniere erzählen, von ihrem Kampf mit den etablierten psychiatrischen und den jeweiligen psychologischen und psychoanalytischen Entwicklungstheorien, von der sich verbessernden psychoanalytischen Methode und den sich allmählich etablierenden Ausbildungsgängen, von der Kinderanalyse, den Psychosebehandlungen im Krieg und nach dem Krieg, den Theorieveränderungen unter dem Druck der neuen Erkenntnisse und den enormen Spannungen innerhalb von psychoanalytischen Gruppen, die das gesicherte Wissen und die gesicherte Theorie eintauschen mussten gegen neues Wissen und eine nichtgeschlossene Theorie, - alles über alle Jahrzehnte im Zusammenhang mit den herrschenden Vorurteilen der sich wandelnden Gesellschaft und jener *epidemischen Mischung* aus dem Einfluss von Müttern, die in jedem Jahrhundert trotzdem gut genug waren einerseits und dem Einfluss von Familien und Erziehungseinrichtungen andererseits, die die zeitgenössischen Trennungstraumatisierungen weitergaben, die die industriellen Produktionszwänge auf alle Familien ausdehnten, während zwei Weltkriege tobten, Arbeitslosigkeiten herrschten, Diktaturen die Völker tyrannisierten und die Ermordung von Millionen Juden verbrochen wurden. Er müsste sprechen von der Abschaffung der Säuglingskrippen in der DDR als Norm ab drei Monate, nachdem über den Einfluss von John Bowlby in der UNESCO die psychologische Schädigung der Gesamtbevölkerung durch Trennungsschäden bekannt, per Ordre Mufti in der DDR eingeschränkt und durch Einführung des Babyjahres abgefangen wurde, lange bevor es entsprechende Gesetze in der Bundesrepublik gab. Er müsste sprechen von einem weiteren Ehrentitel der Psychoanalyse, den Filmen des Ehepaares Robertson in London über die Auswirkungen der Verzweiflung von John und anderen Kindern nach kurzen Trennungen, die das National Medical Board in Großbritannien bewogen, in den Kinderkrankenhäusern das Rooming-In einzurichten, von wo es seinen Siegeszug über die westliche Welt antrat. Es ist klar, niemand hat den Durchblick und das geistige Fassungsvermögen, den gesellschaftlichen Gesamtzusammenhang in Bezug auf die Produktion von Trennungspathologien zu sehen und darzustellen. Wir haben allerdings gute Gründe für die Annahme, dass übergroße Trennungsängste der Säuglinge und Kleinkinder einen zentralen dynamischen Faktor in dem gesellschaftlichen Gesamtzusammenhang der westlichen Welt darstellen.

Damit bin ich zurück bei den Gespenstern, die wieder da sind. Ich möchte den historischen Weg weiter kurz nachzeichnen, bis wir bei unserem heutigen Wissen und bei den Kindern und Patienten der Gegenwart ankommen. Wenn wir das Kind von innen hätten beobachten können, das wir heute als Borderline-Patienten behandeln, dann würden wir merken, dass das kleine Kind aus der Trennungserfahrung so auftaucht, dass die zurückgekehrte Mutter ein Gespenst geworden ist, geladen mit der ängstigenden Unheimlichkeit der abwesenden und zugleich drohend präsenten Unsichtbarkeit. Bion hat diese Zusammenhänge verständlich gemacht. Weshalb erkennen Kinder ihre Mütter nach Trennungen nicht wieder? Manche werden aus Groll und Kummer verworfen, aber manche sind für Stunden und Tage zu Gespenstern geworden. Das Schwierigste an einem zutreffenden historischen Rückblick ist die genaue Kenntnis des *Unwissens* über kleine Kinder und Säuglinge von Freud, Ferenczi, Abraham um, sagen wir, 1920. Freuds Beobachtung im "Jenseits des Lustprinzips" war ein Meilenstein in der Geschichte der Aufmerksamkeit auf die Trennungszustände der kleinen Kinder. Seine Kenntnisse gingen damals aber wohl nicht viel über seine Bemerkung hinaus: "Das Fortgehen der Mutter kann dem Kinde unmöglich angenehm oder auch nur gleichgültig gewesen sein" (Freud 1920, S.13). Und entsprechend seine Schlussfolgerung: "Indem das Kind aus der Passivität des Erlebens in die Aktivität des Spielens übergeht, fügt es einem Spielgefährten das Unangenehme zu, das ihm selbst widerfahren war und rächt sich so an der Person dieses Stellvertreters." (a.a.O., S. 13) Was für ein harmloses Problem!

Die nächsten Stationen des Wissens über kleine Kinder waren Abrahams empirischer Nachweis einer "Urverstimmung in der Kindheit" (mit 5 Jahren!) bei einem melancholischen Patienten. Er hatte 1924, ebenfalls in seiner "Geschichte der Libido auf Grund der Psychoanalyse seelischer Störungen", von "Schwere(n) Verletzungen des kindlichen Narzissmus durch zusammentreffende Liebesenttäuschungen" gesprochen. Uns ist diese Sichtweise heute selbstverständlich. Aber damals war sie neu. Ich möchte einen Absatz aus einem Brief Abrahams an Freud (v. 7.10.1923) einschieben. Er beleuchtet Abrahams psychiatrisches Interesse an den infantilen Primärerkrankungen, die im Laufe der weiteren klinischen Theoriebildung zur Vorherrschaft der Objektbeziehung in den Triebbefriedigungen und in der Persönlichkeitstheorie führen sollten. Abraham schreibt: "Etwas Schönes ist in wissenschaftlicher Beziehung zu berichten. In meiner Arbeit über Melancholie etc., die als Manuskript bei Rank liegt, habe ich eine Ur-Verstimmung in der Kindheit als Vorbild der späteren Melancholie angenommen. Frau Dr. Klein hat nun in den letzten Monaten die Psychoanalyse eines dreijährigen Kindes mit Geschick und therapeutischem Erfolg durchgeführt. Dieses Kind bot getreu die von mir angenommene Ur-Melancholie, und zwar in engster Verknüpfung mit der Oral-Erotik. Der Fall bietet überhaupt erstaunliche Einblicke in das kindliche Triebleben" (Abraham & Freud 1965, S. 315). Dieses Kind war wahrscheinlich "Rita", und nicht eines von Melanie Kleins eigenen Kindern, die sie - wie Freud zweimal seine Anna - analysiert hatte. Auch diese für das heutige Urteil bestürzenden Tatsachen, von denen manche wünschen, sie hätten nie veröffentlicht werden sollen, beleuchten in krasser Deutlichkeit das damalige Nichtwissen. Sehr gut wäre es für unser historisches Wissen, wir könnten erfahren, welche wichtigen Neuigkeiten über die Entwicklung des Kindes Freud und Melanie Klein und also wir diesen unmöglichen Analysen verdanken. Wir hätten es leichter zu akzeptieren, dass es damals nicht anders ging, dass niemand es besser wusste, und dass hoch besetzte Irrtümer und Nichtwissen schon immer nur unter Trauerprozessen verlassen wurden, bevor sie durch veränderndes Verstehen von Zusammenhängen ersetzt werden konnten.

1930 veröffentlichte Melanie Klein die Behandlung von Dick ("Die Bedeutung der Symbolbildung in der Entwicklung des Ichs"), eines vierjährigen Jungen, den wir heute als autistisch bezeichnen würden. Es gab noch keine systematischen Kenntnisse des kindlichen Autismus. Leo Kanners berühmte Arbeit wurde 13 Jahre später veröffentlicht. Melanie Klein war der wissenschaftlichen Zeit damals wirklich weit voraus. Sie behandelte kindliche Psychosen und behauptete ihre Existenz, als diese Auffassung auch innerhalb der Psychoanalyse noch horribile dictu war. Sie entdeckte bei Dick die zentrale Funktionsschädigung des symbolischen Denkens, die Hanna Segal 1952 genauer beschrieb.

Aber sie entdeckte noch nicht, wie Francis Tustin später, dass die Symptome des psychogenen Autismus durch überaus schmerzhafte Zerreißschrecken in unerträglichen Trennungen entstanden waren. Winnicott beschrieb als erster systematisch die psychischen Reaktionen, in denen sich die unerträglichen Trennungsschrecken psychisch materialisierten, am erschütternsten in der posthumen Aufzählung vom endlos Fallen, in Stücke Gehen, ausgeschüttet Werden, nicht im Körper Sein usw.. Am 6. Februar 1954 offenbarte der sechsjährige John seiner Therapeutin Francis Tustin sein autistisches Entsetzen vor dem schwarzen Loch: "Er berührte seinen Mund und sagte: Nina hat ein schwarzes Loch. Sie hat einen schwarzen Stachel in ihrem Mund. Knopf kaputt! Böses schwarzes Loch." 1962 fasste Bion die Auswirkungen unerträglicher Trennungserfahrungen in seiner Theorie des Denkens zusammen. Aber auch er tat es nicht unter der Anerkennung systemzerreißender Trennungsüberforderungen, sondern unter der Formel der Frustrationstoleranz, die die Vermählung einer Präkonzeption mit einer negativen Realisierung tolerieren muss, damit daraus ein Gedanke werden kann. Wenn die Geburt des Gedankens aus der Frustrationstoleranz nicht gelingt, dann bilden sich stattdessen Allmacht und Allwissenheit als psychotische Identitätsüberzeugungen oder, noch viel schlimmer, die "Ausweichmechanismen" setzen ein. Die schizophrenen Zerstörungen aller Verbindungen des Denkens und der Beziehungen und der Sprache, um die Wiederkehr der namenlosen Schrecken zu verhindern, und die psychogen autistische Regression auf Zweidimensionalität, Beziehungsleere und Kontaktvermeidung, die Reduktion auf die Beziehung zu den harten und weichen autistischen Objekten, um die Wiederkehr der organismischen Angst zu verhindern, sind die Effekte der "Ausweichmechanismen" der Psyche in der Reaktion auf Trennungen. Was immer die angeborenen hirnphysiologischen Entgleisungen verursachen mögen, der einsetzende Zusammenbruch ist ein psychischer und ereignet sich in Trennungspaniken, die nicht zu bewältigen sind. Freuds zentraler Satz aus den "Formulierungen" über die zwei Prinzipien des psychischen Geschehens hat sich in der immer genaueren Kenntnis der traumatischen Überforderung von Trennungserfahrungen ausnahmslos bestätigt:

"Der Neurotiker wendet sich von der Wirklichkeit ab, weil er sie - ihr Ganzes oder Stücke derselben - *unerträglich findet.* Den extremsten Typus dieser Abwendung von der Realität zeigen uns gewisse Fälle von halluzinatorischer Psychose, in denen jenes Ereignis verleugnet werden soll, welches den Wahnsinn hervorgerufen hat. Eigentlich tut aber jeder Neurotiker mit einem Stückchen der Realität das gleiche." (1911b, GW Bd. 8, S. 230)

3 "Die Dame an der Wand" und andere Gespenster

Ich bin leider kein Kinderanalytiker geworden. Ich könnte sonst wohl aus der Behandlung eines Kindes berichten, bei dem im Zusammenhang mit Trennungsangst und Wut "Das Gespenst wieder da" war und eine zentrale Rolle spielte. Ich wähle stattdessen eine Fall aus der Literatur, der vielen bekannt sein dürfte. Wenn Freud das kleine Mädchen behandelt hätte, von dem ich gleich erzähle, wäre die Sache einfacher. Auf ihn haben wir uns zum Zwecke des Zitierens geeinigt. Eine Wissenschaft braucht zitierfähige Texte, auf die sich alle zurück beziehen können. Wir nehmen dafür Freuds Gesammelte Werke und wachen darüber, dass kein Autor außer ihm in den Rang der Zitierfähigkeit kommt. Aber die Erforschung der Zusammenbrüche nach unerträglichen Trennungserfahrungen ist postfreudianisch. Der Text, den ich gewählt habe, ist von 1991 und von Hanna Segal, für manche Analytiker schon beinahe zitierfähig, um sich auf sie zurück beziehen zu können, für andere nicht. Der Bericht aus einer Behandlungsstunde verfolgt bei ihr nicht mein Interesse, Trennungssymptomatik zu schildern, sondern soll das Aufspalten eines Objekts in ein gutes und ein böses verdeutlichen. Das ist jedoch trotzdem genau der Stoff und die psychische Methode, wie am Anfang des Denkens die abwesende Brust als böse Brust präsent ist und die Grundlage für ein Gespenst bildet.

Dieses kleine Mädchen war zweieinhalbjährig und litt unter schweren Ernährungs- und Schlafschwierigkeiten und hatte außerdem Verdauungsprobleme. Hanna Segal berichtet: "Ihre letzte Stunde vor den Ferien war ausgefallen, weil sie Durchfall bekommen hatte. In ihrer ersten Stunde nach den Ferien war sie beunruhigt und ängstlich wegen eines unscharfen Schattens an der Wand, den sie "die Dame an der Wand" nannte. Zu Beginn der Stunde sagte sie, sie habe keine Jacke mitgebracht, obwohl es draußen kalt sei, weil es im Zimmer so schön warm sei. Und sie schenkte ihrer Analytikerin ein warmes Lächeln. Als sie sich aber der Wand zuwandte und den Schatten sah, begann sie zu schreien: "Die Dame an der Wand! Sie ist böse! Sie ist böse! Ich mag sie nicht! Sie beißt! Schmeiß sie in den Mülleimer!" Sie fühlte sich mit zwei Objekten im Zimmer konfrontiert: der Analytikerin aus Fleisch und Blut, die sie als warm und schützend empfand, und der höchst bedrohlichen Dame an der Wand. Die Analytikerin deutete, die Dame an der Wand sei die böse Analytikerin, die während der Ferien nicht da war; das Kind entspannte sich und begann die Wand mit fragenden Blicken zu mustern. Die Analytikerin erinnerte sie daran, dass sie selbst vor den Ferien die Wand bespritzt habe und die leichte Verfärbung dadurch entstanden sei. Sie erinnerte sie auch an ihren Durchfall, der ihr die letzte Stunde weggenommen habe; und dies verknüpfte sie mit ihrer Wut auf die Analytikerin und ihrem Wunsch, sie mit Urin zu bespritzen und mit Kot voll zu stopfen. Das, so glaube das Mädchen, habe die Analytikerin in ihrem Inneren (mind) in eine böse Dame verwandelt, wie die Dame an der Wand. Darauf entspannte sich das Kind noch mehr und begann frei zu spielen. Es schüttete Wasser in eine Tasse, nannte es "Milch für das Baby" und entwickelte ein kompliziertes Spiel, in dem das Baby die Milch zunächst zurückwies, weil sie "schmutzig" sei, sie dann schüttelte und mit großem Vergnügen austrank" (H.S. 1996 (1991), S. 37).

Hier ist also eine Beinahe-Halluzination, ein Gespenst, aus einer Trennungssituation entstanden. Die genetische Idee rechnet mit einer phantasierten Wuthandlung wegen der Trennung (beißenden Urin und Kot in die Brust), die die Analytikerin sehr "böse", beißend machte. Da das Mädchen die Analytikerin liebte und brauchte, spaltete sie die Schlechtigkeit von ihr ab und projizierte sie an die Wand. Von dort biss die "Dame" zurück.

In Bions Hypothese über die Entstehung typischer Trennungsgespenster geht die Denkstörung regressiv weiter zurück bis zu dem Stadium, in dem die (vom erwachsenen Beobachterstandpunkt aus betrachtete) abwesende Brust noch gar kein real mögliches Konzept, sondern eine anwesende verfolgende böse Brust ist. Kommt die Mutter zurück, kann sich diese anwesende böse Brust, die als Hunger und Schreien schmerzhaft und verfolgend beißend im Körper und außerhalb des Körpers präsent ist, mit der guten vermischen und ein Gespenst bilden, das abgelehnt wird und solange ungenießbar ängstigt, bis die Beruhigung der Mutter wirkt.

Das ist eine klärende Erkenntnis über die präsymbolischen Denkstörungen, aus denen Gespenster bestehen. Bei allen Säuglingen, die schreien gelassen wurden und weggestellt wurden, damit sie nicht störten, wird man dieses Bild in irgendeiner erwachsenen Fassung antreffen. Eine Patientin verabschiedete sich z.B. nach einer Stunde, meine Hand in ihrer festhaltend: "Ich weiß, Sie sind ein böser Geist. Sie werden nicht ruhen, bis Sie mich vernichtet haben." Dieser Geist war die Abspaltung und Projektion eines eigenen vernichtenden Geistes in ihr. Dieselbe Frau erinnert aus ihren Mädchenjahren, als sie unter ihren starken Brüsten litt, wie der leere, sonnendurchflutete Kirchenraum geladen war mit einer vernichtenden Unheimlichkeit. Dieser Raum tauchte in der Behandlung im Traum auf und bedeutete meine Abwesenheit, d.h. einen unsichtbar anwesenden Vernichtungsraum. Sie war als schreiender Säugling in einen Stall gestellt worden, damit die gerade geduldete Flüchtlingsfamilie die aufnehmende Bauernfamilie nicht störte. Ihre Symbolisierungsstörung und ihr Hass auf die Brüste begannen dort. Massive projektive Identifizierungen verwischten die Grenzen der Körperschemata von Selbst und Objekt. Und bei jeder Trennung in der Analyse war das Gespenst wieder da.

4 Institutsausbildung, Borderline-Behandlung und die Folgen der zurückliegenden Gruppenspaltung

Ich finde es immer wieder überraschend, ein wie großer Prozentsatz unserer Borderline-Patienten als Säuglinge schreien gelassen wurden. Es ist ein überdurchschnittlicher Prozentsatz. Borderline-Erkrankungen sind nach unserer aller Urteil die Leit-Neurosen unserer gesellschaftlichen Gegenwart, wie es die Hysterien am Ende des 19. Jahrhunderts waren. Sie verlangen von uns das therapeutische Vertrautsein mit jenem Mechanismus, der die Gespenster zu bilden vermag, der gewalttätigen projektiven Identifizierung, die pathologische Identitätsspaltungen und neue Nicht-Getrenntheiten in Konzepten und Gefühlen erzwingen. Unsere Ausbildungen versuchen deshalb in allen Instituten beider Vereinigungen, zur Behandlung von Borderline-Pathologien zu befähigen.

Damit bin ich wieder zurück bei den Auswirkungen der Psychoanalysespaltung in unseren Gesellschaften. Unsere Lehranalysen müssen dieselben Dimensionen erreichen, die wir später therapeutisch behandeln. Gleichzeitigkeit mit der Gesellschaft verlangt Selbsterfahrung, Wissen und Therapie psychotischer Mechanismen auf Borderline-Niveau. Wenn die IPV eine notwendige therapeutische Funktion hat, dann die einer Unterstützung der klinischen Diskussion, die die Kulturhöhe der therapeutischen Kultur auf der gegenwärtig erreichbaren Höhe der analytischen Kunst erhält. Unsere Patienten brauchen diese analytische Kunst, und unser Mitgefühl mit ihren Leiden braucht es ebenfalls.

Ich hoffe, mein Sprung in unsere Gruppen- und in die gesellschaftlichen Verhältnisse bleibt verständlich am Leitseil der Erfahrung mit dem Gespenst, das wieder da ist. Unsere Lehranalysen nehmen eine Schlüsselrolle ein. Unsere analytischen Gesellschaften sind so gut, wie ihre durchschnittlichen Lehranalysen. Die psychotischen Gegenübertragungen, in die unsere Patienten uns verwickeln, sind die Quellen unserer therapeutischen Fortschritte, unserer Verständnisse, unserer Entdeckungen, die heilen. Ich steuere auf einen bestimmten Punkt von Schwierigkeiten in Lehranalysen zu, die weltweit ein Problem darstellen und unserer gemeinsamen Erkenntnisanstrengung besonders bedürfen. Ich meine jenen Punkt oder jene Komplexe in der Übertragung und Gegenübertragung in Lehranalysen, wo sich die privaten, mehr-weniger unerträglichen Objektschicksale des Analysanden im Material von Institutskämpfen ausdrücken, in die der Lehranalytiker emotional verwickelt ist, in denen sich zugleich die mächtigen borderline-artigen Tendenzen der Gesellschaft und die schwer fassbaren Folgen der Psychoanalysespaltung manifestieren, die wir beim Analysieren mit uns herumschleppen. Eine derartige Gegenübertragungsverwicklung muss einen intensiven Druck zum Agieren und einen Druck zum Ersetzen von Nichtverstehen und Ohnmacht durch ein behauptendes gespenstisches Wissen ausüben.

Sie könnten jetzt meinen, so etwas käme nicht vor, es sei ein von mir konstruiertes Problem, damit ich meinem Gespenst in den Verrücktheiten des Ausbildungsinstituts, in den Verrücktheiten der Gesellschaft und in der verrückten Übertragung des Lehranalysanden wie in der verrückten Gegenübertragung des Lehranalytikers wieder begegnen kann. Sage mir, welche Gespenster du siehst, und ich sage dir, wer du bist. Ich will versuchen, das Knäuel aus den vier Gespenstern in Familie, Institut, Gesellschaft und psychoanalytischen Großgruppen soweit auseinander zu ziehen, dass man die einzelnen Gestalten ungefähr sehen kann.

1. Über die privaten Gespenster will ich nichts weiter sagen. Nur soviel, dass ich noch keine einzige Analyse geführt habe oder im Bericht kennen gelernt habe, bei der nicht psychotische Ängste die neurotischen Strukturen bestimmten, und dass ich deshalb jedem Lehranalysanden gönne, er kann aus eigenem Einblick in seine Geschichte in seiner Analyse sagen, "mein Gespenst ist wieder da".

2. Die Verrücktheiten in der Gesellschaft als Ganzer bin ich natürlich auch nicht aberwitzig genug zu behaupten, ich könne sie kurz erfassen und in der Theorie entzaubern. Und doch gibt es hier zwei benennbare Probleme von Verwicklung, die uns alle verwickeln. Das erste Problem habe ich gerade berührt: man muss damit rechen, dass psychotische Denkstörungen in allen sozialen Dynamiken der Familie, des Instituts, der Großgruppe, der Gesellschaft wirken und abgewehrt werden müssen. Dies zu erfassen, ist eine Frage an unsere Theorie. Die Primitivvergnügungen des Fernsehens bejahen diese Auffassung eindeutig, jedenfalls in der Weise, dass ein Unterhaltungsinteresse besteht an immer weiter gehenden *Grenzverschiebungen der Einfühlung in psychotische Affekte und Konzepte,* in die Auflösung der stabilsten Gegensätze wie lebendig oder tot, real oder virtuell, zerstörbar oder unzerstörbar, der Einfühlung in die Befriedigungen bei dem extrem gewalttätigen Sieg des Guten (die kleinen Weltuntergänge), in die (fast) unzerstörbaren gruseligen Monsterwesen, die nur vernichten wollen. Das alles ist ein Einfühlungs-Thrill ins psychotische Erleben als Tagtraumvergnügen. Neu daran ist vielleicht nur die punkige Offenheit der Grenzverschiebungsinteressen und der offen erstrebten halluzinogenen Bewusstseinserweiterungen und künstlich manischen Räusche. Man rechnet dort selbstverständlich mit der Gegenwart psychotischer Dynamiken. Man braucht dazu keine Theorie. Man hat auch gewiss keine. Aber unsere Lehranalytiker brauchen eine. Sonst teilen sie die öffentlichen gesellschaftlichen Verleugnungen. Gespielt wird mit massiven projektiven Identifizierungen. Aber jene Kranken, die am stärksten unter ihren Angriffen auf andere leiden, haben sie nicht alle am 11. oder 12. September 2001 in ihren Sitzungen gesagt, "So bin ich"? "Wie diese Flugzeuge"?

3. Das bringt mich zu einem weiteren Gegenübertragungsproblem, der Einfühlung in den Täter, der Identifizierung mit dem Täter, um ihn verstehen zu können. Jene oben erwähnte Patientin hat mich einmal, weiß im Gesicht vor Hass, angeschrieen: "Sie sind ein eiskalter Stein!" Ich habe in jener Sitzung die Vernichtung meiner analytischen Haltung nicht ausgehalten und habe heftig zurückgegeben: "Ich bin kein Stein!" Das war nach Jahren angestrengter Arbeit. Trotzdem: der Container war geborsten. Die Wirkung meiner Reaktion war nicht einmal so sehr schlimm, zumal es stimmte, was ich so heftig gesagt hatte, vor allem aber natürlich, weil die Patientin hinterher spürte, was ich bedauernd verstand. Ich hatte mich nicht identifiziert mit einem eiskalten Stein, während ich empörend

ungerecht angeklagt wurde. Ich habe dann Supervision gebraucht. An keiner Stelle sind Borderline-Psychosen so schwer auszuhalten, wie im Bereich von Spaltung und projizierter Schuld.

Dies ist ein ganz gutes Beispiel für brauchbares und verkehrtes Übernehmen kollektiver Schuld. Unsere Analysespaltung war eine Spaltung mit mehrfacher Funktion. Eine nachträglich enorm wirkungsvolle Funktion wurde die Spaltung der kollektiven Schuld. Sie verschwand ins Unreflektierbare und kam erst durch die freundliche Arbeit englischer, holländischer, vor allem israelischer Freunde zurück in unseren deutschen Bereich seelischer Arbeit. Und eigentlich hat uns diese Arbeit wieder zusammen und Sie in die IPV gebracht.

4. Wenn eine verrückte Institutsverwicklung Analysand und Analytiker betrifft, wenn mächtige andere das oberste Gebot jeder Institutsverfassung, die Lehranalyse zu schützen, missachtet haben, und irgendeine verheimlichte Gemeinheit begangen wurde, die die gesamte Gruppe betrifft, wenn narzisstisch Machtmissbrauch getrieben, wenn finanziell, sexuell, die Vertraulichkeit betreffend die Abstinenz gebrochen wurde, und das Ganze taucht in der Rede des Analysanden als seine Assoziation und Verwicklung in der Stunde auf, dann kann es äußerst schwierig werden zu verstehen, dass es die inneren Objektbeziehungen des Analysanden sind, die in den sozialen Agierfeldern vermummt aufgetaucht sind, und noch schwieriger, wenn der Analytiker selbst Teil irgendeines verwickelten Gruppengefüges ist. Er kann unter einen enormen Druck geraten, seinerseits zu agieren und in die Missstände am Institut eingreifen zu wollen, statt zu analysieren. In Wirklichkeit kann er mit seinem Analysanden gar nichts anderes machen, als zu analysieren, als seine Gegenübertragung weiter zu durchforschen, was dieses Material in der Stunde bedeuten mag. Und wie viel schwieriger ist es für ihn zu verstehen, wenn in, mit und unter den Institutsgeschichten irgendein mächtiges Gespenst von Vorurteilen aus der Jahrzehnte alten Kluft von Kränkungen hoch gekocht kommt, die aus der Spaltung beider analytischen Großgruppen stammen.

Wenn man, wie ich es jetzt gerade getan habe, die existierenden Gruppenspannungen, Verratserinnerungen, Schädigungen der analytischen Kunst, Kränkungen durch Nicht-Anerkennung, Verweigerungen von Zugehörigkeit, Lähmung der Lernbereitschaft, Zugeben von Rivalitätshass, Verheimlichen wechselseitiger Idealisierungen, untragbare Übernahmen kollektiver Schuld - wenn man alles dies auf die Erkenntnisaufgabe des Lehranalytikers zuspitzt, dann wird eine Gruppenaufgabe auf den einzelnen gewälzt. Es ist zwar wahr, dass die Gespenster der Vergangenheit in den Lehranalysen auftauchen und am besten entzaubert werden können, aber man muss doch trotzdem anerkennen, dass unsere Großgruppen als Erkenntnisgruppen das Ei des Kolumbus durchaus nicht sicher auf den Tisch setzen können, nach welchen hermeneutischen Regeln man die äußeren Gruppen und die inneren Gruppen, aus denen eine Persönlichkeit besteht, die äußeren Vorurteile und die inneren Überzeugungen, die kollektiven psychotischen Gespenster und ihre individuellen Nachfolger in einander transformiert. In beiden analytischen Gesellschaften sind die Gespenster aus der Vergangenheit nicht wirklich deutlich bekannt und als mächtige und schädliche Verhinderungen von Wachstum anerkannt. Sie sind in beiden Gruppen durchaus noch nicht entzaubert. Sie sind aber immer wieder da. Sie sollen, so wünschen wir, das gespaltene Wachstum freigeben.

Nach einiger Zeit werden wir wahrscheinlich ein zweites Seeon brauchen. Analytiker sind auf eine merkwürdig tief reichende Weise mit ihren Gruppen verbunden und auf sie angewiesen. Ihre individuelle analytische Identität, gebildet in einer dritten Sozialisation reicht so tief wie die kollektiven Schicksale ihrer Gruppen. Sie brauchen die beste kollektive Zugehörigkeit für ihre klinische Arbeit, und sie brauchen permanent die gemeinsame Diskussion ihrer Arbeit. Analytiker brauchen als einzelne die Anerkennung durch ihre Besten. Und wiederum ist es nicht klar, warum das so ist. Eine Spaltung jedenfalls, wenn man sie nachträglich ermisst, wie wir es tun müssen, hat eindeutig schädliche Wirkungen auf alle Generationen und neuen Mitglieder gehabt, vergleichbar vielleicht dem schicksalhaften Verlust des Vaters oder der Mutter in der frühen Kindheit. Die Schädlichkeit wurde wahrscheinlich nach demselben Mechanismus weitergegeben, nach dem gesellschaftliche Pathologien in der nächsten Generation neu wieder erzeugt werden: durch induzierte und dann akzeptierte projektive Identifizierungen. Die Älteren induzieren und akzeptieren dann, was die Jüngeren projizieren. Sinn und Zweck der Projektionen müssen auf der Gruppenebene wie in der Einzelanalyse, wie bei der wahnhaften Überzeugung der Dame an der Wand, verstanden und absichtsvoll zurückgenommen werden. Es muss in den Lehranalysen beider Gesellschaften geschehen, dass die Projektionen aus der vergangenen Spaltung nicht weitergegeben, sondern als eine Form der Gegenübertragung überwunden werden. Das ist die Aufgabe aller Einzelnen, die die Gruppenidentität weitergeben, aber es ist als Aufgabe für die Einzelnen zu schwer. *Wir brauchen eine kontinuierliche Form des gemeinsamen Nachdenkens über die kollektiv schädlichen Folgen der Spaltung.* Die Gespenster, die psychotischen Folgen sind in den Gruppen noch da. Wenn wir uns gemeinsam davon befreien, gibt es jene Ängste vor einer Identitätsveränderung, von der Eric Miller in der letzten Gruppendeutung der letzten Nazarethkonferenz in Bad Segeberg gesprochen hat. Ich glaube, es war sein Vermächtnis an die deutschen Teilnehmer aus unseren beiden Vereinigungen: "Die Verunsicherungen [durch die Begegnung von Deutschen und Israelis] könnten zu tun haben mit unerwarteten, aber wirksamen Veränderungen im Identitätsgefühl, besonders mit der Angst, wertgeschätzte Teile der eigenen Identität aufzugeben, wie die Rolle des Opfers (bei den Israelis) oder die Schuld der Täter (bei den Deutschen)." (Bohleber/Drews 2001, S. 126)

Literatur

Abraham, H. C. und Freud, E. L. (HG) (1965): Sigmund Freud – Karl Abraham. Briefe 1907-1926. Frankfurt (S. Fischer Verlag).

Abraham, K. (1924): Versuch einer Entwicklungsgeschichte der Libido auf Grund der Psychoanalyse seelischer Störungen. In: Ders., Psychoanalytische Studien zur Charakterbildung und andere Schriften. Herausg. von J. Cremerius (1969), Bd.1. Frankfurt (S. Fischer Verlag).

Beland, H. (1999): Gestillt mit Tränen – Vergiftet mit Milch. Bericht von den Nazareth-Gruppenkonferenzen "Germans and Israelis – The Past in the Present". In: Bohleber, W. und Drews, S. (HG) (2000): Die Gegenwart der Psychoanalyse – die Psychoanalyse der Gegenwart. Stuttgart (Klett-Cotta Verlag).

Bion, W.R. (1962): Eine Theorie des Denkens. Dt. Übers. von E. Vorspohl. In: E.B. Spillius, Melanie Klein Heute, Bd.1. München und Wien (Verlag Internationale Psychoanalyse) 1990.

Freud, S. (1911): Formulierungen über die zwei Prinzipien des psychischen Geschehens. G.W. Bd. 8.

Freud, S. (1920): Jenseits des Lustprinzips. G.W. Bd. 13.

Freud, S., Abraham, K. (1965): Briefe 1907-1926. Frankfurt (S. Fischer Verlag)

Klein, M. (1930): Die Bedeutung der Symbolbildung für die Ich-Entwicklung. In: dies.: Gesammelte Schriften, Bd. I/1. Hg. von Ruth Cycon. Stuttgart 1995 (Frommann-Holzboog).

Segal, H.(1991): Traum, Phantasie und Kunst. Dt. Übers. von Ursula von Goldacker. Stuttgart 1996 (Klett-Cotta).

Shakespeare, W. (1608): Die Sonette. Zweisprachige Ausgabe. Neu übersetzt von Christa Schuenke. München 1999 (Deutscher Taschenbuch Verlag).
Statistisches Bundesamt (2001): Statistisches Jahrbuch der Bundesrepublik Deutschland 2001.
Tustin, F. (1986): Autistische Barrieren bei Neurotikern. Dt. Übers. von Kevin O'Keeffe. Frankfurt 1988 (Nexus Verlag).

Das reine Gold der Analyse – ein Diskurs der Heroen?[1]

Herbert Will

Die Aufnahme der Deutschen Psychoanalytischen Gesellschaft (DPG) als *Provisional Society of the Council* in die International Psychoanalytic Association (IPA) im Jahr 2001 ist ein historischer Moment gewesen. Ich möchte seine mythische Dimension aufnehmen, und zwar im Rückgriff auf Homer. In dem Sechsten Gesang der *Ilias* lässt Homer zwei Helden auftreten, die sich eigentlich bekriegen wollten, da sie den gegnerischen Parteien angehörten: Glaukos, der trojanische Held mit seiner hochgerühmten goldenen Rüstung, und Diomedes aus Achaia, der nur eine kupferne Rüstung, dafür aber eine besonders gewaltige Lanze sein eigen nannte, für deren weit hinschattenden Wurf er besungen wurde. Beide Helden begegnen sich kampfbegierig, messen sich zunächst mit Worten, und entdecken dabei die traditionsreiche Gastfreundschaft ihrer Sippen füreinander. Sie beschließen, sich im Kampf zu verschonen, geloben sich Freundschaft und tauschen zum Zeichen dessen ihre Rüstungen, so wie heute Fußballmannschaften ihre Trikots austauschen. Homer kommentiert den Tausch damit, dass Zeus den Glaukos "erregt" haben muss, so dass dieser ohne Besinnung seine goldene Rüstung für die kupferne gibt, "hundert Farren sie wert, neun Farren die andere" (Ilias VI 235).

Beziehen wir uns nun auf die Geschichte der Psychoanalyse in Deutschland und auf die Spaltung der alten DPG im Jahr 1950. Es fällt nicht schwer, die damals neu gegründete DPV in ihrem Selbstbild als Träger der goldenen Rüstung zu identifizieren – dem reinen Gold der Analyse in Freuds bekanntem Bild – und die postschismatische DPG als Träger der kupfernen Rüstung, die Freud mit den pragmatischen Legierungen der Psychotherapie fürs Volk verbunden hat (Freud 1919a, S. 193f).

Seit den fünfziger Jahren hat sich viel verändert, und wir stehen heute vor einer neuartigen historischen Situation. Durch ihre Anbindung

[1] Eine ausführliche Fassung der hier vorgelegten Gedanken und ihrer Begründung findet sich als 7. Kapitel in meinem Buch zum Thema *Was ist klassische Psychoanalyse?* (Will 2003).

an die IPA hat die DPG sich in verstärktem Maße der Aufgabe gestellt, selbst mit beiden Rüstungen zu hantieren, sich die goldene und die kupferne anzulegen, also gewissermaßen ein Zusammenleben von Glaukos und Diomedes in ihren eigenen Reihen zu gestalten. Dies wirft manche Fragen auf, vor allem nach der Bewertung psychoanalytischer und psychotherapeutischer Arbeit, nach der Bildung möglicher Aristokratien innerhalb der Gesellschaft, und nach den Verwerfungen, die das mit sich bringen könnte.

Ein Urbild dieser Fragen hat Freud in seiner Budapester Rede über die *Wege der psychoanalytischen Therapie* von 1918 entworfen, auf die ich hier rekurrieren möchte. In ihrem Schlussabschnitt prägt er das Bild vom reinen Gold der Analyse und dessen Legierungen (Freud 1919a). Dieses Bild hat einen enormen, irrationalen Einfluss auf die Geschichte der Psychoanalyse gehabt. Ich kann mich dabei auf eine Diskussion der Freudschen Rede in der *Zeitschrift für psychosomatische Medizin und Psychoanalyse* aus dem Jahr 1993 beziehen (S. Freud 1918) und insbesondere auf einen Kommentar von Klaus Gerhard Lickint (1995) dazu.

1 Keine feierliche Fratze schneiden

Der *Fünfte Internationale Psychoanalytische Kongress* 1918 in Budapest wurde in einer ungewöhnlichen historischen Situation abgehalten. Die Psychoanalyse hatte in der Behandlung von Kriegsneurotikern große Erfolge erzielt und einiges öffentliches Aufsehen erregt. Leitende Militärärzte aus Ungarn, Österreich und Deutschland nahmen als Abgesandte ihrer Regierungen am Kongress teil, und man plante die Einrichtung psychoanalytischer Stationen zur Erforschung und Behandlung der Kriegsneurotiker durch analytisch geschulte Ärzte. Die Stadt Budapest ehrte und unterstützte die Psychoanalytiker in einer nie dagewesenen Weise. Der erste Kongresstag wurde der Psychoanalyse der Kriegsneurosen gewidmet. Abraham, Simmel, Ferenczi und Jones sprachen zum Thema.

Freud wollte ursprünglich am zweiten Tag einen Vortrag über die *Analyse der Homosexualität* halten, zog ihn jedoch zurück. Wie suspekt ihm das plötzliche öffentliche Interesse an der Psychoanalyse war, zeigt ein Brief, den er am 17. September 1918, also kurz vor dem Kongress, von seinem Ferienort in der Tatra aus an seinen Mäzen und Patienten Anton von Freund schrieb:

"Betreffs des Kongresses habe ich noch zwei Bitten oder Mahnungen an Sie. Erstens, dass das offizielle Moment sich nicht hervordränge, Festbankett, Reden, Feierliche Ansprachen und so weiter, alles an sich höchst unsinnig, wollen wir doch einfach anderen Zusammenkünften überlassen. Zum mindesten aber muss es bekannt sein, dass ich an alledem nicht mittue, kein Wort rede, keine feierliche Fratze schneide und so weiter. Mit einem Wort: ich bleibe passiv. Was ich dazutun kann, wenn der Kongress sich in einer solchen Weise hebt, kann nur darin bestehen, dass ich ein würdigeres und allgemein interessanteres Thema zum Vortrag wähle, als das im Programm angegebene. Was, weiß ich noch nicht, denn hier befinde ich mich körperlich zu wohl, um Einfälle zu haben" (EL Freud 1960, S. 322).

Alles spricht dafür, dass Freud seinen Vortrag über die *Wege der analytischen Therapie* erst wenige Tage vor dem Kongress ausarbeitete. Er setzt sich darin mit den neuen Entwicklungen auseinander, die nicht von ihm, sondern von seinen Schülern ausgingen. Die eine ist die Aktivität des Analytikers, wie Ferenczi sie in seiner Arbeit über *Technische Schwierigkeiten einer Hysterieanalyse* (Ferenczi 1919) vertritt. Die andere ist die analytisch orientierte Kurztherapie, die in der Behandlung der Kriegsneurotiker entwickelt wurde. Als Beispiel zitiere ich aus dem Behandlungskonzept Ernst Simmels:

"Eine Kombination von analytisch-kathartischer Hypnose mit wachanalytischer Aussprache und Traumdeutung – letztere sowohl im Wachen wie in tiefer Hypnose ausgeübt – hat mir eine Methodik ermöglicht, die durchschnittlich in zwei bis drei Sitzungen eine Befreiung von den kriegsneurotischen Symptomen ergibt" (Freud 1919, S. 43).

Allem Anschein nach sah Freud sich herausgefordert, diese neuen Entwicklungen zu kommentieren und ihnen eine väterliche Mahnung hinzuzufügen: Vergesst dabei die Psychoanalyse nicht!, die er in das tiefgründige Bild vom Gold und Kupfer kleidete.

In dem Vortrag selbst geht er auf Fragen der aktiven Technik ein und modifiziert seine Regel von der Abstinenz des Analytikers auf interessante Weise. Schließlich wirft er einen Blick in die Zukunft der Psychoanalyse. Er bedauert, dass sie bisher nur die wohlhabenden Oberschichten der Gesellschaft hat erreichen können und für die breiten Volksschichten, die ungeheuer schwer unter den Neurosen leiden, nichts zu tun vermag. Mit großer sprachlicher Eleganz vertritt er die Idee, dass Anstalten oder Ordinationsinstitute errichtet und öffentlich finanziert werden könnten, in denen psychoanalytisch ausgebildete Ärzte unentgeltliche Behandlung für die mittellosen Volksmassen anbieten. Nun folgen die berühmten letzten Sätze, die ich in Erinnerung rufen möchte:

"Dann", so meint er, "wird sich für uns die Aufgabe ergeben, unsere Technik den neuen Bedingungen anzupassen. [...] Wir werden auch sehr wahrscheinlich genötigt sein, in der Massenanwendung unserer Therapie das reine Gold der Analyse reichlich mit dem Kupfer der direkten Suggestion zu legieren, und auch die hypnotische Beeinflussung könnte dort wie bei der Behandlung der Kriegsneurotiker wieder eine Stelle finden. Aber wie immer sich auch diese Psychotherapie fürs Volk gestalten, aus welchen Elementen sie sich zusammensetzen mag, ihre wirksamsten und wichtigsten Bestandteile werden gewiss die bleiben, die von der strengen, der tendenzlosen Psychoanalyse entlehnt worden sind" (Freud 1919a, S. 193f).

Hier haben wir die zwei Reizworte, die so immense Folgen hatten: *die strenge, die tendenzlose Psychoanalyse* und *das reine Gold der Analyse*. Vor allem die amerikanische Ich-Psychologie entwickelte aus ihnen das Konzept einer eigentlichen, wahren, unverfälschten *rite* Analyse (Will 2001). Man war der Meinung, Freud habe seinen Schülern hier den wertvollsten Weg einer psychoanalytischen Therapie aufzeigen wollen, der in sich ganz rein und deshalb geradezu therapiefrei sein sollte (vgl. Cremerius 1993): so etwas wie ein goldenes Verfahren.

Nun komme ich zu Klaus Gerhard Lickint (1995). Er zeigt nämlich in einer genauen Textkritik, wie einseitig dieses Verständnis ist, dass es Freud in seiner Rede keineswegs um ein theoretisch begründetes therapeutisches Konzept ging (wie z.B. Henseler noch 1993 meint) und nicht um eine Idealform von Psychoanalyse, sondern um ein Verständnis von Psychoanalyse, das als Suchbewegung jenseits aller praktischen Anwendungen steht.

2 Der heroische Diskurs

Lickint weist darauf hin, dass Freud in seinem Gold-Kupfer-Gleichnis auf zwei antike Vorbilder zurückgreift. Freud folgt damit ganz dem Motto Goethes: "Jeder sei auf seine Art ein Grieche!". Seine griechischen Vorbilder sind Homer und Platon, Homer mit der Geschichte von Glaukos und Diomedes und ihren Rüstungen, und Platon mit seinem *Symposion*. Jeder durchschnittlich gebildete Zeitgenosse Freuds dürfte diese Anspielungen sofort verstanden haben.

Mir scheint nun, dass den beiden antiken Quellen zwei Arten des psychoanalytischen Denkens korrespondieren, die man beide aus Freuds Text herauslesen könnte. Die erste, die zu Homers mythischer Erzählung passt, möchte ich den *heroischen Diskurs* nennen. Er besagt, dass die Analytiker Helden sind mit einer goldenen Ausstattung. Sie stehen im Wettbewerb miteinander um die Frage: Wer hat die wertvollste Rüstung und ist der größte Held? Wir sollten nicht vergessen, dass die *Ilias* ein aristokratisches Heldenepos ist, und dass die einzelnen Bestandteile der Rüstungen darin ausführlichst beschrieben werden, weil sie die Stellung ihrer Träger in der aristokratischen Hierarchie kennzeichnen. Man kann deshalb Freuds Bild so auffassen, als stelle er seine Nachfolger vor die Alternative, sich der Aristokratie der "reinen und wahren" Analytiker anzuschließen oder aber sich mit der weniger wertvollen, kupfernen Rüstung der Psychotherapeuten zufrieden zu geben und dann Gefahr zu laufen, der Väter Geschlecht zu schänden. Ich zitiere, was Glaukos über seinen Vater Hippolochos sagt. Es scheint mir nicht fernliegend zu sein, bei diesem Zitat an psychoanalytische Stammbäume zu denken.

"Ihn rühm 'ich als Vater. / Dieser sandt' in Troja mich her und ermahnte mich sorgsam, / Immer der erste zu sein und vorzustreben vor andern, / Dass ich der Väter Geschlecht nicht schändete, welches die ersten / Männer in Ephyre zeugt' und im weiten Lykierlande. / Sieh, aus solchem Geschlecht und Blute dir rühm' ich mich jetzo" (Homer, *Ilias*, in der Übersetzung von Johann Heinrich Voß, VI 206-211).

3 Der metapsychologische Diskurs

Dieser heroischen Auffassung vom reinen Gold der Analyse möchte ich nun ein anderes Verständnis gegenüberstellen, das mit Freuds Bezugnahme auf Platons *Symposion* korrespondiert und das meiner Ansicht nach besser zu seiner Gedankenwelt passt. Ich nenne es den *metapsychologischen oder heuristischen Diskurs*. In einem Brief an Sandor Ferenczi nach dem Kongress bezieht Freud sich auf dessen Aufsatz über die *Technischen Schwierigkeiten einer Hysterieanalyse*, den er auch in seiner Rede behandelt hatte, und bemerkt dazu: "Ihre technische Arbeit ist reines analytisches Gold, nur vom Arbeiter voll zu würdigen" (Falzeder & Brabant 1996, S. 211). Dieser Satz ist in zweierlei Hinsicht bemerkenswert:

Er belegt zum einen, dass Freud mit der Formel *reines analytisches Gold* nicht das Setting oder die Behandlungstechnik Ferenczis im Sinne einer *rite* Analyse charakterisieren will, sondern dessen Beitrag zur psychoanalytischen Wissenschaft. Wer einen Blick in den Aufsatz wirft, findet darin nämlich gerade nicht das, was später eine eigentliche oder klassische Technik genannt worden ist. Er findet vor allem Beobachtungen Ferenczis zu Onanie und Onanieäquivalenten bei seiner Patientin und zu ihren Auswirkungen auf die analytische Situation. Ferenczi beschreibt dann seine technisch unkonventionellen Versuche, den Widerstandscharakter dieses Verhaltens zu durchbrechen und zu dem dahinter verborgenen unbewussten Material zu gelangen. Diese Entdeckungen haben Freud Eindruck gemacht.

Daneben wirft der Satz die Frage auf, wen Freud mit dem Arbeiter meint, der allein das von Ferenczi gefundene analytische Gold voll zu würdigen weiß. Nun, wer beispielsweise die Briefe Freuds an Ferenczi liest, trifft diesen Arbeiter häufiger an. Es ist Freuds Selbstbezeichnung für den Analytiker und seine mühselige, spannende Arbeit mit den Patienten. Der Arbeiter ist der psychoanalytische Forscher, der täglich erlebt, wie mühsam der Bergbau ist, die Arbeit in der Goldmine, und wie viel Plage der Analytiker auf sich nehmen muss, um wenige Gramm reinen Goldes zu gewinnen, das im Inneren der Erde, das heißt in den Tiefen des Unbewussten schlummert.

In der gesamten Schlusspassage des Budapester Vortrages, das weist Lickint akribisch nach, verwendet Freud eine philosophisch exakte Sprache, in der er sich an der wissenschaftstheoretischen Terminologie des Positivismus seiner Zeit orientiert. Zu ihr gehören beispielsweise die Worte rein, streng, tendenzlos, direkt und entlehnen, die Begriffe Element und Bestandteil, und die Psychotherapie fürs Volk, die dem Platonismus fürs Volk nachgebildet ist. Es ist der Zusammenhang der Metapsychologie, in dem er sich hier bewegt, und nicht der einer idealen Praxis.

Doch zunächst möchte ich erwähnen, wie der Gold-Kupfer-Vergleich in Platons *Symposion* vorkommt. Es ist die wunderbare Preisrede des Alkibiades auf seinen philosophischen Lehrer Sokrates. Alkibiades berichtet darin, er habe Sokrates verführen wollen. Dieser sei jedoch standhaft geblieben und habe ihm voller Ironie geantwortet, er, Alkibiades, wolle wohl die wahre innere Schönheit des Sokrates sich aneignen, indem er die jugendliche Schönheit seines Körpers dafür hergeben wolle, die doch ein bloßer Schein der Schönheit sei. Er wolle wohl "goldene gegen eherne Rüstung" eintauschen bzw. "Gold für Kupfer" (Homer 219a). Freud zitiert genau diese Stelle aus dem *Symposion*.

Selbstironisch fügt Sokrates noch hinzu: "Doch, mein Bester, sieh schärfer zu, sonst merkst du nicht, dass an mir gar nichts ist" (Homer ebd.); er spricht also die Idealisierung durch seinen Schüler an. Diese ironische Brechung, mit der Sokrates vom Gold seines eigenen

Inneren spricht, sollten auch wir nicht übersehen, denn mir scheint, sie kehrt in Freuds Zitat wieder und zeugt von einer gewissen Ironie auch unseres psychoanalytischen Meisters gegenüber den Idealisierungswünschen seiner Schüler.

Berücksichtigt man den Kontext im *Symposion*, so geht es Freud mit seinem Zitat um die Wahrheitsliebe, um die Suche nach Erkenntnis, um den Moment, da es uns gelingen könnte, "in voller Deutlichkeit, Reinheit und Unvermischtheit" die Wahrheit zu berühren, wie Platon es im *Symposion* (Homer 211e, 212) formulierte. Wobei hinzuzufügen ist, dass Freud daraus ein psychoanalytisches Argument gewinnt.

Er hatte sich bekanntlich zum Ziel gesetzt, die alte Metaphysik in Metapsychologie umzusetzen, und nimmt deshalb nicht das platonische Schöne an sich, sondern "das eigentlich Unbewusste" (Freud 1940a, S. 82), "das Psychische an sich" (Freud 1940b, S. 144) oder "das Es" (Freud 1933a, S. 80) zum Ausgangs- und Zielpunkt. Er zielt nicht auf eine mythologische Erzählung ab, und auch nicht auf ein philosophisches Argument, sondern auf den Gegenstand der Psychoanalyse: das Unbewusste.

Wenn wir diesen Zusammenhang berücksichtigen, dann meine ich, wir können das *reine Gold der Analyse* in Zusammenhang bringen mit dem individuellen *Unbewussten* in seiner Zeitlosigkeit, Tiefgründigkeit, Unheimlichkeit und Verborgenheit (durch die Verdrängung). Gemeint ist mit dem Bild dann nicht eine hervorgehobene Verfahrensweise (eine Art goldenen Analysierens), sondern das Unbewusste als Gegenstand, Orientierungspunkt und Ziel der Analyse. Die *strenge, die tendenzlose Psychoanalyse* wäre dann die forschende Hinwendung zu den Prozessen des Unbewussten, die sich der Goldsuche vergleichen lässt. Die ganze Passage lebt von dessen Faszination und Wahrheit.

4 Die Erotik des verborgenen Unbewussten

Man kann sich fragen, weshalb Freud überhaupt darauf kam, an dieser Stelle ein derart mythologisch-philosophisch aufgeladenes Gleichnis wie das vom Gold und Kupfer zu verwenden. Ich vermute, weil es ihm in seiner Botschaft nicht nur um objektive und abstrakte Wissenschaft ging, wenn er die metapsychologischen Grundlagen dessen aufgriff, was er die neue Psychologie, die reine Psychologie, die wissenschaftliche Psychoanalyse oder die Psychologie des Unbewussten nannte. Die Griechen waren Dolmetscher für ihn, wie Nietzsche es formuliert hat, und mit ihrer Hilfe konnte er etwas ausdrücken, das in der entzauberten Welt der wissenschaftlichen Exaktheit und Zweckrationalität eine neue Bedeutung bekam. Mir scheint, es ging ihm darum, das zutiefst Subjektive, Faszinierende und Dämonische des Unbewussten in Worte zu fassen.

Ein weiterer Hinweis darauf lässt sich in Platons *Symposion* finden. Freud zitiert in seinem Werk Platon mehrmals, und zwar immer dann, wenn es um die Grundlegung des *Eros* geht, also um eine weitere metapsychologische Frage. Nun stellt Alkibiades in seiner Rede auf Sokrates dessen *erotische Anziehung* dar, indem er Sokrates mit einer Silenenfigur vergleicht: "Ich behaupte nämlich, er habe die größte Ähnlichkeit mit jenen hockenden Silenen in den Bildhauerwerkstätten, wie sie von den Künstlern mit Hirtenpfeifen oder Flöten im Mund dargestellt werden: öffnet man die Doppeltür, so bergen sie, wie sich zeigt, Götterbilder" (Homer ebd. 215b). Im Inneren des Sokrates sei sein wertvollster Schatz verborgen. Alkibiades, der Sokrates liebt und bewundert, offenbart schließlich, er habe in einem Moment die Götterbilder in Sokrates' Inneren gesehen, als dieser es einmal ernst meinte und sich ihm erschloss. "Da erschienen sie mir so göttlich und so golden, so unvergleichlich schön und wunderbar, dass ich schlechtweg alles tun zu müssen glaubte, was Sokrates von mir verlangte" (Homer ebd. 216e). Vor allem empfand er den Drang, dem Sokrates für die Teilhabe an dessen innerer Schönheit seine jugendliche Körperschönheit anzubieten, woran der Satz "Gold für Kupfer" anknüpft.

Für Alkibiades ist das Gold ganz offenbar mit Objektliebe verbunden. Es steht für eine Phantasie über das Innere des geliebten Objektes, und es ist eine Frühform psychologischen Denkens, weil es das Erstrebenswerte nicht in einer metaphysischen Welt, sondern im Inneren eines Menschen sucht. In seiner gesamten Rede beschäftigt sich Alkibiades mit seinen Phantasien darüber, was es mit seiner Beziehung zu Sokrates auf sich habe und was wohl in dessen Inneren vor sich gehe. In Platons Philosophie repräsentiert Alkibiades eine Verhaftung an das Irdische. Er erreicht dabei jedoch eine Nähe zur Psychoanalyse, die frappiert. Könnte es sein, dass Freud in seinem Budapester Vortrag vorbewusst auch darauf anspielt, dass es in der Analyse um das Verlangen nach dem Gold des Unbewussten im Inneren des Menschen geht? Und dass er damit in der Psychologie des Unbewussten ihren Objektbezug andeutet?

5 Das Gold und die Legierungen

Ich möchte zum Schluss auf die praktische Frage nach den Legierungen von Gold und Kupfer kommen. Ich meine, Freud wollte mit seinem Gleichnis nicht eine ideale und reine Art der psychoanalytischen Behandlung propagieren, sondern Grundlegendes über die psychoanalytische Haltung und Methode ausdrücken. In seinem Text verschränken sich drei Gedanken. Der erste ist ein metapsychologischer, in dem es um diese Grundorientierung des Analytikers geht. Er wird durch die Formeln *reines Gold* und *tendenzlose Psychoanalyse* ausgedrückt und ermöglicht den psychoanalytischen Blick auf alle Phänomene des Menschlichen.

Der zweite Gedanke beschäftigt sich mit der therapeutischen Anwendung der Psychoanalyse. Hier ist es wichtig zu berücksichtigen, dass Freud *jede* Art der psychoanalytischen Kur als eine therapeutische Anwendung angesehen hat Deshalb konnte es für ihn überhaupt keine psychoanalytische Praxis geben, die rein und tendenzlos wäre, und deswegen sah er die Technik als Hilfsmittel an, um sich dem Unbewussten zu nähern, und war keineswegs an technischer Reinheit oder Idealität interessiert. So lässt sich verstehen, weshalb Analytiker wie Eitingon, Simmel und Fenichel einmütig die Meinung vertreten konnten, die poliklinischen Analysen, die mit drei, vier oder fünf Wochenstunden und mit höchst variabler Technik durchgeführt wurden (Will 2003), seien keineswegs Legierungen des reinen Goldes der Analyse, sondern vollgültige Analysen im Sinne Freuds.

Dieser stellte als Kriterium der psychoanalytischen Behandlung in den Vordergrund, in welchem Ausmaß sie Aufklärung und Erkenntnis über das eigene Unbewusste ermöglichte, und zwar speziell die Erinnerung an das verdrängte infantile Erleben.

"Streng genommen – und warum sollte man dies nicht so streng als möglich nehmen? – verdient die Anerkennung als korrekte Psychoanalyse nur die analytische Bemühung, der es gelungen ist, die Amnesie zu beheben, welche dem Erwachsenen die Kenntnis seines Kinderlebens vom Anfang an (das heißt etwa vom zweiten bis zum fünften Jahr) verhüllt. Man kann das unter Analytikern nicht laut genug sagen und nicht oft genug wiederholen. Die Motive, sich über diese Mahnung hinwegzusetzen, sind ja begreiflich. Man möchte brauchbare Erfolge in kürzerer Zeit und mit geringerer Mühe erzielen" (Freud 1919e, S. 202).

In einem dritten Gedanken hat Freud diese therapeutisch angewendete Psychoanalyse sehr deutlich von den Psychotherapien unterschieden.

"Wir Analytiker setzen uns eine möglichst vollständige und tiefreichende Analyse des Patienten zum Ziel, wir wollen ihn nicht durch die Aufnahme in die katholische, protestantische oder sozialistische Gemeinschaft entlasten, sondern ihn aus seinem eigenen Inneren bereichern, indem wir seinem Ich die Energien zuführen, die durch Verdrängung unzugänglich in seinem Unbewussten gebunden sind, und jene anderen, die das Ich in unfruchtbarer Weise zur Aufrechterhaltung der Verdrängungen verschwenden muss" (Freud 1926e, S. 293).

Hier nähern wir uns nun Freuds Vorstellung von den Legierungen. Die Freudianer hatten meiner Ansicht nach ein bipolares Modell vor Augen. Auf der einen Seite stand für sie die Psychoanalyse, die zum Unbewussten hinführt; auf der anderen Seite jene Verfahren, die vom Unbewussten wegführen, weil sie ihrer Natur nach den Widerstand und die sexuellen Triebkräfte verdecken. Zu diesen Verfahren zählten sie beispielsweise die Hypnose, die Katharsis, die direkte Suggestion, die psychische Revision, die materielle Hilfeleistung, die weltanschauliche Beeinflussung. Dies alles war Kupfer im Freudschen Sinn. Wenn er von Legierungen sprach, dann meinte er die pragmatische Vermischung der psychoanalytischen Arbeit mit derartigen nicht-psychoanalytischen Verfahren, und das unter den Bedingungen des Massenbetriebes und des Zwanges zum raschen Erfolg (wie es bei den Kriegsneurosen praktiziert wurde, vgl. Simmels oben wiedergegebenes Konzept). Heute würden dieser Legierungsarbeit Versuche entsprechen, psychoanalytische Behandlung beispielsweise mit Verhaltenstherapie oder mit Autogenem Training zu verbinden. Dies war die Psychotherapie fürs Volk, die Freud meinte.

6 Die Folgen für die Praxis

Ich möchte mein Argument zusammenfassen. Die *heroische Interpretation* der Budapester Rede macht keinen Unterschied zwischen der metapsychologischen Grundlegung des reinen Goldes und ihrer therapeutischen Anwendung. Sie versucht, unmittelbar daraus ein ideales psychoanalytisches Verfahren inclusive Setting ("Hochfrequenz") und Technik (z.B. "reine Deutungstechnik" oder "systematische Übertragungsanalyse") abzuleiten. Für sie sind die Analytiker die Helden des idealen Verfahrens. Sie legt ein dichotomes Weltbild nahe, das zwischen guter und schlechter, richtiger und falscher, reiner und verschmutzter Praxis unterscheidet. Die Behandlungstechnik wird angesehen als Mittel eines *Heldenkampfes*. Ich meine, dass diese heroische Auffassung zwar an manche Grundhaltungen Freuds als Person anknüpfen kann, dass sie jedoch zu sehr an dem vornehmen und herausragenden Verhalten des "richtigen" Analytikers orientiert ist und darüber die inhaltliche Ausrichtung auf das lebendige Unbewusste verlieren könnte.

Mir scheint eine *metapsychologische Interpretation* den Freudschen Intentionen näher zu liegen. Sie hebt zum einen auf die Psychoanalyse als Wissenschaft vom Unbewussten ab und auf die Grundorientierung ihrer Methode und Haltung. Zum zweiten anerkennt sie die fundamentale Andersartigkeit einer jeden Praxis. Für sie ist das *reine Gold* keine ideale Technik, sondern die Grundlage eines jeden psychoanalytischen Arbeitens. Wer diese Orientierung wirklich internalisiert hat, dürfte in den praktischen Fragen der Therapie und Technik eine größere Flexibilität entwickeln als die Heroiker. In dieser Sicht sind die Analytiker Arbeiter, die sich an den im Unbewussten verborgenen Prozessen orientieren, und ihre Technik ist die *Goldgräberkunst*. Sie erlaubt vielleicht eine größere Toleranz für unterschiedlichste Settings, Intensitäten und Dauer analytischen Arbeitens.

Literatur

Cremerius J (1993) Die "tendenzlose Analyse" hat es nie gegeben, sie ist einer jener "Fliegenden Holländer", von denen wir einige konservieren. Z psychosomat Med Psychoanal 39: 215-218.

Falzeder E & E Brabant (Hg) (1996) Sigmund Freud Sandor Ferenczi Briefwechsel. Band II/2 1917-1919. Wien e.a.: Böhlau.

Ferenczi S (1919) Technische Schwierigkeiten einer Hysterieanalyse. Int Z Psychoanal 5: 34-40.

Freud EL (Hg) (1960) Sigmund Freud Briefe 1873–1939. Frankfurt/M: S. Fischer.

Freud S (1918): Wege der psychoanalytischen Therapie – eine Diskussion 75 Jahre später. Z psychosom Med Psychoanal 39, 1993: 197-245.

Freud S (Hg) (1919) Zur Psychoanalyse der Kriegsneurosen. Diskussion gehalten auf dem V. Internationalen Psychoanalytischen Kongress. Leipzig, Wien: Internationaler Psychoanalytischer Verlag.

Freud S (1919a) Wege der psychoanalytischen Therapie. GW 12,183-194.

Freud S (1919e) Ein Kind wird geschlagen. Beitrag zur Kenntnis der Entstehung sexueller Perversionen. GW 12, 197-226.

Freud S (1926e) Die Frage der Laienanalyse. GW 14, 207-286.

Freud S (1933a) Neue Folge der Vorlesungen zur Einführung in die Psychoanalyse. GW 15.

Freud S (1940a) Abriss der Psychoanalyse. GW 17, 63-138.

Freud S (1940b) Some Elementary Lessons in Psychoanalysis. GW 17, 139-147.
Henseler H (1993) Missverständnisse um einen Begriff. Z Psychosom Med Psychoanal 39: 230-233.
Lickint KG (1995) Anmerkungen zu S. Freud (1918): "Wege der psychoanalytischen Therapie". – Eine Diskussion 75 Jahre später. – Z Psychosom Med Psychoanal 41: 30-37.
Platon (1981) Das Gastmahl. Übersetzt und erläutert von O Apelt, neubearbeitet von A Capelle. Hamburg: Felix Meiner.
Will H (2001) Was ist klassische Psychoanalyse? Vom defensiven und pclemischen zum historischen Gebrauch. Psyche – Z Psychoanal 55: 685-717.
Will H (2003) Was ist klassische Psychoanalyse? Ursprünge, Kritik, Zukunft. Stuttgart: Kohlhammer.

Verzeichnis der Herausgeber und Autoren

Hermann Beland
Jg. 1933. Diplom-Psychologe. Psychoanalytiker in eigener Praxis in Berlin. Lehranalytiker der Deutschen Psychoanalytischen Vereinigung (DPV) am Karl-Abraham-Institut in Berlin. Lehranalytiker der Internationalen Psychoanalytischen Vereinigung (IPV). Ehemaliger Vorsitzender der DPV (1988-90). Zahlreiche Veröffentlichungen, u.a. zur Theorie und Theoriegeschichte der Psychoanalyse, zur Behandlungstechnik und zur psychoanalytischen Theorie des Antisemitismus.

Wilhelm Brüggen
Jg. 1957. Dr. med. Arzt für Psychiatrie und Psychotherapie. Arzt für Psychotherapeutische Medizin. Psychoanalytiker in eigener Praxis in Berlin. Mitglied der DPG. Lehranalytiker am Berliner Institut für Psychotherapie und Psychoanalyse (BIPP). Verschiedene Veröffentlichungen über soziologische und sozialphilosophische Fragestellungen.

Marcia Cavell
Jg. 1931. Prof. Philosophin. Gastprofessorin an der University of California, Berkeley, USA. Psychoanalytikerin in Ausbildung am San Francisco Psychoanalytic Institute. Außerordentliches Mitglied der American Psychoanalytic Association. Dozentin am San Francisco Psychoanalytic Institute und am Portland Psychoanalytic Institute. Verschiedene englischsprachige Veröffentlichungen. Deutschsprachige Veröffentlichung: Freud und die analytische Philosophie des Geistes (Klett Cotta 1997).

Thilo Eith
Jg. 1952. Dr. phil.; Diplompsychologe, Psychoanalytiker, Gruppenanalytiker, Leitender Psychologe am Klinikum Spandau und Psychoanalytiker in eigener Praxis in Berlin. Lehranalytiker der Deutschen Psychoanalytischen Gesellschaft (DPG) und am Institut für Psychotherapie Berlin (IfP)/Psychoanalytischen Institut Berlin (PaIB). Lehranalytiker der Internationalen Psychoanalytischen Vereinigung (IPV). Vorstandsmitglied des Psychoanalytischen Institut Berlin (PaIB). Vorstandsmitglied und Geschäftsführer der Deutschen Psychoanalytischen Gesellschaft (DPG). Arbeitsschwerpunkte: psychoanalytische Behandlungstechnik und Ausbildung; klinische Theorie; Psychosomatik; Familientherapie.

Mario Erdheim
Jg. 1940. Priv. Doz. Dr. phil. Studium der Ethnologie, Geschichte und Psychologie. Psychoanalytiker in eigener Praxis in Zürich. Privatdozent an der Universität Zürich und der Universität Frankfurt a.M. Verschiedene Veröffentlichungen u.a. über Ethnopsychoanalyse und über das Unbewusste in der Kultur.

Ingo Focke
Jg. 1947. Dr. med. Nervenarzt. Psychoanalytiker in eigener Praxis in Stuttgart. Lehranalytiker der Deutschen Psychoanalytischen Gesellschaft (DPG) am Institut für Psychoanalyse der DPG Stuttgart. Lehranalytiker der Internationalen Psychoanalytischen Vereinigung (IPV). Vorstandsmitglied des Instituts für Psychoanalyse der DPG Stuttgart. Sprecher der Arbeitsgemeinschaft Internationale Psychoanalyse und Leiter der Arbeitsgemeinschaft kasuistisch-technische Konferenzen der DPG.

Jörg Frommer
Jg. 1955. Prof. Dr. med. M.A. Arzt für Psychiatrie und Psychotherapie. Arzt für Psychotherapeutische Medizin. Psychoanalytiker. Lehranalytiker der Deutschen Psychoanalytischen Gesellschaft (DPG). Leiter der Abteilung für Psychosomatische Medizin und Psychotherapie am Klinikum der Otto-von-Guericke-Universität Magdeburg. Vorsitzender des Instituts für Psychoanalyse und Psychotherapie Magdeburg e.V. und Vorstandsmitglied des Zentrums für qualitative Bildungs-, Beratungs- und Sozialforschung der Universitäten Halle und Magdeburg (ZBBS). Veröffentlichungen über qualitative Psychotherapieforschung und qualitative Diagnostikforschung.

M. Akain Gibeault
Jg. 1942. PhD in Philosophie und in Klinischer Psychologie. Psychoanalytiker in eigener Praxis in Paris. Direktor des Zentrums für Psychoanalyse und Psychotherapie E. und J. Kestenberg in Paris. Lehranalytiker der Pariser Psychoanalytischen Gesellschaft. Generalsekretär der Internationalen Psychoanalytischen Vereinigung (IPV). Verschiedene französischsprachige Veröffentlichungen, u.a. über den Prozess der Symbolisierung und über die psychoanalytische Behandlung psychotischer Patienten.

Klaus Grabska
Jg. 1952. Diplom–Psychologe. Psychoanalytiker in eigener Praxis in Hamburg. Dozent am DPG-Institut in Hamburg. Mitglied der Deutschen Psychoanalytischen Gesellschaft (DPG) und der Internationalen Psychoanalytischen Vereinigung (IPV).

Josef Bernd Gutmann
Jg. 1947. Arzt für Psychiatrie und Psychotherapie. Arzt für Psychotherapeutische Medizin. Psychoanalytiker in eigener Praxis in Berlin. Lehranalytiker der Deutschen Psychoanalytischen Gesellschaft (DPG) am Institut für Psychoanalyse, Psychotherapie und Psychosomatik, Helgoländer Ufer, in Berlin. Lehranalytiker der Internationalen Psychoanalytischen Vereinigung (IPV). Vorstandsmitglied der DPG. Leiter des Ausbildungsausschusses der DPG.

Douwe Jongbloed
Jg. 1943. Dr. phil. Diplom-Psychologe. Psychoanalytiker für Kinder, Jugendliche und Erwachsene in eigener Praxis in Amsterdam. Lehranalytiker und Supervisor der Niederländischen Vereinigung für Psychoanalyse in Amsterdam. Mitglied der Internationalen Psychoanalytischen Vereinigung (IPV). Veröffentlichungen über die Bedeutung des Vaters und über den Analytiker als reales Objekt.

Roger Kennedy
Jg. 1949. Dr. med. Facharzt für Psychotherapie am Cassel Hospital in London. Leitender Dozent für Psychiatrie am Imperial College in London. Mitglied des Royal College of Psychiatry. Lehranalytiker der British Psychoanalytical Society. Vorsitzender der wissenschaftlichen Kommission der British Psychoanalytical Society. Veröffentlichungen über Fragen nach der Subjektwerdung und der Bedeutung von Subjektivität in der Psychoanalyse.

Ursula Kreuzer-Haustein
Jg. 1945. Dr. disc. pol. Studium der Soziologie und Germanistik. Psychoanalytikerin in eigener Praxis in Göttingen. Zweite Vorsitzende der Deutschen Psychoanalytischen Gesellschaft (DPG). Lehranalytikerin der Deutschen Psychoanalytischen Gesellschaft (DPG) am Lou-Andreas-Salome-Institut in Göttingen. Lehranalytikerin der Internationalen Psychoanalytischen Vereinigung (IPV). Veröffentlichungen über soziale Bewegungen, über die Geschichte der Psychoanalyse und über psychoanalytische Behandlungstechnik.

Hermann Lang
Jg. 1938. Prof. Dr. med., Dr. phil. Arzt für Psychiatrie und Psychotherapie. Arzt für Psychotherapeutische Medizin. Psychoanalytiker. Vorstand des Instituts für Psychotherapie und Medizinische Psychologie der Universität Würzburg. Verschiedene Veröffentlichungen über Psychoanalyse und Psychotherapie, über Medizinische Psychologie und über Philosophie.

Heinz Weiß

Jg. 1955. Prof. Dr. med. Arzt für Psychotherapeutische Medizin. Psychoanalytiker. Chefarzt der Abteilung für Psychosomatische Medizin am Robert-Bosch-Krankenhaus in Stuttgart. Guest member der British Psychoanalytical Society. Veröffentlichungen zur Theorie, Geschichte und Behandlungstechnik der Psychoanalyse.

Franz Wellendorf

Jg. 1935. Prof. Dr. phil. Psychoanalytiker in eigener Praxis in Fischerhude (Bremen). Em. Prof. für Psychologie an der Universität Hannover. Vorsitzender der Deutschen Psychoanalytischen Gesellschaft (DPG). Lehranalytiker der Deutschen Psychoanalytischen Gesellschaft (DPG) und der Internationalen Psychoanalytischen Vereinigung (IPV). Aff. Mitglied DPV. Guest Member der British Psychoanalytical Society. Arbeitsschwerpunkte: Psychoanalytische Theorie; Probleme der psychoanalytischen Ausbildung; Supervision und Institutionsberatung; Psychoanalyse und Literatur.

Herbert Will

Jg. 1951. Arzt für Psychotherapeutische Medizin. Psychoanalytiker in eigener Praxis in München. Gruppenanalytiker. Lehranalytiker an der Akademie für Psychoanalyse und Psychotherapie in München (DGPT). Mitglied der Deutschen Psychoanalytischen Gesellschaft (DPG) und der Internationalen Psychoanalytischen Vereinigung (IPV). Veröffentlichungen zur Konzeptgeschichte von Psychoanalyse und Psychosomatik, zur Theorie, Klinik und Behandlung depressiver Störungen und zur psychoanalytischen Behandlungstechnik.

Anne-Marie Sandler

Jg. 1925. MSc in Psychologie der Universität Genf. Psychoanalytikerin in eigener Praxis in London. Ausbildung zur Kinder- und Jugendlichenanalytikerin bei Anna Freud. Lehranalytikerin der British Psychoanalytical Association und der Internationalen Psychoanalytischen Vereinigung (IPV). Ehemalige Vorsitzende der British Psychoanalytical Society und der European Psychoanalytical Association. Ehemalige Leiterin des Anna Freud Institutes in London (1985-88). Ehemalige Vizepräsidentin der Internationalen Psychoanalytischen Vereinigung (IPV) 1996-2000. Vorsitzende der Ethikkommission der British Psychoanalytical Society. Vorstandsvorsitzende des International Journal of Psychoanalysis. Zahlreiche Veröffentlichungen, darunter über das Werk Piagets, über Anna Freud, über Fragen zur psychoanalytischen Behandlungstechnik und über Objektbeziehungstheorie.

Slavoj **Žižek**
Jg. 1949. Dr. phil. und Dr. der Psychoanalyse. Professor Ord. an der Philosophischen Fakultät der Universität Ljubljana. Autor. Zahlreiche Buchveröffentlichungen. Letzte Veröffentlichungen: Die Furcht vor echten Tränen (Volk und Welt 2002). Die gnadenlose Liebe (Suhrkamp 2002). Die Revolution vor der Tür. Dreizehn Versuche über Lenin. (Suhrkamp 2002).

Hirschmüller, Albrecht (Hg.)
Ellen West.
Eine Patientin Ludwig Binswangers zwischen Kreativität und destruktivem Leiden. Neue Forschungsergebnisse. 2003, ca. 300 S.,kt. € 25,00 (402-0)

Ludwig Binswanger: Ausgewählte Werke.
"... sorgfältig edierte und mit fundierten Einführungen versehene Werkausgabe, die alle Schaffensperioden umfaßt" (Süddeutsche Zeitung)

Band 1: Formen mißglückten Daseins. 1992, geb., € 35.- (206-0)
Band 2: Grundformen und Erkenntnis menschlichen Daseins. 1993, 660 S., geb.: € 35.- (207-9)
Band 3: Vorträge und Aufsätze. 1994, 412 S. geb.: € 35.- (208-7)
Band 4: Der Mensch in der Psychiatrie. 1994, geb.: € 35.- (209-5)

Steiner, Bernd
Narzißtische Störung und Psychosomatik. Zur diskursiven Integration von Kohuts Psychologie des Selbst in psychoanalytische Konzepte körperlicher Erkrankung.1989, € 19.- (505-1).

Reich, Günter
Familienbeziehungen von Patientinnen mit Bulimia nervosa
Eine Vergleichsstudie zu Patientinnen mit Anorexia nervosa und einer nicht-eßgestörten Kontrollgruppe. 2003, 300 S., kt, € 23.- (403-9)

Rösing, Ina
Ist die Burnout-Forschung ausgebrannt?
Eine wissenschaftssoziologische und kulturanthropologische Kritik der internationalen Burnout-Forschung. 2003, 330 S., kt., € 29.- (409-8).

Zeitschrift für Psychotraumatologie und Psychologische Medizin (ZPPM)
hrsg. von G. Fischer, Luise Reddemann, P. Riedesser, M.Spitzer
Jahresabo: 59,- € (inkl. MwSt.)
Kennenlernabo: Bestellung von 2 Folgeheften für 22 € (inkl. MwSt.)
Themen 2003 und 2004: • Akuthilfe und das Trauma der Helfer (Heft 1) • Psychoanalyse und Trauma • Psychotraumatische Belastungsstörungen und EMDR • Psychotraumatologische Begutachtung • Psychopharmakotherapie nach traumatischen Ereignissen •Therapien bei Kindheitstrauma • Selbsthilfe nach traumatisierenden Ereignissen • Traumadiagnostik und -behandlung bei Asylbewerbern • Psychologie in der Medizin

Fischer, Gottfried
Dialektik der Veränderung in Psychoanalyse und Psychotherapie.
2. Aufl. 1996, 328 S., € 35.- (321-0). Analyse eines Kernproblems der Psychoanalyse: wie die Veränderungsprozesse beim Patienten verlaufen und wie der Therapeut sie beeinflussen kann.

Quekelberghe, Renaud van
Klinische Ethnopsychologie.
Einführung in transkulturelle Psychologie, Psychopathologie und Psychotherapie. 1991, 224 S., kt., € 25.-, (195-1). *"...kann all denen, die sich mit Theorie und Praxis psychischer Störungen und ihrer Behandlung befassen, nur empfohlen werden."* (Praxis der Kinder-Psychologie und -Psychiatrie)

Freytag, Gabriele
Von der Avantgarde zur Fachfrau.
Berufliche Identitätskonstruktion feministischer Therapeutinnen. 2003, 230 S., kt, € 24.- (404-7).

Hehl, Franz-Josef
Von der Herkunftsfamilie zur Paartherapie.
Die Abhängigkeit zwischen frühen familiären Erfahrungen und späteren Beziehungsproblemen. 2002, 270 S., € 29.- (382-2).

Reichelt, Susanne
Mein Vater wird mich heiraten.
Tagebuch einer NLP-Therapie nach sexuellem Mißbrauch. Mit Vorw. der Therapeuten J. W. Kluczny und U. Flöttmann-Schubert. 2001, 200 S., 33 Abb., kt., € 19.-, (368-7).

Köhler, Thomas
Das Werk Sigmund Freuds.
Band 2: 1993: Sexualtheorie, Triebiehre, klinische Theorie und Metapsychologie. 409 S., kt., € 38.- (187-0).

Asanger Verlag • Heidelberg, Kröning
Dr. Gerd Wenninger, Bödldorf 3, 84178 Kröning; e-mail: verlag@asanger.de; Internet: www.asanger.de
Bestelladresse: Asanger Verlag, c/o Sabine Zercher, Im Beind 4, 69126 Heidelberg,
Tel. 06221-338277, Fax 06221-338299, e-mail: sabine.zercher@t-online.de